档案馆里的江苏

——《江苏经济报·江苏档案》专版 100 期集萃

谢 波 主编

东南大学出版社
SOUTHEAST UNIVERSITY PRESS
·南京·

图书在版编目（CIP）数据

档案馆里的江苏：《江苏经济报·江苏档案》专版 100 期集萃 / 谢波主编 .—南京：东南大学出版社，2015.5

ISBN 978－7－5641－5474－5

Ⅰ.①档… Ⅱ.①谢… Ⅲ.①档案馆—档案资料—江苏省 Ⅳ.① G279.275.3

中国版本图书馆 CIP 数据核字（2015）第 023352 号

档案馆里的江苏——《江苏经济报·江苏档案》专版 100 期集萃

出版发行	东南大学出版社
出 版 人	江建中
社　　址	南京市四牌楼 2 号（邮编 210096）
印　　刷	南京精艺印刷有限公司
经　　销	全国各地新华书店
开　　本	787 mm × 1092 mm　1/16
印　　张	26
字　　数	633 千字
版　　次	2015 年 5 月第 1 版　2015 年 5 月第 1 次印刷
书　　号	ISBN 978-7-5641-5474-5
定　　价	160.00 元

*** 东大版图书若有印装质量问题，请直接向营销部调换。电话：**025-83791830。

《档案馆里的江苏》编委会

“擦去了时间的尘埃，让埋藏在档案库中的史料走进当代生活，探索了一条把旧闻变新闻的传播方式。”

——中国经济新闻大赛“读者喜欢的好专栏”颁奖词

前言

2005年4月，江苏省档案局和《江苏经济报》合作开设每月一期的“江苏档案”专版。弹指一挥间，伴随着江苏档案事业的发展进步，专版已走过了10年的历程。

10年间，“江苏档案”大力宣传我省档案事业改革发展的巨大成就，展示全省档案馆基础设施建设、档案资源建设、档案信息化建设、爱国主义教育基地建设各方面的创新实践和典型经验，传播档案文化，反映档案工作对推进“两个率先”伟大实践，弘扬“三创三先”新时期江苏精神，谱写中国梦江苏篇章的服务功能，成效显著，硕果累累。

10年间，“江苏档案”专版编发超过100期，时代的沧桑巨变在这里留下了深刻的印记。立足江苏丰富的档案资源，追踪社会热点，配合重大活动，先后编辑出版了纪念“改革开放30年”“解放60年”“中国共产党成立90周年”“辛亥革命100周年”等，以及“全省档案文化精品”专版和各市档案局馆工作专版等，力求清晰描画出全省经济社会发展演变的轨迹，折射出江苏科技、教育、文化的深厚底蕴。推开档案馆的大门，展现在读者眼前的，不是一份份“死档案”，而是一件件鲜活的史实，是蕴藏在档案宝藏里的中华优秀传统文化和社会主义先进文化的精华。

10年间，“江苏档案”专版获得了越来越多读

者的喜爱，先后于2007年、2008年和2010年三次获得中国经济新闻年度大赛“读者喜欢的好专栏”奖。大赛评委会给出了这样的评语：“(江苏档案专版)擦去了时间的尘埃，让埋没在档案库中的史料走进当代生活，探索了一条把旧闻变新闻的传播方式。”

值此专版开办10周年之际，我们从已刊发的100余期中撷取精华内容，汇编出版了这本《档案馆里的江苏——〈江苏经济报·江苏档案〉专版100期集萃》，既是对专版10年工作的总结回顾，亦是对今后工作的鞭策。

回首过去，展望未来，我们始终在路上。

谢　波

2015年1月

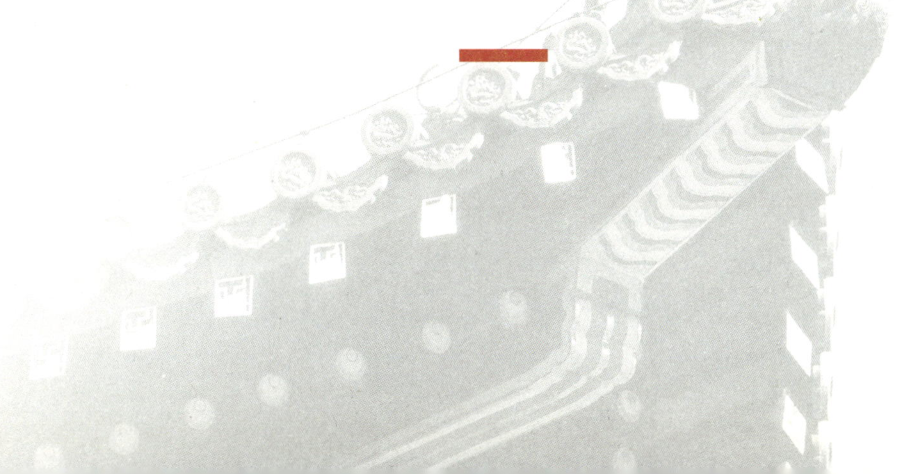

岁月流金

1

003 中国共产党在江苏——纪念中国共产党成立85周年
012 江淮大地的辉煌——纪念中共江苏省委成立80周年
016 党在江苏领导的第一支正规武装——中国工农红军第十四军
018 海属地区革命的摇篮——诞生于血雨腥风中的中共东海特别支部
020 毛泽东在江苏的历史足迹
024 恽代英与南通早期党组织的建立
027 我所知道的“常州三杰”
029 江苏敌后抗战
031 盐阜区的两次反“扫荡”斗争
034 南通反“清乡”“短枪队”虎穴锄奸记
038 抗战时期的茅山反“清乡”斗争
040 淮阴城的第一次解放
043 民族解放的小号手——新安旅行团
046 见证革命历程的红色报刊——苏北抗日根据地地方党报概览
050 抗战烽烟中的新四军木刻创作
054 抗战“喉舌”——《大众报》
056 苏中战役·七战七捷
061 七战七捷中的军情侦察
064 淮海战役第一捷——国民党第三绥靖区“一一·八”贾汪起义

066 渡江战役是如何确定和发起的
069 运筹帷幄定江南——访渡江战役总前委大北望旧址
071 江苏解放
073 钟山风雨起苍黄，百万雄师过大江——南京解放回眸
075 镇江解放
079 总前委在丹阳
081 “紫石英”号事件
083 南通解放
087 万众一心齐支前
089 扬州解放
096 淮阴城的第二次解放
098 顺着历史的大潮前进——纪念江阴解放60周年
101 纪实故事：将计就计
103 铁骨雄风——长征老红军烽火忆当年

史海钩沉

2

121 辛亥革命在江苏
122 辛亥革命中的江苏光复
126 辛亥革命在南通
128 辛亥革命时期的锡金军政分府
131 中华民国诞生记
134 民国初期江苏剪辫风潮

137 南社——同盟会的宣传部
140 从三帮漕运档案谈三帮漕运
143 南洋劝业会——中国历史上第一次大型博览会
145 昙花一现的远东第一大厂
147 中山先生与海港发展
149 抗战时期的侦空情报战
152 封江谍案纪实
153 民国时期江苏的施粥厂
155 苏州的龙社
157 江苏的青帮组织
160 经济恶枭——日本驻徐州领事馆
162 蒋介石的“内廷”供奉机构——励志社
164 国民政府对侵华日军南京大屠杀惨案真相的调查
167 新中国成立后对侵华日军南京大屠杀案幸存者的寻访
171 南京镇反三大要案
176 档案揭秘“淮海联络总站”被摧毁始末
178 江苏历史上第一份妇女刊物——《女子世界》
181 养天地正气　法古今完人——东吴大学 50 年

兰台拾贝

3

191 毛泽东三次为《新华日报》题写报头
193 孙中山遗体归葬南京前历遭风险

195 宋氏姐妹常熟行
197 陈独秀孙女南京寻墓的来龙去脉
200 南京城的百年变迁——《金陵省城图》
202 “鸿生轮”上的枪声
204 江阴解放中的《江防图》
207 叶群在江苏“选妃”内幕揭秘
210 大师夙愿今日酬——为胡绳同志寻找小学母校小记
212 一轴距今500年的明代圣旨
216 翁同龢跋周氏诰命
219 韩国钧与《朋僚函札》
221 解读中山陵档案
223 南京市档案馆镇馆之宝——《三民主义》碑文手稿
224 南京中山陵祭堂里的孙中山坐像
225 解密《中山陵档案》——中山陵为何既没墓志铭碑，也未建传记石刻？
226 尹湾汉墓简牍——中国最古老的文书档案
231 《锡金军政分府文书》回归记
233 一张老照片背后的故事
236 老报纸中话春秋——记晚清、民国时期常熟百种地方报纸
238 老报纸佐证了常熟解放日
240 四张毕业证明书见证一段特殊的历史
242 苏州商会档案
244 绝版商标失而复得记
246 三份纳税凭证见证百年老店历史沧桑

人物春秋

4

251 辛亥革命前后的张謇
254 张謇与沈寿的旷世情谊
256 韩国钧与江石溪
259 “智慧女神”吴贻芳
266 张爱萍将军与红十四军的情缘
269 追寻何坤烈士的足迹——纪念何坤军长牺牲82周年
273 辛亥革命烈士周实、阮式殉义百年
275 开时代风气之先的中山陵设计师——吕彦直
278 中国第一位女大学校长杨荫榆
280 协力同心扫除专制——许嘉澍传略
283 荣德生：从面粉大王到爱国实业家
286 居里夫人门下唯一的中国籍博士施士元
289 一张珍贵的老照片——记顾衡烈士的爱情故事
292 我党地下工作的尖兵——记革命烈士王洞若
295 边区特等劳动模范李强
297 患难见真情——曾耀仲与邹韬奋的深厚友谊
299 “南通的魏特琳”——麦文果
301 名人档案，在现实中闪光——南京大学老校长郭影秋追记
303 著名的水稻育种专家顾复
306 一代学界巨擘的赤子情怀——记吴江籍著名科学家杨承宗
309 盐城人的骄傲——中国现代天文科学奠基人张钰哲

311 从“小土孩”到“活红娘”——宋长荣艺术档案演绎的传奇故事
314 当代草圣高二适
316 星云法师档案

风物揽胜

5

321 史话南京明城墙
324 正月里来闹花灯——秦淮灯会
326 美食珍肴在秦淮——从档案里看秦淮饮食文化
328 恰似那一抹天上的云霞——南京云锦
330 南京长江大桥：新中国的奇迹
334 无锡旧影
337 百年工业遗产　铸就工商名城
340 长桥今夜月　阳羡古时州——人文宜兴
342 楚风汉韵名徐州
345 千载读书地　现代创新城——档案中看常州
347 传承文明　魅力之城——档案馆中的苏州
350 苏州寒山寺之谜
352 众星捧月映江城——吴江古镇掠影
354 古老的说唱艺术——宣卷
356 锦绣江南金太仓
358 崇川福地　江海明珠——南通
360 精美绝伦　叹为观止——南通的蓝印花布艺术

362 如皋木偶
364 冒辟疆与水绘园
366 沧海桑田话淮盐
373 东台发绣
375 淮剧小考
377 新亚欧大陆桥东方桥头堡：连云港
383 扬州二十四桥景区与毛泽东手书诗碑
385 溱潼会船　天下绝唱
388 溱湖湿地　麋鹿故乡
390 镇江古城掠影
394 扎根泗阳的“异乡客”：意大利杨树

岁月流金

中国共产党在江苏
——纪念中国共产党成立85周年

文昕

（一）潮涌江淮

1919年5月4日，北京爆发了反帝爱国学生运动。江苏各地学生、工人和爱国人士立即响应，纷纷通电、集会、游行声援，开展罢工、罢课、罢市斗争，反对帝国主义侵略和军阀政府压迫。

1919年8月19日，《南京学生联合会日刊》发表张闻天署名文章《社会问题》，介绍马克思的唯物史观。

一批先进知识分子组成进步社团，高举新文化运动的旗帜，宣扬民主与科学，研究、介绍马克思主义，反映新思潮的书刊如雨后春笋般涌现。

1922年春，江苏大地上出现了第一批中国共产党党员和最早的地方组织——中共陇海铁路铜山站支部。同年秋，以铁路工人为主体的中共浦镇小组成立。此后，江苏各市县相继建立了党的组织。到1927年初，全省共有党员525人。

（二）反帝反封建斗争

中国共产党成立后，领导工农群众开展了波澜壮阔的反

参加五四运动的金陵女子大学学生。前排右二为学生会主席吴贻芳

扬州各界群众集会游行，声援北京学生的五四爱国行动

五卅惨案发生后，南京市民和学生上街游行，愤怒声讨帝国主义杀害中国人民的罪行

常州工商界罢市、悬半旗，向五卅遇难同胞致哀，以示“万众一心，抵制英日”

帝反封建斗争。1921 年 11 月下旬，由徐州铁路工人反帝斗争引发的陇海铁路沿线工人大罢工，成为“我党初显身手的重大事件”。1922 年 10 月，邓中夏领导南京社会主义青年团发起成立民权运动大同盟，组织万余学生上街游行，喊出“打倒军阀”、“打倒国际资本帝国主义”。1923 年“二七”惨案发生后，南京、常州等地工人相继罢工，声援京汉铁路工人的斗争。工人运动高潮兴起，各城市开始成立总工会。与此同时，广大农村开始组织农民协会。1925 年上海发生“五卅”惨案，江苏各界人民纷纷罢工、罢课、罢市，游行示威，抗议帝国主义暴行。7 月 31 日，英国海军陆战队突袭南京英商和记洋行罢工工人，酿成“下关惨案”，更加激起全省人民的反帝怒潮。

(三) 第一次国共合作

1924 年，以推翻帝国主义和北洋军阀在中国的统治为共同目标，国共两党开始了第一次合作。按照两党商定的原则，江苏的共产党员以个人身份加入国民党，成为其各级党部的骨干，积极帮助发展组织，唤起民众，接应北伐军入境，有力地推动了国民革命运动的发展。随着北洋军阀势力的崩溃，在帝国主义列强的支持下，蒋介石逐渐暴露出反共面目，以“清党”为名公开排挤、打击共产党和国民党左派，镇压工农革命力量。1927 年 4 月 9 日，蒋介石授意国民党右派纠集流氓打手捣毁国民党（左派）江苏省党部、南京市党部和市总工会机关，逮捕共产党员和国民党左派 30 多人。10 日，南京市数万群众举行肃清反革命大会，会后去北伐军司令部向蒋请愿，遭到武力镇压，死数十人，伤数以百计。当日晚，中共南京地委、市总工会 10 名负责人被捕。此次事件是四一・二反革命政变的预演。以后白色恐怖向各地扩展，中共组织及工会、农协等群众团体均遭破坏。不久，第一次国共合作全面破裂，轰轰烈烈的大革命失败了。

(四) 土地革命

正当中国革命陷入低潮，中国共产党面临被瓦解和消灭的危急关头，中共中央力挽狂澜，于 1927 年 8 月 7 日召开紧急会议，确定了土地革命和武装反抗国民党反动派的总方针。中共江苏省委迅速贯彻八七会议精神，积极领导江南农民起义。11 月 1 日，宜兴千余农民在中共宜兴县委领导下举行暴动，打响了省内武装反抗国民党反动派的第一枪，建立了第一个红色政权——宜兴工农委员会。接着，无锡、江阴、丹阳、金坛等地农民相继暴动。1930 年和 1932 年，中国工农红军第十四军、徐海蚌地区中国工农红军游击支队先后在通海如泰地区和盱眙农民暴动的烈火中诞生。一时间，苏南地区如火如荼，苏北地区风起云涌，大小上百次的农民暴动有力地打击了国民党反动派。与此同时，城市的工人运动有所复苏。由于敌我力量悬殊，加之党内“左”倾错误，虽然这些斗争终告失败，但革命的火种已遍布江苏大地。

无锡民众搭起牌楼欢迎北伐军

中共党员、国民党江苏省党部
执行委员兼妇女部长张应春

（五）发动民众抗日救国

1931 年“九一八”事变，日本侵占我东三省。国民党政府顽固坚持“攘外必先安内”，竟然不予抵抗。消息传开，举国哗然。江苏各界群众无比激愤，自发成立反日会、抗日会、救国会，连日举行大规模声讨集会、示威游行和请愿活动，强烈要求政府出兵抗日。

中共江苏省委在事变发生后迅速作出反应。9 月 23 日发出紧急通知，提出应对事变的策略，要求党员利用各种团体或学校的名义公开宣传抗日；25 日以“江苏革命士兵委员会”的名义印发告国民党兵友书，号召国民党士兵反对政府的不抵抗主义，立即对日宣战；10 月 8 日作出《关于目前反日反国民党工作的决议》，要求抓住日军侵略事实，动员群众武装起来，反对国民党勾结日本帝国主义屠杀群众……

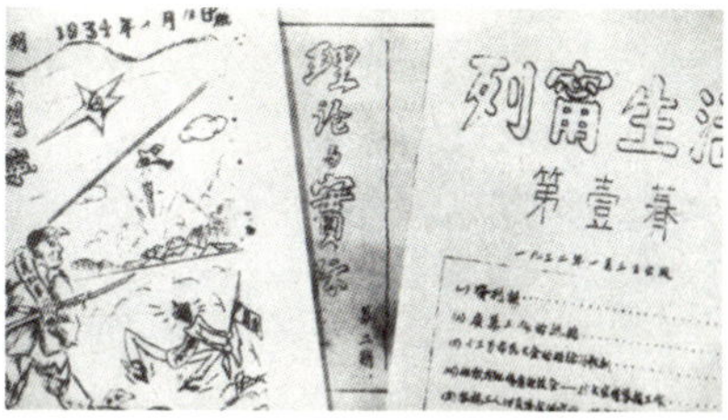

中共江苏省委在土地革命战争时期创办的理论刊物

在 30 年代国统区白色恐怖加剧，中共组织遭受重创的严峻形势下，江苏党的活动如星星之火顽强不灭。1935 年中国苏维埃中央政府和中共中央《为抗日救国告全国同胞书》发表后，中央文委在无

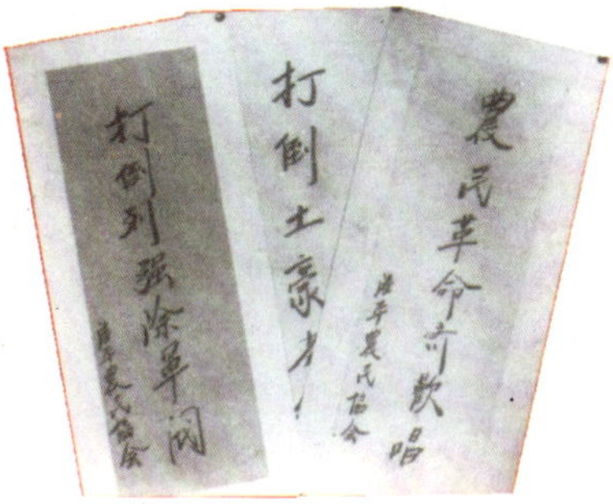

宜兴陆平乡农民协会的标语

1931 年 9 月 22 日，蒋介石被迫在南京中央大学礼堂前接见请愿学生

锡召开会议。会后按照建立抗日民族统一战线精神，在全省各地成立了由各界爱国人士组成的救国会，先后开展了声援北京一二·九学生抗日救亡运动和营救全国各界救国会被捕领导人的活动。

（六）统一战线

1937 年 7 月 7 日，日本侵略军挑起卢沟桥事变，由此发动了蓄谋已久的全面侵华战争。中国共产党以国家民族利益为重，次日发表通电，号召“全国同胞、政府与军队团结起来，筑成民族统一战线的坚固长城，抵抗日寇的侵略”。蒋介石迫于日寇武力进逼和国内抗日呼声高涨，最终接受了中共关于国共合作抗日的倡议。8 月下旬，中国工农红军改编为国民革命军第八路军，在南京等国统区城市设立办事处，积极开展统战工作，使一些地区的党组织得到恢复。11 月，根据中共中央指示，曾在白色恐怖中遭受严重破坏的中共江苏省委在上海重新成立。上海沦陷后，省委按照“隐蔽精干，积蓄力量，稳步发展”的方针坚持斗争，并成立外县工作委员会，加强沪、宁、杭一带的工作和武装斗争。同年秋，中共苏鲁豫皖边区特委与国民党第五战区建立统战关系，发动徐州城乡工、农、青、妇各界群众投入抗日洪流，为台儿庄战役胜利作出了贡献。

各地爱国青年聚集南京要求国民政府对日宣战

(七) 开辟抗日根据地

抗战全面爆发不久，日寇面对中国共产党领导的敌后抗日游击战争的巨大威慑，不得不停止正面战场的战略性进攻，将主要矛头转向敌后战场的八路军和新四军。由此，中国共产党担负起领导抗击日寇的主要责任。根据党中央关于“巩固华北，发展华中”的战略决策，新四军坚持执行“向南巩固，向东作战，向北发展”的方针，与南下的八路军密切配合，在江苏地区先后开辟了苏南、苏北、苏中和淮南、淮北（含江苏部分地区）几大块抗日根据地，有力地推动了全国抗战形势的发展。

救亡情报

1936 年 7 月 20 日《救亡情报》报道徐州等地救亡活动

(八) 第二次国共合作

1941 年 1 月，国民党顽固派掀起第二次反共高潮，制造了震惊中外的“皖南事变”。中共中央以抗日大局为重，坚持对国民党采取又联合又斗争、以斗争求团结的政策，在军事上严守自卫，在政治上坚决反击。为继续坚持大江南北的抗日斗争，1 月 25 日，新四军军部在苏北盐城重建。华中新四军、八路军统一改编为七个师、一个独立旅。在各根据地相继成立军区和军分区，建立起主力部队、地方武装和民兵三结合的人民抗日武装体系。5 月 20 日，中共中央华中局在盐城成立，同时成立中共中央军委华中分会。面对日伪军频繁、残酷的扫荡和清乡，党领导抗日军民奋起反击，取得了反扫荡、反清乡斗争的胜利。

八路军驻京办事处旧址——南京傅厚岗 66 号

1938 年 8 月，参加南京最高国防会议的周恩来（右二）、朱德（右一）、叶剑英（右五）与国民党将领黄琪翔（右三）、张群（右六）及郭秀仪女士合影

中共苏鲁豫皖特委以总动员委员会名义开办抗日青年训练班，招募流落徐州的热血青年

1938 年，陈毅率新四军第一支队进军苏南

1940 年春，八路军第二纵队主力南下进军苏北敌后

苏中四分区取得第一期反清乡斗争胜利后出的宣传画

（九）赢得抗日胜利

为坚持长期抗战，江苏各级中共组织在领导抗日军民反摩擦、反清乡、反扫荡的同时，大力开展巩固敌后抗日根据地的各项建设。各根据地相继建立起中共领导的抗日统一战线性质的民主政权，实行中共党员、非党左派进步分子、中间派各占三分之一的“三三制”，制定颁布了一系列政治、经济、司法、教育等法令条例，在普遍发动群众的基础上，组织抗日团体，开展减租减息，努力发展生产，兴办文化教育，粉碎日伪封锁等，使根据地不断得到巩固。以此为依托，自 1944 年 3 月开始，江苏军民在国际反法西斯战争迅猛推进的形势下，对日、伪军发起局部反攻，终于同全国人民一道赢得了抗日战争的最后胜利。

（十）解放战争

抗战胜利后，按照中共中央争取和平建国、反对内战的方针，苏南解放区的主力部队和地方干部主动撤往苏北。华中局北移山东组建华东局后，在苏北淮安另组华中分局，成立新四军华中军区，苏中、苏北、淮南、淮北四个解放区连成一片，建立统一的行政机构——苏皖边区政府。全区军民大力医治战争创伤，并于战后第二年开展了轰轰烈烈的土地改革，解放区内呈现一派生机。

经过国共重庆谈判，国民党表面承认和平建国的基本方针，同意“长期合作，坚决避免内战”，实则一意孤行，妄图依靠美国坚持独裁，一再出兵蓄意进犯解放区，并且严厉镇压要求“和平、民主、团结”的爱国运动，于 1946 年 3 月制造了震惊全国的“南通惨案”。同年 5 月，周恩来率中共代表团抵达南京，继续同国民党谈判。然而，国民党当局冒天下之大不韪，于 6 月悍然发动内战。7 月起，华中解放区军民被迫自卫反击，先后取得苏中战役七战七捷，以及涟水保卫战、宿北大战等战役的胜利，保卫了人民的胜利果实。

（十一）“反饥饿、反内战、反迫害”

1946 年底，华中解放区党政军领导机关率主力部队战略北撤。国民党正规军及还乡团、保安队共 20 万人对解放区实施了残酷的分割清剿、轮番扫荡。江苏地方各级党组织和人民武装坚持在敌后开展艰苦的游击战争。1947 年 11 月，中共华中工委、华中行政办事处和华中指挥部成立，统一领导苏中、苏北的敌后斗争和淮南、淮北的恢复工作。随着人民解放战争转入战略进攻，华中军民奋起反扫荡、反清剿，多次发动军事攻势，收复了大片地区。与此同时，苏南新四军留守人员和地方干部在人民群众的掩护、支援下，开展多种形式的斗争，起到了牵制、打击敌人的作用。

在中共地下组织的领导和推动下，江苏各国统区的爱国工人、学生和各阶层人士纷纷起来斗争，反对国民党当局的反共内战政策。5 月 20 日，京、沪、苏、杭 16 所大专院校 6000 余学生在南京举行联合大游行，遭到国民党宪兵和警察的镇压，酿成“五・二〇血案”。斗争在全国产生极大反响，得到海内外广泛支持，“反饥饿、反内战、反迫害”的学

淮安各界集会庆祝抗战胜利

华中根据地各银行发行的抗日货币

1945 年元旦，苏中根据地领导人合影，左起：叶飞、管文蔚、朱履先、季方、钟期光、陈丕显

大批知识青年由上海等大城市来到根据地参加新四军

1946 年 11 月 16 日，周恩来在南京梅园新村举行最后一次中外记者招待会，声明国民党召开的“国民大会”非法，和谈之门已被国民党当局关闭

华中二分区的《人民画报》宣传土地改革，号召农民群众保卫土改成果

1947 年 5 月 20 日，京、沪、杭 16 所大专院校 6000 余学生在南京举行“反饥饿、反内战，挽救教育危机”联合大游行

解放大军突破长江天堑

中国人民解放军华东野战军追歼国民党黄百韬兵团

中共苏南区委、苏南行政公署、苏南军区主要负责人，左起：管文蔚、吴嘉民、刘先胜、刘季平、陈丕显

生运动迅速遍及全国 60 多个大中城市，形成了反对国民党反动统治的第二条战线。

（十二）新中国成立

1948 年秋，中国共产党领导的人民解放战争进入夺取全国胜利的决定性阶段。继辽沈战役之后，11 月 6 日，以徐州为中心的淮海战役拉开序幕。第一阶段江苏境内全歼黄百韬兵团 17.8 万人，为战役的全胜奠定了基础。1949 年 1 月 10 日，淮海战役胜利结束，长江中下游以北的广大地区获得解放。国民党反动派逆历史潮流而动，妄图凭借长江天险负隅顽抗。4 月 21 日，解放大军遵照毛泽东主席和朱德总司令向全国进军的命令，发起渡江战役。23 日，人民解放军占领南京，宣告国民党反动统治灭亡。两大战役期间，苏北人民奋勇支前，苏南人民特别是南京的广大工人、学生和爱国人士在中共地下组织的领导、影响下，收集传递情报，保护各类设施，维持社会治安，为解放及以后的建设创造了条件。4、5 月间，苏北区党委和苏北行署、苏南区党委和苏南行署、南京市委和南京市政府相继成立。6 月 2 日，江苏全境解放。随着 10 月 1 日新中国的诞生，江苏人民在党的领导下，开始书写社会主义革命和建设事业的新篇章。

（2006 年 6 月 22 日第 26 期
2006 年 7 月 6 日第 27 期）

江淮大地的辉煌

——纪念中共江苏省委成立80周年

吴学晴

在1927年中共江苏省委成立以后的80年里，江苏人民在党的领导下，经过艰苦卓绝的武装斗争和社会主义革命与建设，特别是改革开放的伟大事业，将一个贫穷落后的江苏，建设成为向着社会主义现代化迈进的新江苏。

血与火的斗争

1920年春夏之间，南京高等师范学校职员杨贤江等人秘密创办了南京马克思主义研究会，促进了马克思主义在南京地区的传播。江苏最早的省级党组织——中共南京组织，1921年5月以前就已经建立。

中国共产党成立初期，由中共上海地方兼区执行委员会（1925年改组为中共江浙区委）统一领导上海、江苏、浙江地区党的工作。

到1927年初，党在江苏的组织有了一定的发展。1927年2月中旬，中共江浙区第一次代表大会召开，会议选举罗亦农为书记。以后，经中共中央批准，这次会议作为中共江苏省第一次代表大会。

1927年6月，经中央决定，中共江苏省委（兼上海市委）在上海原北四川路施高塔路恒丰里104号成立。陈延年（1899—1927）为首任省委书记。1929年11月18日至26日，中共江苏省第二次代表大会在上海秘密召开，李维汉当选为省委书记。由于国民党反动派的白色恐怖和党内的“左”倾路线，使江苏的党组织不断遭到破坏。到1935年1月，中共江苏省委停止活动。

1937年日本发动全面侵华战争后，江苏沦为敌后，成为日伪统治的中心地区。在这民族危亡之际，不甘心做亡国奴的江苏人民在中国共产党的领导下，高举抗日的大旗，开展了英勇的抗日斗争。

1937年11月，中共江苏省委在上海重建，领导沪宁、沪杭沿线城市秘密党组织的工作。

1938 年春，粟裕将军率新四军先遣支队挺进苏南敌后。紧接着，陈毅率新四军主力东进抗日，发动群众，开展抗日民族统一战线，很快在苏南茅山建立了抗日民主根据地。

1940 年，为了打开苏北抗战的局面，陈毅、粟裕率江南新四军主力渡江北上。山东八路军主力一部在黄克诚的率领下也越陇海路南下。10 月，在黄桥决战胜利之后，新四军和南下的八路军部队胜利会师，开辟了苏北抗日民主根据地。

1941 年 1 月 25 日，中共中央又将中原局与东南局合并，成立中共中央华中局，在华中局和新四军军部的领导下，取得了江苏抗战的胜利。

1943 年 1 月，中共中央决定撤销江苏省委。此后至解放，江苏省委没有重建，全省也没有召开党的代表大会。党的工作由各抗日根据地和解放区统一领导。

抗日战争胜利后，在苏北淮安，成立了中共中央华中分局和苏皖边区政府。1946 年 7 月，国民党军向华中一分区进犯。华中野战军 3 万余人，在粟裕将军指挥下，与国民党军在苏中激战，七战七捷。1946 年底华中野战军又进行了涟水保卫战、宿北战役。

1948 年冬，江苏的形势发生根本性的转折。华东野战军和中原野战军在淮海大平原与国民党军进行战略决战。

1949 年 4 月 21 日夜，人民解放军百万大军强渡长江。23 日，人民解放军占领南京，宣告了国民党反动统治的灭亡。至 6 月 2 日，人民解放军攻克崇明岛，江苏全境解放。

革命的胜利来之不易。为了这一天，无数的江苏优秀儿女和在江苏斗争的共产党人，献出了他们的宝贵生命。人们永远不会忘记他们的名字：张太雷、瞿秋白、恽代英、邓中夏、陈延年、陈乔年、许包野、黄励、何坤、李超时、彭雄、邓振询、谢祥军……

在曲折中前进

当 1949 年 10 月 1 日新中国成立以后，中共中央决定在江苏实行小省制，全省分别建立苏北、苏南两个行政区和南京市。刘伯承任南京市委书记，萧望东任苏北区党委书记，陈丕显任苏南区党委书记。

到 1952 年底，中央决定撤销苏北、苏南两个行政区，重新恢复江苏省的建制，1952 年 11 月 7 日，江苏省委召开第一次会议，宣布江苏省委正式成立。1953 年 1 月 1 日，江苏省人民政府正式成立。

至 1956 年 7 月 3 日至 16 日，中共江苏省第三次代表大会在南京召开，会上江渭清当选为省委第一书记。

1962 年 12 月 10 日至 15 日，中共江苏省第四次代表大会在南京召开，会上江渭清任省委第一书记。

1966 年“文化大革命”爆发。在那场浩劫中，江苏成了重灾区。1967 年初，中共江苏省委被迫停止工作。

1970 年 12 月 19 日至 26 日，中共江苏省第五次代表大会在南京召开，会上许世友为省委第一书记。

再创新的辉煌

1977 年 12 月 1 日至 5 日，中共江苏省第六次代表大会在南京召开，会上许家屯当选为省委第一书记。

1978 年 5 月 11 日，《光明日报》发表《实践是检验真理的唯一标准》一文，在全国理论界和全党引发了一场关于真理标准问题的大讨论。这场大讨论是在邓小平同志支持下开展的。讨论冲破了“两个凡是”的束缚，对全党进行了一次深刻的马克思主义思想教育，为稍后举行的十一届三中全会打下了理论基础。

江苏的理论工作者为这场大讨论做出了特殊的贡献。那篇引发大讨论的《光明日报》文章的初稿，就是由南京大学哲学系教师胡福明撰写的。

1979 年 1 月，江苏省委召开了工作会议，传达学习党的十一届三中全会精神。此后，江苏迈开了改革开放的步伐，在农村开始实行家庭联产承包责任制。

1984 年，按照党的十二届三中全会通过的《关于经济体制改革的决定》，江苏省委领导全省人民进一步对外开放，深入进行经济体制改革。

1984 年 12 月 14 日至 19 日，中共江苏省第七次代表大会在南京举行，会上韩培信当选为省委书记。

1989 年 12 月 20 日到 25 日，中共江苏省第八次代表大会在南京举行，会上沈达人当选为省委书记。

1992 年，改革的春风强劲地吹拂着江淮大地。邓小平同志视察南方谈话发表后，江苏省委发出《关于认真传达学习邓小平同志重要谈话的通知》，要求通过学习邓小平同志视察南方谈话，更加自觉地坚定不移地坚持“一个中心，两个基本点”的基本路线，认清形势，解放思想，加快改革开放的步伐，发展经济，努力将江苏社会主义现代化建设推上一个新台阶。

1994 年 12 月 21 日至 25 日，中共江苏省第九次代表大会在南京举行，陈焕友当选为省委书记。后经调整，至中共江苏省第十次代表大会召开前夕，省委书记为回良玉。

2001 年 11 月，中共江苏省第十次代表大会召开，这是在新世纪召开的第一次党的代表大会，对江苏的发展具有划时代的意义。大会强调要始终把富民强省放在江苏现代化进程中的核心位置。此后，根据党的十六大精神和中央领导同志对江苏的发展定位，省委在 2003 年 7 月召开的十届五次全会上，明确了江苏“率先全面建成小康社会、率先基本实现现代化”的目标任务，并在全国率先制定了省级全面建设小康社会四大类 18 项 25 条综合指标体系。

为了又快又好地实现“两个率先”，省委领导团结全省 7400 万人民，抢抓机遇，团结拼搏，加快发展，取得物质、精神、政治三个文明建设的辉煌成就，江苏的经济进入了一个高速发展时期。到 2005 年，全省胜利地完成了第十个五年计划，使得“十五”时期成为江苏发展史上综合实力提升最快、城乡面貌变化最大、人民群众得到实惠最多的时期之一。

与此同时，按照中央的部署，从上世纪末开始，江苏省委深入开展了“三讲”教育和

“三个代表”重要思想学习。2005年又以执政能力建设和先进性建设为重点，切实加强和改进党的建设。张云泉、吴仁宝、邓建军、丁晓兵、薛云龙等优秀共产党员不断涌现，成为一大批有理想、有学识、有本事、有责任感的共产党员的代表。

在新的征程上，江苏省委带领江苏全体人民群众，正在以胡锦涛同志为总书记的党中央领导下，以邓小平理论和“三个代表”重要思想为指导，认真贯彻落实科学发展观，坚持富民优先、科教优先、环保优先、节约优先的方针，为率先全面建成小康社会、率先基本实现现代化、构建社会主义和谐社会而努力奋斗。

历史是一面镜子。从中共江苏省委成立80周年的江苏的历史中，我们看到了党领导江苏人民在江淮大地上创造的辉煌。在党的领导下，江苏的明天也一定会更加美好、更加辉煌。

1992年2月20日，邓小平视察南方后途经南京，在南京火车站与江苏省党政负责人交谈

（2007年7月19日第42期）

党在江苏领导的第一支正规武装

——中国工农红军第十四军

1929年冬至1930年秋，在苏北通海如泰地区，活跃着一支工农武装力量，这就是党在江苏领导的第一支正规武装——中国工农红军第十四军（简称红十四军）。从1928年5月如泰农民暴动开始，至1930年9月红十四军被打散，通海地区的共产党组织，在中共中央和江苏省委的领导下，掀起了一场波澜壮阔的农民革命运动。刘瑞龙在其《回忆红十四军》一书中描述这场运动时说："……像插在敌人心脏里的一把尖刀，威胁着国民党反动统治中心，成为全国苏维埃运动的一部分，鼓舞了大江南北广大人民的革命斗志。"

1928年至1929年间，经过"五一农民暴动"的洗礼，通海如泰地区的红军游击队伍迅速发展壮大，分别成立了中国工农红军江苏第一大队和如泰工农红军。为进一步推动中国土地革命斗争，1929年冬，中共中央军委和江苏省委决定将通海如泰地区红军游击武装合编为中国工农红军第十四军。1930年2月，何坤被中央军委任命为红十四军军长，被江苏省委任命为中共通海特委委员。同时，成立由军长何坤、前委书记兼军政治委员董畏民（后为李超时）、军参谋长薛衡竞、军政治部主任余乃诚组成的红十四军军部。通海地区的中国工农红军江苏第一大队编为第一支队，支队长刘廷杰，政委俞金秀，下辖两个大队。如泰地区的如泰工农红军编为第二支队，支队长由何坤兼任，政委黎昌圣，下辖3个大队。1930年3月2日，红十四军公布了《中国工农红军第十四军十大政纲》，正式打出红十四军的旗帜。1930年4月3日，中共通海特区委员会和红十四军军部，在如皋西南乡贡家巷召开苏北地区前所未有的数万人群众大会，发表《告工农及一切劳苦群众书》，正式宣布红十四军成立。

红十四军作为江苏境内唯一的中央序列红军武装，先后转战通、海、如、泰地区，形成以江安、卢港地区为中心的通海如泰革命根据地，在国民党反动统治的心脏地区横戈跃马，给国民党反动政权和封建地主势力以沉重打击。同时，红十四军配合地方党组织没收、分配地主土地，建立苏维埃政权，成为土地革命时期全国15块红军游击区之一。1930年国民党《江苏党务周刊》惊呼红军“声势浩大，羽翼将成”；认为红军的活动动摇了“党国基础”，“关系甚大”。于是，反动当局调兵遣将，对红十四军加紧镇压。在国民党政府军队和地方反动势力的多次“围剿”和党内“左”倾冒险思想的影响下，1930 年 10 月，红十四军队伍被打散，被迫转入地下斗争，少数干部转移至中央苏区。

红十四军虽然失败了，但它在苏北这块国民党反动统治的心脏地区纵横冲杀，历时半年多，打击了国民党的反动统治和地方豪绅势力，在广大人民群众中传播了革命思想，使反动派感到震惊和威胁，使江苏人民感到振奋和鼓舞，产生了广泛而深远的影响。

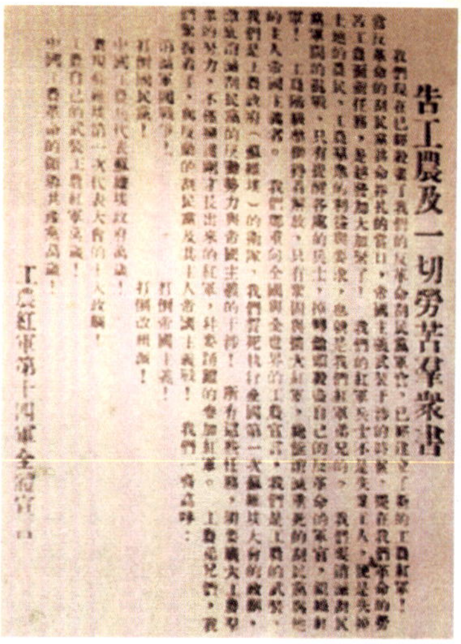

告工農及一切勞苦羣衆書

工農紅軍第十四軍全體宣言

《告工农及一切劳苦群众书》

红十四军军旗

（2012 年 8 月 23 日第 92 期）

海属地区革命的摇篮

——诞生于血雨腥风中的中共东海特别支部

姜松林

1927 年春夏期间，国民党叛变国民革命，公开反共、屠杀工农群众，致使大革命失败，中国共产党领导的人民革命进入了土地革命时期。“七·一五”事变前，中共党员顾浚泉、陈秀夫、李静山离开武汉回到海州、灌云，准备建立海州党组织。1928 年 2 月，江苏省委派巡视员陈亚峰到徐海地区视察，发现顾浚泉等人热衷于在国民政府中争席位，而对建党懈怠，便建议开除顾浚泉等人的党籍。

1928 年，是海属地区具有划时代意义的一年，江苏省委决定加强对海属地区党的领导，建立党的地下组织。夏天虽然酷热，但挡不住海州进步青年惠浴宇寻找党组织的决心。惠浴宇曾就读于海州地区的最高学府——东海中学，在目睹国民党政权丧权辱国的卑劣行径后，寻找真理、改天换地的革命愿望愈发强烈。他一边利用自己的知识教群众读书写字，改变群众封建愚昧思想；一边揭露国民党的腐败黑暗，宣传革命真理，同时积极地寻找党的组织，在当地引起了很大反响，也引起了中共地下党员的注意。中共涟水县委负责人万金培找到了惠浴宇，他们进行了深入交谈，在万金培的介绍下，惠浴宇兄弟 3 人加入了光荣的中国共产党，开始走上革命的道路。

夏秋之际的一天，海州来了两位走亲戚模样的外地人，住进了一家客栈。他们就是受中共组织派遣来到海州开展工作的小叶和文龙。小叶，就是后来渣滓洞中“小萝卜头”的父亲宋绮云。文龙，就是李超时。经过努力，他们找到了东海中学的地下党员惠浴宇。当时，惠浴宇的公开身份是东海中学师范班学生，同时任学生会主席。深夜，李超时、宋绮云、惠浴宇三人来到了沈家花园葡萄架下，进行了第一次接触。宋绮云说，党组织要我化名小叶，树叶的叶，你们今后叫我小叶。李超时说，我化名文龙，叫我李文龙。简短的开场白后，接着惠浴宇提议，利用周末找个僻静的地方研究建立党组织的问题，这个地方就定在海州南门外的白虎山。

届时，他们三人准时来到了白虎山一块翘起的大石下，召开了具有历史意义的建党会议，会议决定成立中共东海特别支部，负责海属东海、赣榆、沭阳、灌云等地区党的工作，选举李超时为特支书记，宋绮云为组织委员，惠浴宇为宣传委员。

东海特支成立后，按照“创共产、为党工作、铁的纪律、死不叛党”的要求，积极发展党员。惠浴宇日夜奔波，不辞辛苦，走遍了海属灌云、赣榆、沭阳、东海等地区的城乡学校，在师生中宣传革命思想，物色发展对象。他首先发展了同班同学吕镇中入党，又先后发展了武同儒、冯硕仁、吕继英、江守元等22位同学入党，建立了东海中学党支部。这是海州建立的党的第一个基层组织，东海中学成了灌云、赣榆、沭阳、东海等地区革命的摇篮。随后，中共东海特支又在郇圩、白塔埠和板浦建立了支部，党的队伍迅速壮大，成为海属地区工农运动、学生运动和妇女运动的骨干力量。

中共东海特支书记李超时

中共东海特别支部的成立，是海属地区革命斗争史上的重大事件，揭开了海属地区革命历史的新篇章。李超时同志于1931年在镇江被捕不幸遇难，宋绮云同志于新中国成立前夕在重庆被国民党杀害，武同儒同志于1931年惨遭杀害……惠浴宇同志在中华人民共和国建国三十五周年之际为宋绮云烈士题词“永远不忘记为了新中国的诞生而英勇捐躯的先烈们”。

（2011年1月20日第75期）

毛泽东在江苏的历史足迹

徐立刚

早在1920年4、5月间，毛泽东就来过江苏。当时为组织一批湖南学生赴法国勤工俭学，毛泽东从北京去上海，中途游览了泰山、曲阜、徐州、南京。青年时期的毛泽东热爱祖国大好河山，热切希望广泛了解中国社会，对于游历考察有着浓厚的兴趣。1936年，毛泽东对美国著名记者埃德加·斯诺说："《三国》上有名的徐州城墙，历史上也有盛名的南京城墙，我都环绕过一次。"先前他从湖南去北京时，曾"沿着洞庭湖环行，绕保定府城墙走了一圈"。"这些事情，我在那时看来，是可以同步行游历湖南相媲美的。"

新中国成立后，毛泽东经常到全国各地进行调查研究。他生前到江苏20多次，主要是进行调查研究。毛泽东不仅听取省级、地市级负责人的工作汇报，还多次深入工厂、农村、部队、科研机构作实地考察，同基层的干部群众进行面对面的交流。

1951年2月24日晚，毛泽东乘专列到达徐州。25日上午，毛泽东在列车上接见中共徐州市委副书记华诚一，听取工作汇报。同日，毛泽东乘专列抵达南京，听取南京军事学院政治部主任钟期光、副教育长陈伯钧的工作汇报。他指示要把南京军事学院办成延安抗日军政大学式的学校。

1952年10月28日下午，毛泽东乘专列到达徐州。晚上接见徐州市委副书记华诚一、市长张光中，了解徐州的经济建设、军民关系及人民生活。29日上午，接见山东军区司令员许世友及徐州市委负责人。毛泽东由罗瑞卿、许世友、华诚一、张光中等陪同，游览徐州南郊云龙山，并指示徐州市委发动群众，依靠群众，绿化荒山。

1953年2月22日凌晨，毛泽东乘海军"洛阳"号军舰到达南京。下午，在玄武湖梁洲草坪接见江苏省级机关厅局级以上干部，还有来宁参加省委扩大会议的地、市、县委书记。23日，毛泽东晋谒中山陵，向孙中山座像敬献花圈。又游览明孝陵，视察紫金山天文台，指示要绿化南京。24日下午，毛泽东在南京下关码头登上"南昌"号军舰视察，并在下关至燕子矶的江面上观看鱼雷快艇演练。他听取部队负责人的工作汇报，提出一些关于海军建设中的问题，并作许多指示。毛泽东在"南昌"舰上挥笔题词："为了反对帝国主义的侵略，我们一定要建立强大的海军。"晚上，在从南京开往徐州的专列上，接见苏州市委书记刘中、市长李芸华，听取工作汇报，指示要抓好恢复与发展生产，解决好群众生活问题。25日上午，毛泽东乘专列抵达徐州。接见徐州市委书记华诚一、副市长柳林，听取工作汇报，指示要逐步改善人民生活，要按照民族资本家的实际情况，实行工商业税收多等多级。

1954年3月15日，毛泽东抵达无锡，下榻于大箕山麓的华东疗养院。

1955年10月下旬至11月初，毛泽东来到江苏。他先乘专列抵达南京，调查了解有关肃反工作情况，听取江苏省委书记江渭清，省委副书记、省长惠浴宇，南京市委副书记、市长彭冲等汇报，指示既要充分发动群众，又要掌握政策，做到“有反必肃，有错必纠”。毛泽东乘专列抵达镇江，接见镇江地委第一书记陈西光、镇江专署专员高俊杰，听取关于农业合作化运动等方面的工作汇报。毛泽东乘专列抵达无锡，接见无锡市委书记包厚昌、市长江坚，听取关于资本主义工商业社会主义改造等方面的工作汇报。毛泽东乘专列抵达苏州，接见苏州市委书记吴仲村、代市长惠廉、苏州地委书记孙加诺、副书记刘铁珊，听取关于经济工作和资本主义工商业社会主义改造等方面的工作汇报。

1956年1月11日早晨，毛泽东乘专列抵达南京。上午，视察玄武湖乡红光农业生产合作社、栖霞镇十月农业生产合作社、南京无线电厂。下午，视察南京军事学院，在南京市委大院接见出席中共南京市第四次代表会议的全体代表，省、市工商界人士，在宁的高等院校、科研机构的知识分子代表。

1956年7月，毛泽东乘专列抵达徐州，接见徐州地委书记胡宏、徐州专署专员梁如仁，听取关于肃反工作和农业生产情况汇报。他指示：一定要认真贯彻党的方针政策，广泛发动群众，孤立和打击极少数敌对分子，加强社会治安，整顿社会秩序，为发展工农业生产，实现第一个五年计划，创造一个安定的社会环境。水利是农业的命脉，要制定一个包括近期和长远的治水规划，动员人民兴修水利，变水害为水利。

1957年3月19日早晨，毛泽东乘专列抵达徐州，接见徐州地委书记胡宏，徐州市委第一书记陶有亮，第二书记、市长张洪范，着重调查徐州工业生产方面情况。他指示：徐州的煤和铁在江苏地位很重要，要做好工作，大力发展煤炭工业、钢铁工业。有了煤炭、钢铁，其他工业就好发展了。同时也要发展轻工业，照顾市场，满足人民生活需要。徐州也要相应地发展水路交通。毛泽东于同日抵达南京，召集江苏、安徽两省和上海市的负责干部座谈，了解情况。20日，毛泽东在南京人民大会堂，给江苏、安徽两省和上海市以及南京军区的党员干部作了近两小时的重要讲话，深入浅出地阐述党的“八大”路线。他分析了我国社会主义改造基本完成后的新形势，指出全党全国人民面临一个新的伟大的转变，即由阶级斗争转到了向自然界作斗争，转到技术革命和文化革命，当前的中心任务是搞经济建设。要正确处理人民内部矛盾，统筹兼顾，适当安排，加强思想政治工作。要密切联系群众，要坚持革命战争时期的那么一股劲，那么一股革命热情，那么一种拼命精神，把革命工作做到底，要调动一切积极因素，为尽快把我国建成强大的社会主义国家而奋斗。

1957年7月，毛泽东在南京召集华东各省省委第一书记开会，研究和部署反右派斗争。

1957年12月5日，毛泽东乘专列抵达南京，接见了出席中共江苏省第三次代表大会第二次会议的全体代表。

1958年8月8日，毛泽东在徐州接见徐州市委第二书记、徐州市长张洪范，徐州地委副书记、徐州专署专员梁如仁，了解工农业生产、当地驻军、军民关系等情况。他指示说，徐州将要成为重要的工业城市。

1958年9月20日至21日，毛泽东在张治中、罗瑞卿、曾希圣陪同下视察南京，听取中共江苏省委关于经济工作情况的汇报，指示各级党委必须一手抓工业，一手抓农业。毛泽东接见了省市机关、驻宁部队、大专院校和重要厂矿负责人，接见了出席南京军区党委扩大会议的全体代表，还同南京军区司令员许世友谈了军队领导干部下连队当兵之事。

1959年秋，毛泽东乘专列到达南京，在专列上接见了江苏省委第一书记江渭清等江苏省委负责人。

1961年1月29日，毛泽东乘专列到达南京，接见江苏省委第一书记江渭清，指示各级领导干部要深入基层，抓典型，大兴调查研究之风。

1961年12月13日下午，毛泽东乘专列到达无锡。14日、15日，毛泽东接见南京军区司令员许世友、江苏省委第一书记江渭清、安徽省委第一书记曾希圣，还有无锡市委第一书记何冰皓、苏州地委第一书记储江、镇江地委第一书记李楚等，听取工作汇报，并就国内外形势、克服经济困难、贯彻《农业六十条》和《工业七十条》等，作出指示。16日，毛泽东接见驻无锡部队负责人钟国楚，谈了部队建设等问题。

1962年5月3日下午，毛泽东乘专列到达无锡，无锡市委第一书记何冰皓到车站迎接。5日下午，毛泽东离开无锡。

1962年12月15日，毛泽东乘专列到达南京，接见了出席中共江苏省第四次代表大会的全体代表，以及省市机关、部队和厂矿企业的干部，勉励大家团结起来，努力奋斗，克服困难，争取胜利。

1963年4月11日，毛泽东乘专列到达南京，对在农村开展“四清”运动试点工作作了指示。

1965年6月底，毛泽东乘专列路过南京，在列车上接见江苏省委第一书记江渭清等江苏省委负责人。

1965年11月13日晚，毛泽东乘专列抵达徐州。14日，接见徐州市委副书记、市长吴明政，徐州地委副书记丁平，调查了解当地农业水利、人民生活、国防战备、工业建设等方面情况。他指示：徐州能源丰富，交通便利，只要发挥本地优势，逐步提高技术水平和管理水平，相信徐州的其他工业也会像煤炭工业一样发展起来的。16日至17日，毛泽东在南京向江苏省委第一书记江渭清、江苏省委书记处常务书记陈光及部分地、市委书记了解全省经济工作，开展社会主义教育运动及建设“小三线”的情况。向江苏省委书记处书记、南京市委第一书记彭冲，市委书记刘中，调查南京工业生产情况。

1969年9月21日，毛泽东由南京军区司令员许世友陪同，视察南京长江大桥，接见守桥部队的部分指战员。

毛泽东在建国后来江苏搞调查研究时，了解的面很广，侧重于经济发展因素，诸如当地人口、自然地理、历史沿革、工农业生产等。他对许多情况询问得很仔细，涉及存在的问题和困难及解决的办法，并随即作出指示，对干部群众予以鼓励。当时毛泽东在向江苏的地方干部了解情况时，往往先闲聊几句，打消对方的紧张情绪，再听取工作汇报。毛泽东往往是一面专注地听汇报，一面自己动手细心地做着笔记。包厚昌回忆说：“汇报的形式是问答式的，即毛主席提问，我们回答。有时我们答不上来，他也并不介意，只是抿一抿嘴，再换一个问题。毛主席在提问时态度非常随和，丝毫没有架子，就像在和我们聊天一样。”何冰皓回忆说，毛泽东听取汇报时，“听得十分仔细，还不时提出一些问题或作一些插话。通过这些问题和插话，一方面循循善诱地引导我们把主要情况客观、充分地反映出来，另一方面也对我们的工作作了许多具体指示”。

尤其值得怀念的是 1957 年 3 月 20 日毛泽东在南京人民大会堂作的讲话。毛泽东在那次讲话中明确指出，社会主义改造基本完成后，全党和全国人民面临着一个伟大、深刻的转变，即由过去长期的以阶级斗争为中心转到以经济建设为中心。他强调，通过革命改变上层建筑和经济制度只是为发展生产力开辟道路，为使中国由落后的农业国变为先进的工业国开辟道路，因而现在的中心任务是建设，是在新的生产关系下面保护和发展生产力。他高瞻远瞩地提出建成社会主义现代化强国大约需要 100 年的时间，提出要分几步走的战略设想：“中国要真正强大起来要多少年呢？我看大概要一百年吧。要分几步走，大致说来，有十几年要稍微好一点，有个二三十年就更好一点，有个五十年可以勉强像个样子，有一百年，那就了不起，那就和现在大不相同了！”

今天重温毛泽东这些闪耀着历史光辉的思想，对于我们更加深入地学习理解邓小平理论和“三个代表”重要思想，更加坚定不移地贯彻执行党的基本路线，无疑有着巨大的教益。

1956 年 1 月 11 日，毛泽东视察南京郊区农村，与农民亲切交谈

（2006 年 9 月 28 日第 32 期）

恽代英与南通早期党组织的建立

朱慧 郦懿清

“五四运动”是中国新民主主义革命的开端，在南通，知识界首先起而响应“五四运动”，揭开了南通人民革命斗争史上崭新的一页。站在运动最前列的青年学生积极参加罢课、示威游行。中国共产党诞生后，在苏联十月革命胜利和国内革命运动的影响下，南通师范（简称通师）许多学生开始学习马克思主义，热心研究社会主义学说，思考当时的政治思想问题，努力追求真理，寻求解放和改造中国的道路。1923 年 2 月，“二七”血案发生后，救国救民的思想在通师学生中进一步发展起来，有些学生开始接受了马克思主义。

与此同时，中国共产党一直高度重视在南通建立党组织。1923 年 7 月，中共上海地方兼区执行委员会第一次会议，分工沈雁冰（茅盾）负责推动南通的国民运动。国共合作实现后，恽代英、陈延年等积极在南通进步青年学生中发展共青团员和共产党员，推动南通地区国民党组织先于共产党组织而建立，扩大共产党活动的阵地。

在当时以马列主义教育青年的刊物中，由恽代英和邓中夏等筹办的团中央机关刊物《中国青年》，犹如一盏明灯指引着全国的进步青年寻求真理。恽代英根据青年人的特点，将革命道理用浅显生动的语言表达出来，不仅用文章与青年交朋友，还与广大青年群众保持密切的联系。他每天都要收到几十封甚至上百封读者来信，但不管多忙都和其他编辑一起写信回复。有典型意义的则在《中国青年》上刊登，以期引起讨论。恽代英通过刊物及其通讯员同各地团组织和青年组织取得联系，指导他们的工作，进行建团建党活动。1925 年的一天，在上海环龙路 44 号的国民党中央上海执行部里，恽代英把从南通来沪读书的巫钲一和窦昌熙找去，对他们说：“你们是南通人，现在南通还没有建立共产党的组织，你们要回到南通去，通过国民党的组织来宣传我们的主义。”巫钲一和窦昌熙回到南通后，积极宣传孙中山的三大政策，以南通师范、唐闸、大生纱厂为立足点，用《中国青年》上的一些理论，向群众广泛宣传，扩大了《中国青年》的发行数量。

据通师学生、南通早期共产党员王盈朝回忆：1924 年，孙中山先生在中国共产党的帮助下，改组国民党。当时，南通进步学生受返乡学生巫钲一、李守章（李俊民）、吴肃（吴亚鲁）等革命宣传的影响，对现实的不满情绪更加强烈，反帝反封建的思想更加高涨。大概就在这时，恽代英主编的《中国青年》、杨贤江主编的《学生杂志》，还有中共机关刊物《新青年》《向导》等报刊，很快在南通流传开，并成为通师学生的主要精神食粮。这些革命报刊的推销和传阅，为以后建立革命组织准备了思想基础。此后，由从允中等发起成立了以钻研社会科学为宗旨的革命青年团体——晨光社。

担任黄埔军校政治总教官时的恽代英

晨光社 1924 年 5 月成立后，恽代英即在 6 月 21 日出版的第 36 期《中国青年》中，对晨光社作了这样的介绍："南通第一代用师范少数同志组织了一个社团，名晨光社。他们的宗旨是：训练团体精神，应用于实际生活上。他们的计划是：1. 在校内设立图书室、平民读书社；2. 在校外通俗演讲；3. 在假期内作教学的实习，调查民间实况；4. 研究中国青年思想问题与今后新中国的教育问题。他们还想设立通讯讲演机关，请当代名人指导。"

成立之初的晨光社只有 20 余人，根据王盈朝回忆：他们想方设法买来了当时上海出版或发行的社会科学方面的新书，在阅读《共产党宣言》《共产主义 ABC》《共产党礼拜六》《资本论入门》《唯物史观》《俄国革命纪实》《社会科学概论》《中国革命论文集》和瞿秋白、施存统等编著的社会科学讲义等著作的过程中，他们与恽代英建立了通讯联系，多次写信给恽代英，询问各种问题，寻求解决当前社会问题的办法。恽代英接到他们的信后，总是尽快在百忙中抽时间答复他们。

1925 年 10 月 28 日，受到《中国青年》影响的通师学生王盈朝写信给恽代英，表达了参加"C. Y"（即共青团）的意愿，决意投身到革命队伍中去。他写道："我想，我要献身于革命事业上，那当然无须徘徊不前，应该赶快毫不犹豫地站在农工的利益上，集中我们革命的力量。不然，我便是本阶级（当然是无产阶级）中之叛贼了，我不愿反我本心的真正愿望，所以我要决定加入 C. Y。"11 月 10 日，王盈朝具志愿书加入共青团。恽代英发展了王盈朝、从允中参加了共产主义青年团。1926 年 1 月，通师成立了团支部，王盈朝任书记。不久，恽代英介绍王盈朝、从允中加入共产党，并由他们发展国民党左派徐家瑾、杨文辉等入党。1926 年春夏之间，在恽代英的指导下，通师共产党支部成立，王盈朝担任第一任党支部书记。

通师党支部成立后，注重组织发展工作，相继吸收了刘瑞龙、韩铁心、徐芳德等人入党；支部还通过晨光社，组织党员和进步学生学习社会科学理论，推销《向导》《中国青年》等革命书刊，传播马克思主义；并派学生去组织农民协会，建立工会，宣传“谋解放，求生存”的革命道理。通师党员毕业后都成为南通地区党组织的负责人。在历次革命运动中，通师先后有 60 多名优秀学生为革命事业献出了年轻的生命，其中，最大的不过 28 岁，最小的才 20 岁。通师被誉为“南通地区革命摇篮”，通师党支部亦成为南通革命史上影响较大的早期党组织。

（2011 年 8 月 18 日第 81 期）

我所知道的「常州三杰」

陆立之

恽代英是中国共产党创建时期的重要领导人之一，早期著名的政治活动家、马克思主义理论家、中国青年运动的领袖。他与瞿秋白、张太雷一起被誉为“常州三杰”。恽代英祖籍江苏武进，1919 年底至 1920 年春，恽代英与毛泽东在武汉会晤。1921 年 8 月，恽代英加入中国共产党。1925 年，他与李立三、瞿秋白、刘少奇等人领导了震惊中外的五卅反帝爱国运动。

1930 年 2 月，他在《红旗》杂志上发表文章，热情赞颂毛泽东关于建立农村革命根据地的思想。同年 5 月 6 日，恽代英不幸被捕。周恩来等人组织各方面力量积极营救，但由于中央政治局委员、中央特科负责人顾顺章被捕后叛变出卖，1931 年 4 月 29 日，36 岁的恽代英在南京慷慨就义。

张太雷是江苏武进人，也是常州才子，与瞿秋白同年，1899 年生，但出道较早，也比瞿秋白早逝。瞿秋白 1935 年 36 岁被杀害，张太雷 1927 年 29 岁就牺牲了。

中学时代，他在家乡与挚友瞿秋白一起阅读进步报刊，关心民生疾苦，探讨国家前途。1920 年 10 月，他参加了李大钊创建的中国共产党北京小组，成为江苏中共最早的党员之一。

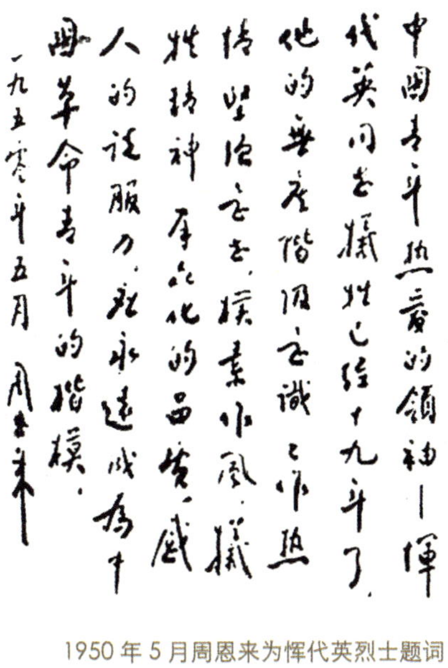

1950 年 5 月周恩来为恽代英烈士题词

张太雷最早于 1921 年（22 岁）参加了共产国际“三大”，也在这一年介绍瞿秋白入党。他们正是风华正茂的时节。

1921 年 6 月 3 日，共产国际远东局中国科书记张太雷，陪同共产国际代表到中国，与李大钊、陈独秀等商谈建立中国共产党。张太雷是中国青年运动的著名领袖，在团三大上当选为总书记。张太雷是第一个被派往共产国际工作

大学时代的恽代英

1926年11月7日，国民党中央通电宣布中央党部及国民政府迁至武汉。张太雷随同鲍罗廷、宋庆龄等由广州赴南昌途中留影

瞿秋白就义前摄于长汀中山公园凉亭

的中共使者，第一次登上国际共产主义运动讲坛庄严致词，被李大钊称为“才华出众”的年轻人。

张太雷是中共早期卓越的领导人之一，1927年12月，他遵照中央决定领导广州武装起义，12月12日晨，在指挥起义中不幸壮烈牺牲，时年29岁。

曾当选过中央总书记的江苏人——瞿秋白是中国共产党早期主要领导人之一。1899年1月29日出生于常州。1920年10月，以北京《晨报》和上海《时事新报》特约记者身份赴苏俄考察，最早以亲身见闻向中国人民系统、真实地报道了世界上第一个社会主义国家的情况。1922年2月在苏俄加入中国共产党。从1925年起，瞿秋白成为党的重要领导人之一。

1927年，在大革命失败的危急关头，瞿秋白主持召开党史上著名的八七会议，组成中央临时政治局，并当选主持中央工作。在这期间，他参与决定或指导了南昌起义、秋收起义、广州起义及其他地区的武装起义。1931年1月，在中共六届四中全会上，受到王明等人的打击，被解除中央领导职务。此后3年，瞿秋白将主要精力转向文化战线，在上海和鲁迅一起领导左翼文化运动。1935年2月，在福建长汀水口乡遭国民党包围被捕。同年6月18日英勇就义，时年36岁。

瞿秋白是伟大的马克思主义者，他为传播马克思主义，为中国共产党早期的理论建设，作出了巨大贡献。他运用马克思主义基本原理对中国革命的基本问题进行了广泛而深入的研究，提出了许多精辟的见解，为大革命时期中国共产党关于新民主主义革命基本思想的建立以及毛泽东思想的形成做了大量奠基性的工作。他短暂而光辉的一生，给后人留下了政治理论著作300多万字，哺育、启迪了一代又一代的中国先进分子。他将《国际歌》翻译成中文，一直传唱到今天。

“为大家辟一条光明的路”，这是瞿秋白毕生奋斗的座右铭。他的一生，是孜孜不倦寻求中国光明之路的一生，是为共产主义理想英勇奋斗的一生。正如毛泽东指出：“他的这种为人民工作的精神，这种临难不屈的意志和他在文字中保存下来的思想，将永远活着，不会死去。”

（2007年7月19日第42期）

江苏敌后抗战

奚博凯 姚军

1937年8月13日，日军进攻上海。随后，中国军队在上海及邻近的江苏地区、南京地区和徐州外围地区进行了淞沪会战、南京保卫战和徐州会战，数十万大军浴血奋战，抗击日本侵略军。至1938年5月19日，徐州失守，江苏全境沦陷。

江苏沦陷后，新四军挺进江苏敌后，开辟抗日根据地。1938年，按照中共中央革命军事委员会主席毛泽东给中共中央东南局书记、新四军军分会书记项英，副书记陈毅的指示，新四军军部派陈毅、粟裕率部开辟茅山抗日根据地。1939年，根据中共中央代表、中共中央南方局书记周恩来在皖南与叶挺、项英等新四军领导人商定的行动方针，新四军东进北上，陈毅与粟裕、张云逸与罗炳辉、彭雪枫与张爱萍等率部分别在江苏境内及苏皖边区开辟了苏南京沪路东、皖东津浦路东、豫皖苏和皖东北根据地。1940年，在中共中央中原局书记刘少奇的直接领导下，陈毅、粟裕率领江南新四军主力渡江北上，开辟苏中抗日根据地；黄克诚率领八路军主力一部南下华中，开辟淮海、盐阜抗日根据地。此外，在陇海路以北的苏鲁边区，八路军开辟了湖西、鲁南和滨海抗日根据地。至此，敌后抗日根据地遍布江苏全境。

皖南事变后，新四军新的军部和中共中央华中局在苏北盐城成立，陈毅任新四军代理军长，刘少奇任新四军政委、华中局书记。直至抗战胜利，新四军军部和华中局机关一直活动在江苏地区，江苏成为华中敌后抗日斗争的指挥中心和核心地区。华中敌后抗日根据地所属8个战略区，其中在江苏境内和苏皖交界地区的就有苏南、苏中、苏北、淮南、淮北五个战略区。新四军所属七个师中，第一、二、三、四、六师师部长驻江苏境内。在刘少奇、陈毅、

1940年7月，陈毅、粟裕率部进驻黄桥开辟苏中抗日根据地

张云逸、曾山、赖传珠、邓子恢、粟裕、叶飞、陈丕显、罗炳辉、黄克诚、彭雪枫、张爱萍、谭震林、江渭清等老一辈革命家领导下，江苏敌后抗日军民坚持战斗在敌伪统治的心脏地区，反扫荡，反清乡，开展了艰苦卓绝的抗日游击战争，沉重地打击了敌伪，巩固和发展了抗日根据地，夺取了江苏敌后抗战的最后胜利。

八年抗战，新四军在江苏共毙、伤、俘日伪军 20 万人以上，从日军铁蹄下解放了江苏全省 2/3 以上的土地和人民，为新民主主义革命在江苏的胜利打下了良好的基础。

彭雪枫（左三）率新四军游击支队东进豫皖苏根据地

（2005 年 8 月 12 日第 8 期）

盐阜区的两次反「扫荡」斗争

滕建平

抗战时期，在新四军军部和华中局的领导下，新四军第一师、第三师与日伪军进行了艰苦的斗争，先后取得了 1941 年夏季和 1943 年春季两次反“扫荡”的胜利，保卫和巩固了苏北抗日民主根据地。

第一次反“扫荡”斗争

1940 年 10 月，中原局书记刘少奇与八路军黄克诚部队、新四军陈毅部队执行党中央指示，开辟了以盐阜为中心的苏北抗日民主根据地，使华中、华北抗日根据地连成一片，极大地增强了我党的抗日力量。皖南事变之后，新四军在盐城重建了军部，其后，党的华中局又在盐城成立。从此，盐城不仅成为苏北抗战的中心，而且成为华中地区抗日的指挥中心。

日敌非常仇视盐阜根据地的抗日力量，千方百计地想扼杀新成立的新四军军部，把进攻的矛头直指盐阜区，1941 年 6、7 月间，日军调兵遣将，以盐城为主攻目标，发动了第一次大扫荡。在这严重局势之下，刘少奇、陈毅同志坚决执行中央指示，动员盐阜根据地全体军民加强反扫荡的各项准备工作。1941 年 5 月 23 日，华中局发出了准备粉碎敌伪大扫荡的指示。6 月 10 日《江淮日报》发表了加强准备反扫荡的社论，提出了“保卫大盐城”、“保卫新军部”的战斗口号，号召新四军驻盐阜部队和盐阜根据地人民紧急动员起来，坚壁清野，同仇敌忾，坚决击退敌人的猖狂进攻。

盐阜区第一次反扫荡战斗是从 1941 年 7 月 20 日开始的，持续了 1 个月零 2 天。早在同年 3 月间，日军派 3 个旅加几个联防队对我苏中地区进行扫荡。粟裕同志率领的新四军一师部队根据陈毅的指示，大力开展游击战争，紧紧把敌人拖在南线。一师部队分散在各县与敌人兜圈子。5 月份，敌人由苏中向苏北推进。7 月份，日军出动南浦独立旅团的主力，再加上李长江、杨仲华两万多伪军，在飞机的掩护下，兵分四路，由东台、兴化、合德、陈家港向盐城、阜宁合击。刘少奇、陈毅精心指挥，坚决执行毛主席制定的敌后游击战争的战略战术，以分散削弱敌军集中之优势，以集中突击敌军分散

1943年春，苏北盐阜地区反“扫荡”中的瞭望哨

的弱点，新四军主力转移外线，伺机打击敌人。三师七旅八旅及一师二旅一部和抗大特务团8000余人顽强抗敌；地方部队化整为零，深入到敌占区，机动灵活地打击敌人；人民群众封河打坝、拆桥破路，到处堵截。军民一心，英勇善战，打得敌人晕头转向。在盐城之南，粟裕部队对敌猛烈进攻，攻克了敌人的重要据点。破路堵河，阻止了敌军军需供应。当日军进犯盐城时，新四军主力部队早已跳出了敌人的包围，军部安全转移，敌人扑了个空。敌人的装甲汽艇从水上来犯，被我预先埋下的木桩和土坝阻挡。敌人胆战心惊地进入盐城时，又踩响了我军民预先埋下的地雷。南边打，北边打，部队打，群众打，敌人陷入了人民战争的汪洋大海。在一个多月时间内，三师官兵和盐阜人民与敌进行大小战斗130多次，歼灭敌伪3800多人，敌人丧失了有生力量，被迫撤回，我盐阜军民取得了反扫荡斗争的胜利，保卫了新军部，保存了主力，保卫了盐阜根据地。

第二次反“扫荡”斗争

日敌在第一次大扫荡失败后处心积虑地发动第二次大扫荡，妄图一举消灭我新四军军部及其主力部队，进而扑灭华中地区的抗日烈火。

华中局和新四军军部在第一次反扫荡斗争胜利后，预见到敌人将进行反扑，进行第二次扫荡。1942年11月起陆续指示盐阜根据地的党政军进行反扫荡的准备，使盐阜军民在思想上、组织上、工作上进行了充分的准备。

1943年2月12日，日军集中十七师团、三十五师团、十五师团独立十二混成旅共万余人，集中伪军9000余人，向盐阜根据地实行“梳篦式”大扫荡，来势极其凶猛。2月17日，敌兵分五路向东坎、八滩进犯。接着，日伪军兵分成数十路由西向东，向盐阜根据地各县、各乡村进行搜索。这次大扫荡是抗战时期华中根据地各次扫荡规模最大最残酷的一次，持续了52天之久。

盐阜区第二次反扫荡战争分为三个时期。第一时期敌伪集中主力寻找我主力作战，我新四军部队采取避开、转移、隐蔽、打圈子的方针，使敌到处扑空。第二时期敌分别集中兵力扫荡，我军采取扫荡圈内打小仗，圈外部队积极作战的方针。在苏中一师、淮北四师的战略配合下，三师狠狠打击敌人的交通运输，打击出扰部队。二十四团收复八滩，二十三团截获东沟、湖垛间敌伪军船只百余艘，二十一团在串场河杀伤大量敌伪军，盐城部队破坏公路电线数十里等，给敌人以沉重的打击。第三时期是敌主力撤退时期，我三师部队集中力量打击敌伪薄弱部分，攻克了我要害区之敌伪据点。三师官兵连续作战 20 天，较大的战斗有单家港战斗、陈集战斗、八滩战斗、高作战斗、钦工战斗等。在这些战斗中，单家港战斗是盐阜根据地抗日战争中杀伤敌人最多的一次战斗，我二十二团以 23 人的伤亡毙伤敌军 240 多人。陈集战斗中我三师副师长张爱萍同志亲自指挥，二十三团顽强战斗，全歼日军 82 人，缴获敌军的武器装备也最多。这次战斗是盐阜根据地取得的首次歼灭战，大获全胜。三师师长黄克诚称赞陈集战斗是我三师在盐阜区最漂亮的一次战斗。二十四团攻打的八滩战斗最激烈，三师参谋长洪学智和二十四团团长谢振华同志指挥了这次战斗，击毙敌军 73 人，俘获伪军 200 人，取得八滩战斗的胜利。

第二次反扫荡战斗，我新四军和盐阜人民共与敌伪战斗 619 次，攻克敌伪据点 32 处，毁敌炮楼 43 座，缴获各种枪支约 700 支，缴获弹药 20000 多发，缴获大量军用器械和军用品，打死日军军官 17 人，杀、伤、俘日伪军 1500 多人，粉碎了敌人通过扫荡消灭新四军的阴谋，保存了新四军主力，保卫了盐阜根据地，为坚持长期抗战斗争创造了更有利的条件。

（2005 年 9 月 22 日第 10 期）

南通反「清乡」「短枪队」虎穴锄奸记

陈春华

1943年4月20日，夜幕降临，南通城西北沿江港口小镇天生港，除了天生桥下一家旅馆里还在吹拉弹唱、灯火通明，四处已经夜阑人静。突然，从旅馆里发出“啪啪啪”的几声枪响，就像霹雳撕破夜空。屋里顿时哭爹喊娘，乱作一团，紧接着，几条人影敏捷地窜出旅馆，一眨眼消失在茫茫夜色中……

次日上午，日伪苏北“清乡”南通特别区公署内，署长严明接过秘书送来的两份紧急报告，一份是第二区区长郜志成的，另一份是警察局局长傅来群的，报告的是天生港旅馆发生的同一案件。

看完报告，严明眉头紧锁，面色阴沉。遂叫来秘书，要求起草训令，令警察局第二区公所“将枪杀如皋封锁管理处主任凌月东案内暴徒严缉归案法办”，“缉凶归案法办，不得稍事懈怠”，并令“区长详细查明匪从何来、逃向何去，报请核办为要”。同时，拟文向苏北地区清乡主任公署主任张北生报告。

张北生知道此事后即刻致电南通特别区公署：“查天生旅馆位居该区公所警察分署及自卫团队警戒哨所以内，周围有竹栅，暴徒竟易潜入，足见平日警戒松懈。且案件发生时，该署所团队，未能迅

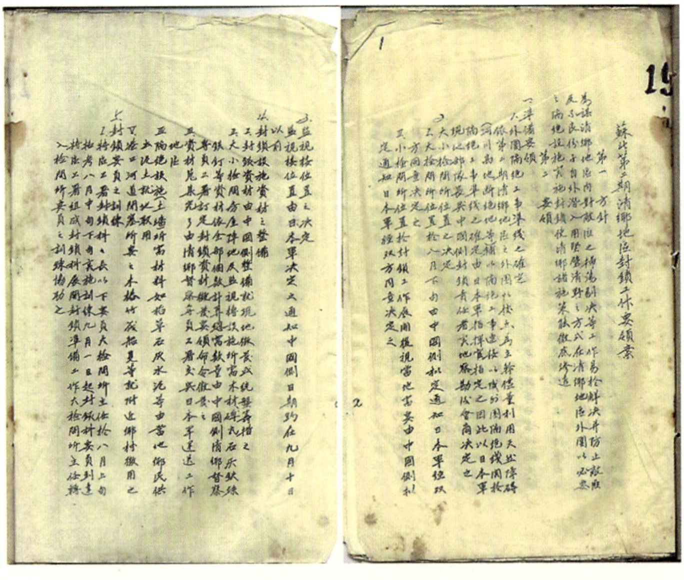
苏北第二期清乡地区封锁工作要领

日伪拟订的《苏北第二期清乡地区封锁工作要领》

捷措置，以致暴徒全数逃逸，殊属不当。着即勒限该区公所加紧侦缉，务获暴徒，归案法办后，再行分别议处……”

可惜，伪公署及其武装军警上上下下忙了好一阵，连“暴徒”的汗毛都没见到，就像一滴水掉进了大海，再也找不着了。

受命组建“短枪队”

敌人口中的这些所谓“暴徒”究竟是谁？天生港旅馆里的枪声又是怎么回事？这要从杨勇伟率领的新四军“短枪队”说起。

1943 年 3 月，日伪在南通地区的“清乡”即将开始，中共中央华中局和新四军军部对四分区党委和部队作了专门指示，苏中区党委书记、新四军一师师长粟裕在四分区党政军负责人会议上研究确定了坚持原地斗争的策略方针和战术原则。四地委在《关于动员反“清剿”、反“清乡”的报告提纲》中指出：在日伪集中优势兵力，凭借密布的据点，对四分区实行封锁分割的情况下，我们集结大的部队作战，势难进行，只有广泛地开展群众性的游击战，才能动员和组织群众，保卫抗日民主的旗帜，逐步地消耗日伪的有生力量。要求“每乡每支部每月捕杀一个敌人”，“组织短枪队，深入据点，捕杀汉奸，处处打击日伪”，积小胜为大胜。杨勇伟的“南通县政治保卫队”就是在这种情况下组建的，因一律使用短枪，故被形象地称为“短枪队”。

据杨勇伟回忆，“一天（1943 年 2 月下旬），县警卫团政治主任韩念龙同志把我找去，先详细谈了目前的形势，然后对我说：‘根据上级党委的指示，县团主力要撤到清乡圈外去，另外组建一支短枪队，留下坚持原地斗争。县委决定，把这个任务交给你。’……我接受任务后，组织上很快从县公安局调来了 3 名政保队员……还从区队和地方干部、民兵中挑选了部分骨干，一共 20 来人，都是政治可靠、英勇善战的优秀战士。接着，我们抢在敌人全面开始清乡之前，熟悉了全县重要集镇的地形，掌握了多种短武器的使用方法，并进行了应付紧急情

清乡区内，日伪设置许多“检问所”盘查行人。图为伪军和清乡人员在搜查行人

况、化装侦察、翻墙过河等方面的训练。"

杨勇伟对训练抓得很紧,要求每人都能使用驳壳、左轮等各种短枪,会拆卸会组装,还要掌握射击要领。人人都要学会化装,扮商人、阔佬、乞丐、日军军官。还要学一些行话,以及南腔北调的普通话。并且要学会翻墙头、撬门扭锁之类的技术。

"短枪队"天生港闪电一击

4 月中,杨得到情报,敌伪的一名封锁主任到天生港检查封锁篱笆构筑情况。上级要求短枪队除掉汉奸,给敌人个下马威。任务十分紧急,但短枪队对这个汉奸的具体情况,如姓甚名谁、外貌特征、衣着打扮、落脚地点等几乎一无所知。同时,天生港是南通的重要港口之一,是通往沪宁的门户,敌人为控制这一战略要地,派重兵把守。要在戒备森严的虎穴中击毙这个老奸巨猾的汉奸,确实是一件难事。

杨勇伟接受任务后,化装成小老板混入天生港熟悉街道地形。他发现,天生港码头正在忙碌地装卸从江南运来的 500 万根毛竹,敌人计划用这些毛竹从天生港开始向北,经运盐河至丁堰,再东延至南坎,直至黄海岸和长江边,构筑全长约 300 里的竹篱笆。他同时发现,沿竹篱笆一线,敌人还建立了许多碉堡、瞭望哨、大小检问所,试图对"清乡"区构成一个封锁圈。通过侦查和摸底,他把目标锁定在天生旅馆一号厢房一个身穿提花绸缎褂子的光头大胖子身上。种种迹象表明,这个胖子正是他要执行任务的对象。随后,杨勇伟回去和队员们秘密筹划好了行动方案。

4 月 20 日夜,杨勇伟和周伟、向导及另一名队员直奔天生旅馆。"我们很快潜到天生旅馆附近。这时,旅馆后院的竹篱笆门已经关上了。大家灵巧地把篱笆门扭开。按照分工,向导和另一名队员在门边把守,我和周伟进去动手。我们闪过两道门,摸到了厢房背后。听见里面正在搞堂会,唱戏的、拉二胡的、作陪的,闹哄哄正热闹。那个封锁主任正坐在靠窗的椅子上,脑袋露在窗口上,对面沙发里半躺着一个军人模样的人。惩治这个汉奸的时刻到了,我把枪轻轻往窗台上一搁,狠狠地扣下了扳机……"然后,就出现了本文开头的那一幕。

这是南通县短枪队第一次执行任务,撤出时,他们还散发了一张传单,上面写着"飞檐走壁,来无踪、去无影",署名"一支梅"。从此,天生港锄奸的故事不胫而走,在群众中广为传播。

群众性锄奸斗争

1943 年 4 月 1 日,苏中四专署宣布实行抗日戒严。同日颁布了《反"清乡"期内紧急治罪条例》。《条例》规定,为维护社会秩序,保护人民群众利益,惩治汉奸、敌特的破坏,对"国人皆曰可杀"的汉奸、特务处以极刑,并授予区级以上政府和民众团体以执行之权。把生杀之权交给群众,不仅提高了群众的地位与权力,更易于动员组织群众参与到反"清乡"斗争中来。锄奸活动从最初的个别秘密锄奸,逐步发展为公开的群众性锄奸,以后则形成了群众运动,成为反"清乡"初期的主要斗争形式。

在锄奸斗争中，“短枪队”发挥了重要作用。早在日伪开始“清乡”前，根据粟裕的指示，各县就组建了短枪队，有杨勇伟等领导的“南通政治保卫队”，有黄辉、赵一德领导的海启“东南行动大队”，有刘忠、蒋德龙等领导的如皋短枪队，还有从一、二、三分区抽调来支援四分区的短枪队。这些短枪队英勇机智，深入虎穴捕杀敌伪重要“清乡”人员。除凌月东外，还先后镇压了朱崇汉、梁振强、孙祖贤、徐宝明等死心塌地为日伪效劳的汉奸。

日伪在清乡区修筑的竹篱笆封锁线

在群众性锄奸斗争中，民兵和群众采取盯梢、诱捕、“扎粽子”、“包馄饨”、“背娘舅”、“老鹰捉鸡”、“赶鸡入窝”等办法，使那些奸特陷入抗日军民布下的天罗地网。在如皋，游击队捕获了马塘伪警察署长；在南通，一对老年夫妇也捉住一名伪“清乡”人员。对捕获的奸特，有的当场处死，有的游乡示众，有的公审后处决。据不完全统计，1943 年 4−5 月，全区共处决特务、汉奸 274 人，其中伪区职以上人员即达 20 多名。南通县余西、金沙等地区，除紧靠据点的地方外，没有人敢为日伪做事；海门茅镇特工站的科长，一连 3 个月，未敢出门一步；伪政工团员纷纷请长假、开小差；南通十几个伪区、乡长躲在南通城里迟迟不敢去县、区就任，说什么“出了城到处有新四军”，惊呼“短枪队是神兵天将”，并联名向张北生要求驻城办公。而张北生自己则住在重兵把守的南通城，配有贴身保镖，送客出门也只走三步。

群众性的锄奸斗争，为反“清乡”的胜利开辟了道路，发挥了先锋作用，调动了群众的积极性，打击了妥协投降势力，配合了政治攻势，造成了敌汪的动摇与恐慌和“清乡”人员极度的惶恐不安。由于抗日军民的紧密团结，在“清乡”与反“清乡”的较量中，日伪在苏北遭到了在苏南“清乡”时从未遇到过的困难，“清乡”头子在特区署长联席会议上作了结论：“……工作未能如期开展，多以治安不良、环境特殊为言……”最后不得不宣布“延期清乡”。

（2013 年 7 月 26 日第 100 期）

抗战时期的茅山反「清乡」斗争

程亚莉　顾文

抗日战争期间，茅山地区是共产党、新四军挺进敌后建立的第一个抗日根据地，是东进、北上抗日的跳板，是联系皖南、浙东、淮南、苏中的纽带和交通要道，也是对日战略反攻的前进基地，战略地位非常重要。

1943 年 3 月至 1944 年 6 月，日寇对茅山地区进行了臭名昭著的“清乡”，妄图用军事、政治、文化等手段，实现“以战养战”的阴谋。

日寇对茅山“清乡”分为四个阶段：第一为准备阶段。从 1942 年下半年起到次年 1 月，主要对我茅山地区军民发动谣言攻势，进行反动宣传。第二为军事“扫荡”阶段。第三为“围剿”阶段。第四为全面“清乡”阶段。

1942 年夏季，中共中央华中局和中共苏皖区党委对茅山反“清乡”斗争作出了重要指示：“日伪‘清乡’有其弱点，就是只能集中在一二个小地区进行，不能同时在一切地区进行，只能在一定时期‘清剿’，而不能长期在一个地区‘清剿’。我们反对日伪‘清剿’较好的对策，是主力预先转移，跨出其‘清剿’圈，并以少数武装人员，利用很好的群众关系和统战关系，分散坚持原地斗争，打击叛徒、特工等，待敌人‘清剿’过后再恢复原来地区工作。”中共茅山地委向所属各县委传达了这一重要指示，在党内外进行广泛、深入地宣传教育，在组织机构和人员配备等方面作了进一步充实、调整。根据茅山反清乡的有利条件，茅山地委分析了形势，制定了一系列反清乡斗争的具体措施和方针、政策，运用各种斗争形式发挥人民战争的威力，把广大军民团结成经得起任何考验的坚强力量，孤立分化瓦解敌人，英勇机智地与日伪进行针锋相对的生死搏斗。

茅山党政军干部根据不同时期的形势，采取不同的方式，开展了艰苦卓绝的反“清乡”宣传、锄奸、破坏公路、突击发展武装的四大运动。当日伪疯狂“扫荡”、进行“梳篦”式“清剿”时，我便衣武装人员，白天分散隐蔽在茅棚、牛车棚、芦苇丛中，麦田、菜地里，晚上投宿破庙、牛棚或露宿坟地，跳到“清乡”圈外，避开日伪的锋芒，寻找一切机会，捕捉敌特、奸细，镇压死心塌地投靠日伪的反动分子，使日伪搜索落空。当日伪疲劳松懈时，我方插到“清乡”区内，袭击“清乡”机构，摧毁伪警察所。尽管环境恶劣，日伪以“通匪格杀勿论”相威胁时，广大群众仍秘密地给武装人员食品、衣被，使我人员无冻饿之虑；在遇到日伪突然包围袭击时，广大群众冒着生命危险，加以掩护，使我人员安全无恙。当日伪实行高压政策，武装威胁群众筑篱笆、修碉堡、查户口、交捐税、参加“自警团”时，我方不责备群众，帮助出主意，应付日伪“清乡”组织，打入伪“自警团”，掌握其领导权，表面上为日伪打更放哨，查询可疑人员，实际上为我站岗放哨，递送情报，并声东击西，以假情报迷惑敌人，便利了我武装人员的活动。当日伪全面“清乡”，进行政治欺骗、经济掠夺时，我方因势利导，发动群众破坏公路、铁路，大规模焚烧竹篱笆，拆除碉堡、平毁工事，以防日伪重筑据点。在群众取得胜利、情绪高涨时，我方把长枪、手榴弹分发给可靠的积极分子，恢复基干民兵或游击小组活动，捕捉下乡敌特，骚扰袭击敌人，配合我县、区武装，攻克日伪兵力单薄的据点。

1944年6月，我军主力和县、区武装发动了延陵战斗，一举捣毁日伪茅山“清乡”指挥中心，取得反“清乡”斗争的胜利。茅山反“清乡”斗争的胜利，不仅为我坚持茅山敌后抗战奠定了坚实的基础，而且支援了其他兄弟地区的抗日斗争。更重要的是，为1944年、1945年我苏中主力南下，开辟皖南、浙西等新根据地，粉碎国民党顽固派军队的进攻，开展对日抗战的战略大反攻，创造了极其有利的条件。

（2005年9月22日第10期）

淮阴城的第一次解放

张建国　鹿建平

据史料记载，淮阴城解放有两次。第一次解放是抗战胜利的1945年9月，第二次是1948年12月。参加第一次解放淮阴城战斗的是新四军三师十旅第二十八团（原第十一团被改编为二十八团）、二十九团、三十团、师特务团和涟东警卫团、淮海军分区新二团、射阳独立团等地方武装。

背景

淮阴又名清江（现为淮安市清河、清浦区所在地）。淮阴城位于大运河东岸，是一座历史古城，是苏北政治、经济、文化中心，水陆交通枢纽，历来是兵家必争之战略要地。1937年底宁沪沦陷后，国民党江苏省政府曾迁移至此。1939年2月，国民党把它拱手让给日寇。从此，淮阴成了日寇屯兵要地。日军对我淮南、淮北、苏北、苏中各根据地“扫荡”，都以淮阴作为一个疏集中心。1945年8月15日，日本帝国主义宣布无条件投降后，汉奸、汪伪二十八师师长潘干臣接受蒋介石加委后，将部队整编为国民革命军陆军第六军，驻守淮阴城。

攻打、解放淮阴是日本投降后苏北首次规模较大的城市攻坚战。根据毛主席、中央军委、军首长的指示和三师党委的决定，淮海军区司令员、三师副师长兼十旅旅长刘震同志奉命组织指挥第十旅、师特务团和地方武装，首先攻取苏北战略要地——淮阴城，消灭守敌、大汉奸潘干臣。

围城

8月27日，第三师十旅各团进入攻击位置。二十八团是十旅前卫团，于到达的当天即向外围的据点群发起攻击，射阳独立团亦配合二十八团肃清残余据点。

8月28日，第二十八团和二十九团完成了对淮阴城东、南、西三面之包围。

8月29日，第二十八、二十九团又进一步控制了城南的护城堤，勇猛击退了敌人在东门和西门外进行的多次疯狂反扑。

8月31日，淮海新二团在二十八团三营配合下，肃清了城北之敌；师特务团完成了突破城垣的最后准备；淮阴城外的杨庄、王营等34个敌伪据点全部被扫除；担任打援的淮安、涟东警卫团，消灭了板闸的敌人，卡断了淮安（现淮安市楚州区）守敌增援的通路。

8月31日晚，前线指挥部召集战前会议，刘震司令员对攻城进行部署并嘱咐各团回去好好准备，打个漂亮仗，打出我新四军的威风来。

攻城

总攻前，在南门阵地由于运送爆破器材的小车在途中被敌打毁，目标暴露，经前线指挥部同意，师特务团提前5分钟对南门发起攻击。尖刀班班长徐佳标背插红旗攀墙，在接近城头时，云梯被炸断，他猛地抱住墙垛子翻上城墙时不幸中弹，扑过来的敌人用军刀齐腕砍掉了他的双手，登城后续部队受阻，情况十分危急。就在这时，徐佳标被枪炮声震醒，他抬头看到多少战友倒下，特别是看到年方24岁的红军营长宋传海同志也被暗堡子弹击倒，心急如焚……他凭着残臂和双膝支撑着躯体，艰难地用双肘一寸一寸地挪向暗堡，使尽全力，猛扑过去，用双臂紧紧地夹住敌人的机枪，用自己的血肉之躯堵住了敌人的枪眼，壮烈牺牲，用生命为部队赢得了宝贵的时间，为突击部队登城打开了通道。

9月6日14时整，三颗红色信号弹腾空升起，攻打淮阴城的总攻开始了！

在主攻方向，爆破手李武林同志猛地拉动了通向城东北角炮楼下500多斤黄黑两色炸药的导火线，“轰隆隆！”一声巨响，敌炮楼被炸得飞上了天，城墙被炸开了一个7米多宽的缺口。二十八团一营二连与二营四连随着爆破声迅速架云梯登上城楼，冲在最前面的五班长曾家良和二营四连二班的张班长同时登上了城头，他们将第一面红旗插上了东门城头。守在城门口附近的敌人，猖狂进行反扑，妄图阻挡我部队突入城内。二十九团的炮兵在团长王凤余的指挥下，猛烈开火。

二营活着的和负轻伤的干部战士冒着敌人的猛烈枪弹，不顾一切直插水门后街，打退了敌人的一次次反扑。经过一个多小时的血战，攻到西大街十字路口，直捣设在大街东侧道台衙门内的敌师指挥部。当冲到道台衙门时，里面冲出一百多名敌警卫队士兵，在门口架起两挺机枪朝我干部战士射击。我们的机枪、步枪一起向敌人开火，无数手榴弹投向敌人，很快就全歼了这股敌人。四连连长张昌义和一排长趁势带领突击队从大门突入，紧接着，全营蜂拥而入。张连长和几名战士冲进了一间房子里，见一个肥头大耳的家伙正在对着电话发脾气，向导老刘头立即认出他就是潘干臣。张连长举起枪厉声喝道：“潘干臣，举起手来！”逼迫他下令停止抵抗。顽固不化的潘干臣，死到临头还负隅顽抗，被愤怒的张连长当场击毙。这个双手沾满苏北人民鲜血的汉奸，终于落得应有的下场。在另一所房间里，四连副连长刘子林抓获了伪少将参谋长刘绍坤，迫使其下令全城守军缴械投降。我军从发起总攻至捣毁敌指挥部，击毙潘干臣，仅用了90分钟时间。

至翌日凌晨5时30分我军攻占了全城。胜利的红旗在淮阴城楼和各高大建筑物上迎风飘扬！陷入日伪6年7个月的淮阴古城，终于回到人民的怀抱。

攻克淮阴城后我军在敌指挥部门前留影

祝捷

解放淮阴城战役，我军击毙伪军第二十八师师长潘干臣等300余人，俘虏敌师参谋长刘绍坤等8300余人，缴获重炮7门、轻重机枪88挺、长短枪近7000支，汽车18辆，汽艇4艘，十余部设备完好的电台及其他一大批通信器材和大量的武器弹药、军用物资。攻克淮阴战斗中，我军也有一定伤亡，189名优秀干部战士壮烈牺牲，近600名指战员光荣负伤。其中，不少是红军战士和十八九岁的年轻人，他们为了新中国的解放，献出了年轻的生命。

9月14日，苏北党政军民在淮阴城南公园召开万人祝捷大会，会上宣布了新四军陈毅军长的嘉奖电和兄弟部队的贺电，并宣布师部的相关嘉奖命令。

淮阴城的第一次解放使得苏北、苏中、淮南、淮北解放区连成了一片，为保卫和建设华中广大地区，迎接人民解放战争的伟大胜利创造了有利条件。

淮阴各界庆祝淮阴第一次解放大会

（2010年9月9日第72期）

民族解放的小号手——新安旅行团

海风

20世纪30年代，著名革命团体——新安旅行团（简称“新旅”）在江苏淮安诞生。这是一支由少年儿童组成的宣传队伍，他们在中国共产党的领导下，于民族危亡关头，走出校门，宣传抗日。从1935年到1952年，在17年的战斗历程中，新旅不断壮大，团员从最初的14人发展为后来的600多人，足迹踏遍全国22个省市，行程5万多里，被誉为“中国少年儿童的一面旗帜”、“民族解放的小号手”。

新安小学——“新旅”的摇篮

新安小学位于江苏省淮安县，1929年组建，是人民教育家陶行知先生创办的晓庄师范学校的一个实验基地，陶行知兼任新安小学第一任校长。1930年，陶行知的学生汪达之接任新安小学校长一职。为践行陶行知先生“生活即教育，社会即学校”的教育理论，汪达之于1933年10月将7名学生组成“新安儿童旅行团”，让他们独自赴上海游学宣讲。这7名学生用卖报纸等办法自筹经费，在大学演讲，去工厂参观，到租界调查。54天的旅行受到了社会各界的广泛关注，“一

1933年，没有教师带领的七个新安小孩子独闯大上海，这为稍后诞生的新安旅行团奠定了组织基础

群小光棍，点点有七根。小的十二岁，大的未结婚。没有大人带，父母也不在。谁说小孩小，划分新时代”就是陶行知先生对他们的高度赞扬。54天的旅行也使团员们了解了平民受压迫和工人受剥削的悲惨现状，目睹了日寇野蛮侵华的罪行，认清国民党消极抗日积极反共的真实面目，为新安旅行团的正式成立奠定了基础。

抗日救国——吹响“集结号”

1935年，日本帝国主义在占领我东北后，又将其侵略势力向华北扩张，而国民党面对日本帝国主义的疯狂侵略，仍坚持“攘外必先安内”的不抵抗政策。就在这个中华民族面临生死存亡的重要关头，汪达之萌发了组织新安旅行团的想法。他感到，在国难深重的危急时刻，学生们应该走出校门，到全国去宣传抗日救亡，在民族解放斗争的大风大浪中经受教育和锻炼。

1935年10月10日，由汪达之任顾问、14名学生组成的新安旅行团正式成立，他们响应“停止内战，一致抗日”的号召，抱着“就是讨饭也要出去宣传抗日”的决心，从淮安出发，远离父母，背井离乡，赴各地宣传抗日，号召同胞们共赴国难，挽救危亡，从此开始了长达17年艰难而光荣的历程。

宣传抗日——民族“小号手”

自1935年10月从淮安出发，至1941年5月，在5年多的时间里，新旅先后走遍了苏、浙、鲁、冀、晋、察、绥、甘、宁、陕、豫、鄂、湘、桂14个省和上海、南京、北平、天津、武汉、桂林等大城市，大江南北，长城内外，到处都留下了新旅的战斗足迹。无论是在繁华的大都市，还是在塞外边陲，无论是在“白色恐怖”笼罩的国统区，还是回到故乡苏北抗日根据地，新旅始终以宣传抗日为己任。每到一地，就立即投入抗日宣传活动之中，放映进步电影，教唱抗日歌曲，讲解抗日救国的道理，一路上极受欢迎。为了使党的号召深入人心，新旅采取和运用了多种文化艺术形式，用他们的演讲、歌声、舞蹈、刊物和书画作品等，号召人民投入抗战。

1941年，国民党反动派制造了“皖南事变”，此时活跃在桂林的新安旅行团，因安全无法保障，根据周恩来的指示和安排，辗转香港、上海等地，分期分批向苏北转移。1942年初，新旅成员全部安全返回了苏北抗日民主根据地。

1945年10月新安旅行团成立10周年在淮安合影

组织儿童——承担新使命

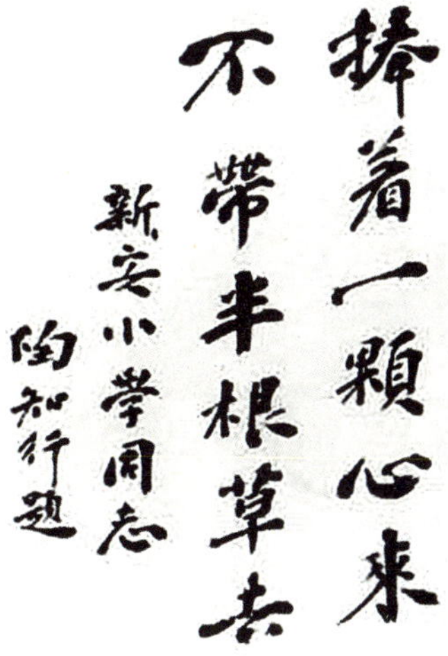

陶行知为新安小学同志题词

到达苏北后，新旅受到新四军和华中地区领导的热烈欢迎，刘少奇、陈毅亲自接见了他们，并决定把组织发动苏北儿童的工作交给新旅，从此，新旅的工作发生重大转折，“组织 10 万儿童”成为新旅的一项新任务。1943 年，新旅在新四军军部和苏北区党委领导下，成立了盐阜区儿童团总部，并在各县建立了儿童团分部，具体指导各区、乡、村儿童团的工作。从儿童团组织建立到抗战胜利这段时间里，新旅直接领导了盐阜区的儿童，并配合党委组织了 18 万儿童团员，开展了大量宣传工作，培养了大批儿童干部。在此期间，新旅编辑出版了《儿童生活》、《儿童画报》、《华中少年》和《少年画报》等儿童刊物，同时还创作了一大批儿童文学作品和儿童戏剧。在新旅的努力下，苏北儿童团工作蓬勃开展。

抗战胜利后，新旅团员奔赴解放战场，并逐步转型为随军的文艺工作团体。之后，新旅随解放大军南征北战，渡过长江，进入上海，1952 年改编为上海歌剧院，正式结束长达 17 年的旅行。

在 17 年的战斗历程中，新安旅行团历经抗日战争、解放战争和新中国成立等几个重要历史时期，新旅的团员们不仅进行抗日宣传，还参加根据地的建设和支前工作，推行革命文艺和进步舞蹈。他们坚持学习、坚持斗争、坚持生活，用自己的行动实践了陶行知先生“捧着一颗心来，不带半根草去”的谆谆教诲和殷切期望。在 17 年的征途中，新安旅行团始终坚持党的领导，在老一辈革命家和领导人的亲切关怀下，新旅在艰苦的革命斗争环境中不断壮大，为少年儿童树起了光辉的榜样。

（2011 年 7 月 14 日第 80 期）

见证革命历程的红色报刊

——苏北抗日根据地地方党报概览

方一宁

抗日战争时期，江苏地区的中共中央局、分局，区党委、地委、县委和部队军、师、旅、团等党政军机构先后创办了 60 多种报刊。这些报刊在宣传党的政策、介绍国内外形势、报道抗战业绩、鼓舞军民士气等方面发挥了极为重要的作用，是我们党的宝贵财富。从中，我们可以看到一幅幅波澜壮阔、硝烟弥漫、惊心动魄的历史画卷，可以作为推动我们事业不断前进的智慧和力量的源泉。目前，江苏地区抗战时期出版的红色报刊主要散存在江苏、安徽省市等地档案馆、图书馆。因当时战争环境恶劣，印刷条件较差，加之年代已久，报刊保存极为不易。中共中央华中局、新四军军部及第三、第四师在苏北根据地曾出版过《江淮日报》、《真理》、《拂晓报》、《拂晓画报》、《新华报》、《敌国汇报》、《先锋杂志》、《先锋文艺》、《先锋画报》、《健康报》、《战士报》、《奋斗报》、《前线报》等，今天有的只能闻其名而不见其迹。现将苏北地方党组织创办的主要报刊简述如下。

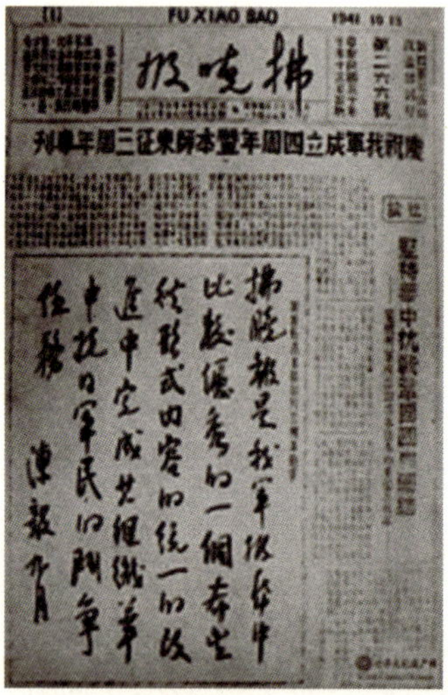

《湖西日报》

1940 年底，《团结日报》改名《湖西日报》，由中共湖西地委宣传部长郝中士兼任社长。1942 年冬至 1943 年秋，在日伪军的大“扫荡”期间，报社人员曾两次冒死从敌人包围圈里突围，在险恶的战争环境中坚持出版油印的《湖西日报》。1945 年日本无条件投降后，报社从中心区迁入丰县县城，《湖西日报》改名为《湖西大众》，由刘平林、张涛任正、副社长。不久，国民党军队向淮北解放区大举进攻,《湖西大众》被迫停刊。1948 年 7 月复刊,当年年底停办。

湖西日報

《团结报》

1940 年 1 月 28 日,中共淮北邳(县)睢(宁)铜(山)灵(璧)地委在苏北睢宁县王窝子村创办《团结报》。报社由地委宣传部长梁浩负责,沙合与欧远方先后任主编。苏鲁豫区党委书记邓子恢和陈毅先后题写报头。初为油印,4 开 4 版,5 日刊。每期印 200 份左右。内容有社论、本地消息及转载的中共中央有关文件等。1941 年元旦起,改为石印,印数增加到 2000 余份,内容更加充实,报社也有了专门机构。10 月,在灵璧县代理县长的廖量之调任社长。1941 年夏,驻在睢宁城里的国民党常备队不打日本鬼子,窜到根据地西屏乡抢劫并打死民兵大队长周保全,制造了“西屏乡惨案”。社长廖量之立即在《团结报》上发表社论和文章,公开声讨常备队的罪行。同时派记者进城专访县长刘天展,严正要求他接受抗日人民的要求,惩办常备队的肇事凶手,并立即作了报道。在舆论压力下,刘县长只得下令枪决凶手。1943 年《团结报》由吴献贤任总编。改为铅印,3 日刊,发行数达 3000 份。该报内容为转载党的文件及各地斗争情况和工作经验等。除出版报纸外,报社还利用有限纸张出版团结丛书,翻印毛泽东的《新民主主义论》、张闻天的《论待人接物》等。1945 年 9 月,因地委撤销,《团结报》迁往安徽省泗县城,与《拂晓报》合并,共出版 450 期。

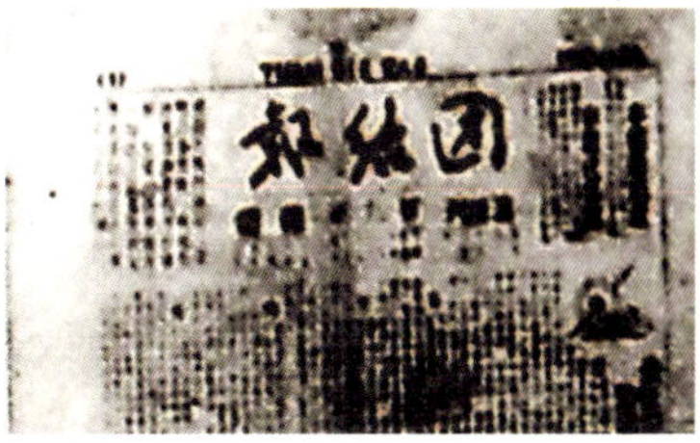
团结报

《人民报》

1939 年初,时任安徽省第六区行政督察专员公署秘书兼第 5 战区第 5 游击司令部政治部主任的江上青与廖量之等人,以第 5 游击司令部名义,创办《皖东北日报》。1940 年 3 月 24 日,皖东北召开第一届各界人士代表大会,成立皖东北抗日民主政权——皖六区专署。同日,《皖东北日报》改为《人民报》,成为公开的中共苏皖区党委的机关报。刘瑞龙题写报名,贺汝仪任社长,孙觉任总编辑。石印,4 开 4 版,3 日刊。10 月 8 日,《人民报》随中共苏皖边区委从皖东北转移到苏北淮海地区的沭阳县三尖子、张圩子出版;同时,留下部分人

皖東北日報

员继续出版《人民报》(皖东版)。1941年5月,中共苏皖边区委撤销,成立中共淮海区委。《人民报》改由淮海区委主办。11月7日,《人民报》改名为《淮海报》。

XUAI XAI BAO
淮海報

《淮海报》

1940年10月上旬,中共苏皖区党委东进到刚建立政权的淮海抗日根据地,出版石印的《人民报》,并于1941年5月1日改为铅印。不久,中共苏皖区党委改为淮海区党委,《人民报》也于同年11月7日改名为《淮海报》,陈毅题写报名。徐步任社长,李超然、姜龙楼先后任总编辑。铅印,4开4版,3日刊,1942年10月10日改为双日刊。11月,因日伪军在淮海区进行大“扫荡”,报社印刷厂被洗劫,一度改出油印报。同月,淮海区与盐阜区合并为苏北区,中共淮海区委改为中共淮海地委。该报即由淮海地委主办。1943年开展大生产和互助合作运动期间,淮海地委副书记兼行政公署主任李一氓亲自为报纸编写了几期专刊。报社在各县、区、乡和村都建立了通讯组。一些地方还把黑板报、读报组、识字班和通讯工作结合起来,培养了不少工农通讯员。全区通讯员队伍最多时达到14600多人。1945年8月23日,《淮海报》改称《苏北报》(淮海版),8开2版,日刊,由李超然任报社社长,杨巩、刘冬任正、副总编辑。报社还创办了《淮海大众》、《淮海画刊》。1946年5月13日,《苏北报》(淮海版)恢复为《淮海报》,直至1987年改名为《淮阴日报》。

《盐阜报》

1942年1月1日,中共盐阜区委在阜宁县陈集创刊《盐阜报》。铅印,4开4版,5日刊。11月,中共盐阜区委与中共淮海区委合并为中共苏北区委,另组建中共盐阜地委。《盐阜报》改由中共盐阜地委主办。1943年1月15日改为2日刊,每逢单日出版。5月,改出3日刊;7月,又恢复为2日刊。地委宣传部副部长王阑西兼任社长,总编辑艾寒松。报纸读者对象主要是地方区以上干部和部队连以上干部,主要任务是宣传中共的方针政策,宣传抗日民主。根据区党委要求《盐阜报》实现地方化的指示,报纸的版面分政府版、军事版、党群版、副刊版,大量发表地方新闻。国内外新闻由当时华中局和

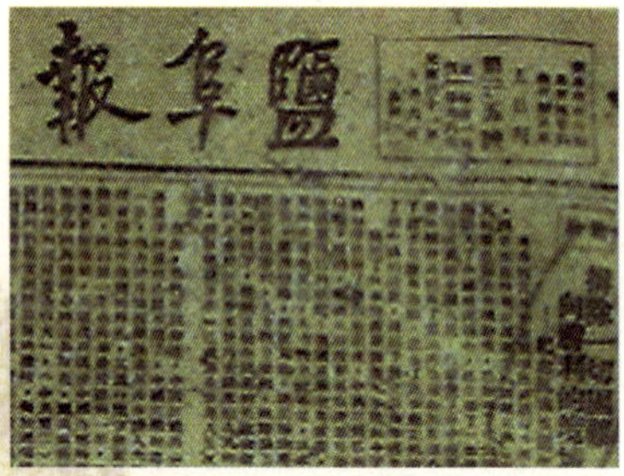
鹽阜報

新四军军部出版的《无线电讯报》发表，《盐阜报》只发表摘要或综合性的时事述评。刘少奇、陈毅等新四军领导人曾为该报撰写过许多重要文章。1944 年 1 月至 1945 年 3 月日伪军对盐阜区发动第二次大“扫荡”期间，报社转移到黄海边出报。由于华中局和军部向淮南转移，《盐阜报》开始刊登延安新华社电讯。1945 年 3 月以后，报社迁回中心区阜宁县益林镇。报纸内容实行国内外新闻和地方新闻并重，编辑部增加了特派记者和设立通讯科，大力开展通讯员运动，开创了全党办报和群众办报的新局面，报纸进入鼎盛时期。1945 年 6 月，新四军第三师师长黄克诚写信给《盐阜报》编辑部，指示“报纸要在肯定成绩的同时，指出工作中的缺点和错误，以此教育干部和人民”，并建议《盐阜报》增设“批评与建议”、“大众意见”两个栏目。7 月，盐阜、淮海两行政区合并成立苏北行政区。8 月 24 日，该报改名为《苏北报》，并改由中共苏北区委主办。不久，新成立的中共华中分局决定各区党委撤销，《苏北报》并入华中分局机关报《新华日报》（华中版）。

《盐阜大众》

1943 年 4 月 25 日，由中共盐阜区委于滨海县振东乡施头庄创刊。《盐阜大众》创刊的《发刊词》说要办成“一种泥腿子报，专给不识多少字的大众看”，是华中抗日根据地著名的通俗报纸。宣传部副部长王阑西兼任社长，赵平生任主编。铅印，8 开 4 版。半月刊，后逐步改为 10 日刊、周刊、5 日刊、3 日刊，最后发展为 4 开 4 版，双日刊。一、二版是新闻、通讯；三版是读者来信和科学文化知识；四版是文艺作品；并设有大众通讯、大众言论、大众知识、大众写作及故事、歌谣、连环画、小辞典等栏目。该报以地方新闻为主，电讯都经过改写，有的编成打鼓说书。报纸图文并茂，均使用木刻，还有木刻的连环画。

盐阜大众
大家起来 制止内战

该报提倡写一事一报的短文。一篇文章、一条新闻，一般只有三四百字，长的不过 500 字，有的只有几十个字。编辑尽量采用群众语汇制作标题，文字力求口语化，避免学生腔，使不识字的人听得懂，初识字的人看得懂。副刊形式多样，生动活泼。尤其是该报的墙头诗，各村各镇很快把它写上墙，有的还配上画，对当时参军、反“扫荡”、生产、支前、减租减息等中心工作起了有力的宣传鼓动作用。1943 年冬，盐阜地委作出决定，号召全党办报，开展工农通讯运动，加之该报提倡“写话”，为工农群众找到了写稿窍门，很快在全区掀起群众性的写稿热潮。1945 年元旦后的 3 个月中，通讯员队伍扩大到 2000 多人，每月来稿增加到 5000 多篇，并涌现了颜景詹、陈登科、王知四、刘湘卿等模范工农通讯员。这年 7 月，陈登科从涟东县调到报社，成为华中解放区第一个专职的工农记者。1945 年《盐阜报》改为苏北区党委的《苏北报》后，《盐阜大众》承担了原《盐阜报》的宣传任务。盐阜地委成立了由曹荻秋为书记、熊宇忠为副书记的党报委员会。熊宇忠任社长，艾寒松任副社长兼总编辑。1947 年 4 月因国民党进犯苏北解放区，曾一度停刊，同年 12 月 7 日复刊。1983 年成为中共盐城市委机关报。

（2011 年 7 月 14 日第 80 期）

抗战烽烟中的新四军木刻创作

刘鸿浩

新四军的木刻创作，是抗战时期华中敌后抗日文化的一个重要组成部分，它随着抗日战争的兴起而兴起，随着抗日根据地的不断巩固而不断发展。一大批来自五湖四海，有着较好的艺术基础的美术青年，由于没有更好地从事中国画、雕塑、油画实践的条件，便就地取材搞木刻，使之成了当时最主要的艺术品种之一。木刻不仅是一种艺术宣传形式，也是一种印刷手段。当时没有铜锌版设备，各种绘画作品，都要先变成木刻，然后才能印成美术宣传品，广为散发。因此，不论原来是画什么的，当时都得学会木刻。“战争环境的油画家、国画家，似‘英雄无用武之地’，借用铁笔发挥其才能”（杨涵《铁笔生涯》）。这是木刻创作在根据地内普遍活跃的原因之一。

新四军重视文化、文艺工作，木刻的使用也较早、较普遍。1938年新四军军部在南昌成立后，当时新四军臂章上的持枪战士图案就是用木刻刻印的。新四军为配合敌后抗日斗争组建了战地服务团，服务团成立了美术组，并创刊了《抗敌画报》，由吕蒙负责。当时对敌宣传品和战士课本上都有木刻插图，还有木刻钞票及邮票等。1939年10月，赖少其到达皖南参加新四军，接手主编《抗敌画报》，《抗敌画报》改用木刻印刷。战地服务团美术组创作的《新四军军歌》等木刻，曾手拓了100本对外宣传，并将其中之一部分交由著名记者史沫特莱带往美国。

当时，木刻作品一般通过报纸、杂志和画报等形式传播。一师（苏中地区）木刻多在《滨海报》、《苏中报》上发表。1942年2月，在皖南事变中被捕的赖少其、邵宇二人从上饶集中营越狱，回到苏中解放区。赖少其在《苏中报》负责副刊编辑，在报上经常发表木刻作品。1943年8月，赖少其、涂克、杨涵、江有生、邵宇等在苏中二分区《滨海报社》编文艺副刊，刻了许多插图及报头。1943年10月，新四军一师的美术工作者在苏中地区发起组织了苏中木刻同志会。赖少其编写了一本题为《第一张木刻》的小册子作为教材。不久又办起了《苏中画报》。1945年4月，又以《苏中画报》社名义出版了32开铅印的《漫画与木刻》，收入了木刻作品38幅。1945年，杨涵受命主编《苏中画报》，共出8期，发表了很多木刻作品。

二师（淮南地区）有《抗敌生活》、《抗敌画报（江北版）》。1941 年 4 月，淮南苏皖区分别成立了淮南艺术专科学校、抗日军政大学第八分校的文化队，程亚军、吕蒙分别主持两校美术系，培养木刻绘画人才，举办木刻流动展览。1942 年，他俩与莫朴共同创作的连环画《铁佛寺》，可以称得上是木刻作品中的鸿篇巨制。《铁佛寺》取材于真人真事，作者敏锐地抓住了这个故事除奸反特的重大教育意义和曲折复杂的情节，进行艺术构思，采用黑白对比的表现手法，在人物形象的刻画、人物心理及其变化的把握上各有分寸。三位作者木刻技巧精湛，吸收民间年画、剪纸等工艺品画面明快简洁、主题鲜明的特色，改变了原来木刻作品在创作上强调人物阴影和复杂背景的形式，通俗易懂，广为读者接受，是早期木刻连环画中的精品。

三师（苏北地区）的木刻创作在新四军各师中尤为突出。新四军重建军部后，为了培养木刻艺术人才，满足抗敌宣传工作的需要，在盐城成立了鲁迅艺术学院华中分院，刘少奇兼院长，莫朴任美术系主任，教员有许幸之、刘汝醴等。美术系的学生以画宣传画为主要目标，宣传画的形式之一就是木刻。1941 年，以莫朴为会长的苏北木刻工作者协会（在盐城鲁艺华中分院成立），在苏北的美术活动中，显得非常活跃，成员有芦芒、沈柔坚、洪藏、丁达明、吴耘、程默、凡一等，他们创作了大量木刻作品，主要在《盐阜报》、《盐阜大众》、《淮海报》、《苏北画报》、《新知识》等刊物上发表，还出版了《木刻选集》、《木刻漫画》，举办木刻、美术等流动展览。1941 年 5 月，“文化城”盐城出现了空前规模的轰轰烈烈的文化活动高潮。苏北木刻工作者协会与鲁艺华中分院美术系联合举行“五月木刻展览会”和“美术展览会”，展出作品有 300 多件，挂满了鲁艺的教室。观众主要是城郊农民及城镇居民，现场拥挤不堪。苏北根据地的《江淮日报》、《江淮》杂志、《真理》、《江淮文化》创刊之初都刊有木刻作品，以后出版的《先锋》、《新知识》、《儿童文艺》以及《淮海报》、《盐阜报》、《盐阜大众》刊载的木刻作品则更多。有些杂志的封面、封里均有木刻画。三师政治部主办的《先锋杂志》，规定文艺习作应占整个篇幅的百分之二十。该杂志的第 1 期至第 22 期，共载文 337 篇，其中文艺习作 33 篇、通讯 50 篇、木刻 32 幅。在苏北木刻协会创作的大量木刻作品中，比较具有代表性的有《迎接 1940》、《斗争在苏北

《斗争在苏北敌后》作者：莫朴

敌后》、《收割》、《学习、学习，再学习》、《军民团结》、《生产自救》、《磨炼》、《晚归》、《劳动者》等优秀作品。1941年秋天，苏北反扫荡胜利，鲁艺华中分院解散，成立了军鲁工团和师鲁工团。军、师鲁工团均下设文学、美术、戏剧、音乐4个小组。军鲁工团美术组组长是莫朴，在艰苦环境下，美术组坚持开展木刻、连环画等创作活动。军鲁工团在阜宁一带，吸收民间“门画”和“牛印”的艺术形式，创作了一批富有民间特色的抗战新门画和新牛印（苏北春节时，农民贴于牛栏的一种水印木刻画，每套8张）。1942年10月，三师鲁工团主编的《先锋文艺》创刊，刊有“百禄沟战斗”连环木刻。同年，转战至苏北的“新安旅行团”曾创办了《儿童画报》，负责编务的王德威当时尚不足18岁，芦芒、吴耘、黄丕星、丁达明等为之供稿，推动了抗日儿童运动的发展。苏北淮海区、盐阜区成立了淮海区美术工场与苏北美术工场。这两个美术组织对抗战后期苏北美术工作的开展起到了很大的作用。在这期间，美术工作者还办了不少画刊，如《先锋画报》、《木刻选集》、《盐阜木刻》等。1944年7月底，经阿英提议、黄克诚批准，新四军三师政治部在阜宁县益林镇南面的桑树街成立了苏北画报社，丁达明负责木刻工作。画报社出版了16开套色石印画刊《苏北画报》，它的读者对象主要是部队的干部和战士，内容以部队生活为主，有战斗英雄、模范事迹、生产运动、拥军爱民活动等。木刻画的特点是画面简洁明了，主题突出，通俗易懂，因而深受社会大众的喜爱。木刻作品在苏北根据地较为普遍，即便在中小学教育上，木刻也占有一席之地。盐阜行署颁发的《小学暂行规定》中，明确把木刻练习列入课程要求。新四军对木刻的重视由此可见一斑。

《军民团结》作者：高斯

四师（淮北地区）的《拂晓木刻》，五师（鄂豫皖地区）的《七七画报》，六师（苏南地区）的《前哨报》和《前哨画报》，七师（皖中地区）的《大江报》上的“大江木刻专栏”上都有不少木刻作品发表。

新四军的木刻很好地起到了“团结人民、教育人民、打击敌人、消灭敌人”的作用。美术工作者在战争环境中深入斗争生活，在生活中提炼、创作，形成了作品风格的多样性。木刻作品往往有强烈的战斗性，有明确的政治内容。木刻作品的情节性和叙事性很强，作品多以发生在战争年代的真实事件为题进行创作，风格自然、朴素

《铁佛寺》作者：莫朴、吕蒙、程亚军

而又真切，因而使人难以忘却。从《铁佛寺》到《黄友根》，从《沙沟战斗》至《陈集歼灭战》，无不取材于现实，源于现实，在现实上进行艺术的再创作。

解放区的木刻与国统区和早期新兴木刻的巨大差异和本质的不同，就在于解放区的木刻第一次描写了解放区的劳动人民。木刻家杨涵曾在《战地钩沉》一文中指出："苏中农村是我创作课堂，苏中军民是我良师益友。生活与造化鼓励我，充满着创作活力。"新四军木刻的观众主要是农民，服务的对象也主要是农民。总之，新四军木刻演变成为为农民创造又由农民享受的民间艺术形式。

当时，新四军的文化工作被提到与军事并重的地位，刘少奇、陈毅、黄克诚等领导同志以深邃的战略眼光，为之倾注极大的热情，加上当时根据地云集了众多文化名人和文化工作者，因而构成了木刻创作的一个得天独厚的条件。尤其当时的苏北根据地，不仅是华中的军事、政治、经济中心，而且也是华中的文化中心。所以这里木刻艺术的土壤是十分肥沃的，艺术实践也是丰富多彩的。尽管当时从事木刻创作的同志大多数很年轻，其艺术修养和艺术表现力也有不够成熟的地方，但这些作品是作者在炮火声中用血汗凝成的，因而有其特殊的艺术魅力。

新四军的木刻创作及其艺术成就，是抗战文化史上浓墨重彩的一章。

（2005年7月14日第6期）

抗战「喉舌」——《大众报》

沈秋农

《大众报》是1940年2月8日在常熟徐市镇创办的中共常熟县委机关报，为宣传抗日思想，传播抗日信息，团结抗日力量，鼓舞抗日斗志发挥了积极作用。1940年4月20日左右，谭震林奉命来到常熟，成立东路军政委员会和中共东路特委，统一领导苏南东路地区的党、政、军工作。从此，东路地区的抗日斗争高潮迭起，别开生面。1940年5月9日，属东路特委领导的江南社成立，全面负责东路地区的宣传出版工作。江南社有冯二郎（刘平若）为社长；傅学群为副社长，负责出版与发行工作；吴宝康为编辑部负责人；编辑有肖湘、李明、林子平、蔡修本等；出版部有周汶、刘宗炎、薛勇、陆震等七八位同志。他们大多由上海地下党输送至常熟抗日游击区。经过一个多月的积极筹备，当年7月7日，为纪念抗战爆发3周年，《大众报》由油印改为铅印出版，无论信息量还是印刷质量都有很大提高，赢得了抗日军民的一致欢迎。

论及《大众报》的创办，有位署名“玉明”的作者在《一年来的出版工作总结》中写道：“东路变成敌人腹地之后，敌人为着消化这块广大肥沃的土地，为着驱使千万人民变为服从‘皇军’的‘顺民’，早把政治侵略放在军事进攻的上面，特别表现在文化事业的侵略与破坏。我们为着揭破敌伪的欺骗麻醉，粉碎敌伪的阴谋毒计，树立东路正确舆论指导的中心，指示斗争的策略、路线与方向，以及建立和巩固东路文化事业，冲破敌伪的重重封锁与不断的扫荡

大衆報
江南社編印
江抗軍無比威力
粉碎親日反共陰謀
各地歡騰慶祝踴躍慰勞
捷報至塘市
民衆歡騰踴躍慰勞
勒索三斗陳租
巴爾幹形勢緩和
張家浜戰鬥
鬼子搜白布
無所不要窮相畢露
義軍失利
內部矛盾尖銳

由中共东路特委主办的《大众报》

与骚扰，在艰难困苦的条件下，打定了东路出版事业的基础。”可见《大众报》的创办除了宣传抗日、鼓舞抗日之外，还有更深层次的目的就是为了粉碎敌人的政治侵略和文化侵略，使抗日这一时代主旋律始终植根于人民心中。还有位叫“林在”的作者指出：“一张进步的报纸是一部宣传书，是一个鼓动者，又是一个组织者，它是不能脱离群众的，东路的喉舌——《大众报》，就是要担任这个任务。”

“玉明”又说：“东路的出版工作是随东路整个局势的发展而发展的。”《大众报》创办伊始是一份油印报纸，“字迹清晰、秀丽和整齐，受到广大读者的赞许外，在印刷的数量上，每张蜡纸可印一千八百多次，实造成东路空前的记录，而油印套色的发明，更属难能可贵的业绩。铅印时期一开始，在排印的数量与美感上，即有惊人的发展。去年十月初新的生产工具配备以后，工作更走上一个新的阶段……如以七月份铅印开始时为标准，十月初已提高了一倍，十一月开始，排印数量都已达到两倍至四倍的程度。”至1941年2月，《大众报》的发行量已达5000份之多。

《大众报》为3日刊，在战争环境中做到正常出版是很不容易的，而印刷厂的艰辛奉献功不可没。由于日伪时常扫荡寻衅，作为非战斗单位，印刷厂必须随时做好转移准备。为此，大家集思广益，因地制宜，将排字房、印刷厂全部安置在船上，成为名副其实的水上印刷厂，无论编辑、排印，还是活动、生活，都可以在船上完成……整个印刷厂由三四十人组成，所用船只有十一二条，前后衔接，宛如长龙，在密如蛛网的水乡地区穿梭前进。水上印刷厂除排印《大众报》外，还担负着排印东路特委主办的《江南》杂志和上级机关文件、政府公告、抗战传单、财税票据等任务，并翻印过毛泽东、刘少奇、陈云等领导人重要著作的单行本，为东路地区的抗日军民提供了丰富的精神食粮。据当年负责筹建印刷厂，后任印刷厂党支部委员、出版部总干事的吴以常回忆：“我们这个水上印刷厂，是一个亲密、团结的抗日大家庭，在这个大家庭里一起工作、生活，一起学习和接受教育，其乐无穷。”“我们转移流动的地区很广，经常在苏州、常熟的南长浜村、北长浜村、金家浜、大滃、小滃、木渎等村庄的水面上，在常熟的董浜镇至梅李村之间的长亳塘两岸，在常熟东唐市、横泾等附近几十个村庄的河浜里，都有我们水上印刷厂的游弋踪迹。”1940年11月7日，《大众报》三字改用毛泽东墨迹，落款“毛泽东”三字则选用毛泽东《论持久战》一书封面上的签名字体，使抗日军民虽然身处苏南敌后却有着与伟大领袖并肩战斗的亲切感与使命感。1941年3月，江南社奉命由苏常太地区转移到澄锡虞地区。同年7月，日伪纠集重兵，对苏南抗日游击区发动大规模残酷清乡，《大众报》于7月21日印刷出版最后一期（第215号）后与读者告别。

《大众报》坚持以抗日为宗旨，为宣传抗日，鼓舞抗日士气发挥了无可替代的喉舌作用，它既是抗战的号角与火炬，又是抗战的文献与见证。虽然历经岁月侵蚀，能留存下来的《大众报》少之又少，但对后人而言，却仍可通过留下来的部分报纸饱览历史风貌，看到前辈们在抗战岁月中顽强拼搏的不屈身影，看到在常熟这块革命热土上所演绎的抗战史剧。在那一页页发黄的纸张上，政治、军事、经济、文化、教育、民生等社会百态都能得到充分展示。

（2012年10月27日第93期）

苏中战役·七战七捷

振标

1946 年 6 月 26 日，蒋介石悍然撕毁国共两党签订的停战协议，调动 30 万军队围攻中原解放军，发动了一场中国历史上空前规模的内战。苏中解放区位于整个华中解放区的东南前哨，与国民党政府的政治经济中心南京、上海隔江对峙，成为蒋介石首先要夺取的重要目标。国民党在长江北岸的南通、泰兴、靖江、泰州一线集结 5 个整编师、15 个旅 12 万人，企图首先攻占如皋、海安，巩固其沿江一线阵地，尔后沿运河北犯，策应东犯淮北的国民党军会攻华中解放区首府淮阴。为粉碎国民党的进攻，华中野战军根据中共中央和中央军委指示，集中 19 个团 3 万余人，在苏中如皋、泰兴、江都、兴化等县 14 万参战民工及 50 万支前民众的大力支援下，于 7 月 13 日至 8 月 27 日，历时 45 天，进行了著名的苏中战役，取得七战七捷，歼敌 6 个旅 5 个交警大队，共 5.3 万余人，完成了中央赋予华野的战略侦察任务。中共中央军委、毛泽东主席在向全军各战区通报苏中战役的经验时指出：“每战集中绝对优势兵力打敌一部（例如未宥集中 10 个团打敌 2 个团，未感集中 15 个团打敌 3 个团），故战无不胜，士气甚高；缴获甚多，故装备优良；凭借解放区作战，故补充便利；加上指挥正确，既灵活又勇敢，故能取得伟大胜利。

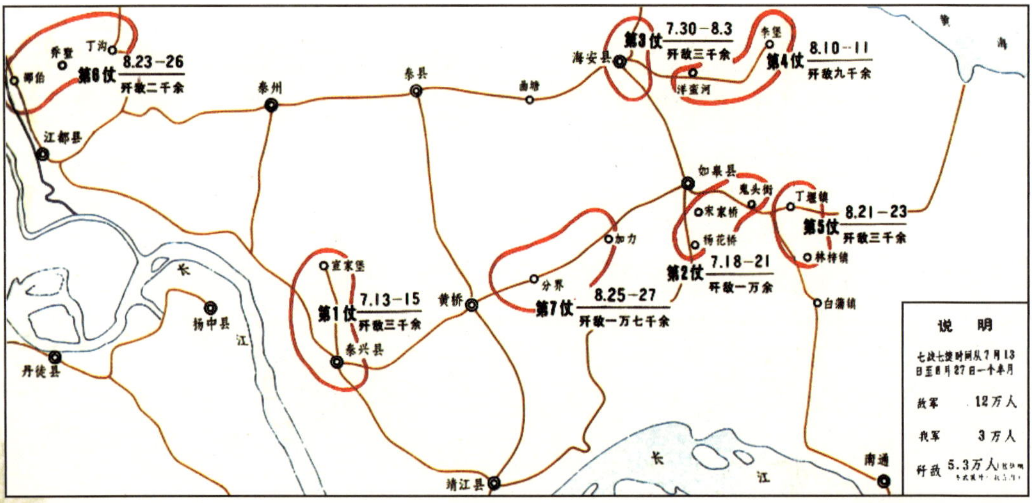

苏中战役七战七捷示意图

这一经验是很好的经验，希望各区仿照办理。”苏中战役七战七捷的主要经过如下：

一、宣泰战斗（7 月 13 日—15 日）

1946 年 7 月 10 日，华中野战军召开作战会议，决定集中第 1 师、第 6 师和第 7 纵队于宣泰地区，用 12 个团的兵力去攻打敌驻宣家堡、泰兴的 2 个团，形成 6 比 1 的优势。

13 日晚，宣泰战斗打响，第一师陶勇、王集成部攻击宣家堡的 3 个团，很快扫清了外围之敌。炮兵分队利用青纱帐、坟包实施抵近射击，充分发挥炮火威力，支援步兵突击，取得了很好效果。但因敌增强了兵力，当晚几次攻击未能奏效。14 日，攻击部队反复观察地形，重新调整部署，黄昏发起总攻。在我军连续冲击和猛烈炮火杀伤下，残敌向西南方向溃逃，15 日拂晓被我军打援部队在纪家沟、郭家舍等地全歼。

第 6 师王必成、江渭清部以 3 个团兵力攻击泰兴城，在火力掩护下完成对该城守敌的包围。13 日晚发起总攻，我军攻城部队很快突破城垣，向纵深发展，分别围敌第 57 团残部于庆云寺和东门大庙内。15 日，第 6 师打援部队一个团调入城内参战，在我军强大的炮火和政治攻势下，很快迫使被困守敌投降，至此，敌第 57 团大部被歼。

宣泰战斗在不到 60 个小时的时间内，取得了苏中战场的首战胜利，歼灭了在湖南号称“铁军”的美式装备第 19 旅山炮营及 56 团、57 团 3000 余人，缴获山炮 10 余门，轻重机枪 200 余挺及大批美式装备。此次战斗打乱了敌军的进攻部署，挫折了敌人的锐气，增加了我军民“对美械化顽军作战的经验与信心”。

宣泰战斗前，突击队员待命出发

二、如南战斗(7月18日—21日)

宣泰战斗打响后,敌军测不准我军虚实,急令整编第49师从白蒲缩回平潮,以保南通。7月15日,当发现华中野战军主力在宣泰地区时,又火速命令整编第49师从平潮返回白蒲,妄图乘虚进攻如皋。

华中野战军根据敌情变化,以部分兵力围歼泰兴残敌,示形诱敌,命主力转兵东进,奔袭60余公里,乘整编第49师处于运动之中立足未稳之际,18日在如皋东南出其不意,我军第1师主力5个团将敌军第49师师部及第26旅全部压缩于如皋以南二十余里之鬼头街、田肚里地区,展开激战。战至19日晚,歼灭整编第49师师部大部和第26旅全部,仅师长王铁汉率领百余人向西突围达至第79旅驻地。

18日拂晓,前晚已埋伏在东开贺家坝、宋家桥地区的第6师主力两个团与防守如皋县城的第7纵队密切配合,对敌第79旅形成南北夹击,将敌压缩、包围于宋家桥、杨花桥地区。20日在友邻部队配合下发起总攻,歼敌79旅大部。

此次战斗,华中野战军采取远程奔袭、出敌不意、南北夹击的战斗方式,歼敌1万余人,其中俘虏6000余人,缴获各种口径炮约200门,轻重机枪约500余挺,长短枪4000余支。

三、海安战斗(7月30日—8月3日)

如南战斗以后,敌认为海安是苏中解放区的首府,我军必守,故欲与我军在此决战。当时华中野战军已连续作战10多天,十分疲劳,为保卫和巩固已得胜利,争取部队短期得到休整补给,经中央军委及华

如(皋)南战斗中我军机枪手在屋顶阻击敌军

中分局同意，粟裕决定在海安实施运动防御作战。

7 月 30 日至 8 月 3 日，敌军集中 7 个旅的兵力，在正面不足 30 里、纵深 20 余里的战场，以锥形阵势，从南、西两个方向向海安进犯，企图与华野决战，进而配合第 7 军进攻淮阴。我军 7 纵以 3000 兵力在海安及外围地区实施运动防御，英勇抗击敌 5 万人的进攻，阻击部队与敌激战 4 昼夜，以伤亡 200 多人的代价杀敌 3000 多人，创造了敌我伤亡 15 比 1 的纪录，掩护了第 1 师、第 6 师主力在海安、李堡东北地区休整补充，完成了运动防御作战的任务。8 月 3 日，我军主动放弃海安。

四、李堡战斗（8 月 10 日—11 日）

敌军占领海安后，认为“苏北共军一败涂地，伤亡过大，即分兵对泰州、海安、李堡以南一线进行清剿”。这时，在群众的掩护下，华野主力已休整 15 天。敌人的频繁调动，造成了我军歼敌的有利战机。

8 月 10 日晚，我军第 1 师乘敌新 7 旅副旅长田从云率第 19 团在李堡交接防务之机，突然向李堡发起攻击；至 11 日拂晓，第 1 师第 3 旅第 84、第 9 团先后攻入李堡，与敌展开巷战。敌第 19 团大部被歼，残敌逃往杨家庄，与第 314 团会合。我军第 1 旅在第 3 旅配合下，14 时攻克杨家庄，全歼守敌，敌军仅第 105 旅旅长等少数人逃脱。

在我军围攻李堡进行激战时，不明详情的海安之敌，于 11 日晨率第 21 团继续由海安东到李堡接防，立即被我军部署的第 6 师第 18 旅和第 7 纵队的两个团设伏围歼于洋蛮河地区，敌军仅新 7 旅旅长黄伯光所属 300 余人向西南柴湾方向逃脱。

李堡战斗，我军集中优势兵力，乘敌换防、混乱之机，仅用 16 小时就歼敌 9000 余人。

五、丁林战斗（8 月 21 日—23 日）

李堡战斗后，国民党军被迫调整部署，加强点线守备，调整编第 65 师、第 49 师至海安、如皋地区，第 83 师至泰州、曲塘地区；交通警第 7、第 11 总队共 7 个大队驻扎在丁堰、林梓地区，以加强海安、如皋、南通地区点线公路两侧地区控制，企图北犯邵伯、高邮，威胁两淮。

华中野战军主力在李堡战斗后，集结于一仓河、三仓河一带休整补充，战斗力得到加强。8 月 13 日，中央军委指示华中野战军：“苏中分散之敌利于各个击破，望再布置几次作战。即如交通总队，凡能歼灭者一概歼灭之。你们如能彻底粉碎苏中蒋军之进攻，对全局将有极大影响。”

华中野战军司令部关于攻击丁堰、林梓之敌的作战命令

21 日晚，我军第 3 旅第 7、8 两团和第 6 师深入敌后腹地，集中优势兵力、火力，突然对南通、如皋一线兵力较薄弱的丁堰、林梓国民党交警各部发起攻击；激

战至23日，歼灭敌交通警察5个大队及整编第49师第26旅残部一个营共3000余人，切断了南通至如皋的公路，打开了主力西进泰州、泰兴、如皋地区作战的通道。

六、邵伯战斗（8月23日—26日）

邵伯是华中解放区首府淮阴南部的门户，河流港汊密布，仅运河堤一条陆道，地势险要。国民党军判定华野主力在如皋附近，遂以驻扬州的整编第25师沿运河向邵伯、高邮方向进犯，并将黄桥的第99旅东调如皋，企图沿运河北进，配合邻部夹击淮阴。

华中野战军为粉碎敌人企图，决定坚守邵伯地区，由第10纵队4个团和第2军分区2个团负责防守。同时，中原军区突围出来的皮定钧部5000余人进至苏中高宝地区，担任纵深防御。

23日拂晓，敌军在炮火准备后，开始分三路向丁沟、乔墅、邵伯进攻。进犯邵伯的敌军整编第25师拥有日、美式装备。师长黄百韬夸口说，“拿下邵伯少则数小时，多则几天”，国民党报纸亦吹嘘“邵伯指日可下”。在敌军强大火力进攻下，我军顽强抵抗，使敌军数次进攻受挫，敌军被迫重新调整部署。

24日至26日，师长黄百韬亲自督战，敌军第25师在飞机、大炮掩护下，沿运河堤正面再次发起攻击。我军与敌军恶战数日，经反复肉搏，将敌击退，除乔墅一线阵地被敌军突破外，其余各阵地始终屹立不动。26日，敌军获悉我军主力在围歼如黄路战斗中取得胜利，其侧背受到严重威胁，被迫于黄昏后溃退，邵伯防御保卫战结束。此役歼敌2000余人。

七、如黄路战斗（8月25日—27日）

丁堰、林梓战斗结束后，敌军判断华野主力将进攻如皋，急调整编第69师第99旅由黄桥向东增防如皋，并令如皋守敌分三路西出接应。粟裕获悉敌情后，决定采用“围魏救赵”战术，策应邵伯作战。令第1师、第6师西进泰州，牵制敌军第25师回援；同时准备与可能由黄桥向如皋调防的敌军99旅在如黄公路上打遭遇战。

25日晨，国民党军第99旅从黄桥出发，向东到达分界及芹湖地区，被华野第6师包围，经一夜激战，26日拂晓，敌军压缩至东分界、荡里一线。26日中午，第6师在第1师第1旅的密切协同下，对分界弱敌第99旅发起总攻，激战两小时，歼灭该敌。

由如皋出动接应之敌军第187旅及第79旅、第99旅各一部，被我军第1师第3旅截击。我军第5旅切断了其向如皋的退路，完成了合围。我军第1师第1旅、第6师第18旅，会同第1师第3旅和第5旅，共15个团，总攻加力、谢家甸之敌。27日晨，加力之敌在如皋之敌的救应下，分路向东突围。我军各部队全线出击，将敌军第187旅和79旅一个团大部歼灭于如皋以西谢家甸以东地区，并乘胜攻占黄桥。

（2012年6月28日第90期）

七战七捷中的军情侦察

楚澜

苏中战役的七战七捷，军事情报的侦察工作发挥了重要作用。1945 年 10 月中旬，粟裕对负责组建华中军区司令部情报处的朱诚基说："情报工作是战争准备的重要方面，要走在各项准备工作的前面。" 在粟裕等安排下，新四军军部调研室的部分干部，原苏中军区司令部三台的全部，原苏浙军区司令部三台的部分人员，统一整编成华中军区司令部情报处（代号四中队）。因对敌斗争所急，情报处一方面组织现有力量，加强对华中敌军动向的侦听侦察；一方面抓紧新人员的培训和装备补充。10 月下旬，粟裕让朱诚基带着他给苏中区党委书记陈丕显的信，去选调一批素质好的年轻同志。在陈丕显、贺希明等支持下，朱诚基从苏北、苏中地区选调近百名学员，12 月底集中在淮安训练。谭震林政委派人通过地下党从敌占区搞来了一批装备给情报处，刘先胜参谋长要求各作战部队注意收集情报工作需要的敌人装备和资料。

1946 年 7 月初，华中军区根据中央军委"先在内线打几个胜仗，再转至外线"的指示精神，以及华中地区敌我情况，报经中央军委批准，决定在苏中地区先打几仗，予敌以歼灭性的打击。粟裕司令员要求朱诚基："把同志们紧急动员起来，准备打大仗。" 朱诚基随即作了战前动员，并在组织上作了相应调整。除留下大部分同志在淮安，严密监视华中，特别是苏中的敌情，继续抓紧新人员的培训外，抽调了一批精干力量，组成前梯队，跟随华中野战军司令部行动，进行近敌侦察，及时上报敌军动向，为华中野战军领导选择首战的打击目标和反击时机提供军事情报。7 月 10 日，情报处获取了国民党军整编第 49 师、第 83 师、第 99 旅和第 25 师将分四路，在三四天内向如皋、海安大举进犯的重要情报。随后，情报处又查明了敌第 83 师第 19 旅有两个团分别驻守泰兴、宣家堡。华中野战军领导研究后决定出敌不意，争取主动，抢在敌人进攻前夜，首战宣、泰。战斗打响后，情报处人员又先后获悉：敌第一绥靖区司令李默庵对我进攻意图不明，为保南通，急令已开拔白蒲准备北犯的整编第 49 师主力于 14 日退缩平潮；15 日情况判明后又令其再次北进。可宣、泰守敌在我华中野战军的猛烈进攻下，已于 15 日就被基本歼灭了。

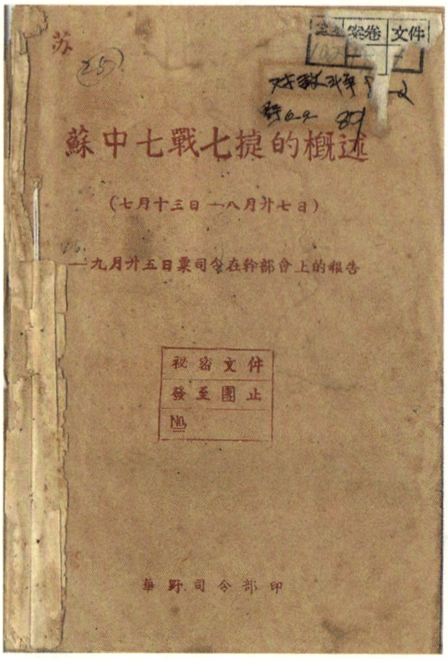
蘇中七戰七捷的概述

（七月十三日—八月廿七日）

——九月廿五日粟司令在幹部會上的報告

秘密文件
發至團止
No.

華野司令部印

苏中七战七捷的概述——9 月 25 日粟司令在干部会上的报告

宣、泰战斗胜利后，情报处首战胜利和华野首长的表扬，给了他们极大的鼓励，同志们更加努力地工作，又迅速侦察到敌军急调整编第 65 师火速渡江，会同靖江第 99 旅增援泰兴，进犯黄桥，企图拖住我华中野战军主力；同时敌军急令整编第 49 师星夜疾进，乘虚夺取如皋城，妄图从如皋、黄桥、泰州三面夹击我军的重要情报。华中野战军指挥员据此果断决策：迅速转移兵力，挥师东进，出敌不意，将敌整编第 49 师歼灭于运动之中。情报处前梯队紧随华中野战军司令部，日夜兼程，急行军 100 多里，7 月 18 日进驻如皋城郊。华中野战军参谋长刘先胜一到驻地就查问："四中队到了没有？驻在哪里？"朱诚基向刘参谋长报告宿营情况时说："大家不顾长途行军的疲劳，一到驻地就点起油灯，架起门板，紧张地工作了。"

苏中地区的战斗在激烈进行，情报处不断地提供最新的战场情报。有一次，情报处及时掌握到了李默庵司令将派飞机对我军进行轰炸这项情报，立即送给指挥部。首长当即通知部队注意防空，战士们纷纷用树枝作伪装，继续进行战斗。不一会儿，敌机果然来轰炸，由于我军及时疏散隐蔽，没有遭受什么损失。粟裕司令员高兴地打电话来表扬情报处，并奖励每人两斤猪肉。

如南战斗胜利后，华中野战军以小部队在海安地区实施运动防御战，歼敌 3000 多人后，又主动撤出海安，在海安东北将主力集结隐蔽休整，待机出击。当时，粟裕司令员特别注意敌军对我华野主力去向的反映及其部署。情报处同志们更是聚精会神地努力工作，及时侦悉敌整编第 65 师等部谎报战果，敌第一绥靖区司令部已经相信，不仅未发觉我军主力的集结地区，反而误认为我军伤亡两三万人，"苏北共军大势已去"，"已向北溃逃"。8 月 8 日，情报处侦悉整编第 65 师将于 9 日经海安去泰州、黄桥，接替整编第 25 师和第 99 旅的防务。10 日又获悉敌军新 7 旅将从海安东开，接替第 105 旅在李堡一线的防务。粟裕司令员根据敌军频繁调动的情况，认为歼敌良机已到，决定集中兵力，首先寻歼李堡之敌于运动之中。

1946 年 11 月，粟裕在华东野战军干部会议上作总结苏中作战经验的报告

8 月 10 日晚，我军乘敌军交接防混乱之机向李堡、杨家庄发动攻击。11 日晨，情报处人员从电台上侦悉李堡的敌人已经被我军歼灭；又及时获悉敌新 7 旅旅长并未发觉李堡军情的剧变，仍按原计划率一个团由海安东进。粟裕司令员据此情报，立即部署在海安以东打援的部队，利用青纱帐伏击敌人，打了一场漂亮的歼灭战，俘虏了该旅副旅长田从云。8 月 14 日，在这次战斗中曾被我军俘虏而后又逃脱的新 7 旅第 19 团团长介景和上报说："匪军对我行动完全洞悉，由 9 日起即筑成陷阱，待我深入，且集中优势兵力 8 团之众聚歼我军，其情报之敏活处，为职所不解。"

丁堰、林梓战斗结束后，情报处人员侦悉到扬州敌整编第 25 师，为配合睢宁之敌进犯淮阴，将于 8 月 23 日沿运河北上进犯邵伯、高邮的情报。8 月 22 日夜，华中野战军首长决定主力向敌人封锁圈的中心——黄桥挺进，调动敌 25 师回援，以"攻黄救邵"。8 月 24 日，情报处截获敌根据丁堰、林梓战斗态势，误判我军将进攻如皋，急令黄桥守敌第 99 旅沿如黄公路增援如皋这一重要情报。华中野战军首长得知后即令部队在行进中严密注意敌情，准备在如黄公路上打遭遇战。25 日，敌第 99 旅在分界被我军包围。26 日下午，情报处人员还侦听到敌 99 旅旅长绝望哀叫"没有办法啦，没有办法啦"。

苏中战役中，华中军区情报处及各侦察单位采用多种手段，接连侦察、破译敌人的作战部署等重要军事情报，为野战军首长掌握敌情，作出正确决策提供了可靠的情报依据，为我军取得苏中七战七捷胜利发挥了重要作用。国民党国防部把共军"情报灵活，行动自如，我军则每日有盲目作战之感"作为检讨苏中作战失败的重要原因。战役结束后，刘先胜参谋长对朱诚基说："502 首长（粟裕司令员代号）对你们的工作是很满意的。七战你们都有贡献，是无名英雄。"

（2012 年 6 月 28 日第 90 期）

华中野战军参谋长刘先胜

淮海战役第一捷

——国民党第三绥靖区"一一·八"贾汪起义

刘亚青

1948年9月，驻守兵力10万、城防坚固的济南不到10天便被解放军攻破，兼之原西北军吴化文率部起义，给国民党第三绥靖区官兵很大震动，大部分官兵已看清大势所趋，国民党败局已定。

国民党第三绥靖区担任东起台儿庄、经万年闸至临城（今薛城）微山湖、运河沿线的防守任务。这一地区战略地位重要，内有三道河流阻隔，是徐州东北的屏障，也是解放军由山东进攻徐州的必由之路。1948年9月26日济南解放以后，第三绥靖区直接暴露于解放军的面前，成为国民党徐州最前线。第三绥靖区两位副司令官、国民党高级将领张克侠与何基沣都是中共地下党员，两人一致认为在此重要关头，应掌握时机，巩固部队，采取行动，一举成功，为解放军铺平前进的道路。1948年10月中旬，我三野派代表去徐州，向张克侠传达陈毅等首长指示，定于11月8日我军发起进攻时，争取两个军起义。张克侠介绍了当前敌情，并研究与我军配合的具体方案，决定与何基沣同志一起率基础较好的五十九军和七十七军起义。11月8日凌晨，张克侠、何基沣两位将领以及五十九军副军长孟绍濂、一三二师师长过家芳（中共地下党员）趁势宣传，酝酿起义，并及时派人安置了被蒋介石以安全之名迁至江南的官兵家属的后路，解除了三十八师师长杨干三、一八〇师师长崔振伦及广大官兵的顾虑，终于振臂一呼，23000余官兵在贾汪、台儿庄防地举行起义，走上了光明之路。

起义部队11月28日向全国发表起义通电后，于1949年初与渤海纵队和苏北军区合编为中国人民解放军第三十三军和三十四军，正式编入解放军的序列，并参加了著名的渡江战役。在渡江战役中，不少起义的官兵立了功，受到嘉奖。全体官兵都获得了"淮海战役纪念章"和"渡江战役纪念章"。

贾汪起义可以说是解放战争以来起义时机选择最好、收效最大的一次起义。贾汪起义开放了台儿庄一带运河上的通道，敞开了徐州的东北大门，我解放军得以直捣徐州，拦腰斩断黄百韬的退路，分割了黄百韬与徐州的联系，取得了第一阶

徐州军民热烈庆祝淮海战役伟大胜利

段全歼黄百韬兵团的胜利，对淮海战役的胜利起到了重要作用，受到了毛泽东主席、朱德总司令的嘉勉。毛泽东高度评价："五十九军和七十七军起义是淮海战役的第一个大胜利。"粟裕同志指出："我南下部队如在贾汪耽误 4 个小时，黄百韬就可以退到徐州，那战局就不一样了。"至于国民党当局更是对张克侠忌恨难消，认为他是"影响徐蚌会战（淮海战役）的关键人物"，两军起义是导致国民党颓败的直接因素之一。

（2010 年 9 月 9 日第 72 期）

渡江战役是如何确定和发起的

王建丰

1949年4月20日20时，渡江战役打响。然而，究竟应该在什么时机渡江？具体的战役发起时间又定在哪天？这两个问题却曾经几经反复。

渡江时机选择的反复

【首提渡江】1947年7月23日，中央军委电示二野、三野领导人及华东局，指出："在目前情况下，为了确保与扩大已经开始取得的主动权……刘邓应下决心不要后方，以半个月行程直出大别山……叶陶两纵（指叶飞、陶勇指挥的两个纵队）出闽浙赣，创立闽浙赣根据地。"这是中央第一次考虑派部队渡江南进。27日，陈、粟、谭致电中央军委、华东局，建议在内线寻歼敌人数十个机动旅似更为有利。

10月15日，毛泽东致电陈、粟："战局可能发展得快……6个月后（约在明年4月），你们须准备以1个或2个纵队出皖浙赣（不是闽浙赣）边区，那时拟由刘邓方面派1个或2个纵队出湘鄂赣边区。"

11月28日，中央复电粟裕并告陈毅："在明年8月以前，不准备派主力部队渡江，各部均要在现地安心工作与作战，仅准备明年8月以后派一部分部队渡江南进，究派何部，临时决定。"至此，渡江南进的第一次提议终于暂缓执行。

【再提渡江】1948年1月27日，中央军委致电粟裕，指出：为迫使国民党军改变部署，吸引国民党军20至30个旅回防江南，确定由粟裕率华东野战军叶飞的第一纵队、陶勇的第四纵队、王必成的第六纵队，渡长江南进，在南方数省执行宽大机动作战任务。

4月4日，中央致电粟裕：5月15日以后部队出动南下。16日，粟裕致电刘伯承、邓小平，认为暂时留在中原歼敌，比远出江南的战略机动更为有利。18日，粟裕将同样意见再次电报中央军委，并提出相关的具体意见。

5月5日，中央军委致电刘伯承、邓小平并华东局：目前粟裕兵团（一、四、六纵）的任务，尚不是立即渡江，而是开辟渡江的道路。

至此,第二次渡江提议暂缓执行。

【确定渡江】1948 年 10 月 11 日军委指示:1949 年 1 月休整,2 月西兵团转移至中原,3 月至 7 月协同刘邓开始上述作战,“秋季你们主力大约可以举行渡江作战”。

12 月 12 日,军委致电总前委:“黄维歼灭后,请刘、陈、邓、粟、谭五同志开一个总前委会议,商好在邱(清泉)李(弥)歼灭后的休整计划,下一步作战计划及将来渡江作战计划。”并明确指示华野、中野(后又增加四野 12 兵团)共同完成渡江作战计划。

这一次,中央正式将渡江战役问题提到议程上来,渡江战役正式开始进入筹划阶段。12 月 18 日,总前委在华野司令部驻地蔡凹开会具体研究了渡江作战的大体方案。19 日,刘伯承、陈毅赴西柏坡向中央汇报后即确定了渡江作战方针,1949 年 1 月 8 日,中共中央召开的政治局会议和 3 月间召开的七届二中全会,又依据战局的发展明确了向全国进军的任务,并把渡江作战作为战略进军的首要任务。

渡江作战发起时间的反复

1949 年 1 月 14 日,毛泽东提出国共和谈的八项条件。21 日,蒋介石宣布“下野”。22 日,代总统李宗仁发表声明,愿意在中共八项条件的基础上进行和谈。同日,宣布了一个五人和谈代表团(后实际派出六人)。28 日,中央军委电令华野,指示解除渡江先遣纵队单独渡江的任务。

2 月 4 日,陈毅、邓小平电告中央,两个野战军“拟提前于 3 月初向南进军”。9 日,总前委致电军委和华东局,建议渡江时间“以 3 月半出动,3 月底开始渡江作战为最好”。11 日,军委复电表示同意。25 日,军委电示三野:3 月中旬或下旬准备攻占浦口及炮击南京,限于 3 月 10 日前完成准备工作,待命行动,以配合国共代表的谈判。

3 月 17 日,军委电示三野并告二野:确定渡江战役于 4 月 10 日发起,攻占浦口、浦镇的准确时间,必须由中央临机决定,其他沿江各点的攻击时间可自行

纪律严明的解放军部队

二浦战役前期，三十五军在江浦城北举行誓师大会

决定。20日，军委再电示陈毅、谭震林并告第二野战军，指出，全军可于4月13日或14日开始渡江。26日，陈毅、邓小平、谭震林报告军委，鉴于原定4月13日渡江正是阴历十六日，月光通宵，不易隐蔽，建议推迟两天行动，即4月15日黄昏发起渡江。27日，中央复电同意。31日，军委同意总前委意见，内定4月15日18时统一发起渡江作战。

4月1日，国民党和谈代表抵达北平。10日，军委电示总前委和二、三野："和南京代表团的谈判已有进展，可能签订一个全面和平协定，签字时间大约在4月15日左右，如果此项协定签订成功，则原先准备的战斗渡江，即改变为和平渡江，因此渡江时间势必推迟半个月或一个月。"11日，军委再次电示指出：依谈判情况，我军须推迟到4月22日渡江。经过连续地非正式沟通，13日国共举行第一次正式会谈。15日举行第二次正式会谈时，中共代表团要求南京国民党政府于4月20日前表明态度。同日，军委电示总前委和二、三野：和平谈判以4月20日为限期，该日以后我军即须渡江。17日，总前委电报军委：拟于4月20日开始渡江作战，22日全部投入夺取南岸的总行动。18日军委复电同意。当日，蒋介石表示拒绝《国内和平协定（最后修正案）》。20日南京政府复电北平和谈代表团表示拒绝签字。当晚20时，中集团率先发起攻击，正式打响了渡江战役。

（2009年4月16日第57期）

运筹帷幄定江南

——访渡江战役总前委大北望旧址

赵志存 赵 杰

铜山县汉王镇大北望作为渡江战役总前委等四大机构旧址，从 1949 年 1 月 15 日至 3 月 21 日，三野、华东局、华东军区、渡江战役总前委的指挥部先后设在大北望郝家大院。

历史何以选择了大北望？这是由当时的特殊情况决定的，一是淮海战役刚刚结束，徐州城内还没有完全稳定下来，国民党潜伏下来的特务特别猖獗；二是郝家大院保存完好，位置隐蔽；三是淮海战役最后阶段的参战部队都在鲁南、皖北、豫东一带集结，再加上这里是徐州近郊，又靠近津浦、陇海两条铁路，交通便利，是战役指挥中枢的最理想场所。

北望村村委会多年来一直珍藏着一幅十分珍贵的黑白照片，照片上自左向右依次为：刘伯承、饶漱石、曾山、邓小平、康生、谭震林、陈毅、张际春、粟裕九人的合影，由图片背景可知他们是站在郝家大院的其中一座大门楼前拍摄的。照片下有一行小字：1949 年 2 月摄于徐州北望村第三野战军指挥部。

1949 年 1 月 10 日，历时 65 天的淮海战役落下帷幕。此役共歼灭国民党军队 55.5 万人，创下了世界军事史上以少胜多的奇迹。一时间江淮大地上国民党残敌纷纷溃逃南下。

2 月 9 日，淮海战役总前委在第二野战军（原中原野战军）驻地商丘召开了会议，具体讨论了渡江作战事宜，形成了《关于渡江作战方案和准备工作意见向中央的报告》。2 月 11 日，中央军委复电同意淮海战役总前委对渡江战役照旧行使军事及作战的职权。2 月 12 日，总前委移驻徐州随三野行动，中共中央华东局、华东军区的首长及机关也奉命南移徐州，同总前委和第三野战军前委一同工作。此时，徐州这个战略要地又成了渡江战役的军事指挥中心和华东地区的政治决策中心，而这个中心的核心就是大北望。随后，中共中央华东局领导饶漱石、康生、曾山、张际春也来到大北望，共商渡江战役的大计。运筹帷幄，剑指江南，百万雄师过大江的鸿篇历史画卷由此拉开序幕。

这时，四大机构齐集大北望，工作极其浩繁。后来，邓小平曾对毛泽东说，1949 年 2、3 月间，是自己一生中最繁忙的时期。他指的就是在大北望夜以继日的工作。在这里，邓小平开始着手领导起草《京沪杭战役实施纲要》。

2月25日，一封电报从西柏坡发至大北望，要求二野和三野在3月中旬或下旬应准备攻占浦口及炮击南京。此项准备工作限于3月10日以前完成，待命行动。此后，西柏坡中央军委与大北望总前委及三野指挥部之间电报往复不断，反复商讨攻占两浦（浦口、浦镇）及炮击南京的必要性和时间。

1949年3月21日，这个被人们比作“徐州的西柏坡”的大北望，随着总前委的南移结束了其历史使命。

郝家大院是渡江战役最重要的见证，其意义深远。2006年4月，渡江战役总前委旧址被列为铜山县文物保护单位，6月，被江苏省人民政府公布为省级文物保护单位。徐州建设局将大北望渡江战役指挥部——郝家大院，列为首批抢救性保护建筑之首，已按照“修旧如旧”的原则修复郝家大院，在其址建一座革命历史遗址纪念馆。

历经风雨沧桑的大北望在娓娓而语诉说历史的同时，也将作为爱国主义教育基地，载入史册。

华东野战军渤海纵队进入徐州

（2010年9月9日第72期）

江苏解放

沈梨

60年前在中国共产党的正确领导和人民群众的大力支持下，人民解放军成功地发动了淮海战役、渡江战役，解放江苏、占领南京，推翻了蒋家王朝的反动统治，在人类记忆中留下了浓重的印记。

江苏地跨长江两岸，江北坐拥北方重镇徐州，江南有百年工商名城无锡、苏州，省会镇江毗邻国民党政府首都南京。特殊的地理位置，使江苏成为全国解放中唯一一个经历了两个重要战役的省份，在全国解放中占有重要的地位。淮海战役胜利后，苏北各市、县陆续解放，苏北人民义无反顾地投身到支援前线的滚滚洪流中。渡江战役胜利后，渡江战役前线总指挥部移师镇江丹阳，并迅速改名为京沪杭战役总前指，江苏又站在了解放大上海、解放杭州的最前沿。

60年沧海桑田，60年星移斗转，在新中国成立60周年之际，我们编辑《江苏解放》系列，再现人民解放军饮马长江的壮丽场景，及江苏各地人民在地下党带领下护厂护校、保家护园的斗争历史；重温解放后各级党组织完成军事接管，建立人民政权，带领人民恢复经济发展生产，支援前线的光辉历程，不只是为了牢记党和人民军队的光荣历史，缅怀前辈的献身精神，也是为了在后人的心中树起永恒的丰碑。

争取和平，自卫反击

1945年8月29日，毛泽东主席为谋取和平赴重庆同国民党蒋介石谈判。

1946年6月26日开始，国民党军在各个战场，向解放区发动全面进攻，江苏北部解放区成为国民党军进攻的主要地区之一。1946年7月13日至8月27日迎战国民党军的苏中解放区部队，在华中野战军司令员粟裕率领下，取得了解放战争史上著名的苏中“七战七捷”。1946年12月，华中解放军主力部队转移山东，江苏解放区重新转入敌后。1947年8月12日，人民解放军华东军区第十一、十二纵队，一举攻克苏北重镇盐城，取得了苏北地区坚持敌后以来的首次大捷。

淮海战役前线总指挥委员会委员合影

淮海战役中，大量的国民党军被俘官兵从徐州市区通过的情景

1948 年 11 月，淮海战役支前运输队向前线赶运粮食

人民解放军解放苏州后，乘胜奔赴解放上海的战场。图为停在苏州火车站的上海解放号

1947 年 11 月，华中地区党政军机构重新调整，成立华中工委和华中行政办事处。1948 年 1 月底，组成苏北兵团，同时成立苏北军区。

1948 年 3 月，华中人民解放军解放沭阳、阜宁，4 月下旬至 6 月中旬，歼灭国民党南、北"追剿"兵团 1.4 万余人；下旬，再克涟水、泗阳、宿迁，10 月攻占东台。这样，昔日被分割成小块的解放区，又重新联成大片，为全面反攻奠定了基础。

决战淮海，解放苏北

在人民解放军转入全面反攻，取得了辽沈战役胜利的形势下，中共中央军委决定于 1948 年 11 月 6 日由华东、中原两大野战军联合发动以徐州为中心的淮海战役。战役历时 65 天，至翌年 1 月 10 日胜利结束。淮海战役后，国民党统治集团陷入土崩瓦解状态，我解放军乘胜解放扬州、南通等市、县。4 月 7 日仪征县城解放，至此，除江浦县和极少数沿江据点外，苏北全面解放。4 月 21 日，苏北人民行政公署在扬州成立。

大军渡江，解放苏南

由于国民党拒绝在"和平协定"上签字，1949 年 4 月 21 日，毛泽东主席、朱德总司令发布了《向全国进军的命令》。继三大战役之后，人民解放军发起了规模空前的渡江战役，剑锋直指国民党反动政权的统治中心——南京。百万雄师以排山倒海之势强渡长江，4 月 23 日占领南京，镇江、丹阳、常州、无锡一线相继解放；27 日苏州解放；5 月 1 日，苏南人民行政公署在无锡成立；6 月 2 日解放崇明岛，至此苏南全境解放。

（2009 年 9 月 10 日第 62 期）

钟山风雨起苍黄，百万雄师过大江
——南京解放回眸

王建丰 李兆梅 徐梅

钟山风雨起苍黄，百万雄师过大江。
虎踞龙盘今胜昔，天翻地覆慨而慷。
宜将剩勇追穷寇，不可沽名学霸王。
天若有情天亦老，人间正道是沧桑。
——毛泽东《七律·人民解放军占领南京》

这是60年前的4月24日，也就是南京解放的第二天，毛泽东看完《人民日报》上刊登的关于南京解放的消息之后，欣然拟就的一首脍炙人口的七律。

1948年12月30日，毛泽东向全世界宣告："1949年中国人民解放军将向长江以南进军，将要获得比1948年更加伟大的胜利。"迎接解放已成为摆在南京人民面前的重大任务。

1949年1月，中共中央华东局根据新的形势，发出《京沪一般形势的特点及当前的基本方针与我们具体工作》的指示，要求各地地下党做好迎接解放的工作。当时国民党防守的南京陆、海、空、警察部队，以及国防部、保密局、美军顾问团都有地下党员在活动。

1949年4月，长江南岸国民党军的江防阵地已在解放军炮兵射程之内。4月20日，南京国民政府拒绝接受中共代表团提出的《国内和平协定(最后修正案)》。4月21日，毛泽东、朱德发布《向全国进军的命令》。从20日午夜起，人民解放军首先在狄港一带江面狭窄的地方突破长江天堑，接着利用各种船只，突破敌人的千里江防线，挥戈南下，迅速向纵深猛进，对芜湖、南京、镇江地区的敌军构成钳形夹击之势。

担负正面夺取浦口，配合兄弟部队相继攻占南京任务的是人民解放军第三野战军第八兵团第三十五军。4月20日，部队向江浦、浦镇发起进攻。解放军加强攻势，终于从江浦城东北角突破，21日，三十五军一〇三师攻克江浦县城。4月22日，浦口、浦镇解放。

4月22日，国民党京沪杭警备总司令汤恩伯匆忙决定放弃南京。他下令撤离前要炸掉港口、火车站、机场、重要仓库，企图破坏城市。与此同时，在中共南京市委的领导下，该市工厂、学校、商店的广大群众及国民党政府机关内的下层公务人员、受地下党策动的警察，纷纷行动起来，护厂护校，保卫城市，迎接解放。

4月23日，当解放军横渡长江时，南京下关电厂工人立即将千方百计保存下来的运煤船"京电号"开向北岸。与此同时，铁路机务段轮渡所工人也将他们保存下来的"凌平号"拖轮及可载二三百人的篷船开出，迎接解放军渡江。国民党空军的轰炸扫射，已无法阻挡渡江大军。4月23日午夜，南京城和平解放，“总统府”门楼上插上了人民解放军的红旗。

解放军横渡长江

4月24日，江上千帆竞发，舟楫如梭，城内欢声笑语，锣鼓喧天，身着黄土布军服的人民解放军，迈着矫健的步伐，行进在南京街头。南京人民热烈欢迎人民解放军，激动人心的欢迎场面随处可见。人民解放军总前委领导成员、第三野战军司令员陈毅曾有诗形容：“春水方生濡须口，大军今已过江东。秦淮迎客波碧绿，钟山含笑树青葱。”这首诗道出了人民的喜悦和心声。

4月25日，承担接管南京任务的金陵支队，在宋任穷的率领下，首批抵达南京，并同中共南京地下党取得了联系。26日至28日，解放军总前委领导人邓小平、陈毅、刘伯承、饶漱石等先后到达南京。

4月28日，南京市军管会宣告成立，刘伯承任主任，宋任穷任副主任。当天发布布告称：军管会“奉行中国共产党所制定的城市政策，遵照中国人民解放军约法八章，实行军事管制”。

解放军渡江后追歼江南残敌

5月1日，中共中央发出贺电，庆祝南京解放。贺电中说：“我人民解放军第二、第三两大野战军执行人民解放军总部命令，奋勇出击，横渡长江，敌军望风披靡，南京迅获解放，国民党反动统治从此宣告灭亡，江南千百万人民迅即重见天日，全国欢腾，环球鼓舞。此皆我前线将士英勇善战，后方军民努力支援，江南民众奋起协助，其他野战军、地方军一致配合行动所获得的结果。”

如今，当我们沐浴着宜人的春日阳光，欣赏着盛开的紫金山梅花，享受着改革开放开启的幸福生活时，我们情不自禁的要向60年前在南京解放中浴血奋战的人民解放军指战员，表达我们最崇高的敬意。

60年过去了，巍巍紫金山虽岿然依旧，却已不再是当年的衰败景象，而变得更加郁郁葱葱、生机盎然；万里长江虽依然滚滚东逝，却已不再是天堑，而被数十座钢铁大桥所横跨变成通途；古城金陵的人们虽仍然熙熙攘攘，却已不再为腐朽的反动统治者所奴役，而成为建设中国特色社会主义新中国的主人。

解放军主力由挹江门进城受到热烈欢迎

（2009年4月16日第57期）

镇江解放

镇江市档案局

1949 年 4 月 23 日，是镇江历史上一个划时代的日子。这一天，中国人民解放军在镇江地下党的策应下，渡过长江天堑解放镇江。镇江解放后，镇江市军事管制委员会、中共镇江市委、镇江市政府带领全市人民，迅速投入到接管旧政权、建设新镇江的斗争中，使镇江这座有着光荣斗争传统的江南名城获得了新生。

解放镇江

镇江城区的地下党组织在 1947 年曾遭受破坏，一度暂停活动。随着斗争形势的迅猛发展，镇江城区党的工作急需开辟、恢复，于是 1947 年底至 1948 年春，在镇江城区形成了受中共南京地下市委领导的中共镇江地下工委——俗称“南京线”，和受中共镇丹扬工委领导的中共镇江城工支部——俗称“镇江线”的两条线组织领导系统。

这两条线的同志们根据上级党组织的部署，积极开展工作，发展党员，收集情报。至 1949 年 4 月，镇江重要的工厂、企业、交通、邮电、学校等部门和国民党省、县机关中都有了中共党员、共青团员或党的“工作关系”，还先后建立了江苏学院、江苏医学院、电信局、铁路工人、汽车司机、小学教师等 8 个党支部，为镇江解放前夕的护厂护校斗争打下了组织基础。

1949 年 2 月，镇江地下工委和城工支部，通过党员和其他关系，从国民党江苏省保安司令部、镇江地政局、金坛邮电局等处，搜集到《镇江江防设施图》、江苏省第三联防指挥部所属《太仓、嘉定、崇明、宝山四县军事联防兵力分布图》、《省保安司令部军用密码》、《镇江军事地图（1 ∶ 10 万）》、《江防部队兵员、军械、粮饷清册》、《江苏省邮政地图（袖珍本）》等，还临摹了《镇江城市地图》，并标明国民党重要单位驻地。以上情报，通过镇丹扬工委送往苏北解放区，为解放军渡江作战作出了重要贡献。

镇江地下党组织还坚持不懈地做国民党保安人员的策反工作。在我地下工作者长期宣传策反下，多名国民党保安人员或在大军渡

中共镇江工委大港支部成员合影

参加解放镇江战斗的二十军 59 师 175 团，在渡江作战前召开干部誓师大会，师、团首长向该团一营授旗

1949 年 4 月 23 日，镇江解放时人民解放军从江边苏北路（现名长江路）入城受到群众夹道欢迎的情景

江时率部起义，调转枪口向负隅顽抗的国民党军队发动攻击，或为我军提供军事情况，或为我留守人员在国民党锁船封江时向江北传递情报发挥作用。

为防备敌人的破坏，镇江城区地下党组织根据上级指示，通过多种途径，领导广大市民开展护厂、护校、护站、护路、护船斗争。此外，镇江地下党组织还在大军渡江前完成了筹措解放军渡江过境期间 3 至 5 天军粮的任务。

从 1947 年底恢复地下活动至 1949 年 4 月，镇江城区的党组织经过艰苦卓绝的斗争，为迎接大军渡江，解放镇江做好了准备。

1949 年 4 月 21 日，中国人民解放军百万雄师遵照毛泽东主席和朱德总司令发布的“向全国进军”的命令，强渡长江天堑。

解放镇江城区的战斗与解放扬中、丹徒同时进行。集结于六圩、瓜洲一线的解放军华东警备第七旅所属第十九、二十、二十一团，奉命攻取六圩据点，拔除江边桥头堡，准备渡江。4 月 21 日晚，战斗首先在长江北岸的六圩打响，十九团在夜色掩护下向六圩据点突进，各连突击队在密集炮火的掩护下，逐个摧毁守军的地堡群。22 日，全歼六圩守军，攻占六圩据点。随后，十九团三营各连分别登上 4 艘投诚的国民党军炮艇，先行渡江解放镇江城。先头部队登岸后，迅速向城里展开，分别控制了镇句公路要扼、七里甸和城区的电信局、中山桥、电厂、水厂等处，占领了国民党的江苏省党部、江苏省政府和各厅局机关。23 日，后续部队进城后，占领了金山、焦山、北固山、九华山和西门、南门两个火车站，控制了城内外两个制高点，切断铁路交通以阻止残敌南逃。

镇江解放了！

军事接管

1949 年 2 月下旬，华中工委根据华东局《关于接管江南城市的指示》精神，在扬州成立了镇江区接收筹备委员会，由三野第八兵团与华中二地委共同接收镇江，陈光、韦永义分别任正、副书记。3 月 13 日，筹委会举行全体成员会议，研究部署接管镇江的各项准备工作。会后，筹委会调集近千名接管干部培训30余天。

4月24日，中国人民解放军华东军区镇江市军事管制委员会正式成立。市军管会由三野八兵团政委袁仲贤任主任。市军管会通告全市："各机关负责人暨全体工作人员即与本会特派员取得联络，继续安心工作，负责保存公物，使其不受损毁，并准备移交事项，如将公物任意捐毁陷匿，即以战犯论罪"；"严禁任何人假冒名义，先行接收。如经发觉，军法从事，决不宽待"。市军管会确立了"各按系统、自上而下、原封不动、先接后分"的接收方针，在内部相应设立了政务部、公安部、军事部、财经部、交通部、文教部和房地产管理处7个接收工作部门。

接管工作开始后，军管会一方面派代表分头召开原江苏省、镇江县各级机关人员会议，宣布接管命令和政策，阐明时事形势，通知各原有机关负责人或看管人办理移交事宜；另一方面派出大批干部深入各主要工厂企业，发动群众，配合接管，检举敌逆产，清理资财。由于入城部队和军管会开展的政治、政策宣传深入人心，加之解放前夕镇江地下党开展护厂、护校、护店活动创造的有利条件，接管工作在各界群众的支持和配合下进展十分顺利，至5月22日即基本完成了各项接收任务。

同时，各县的接管工作也进展顺利。4月25日丹阳军管会成立，至5月9日丹阳军事接管工作顺利结束。句容、丹徒、扬中的军事接管工作，也分别于4月26日前后开始，至5月上旬顺利结束。对区乡政权的接管，都由县党政主要领导分率干部赴各区，接管区、乡政权及其所属全部资产，取缔反动党团及军警特务组织，宣布保护社会安定的一系列命令和规定。三五天内，各县的区、乡政权接管完毕，开始办公。

政权建设

镇江解放后，镇江市军管会在集中主要力量抓好接管的同时，抓紧进行新政权的建设。1949年4月23日，镇江市人民政府宣告成立。市政府所属市城区设省府、甘露、西津、伯先等13个镇；郊区设3个乡。5月2日和6月12日，地委和专署先后公布了镇江地区所属8县（市）委、政府的领导班子名单，其中镇江市委由韦永义、储江、陈西光、刘汉清、何冰皓、沈毅组成，韦永义兼市委书记，储江为市委副书记。镇江市政府由镇江专署专员刘烈人兼市长、副专员何冰皓兼副市长（8月12日任市长）。县（市）委设秘书、组织、宣传、职工、青年等机构部门，负责日常运转；县（市）政府设立秘书、民政、财务、支前、建设科及教育、税务、工商、粮食、邮政、电信、公安局、中国人民银行等机构部门，承担日常工作。并于同年9月26日至30日召开了镇江市第一届各界代表会议。翌年4月和5月，市人民法院和市人民检察署相继建立。

市人民政府成立之初，城区仍沿用旧建制，设13个镇公所；郊区设区公所，下辖3个乡。同年8月实行警政合一体制，城区改设城中、大西路、小码头、沿江4个公安分局，辖12个派出所，行使基层政务和社会治安双重职能。1949年5月至9月，废除旧保甲制度，实行户政改革。3个月后，城区改为警政分治体制，建立金山、北固、迎江3个区，下设30个居民委员会。

各县也大力加强基层政权建设，逐步建立健全乡级人民政权。在建国前后相继召开各县的首届各界人民代表会议。

1949 年 10 月 1 日，毛泽东主席庄严宣告：中华人民共和国中央人民政府成立了。中华民族的发展开启了新的历史纪元。从此，镇江人民在中国共产党的领导下，在镇江市委、市政府的带领下，跨进了社会主义革命和社会主义建设的新时期，踏上了新的征途。

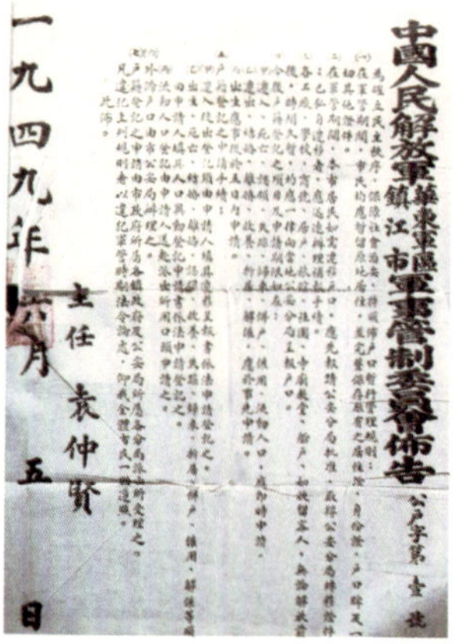
中國人民解放軍華東軍區鎮江市軍事管制委員會佈告
公戶字第壹號
主任 袁仲賢
一九四九年六月五日

镇江军事管制委员会关于户籍管理的布告

1949 年 9 月参加镇江第一届第一次人代会的部分代表

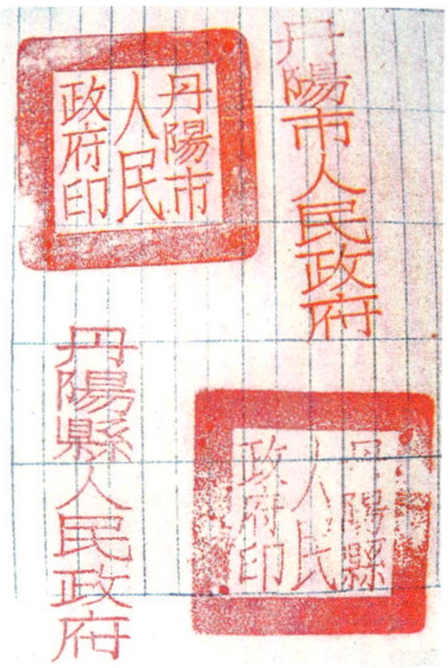

丹阳县人民政府印模

（2009 年 6 月 11 日第 59 期）

总前委在丹阳

镇江市档案局

总前委是中共中央、中央军委在解放战争中为适应大兵团作战、大进军行动、大发展前进而设置的军事指挥机构，由刘伯承、陈毅、邓小平、粟裕、谭震林 5 人组成，邓小平任总前委书记，统一领导华东、中原两个野战军。淮海战役的胜利，将战线一下推进到长江边上，准备进行渡江战役，淮海战役总前委即改为渡江战役总前委，仍由邓小平任总前委书记。渡江战役胜利后，渡江战役总前委旋即更名为京沪杭战役总前委，担负起解放和接管上海的伟大历史使命。

总前委、华东局和华东军区机关移驻何处指挥战斗最为理想？陈毅想到了丹阳。他认为丹阳地处宁沪线上，大运河贯通其境，水陆交通方便，有利向前推进；丹阳县城地理位置适中，目标不大，部队集散迅速，有利防空。4 月 23 日丹阳全境解放，指挥百万雄师过大江的总前委、华东局、华东军区成员便陆续移驻丹阳。

5 月 1 日，总前委、华东局的主要领导成员出席了庆祝南京解放

1949 年 4 月 24 日至 5 月 26 日，中共中央华东局和渡江战役总前委移驻丹阳城。图为总前委旧址——丹阳戴家花园

的大会，当晚乘车途经镇江稍事停留，5 月 2 日陈毅到达丹阳。5 月 3 日，饶（漱石）、陈（毅）、张（鼎丞）、舒（同）、粟（裕）、唐（亮）、刘（晓）在丹阳联名向中央军委报告："我们留小平在南京协助三天即东进外，我们几个人已进驻丹阳县城，与华东局机关部队和南下干部会合，正积极部署接收上海的准备工作。" 5 月 6 日，总前委、华东局书记邓小平从南京赶到丹阳。

20 世纪 30 年代就活跃在上海的左翼作家夏衍，与潘汉年、许涤新、沈宁一等一行，从香港到北京，受到毛泽东、刘少奇、周恩来等中央领导同志亲切接见后，也来到丹阳向华东局报到。同他们一起到丹阳的，还有盛丕华父子、周而复、毛岸英（化名杨秘书）和五六位民主人士。

总前委驻丹阳城宝塔弄的戴家花园内，华东野战军司令部和华东局机关进驻胡家宅院。刚解放的丹阳，会聚了中共中央委员、候补委员 8 人，会聚了党、政、军、财、文各界精英和接管人员、警卫部队 3 万多人，为解放上海、接收上海做精心准备。丹阳古城，荟萃群英，成了华东战场的一个指挥中心。

华东军区、第三野战军的领导同志。第三野战军司令员兼政委陈毅（左二）、华东军区政委饶漱石（左一）、第三野战军副司令员兼第二副政委粟裕（左五）、第三野战军第一副政委谭震林（左三）、第三野战军后勤司令员兼政委刘瑞龙（左四）

（2009 年 6 月 11 日第 59 期）

“紫石英”号事件

镇江市档案局

1949 年 4 月 20 日上午，英国护卫舰“紫石英”号从南京附近江面下驶，擅自侵入三江营中国人民解放军某部炮兵第三团江防阵地。中国人民解放军当即鸣炮警告，该舰非但置之不理，反而炮击人民解放军阵地，干扰人民解放军渡江作战的行动，使中方伤亡 252 人，大量村舍被毁。英舰海盗的挑衅行径激起人民解放军极大的愤慨，解放军猛烈还击。炮战中，英舰中弹 30 余发，死亡 17 人、重伤 20 人，水兵们纷纷离舰泅水逃跑。弹痕累累的“紫石英”号一边悬起白旗，一边向南岸国民党第三十一军防线方向逃去，在距三江营 7 公里处的太平洲搁浅。下午 1 时，英驱逐舰“伴侣”号从上游方向驶来增援，与人民解放军发生激烈的炮战后被迫向下游逃跑。

总部设立在香港的英国远东舰队得到其两艘军舰在长江受创的报告后，副总司令梅登海军中将立即乘坐旗舰“伦敦”号，并率驱逐舰“黑天鹅”号全速驰援。沿江人民解放军炮兵奉命对英舰还击，英国舰队发现解放军抗击的决心和力量远远超过他们的估计，掉转船头，带着累累的弹痕驶向上海。

扬子江的炮声轰动了世界，引起国际舆论的严重关注，成为当时国际新闻报道和政治评论的焦点。4 月 30 日，中国人民解放军总部发言人李涛将军发表声明，就“紫石英”舰事件表明了中方的原

被炸伤的“紫石英”号护卫舰

1949 年 4 月 20 日，中国人民解放军在三江营痛击英舰的炮兵三团战士们

则立场和严正态度，并提出了关于新中国同各国建立外交关系的政策方针。

当时，“紫石英”舰仍然滞留在镇江以东的江面上，亟须作出处置。中方认为由冲突的当事双方就地解决为好，此议得到了中央批准。镇江前线司令部指派康矛如上校为谈判代表，要求英方指派相应的代表举行谈判。谈判的第一个回合，双方分歧非常明显。在以后的多次谈判中，英方施展不授权的诡计，一直未派出谈判代表。

在谈判未果的情况下，7 月 30 日晚 9 时，“紫石英”号趁“江陵解放”号客轮经过该舰驶往上海之际，模仿中国客轮桅灯，尾随“江陵解放”轮潜逃。晚上 9 时 15 分，大港炮兵向“紫石英”号发炮，警告其停驶，英舰亦向人民解放军炮兵还击。双方发生激烈炮战。“紫石英”号继续东逃，后避开吴淞口航道，径从崇明岛北口逃出长江口。

英舰“紫石英”号事件是新中国诞生前夕中英间的首次重大交锋。对英舰“紫石英”号的抗击，显示了中国人民的觉醒和力量，标志着鸦片战争后 100 多年来中国人民蒙受屈辱的时代已经结束。

（2009 年 6 月 11 日第 59 期）

南通解放

朱红 陆桂枫 朱江

60年前的2月2日，中国人民解放军开进南通城，改变了南通的历史进程。南通的解放标志着苏中、苏北地区的全面解放，为渡江战役的胜利奠定了坚实的后方基础。作为中国民族工业的发祥地之一，南通是当时苏北第一大工业城市，南通解放后，市政府提出了"自力更生，政府协助，克服困难，坚持生产"的方针，使经济得以迅速恢复。大规模的渡江支前工作，为渡江战役的胜利乃至全国的解放作出了贡献。

解放南通

1949年1月1日，淮海战役胜利结束，国民政府在南线战场的精锐部队被消灭干净，长江以北的华东和中原广大地区基本解放，国民党反动统治中心南京处于人民解放军的直接威慑之下，2月2日苏北名城南通解放。

1949年2月6日，《江海报》较详细地记载了南通解放的经过："本月一日夜里，南通城的敌人向南逃走了，至此，我分区已经完全解放。我在收复了启东县城和金沙、丁堰、刘桥等十八个据点后，更继续分东、西两路向南挺进，全面开展军政攻势，东路我军28日接连收复海门县城，和南通城东的观音山、三圩头、陆洪闸等据点，姜灶港、川港两据点敌人，全部向我投降。西路我军也连日收复平潮、秦灶等据点，半数以上土匪武装，也都缴械投降。31日东路我军，又进攻狼山守敌。南通城的敌人，大为吃惊，在1日夜到2日上午，慌忙乘船向江南撤逃。唐闸、八厂两地，匪实业保安大队四个中队，在大队副邱菊生带领下，拒绝蒋匪命令，携带重机4挺、轻机13挺、汤姆6挺、手提式10支、长短枪233支、八二炮2门、六零炮1门，向我入城部队投诚。三厂敌人也在一日向南溜走。"

同日，《江海报》刊发评论文章《庆祝解放庆祝通如海启全境解放》："……在淮海战役胜利的声威之下，在我分区兵团各级武装英勇挺进之下，通、如、海、启的残余敌人，就慌作一团地逃向江南了。今天，江北出名的城市南通解放了。我们全分区解放了，通、如、海、启全境解放了，从此，300万人民，再不会受蒋匪的压榨和侮

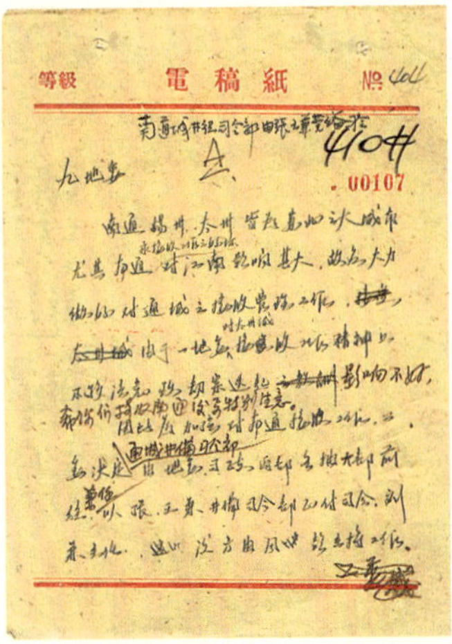

任命张（震东）、王（治平）兼任南通城警备司令部正、副司令的电报

辱，7000 多平方公里的土地上，再不受人民公敌战争罪犯们的践踏。”

2 日一大早，不少南通市民就开了门，盼解放军早点进城。街巷和广场，贴满了欢迎共产党、欢迎解放军的标语。上午 8 时解放军进城，街道两旁站满了欢迎的人群。次日，南通市人民政府成立。

自从南通、海门、启东、靖江、泰兴等长江沿岸城市收复以后，江苏省北部除江边还有敌人少数残余据点外，已经完全解放，为进行渡江战役奠定了基础。1949 年 4 月 14 日，毛泽东为中央军委起草致总前委粟裕、张震、刘伯承、张际春、李达电（《令卯哿一举攻占安庆至南通一线据点》）：“为着准备渡江的直接行动，为着给南京一个打击，促使他们接受我们的条件起见，请你们准备于卯哿（四月二十日）攻占从安庆至南通一线除安庆及两浦（浦口、浦镇）两点以外的一切你们所需要攻占的北岸（不是南岸）敌人据点及江心洲（包括扬中县）。接电后请速即部署，以便于卯哿一举攻占。而在卯哿以前则保持平静，一声不响。”由此可见南通在整个渡江战役中的战略地位。而解放后的南通人民，则积极投身到支前中去。

保家护园迎解放

淮海战役后，在中国人民解放军的强大威慑下，国民党政权摇摇欲坠。南通城守敌军心涣散，丧失斗志，一些反动头目已开始做逃跑的准备。根据这一形势，我华中九地委及时作出部署，要求南通城工委发动工人、学生、市民护厂护校，迎接解放。于是，一场没有硝烟的激烈战斗，在通城拉开了帷幕。

南通城工委一方面积极开展上层统战工作，致函资方代理和国民党唐闸区区长顾渊如等，告以党的民族工商政策，晓以大义，要求厂方放弃拆迁，保护工厂资财；另一方面，各厂地下党支部以“反拆迁”的口号，团结工人为保卫工厂而斗争，工人们警惕地看管每一部机器；地下党支部还在运输和码头工人中提出“不卸、不运”的口号。这样双管齐下，在党的工商业政策和统战政策的感召下，在工人群众齐心协力“反拆迁”的压力下，资方代理人等上层人士被分化出来，放弃了拆、迁厂房，转移设备和资金的计划。

SIN XUA RHBAO
新華日報
南通解放
提拔和培养大批干部 迎接全国革命胜利！
提拔了大批好干部

《新华日报》关于南通解放的报道

同时，南通城工委还组织码头工人拒绝往江南运送物资；组织教师、学生成立护校队，保护教学设施。1949年2月24日《江海报》曾刊载这样一篇报道《出色的唐家闸工人保护工厂维持秩序》：唐闸大生纱厂、广生油厂2000多工人，在唐闸解放前一周，秘密地讨论保护工厂、维持社会秩序、欢迎解放军的事情，讨论后就立即组织了工人纠察队，准备标语口号。2月1日半夜，蒋匪二十一师一个团仓皇逃走，当夜工人们就贴好"欢迎解放军"的标语。2月2日清早90个纠察队员，拿着收缴到的土匪的几支步枪，在工厂四周和街道要口站岗放哨，维持社会秩序，向镇上和乡间的残匪展开政治攻势，搜缴枪支武器。当解放军一进街头，成群的工人带领着市民热情欢迎，敲锣鼓，放鞭炮，还有的带领解放军找宿营地、装电话、借用具。到当日晚上，游散匪军向工人缴出大批武器，计步枪95支、短枪5支、手提式1支、六零炮1门、弹筒1个、子弹1180发、硫磺弹10发。因为工人们这样的努力，所以唐闸解放前后，社会秩序很好，各工厂、学校、商店等都没有受损失。

天生港发电厂大门

1949年2月2日，南通城包括唐家闸、天生港宣告解放，回到人民的怀抱。各工厂企业、机关、学校、商店保护完好，电话通讯、发供电一刻未停。不久，工厂、商店、学校陆续复工、复业、复课。

大生八厂大门

旧城市改造

南通国民党势力是在我军攻势之下有计划地撤逃的，所以档案、资财几乎大部搬空，同时遗留下各种反动残余势力。对此，我党在入城前即配备干部组织学习，调查南通情况，研究具体政策，开展联络活动，为接管南通做准备。在南通市档案馆馆藏的档案中，一份1949年地下党组织《关于接收控制既包含的各个机关部门》的文件详列了需要"立即接收的"、"应立予控制的"、"应立予保护的"各军事、党政、文教、公用、工商部门的名单。

南通解放后，在南通区军事管制委员会的统一领导下，接收工作迅速展开，经过接管、整理、清查完成接管工作。随后，南通区军事管制委员会发布1949年秘

南通市政府布告

南通市政府布告秘字第一号

字第二号布告，对国民党、三青团、公开和隐蔽的特务机关等一切反动组织成员及蒋匪、散兵游匪、还乡团员等进行登记，并甄别对待，全部登记1405人。此外，经过军管会的教育，部分国民党三青团员在未登记前的各种顾虑打消。旧警察被接收后，军管会即对其进行训练，加以时政教育，使其初步懂得为人民服务；军管会还开展报功、报技能、报历史的三报运动，结合肃特，从受训的103人中录用67人，分别从事交通管理、卫生、消防等工作。

为确保治安稳定，迅速建立革命秩序，1949年2月9日，南通市政府发布公字第一号布告，对户口迁移进行暂行规定。规定任何市民均应留居原地，不得任意迁移，户口管理除了陆上以外，还应包括水上的船只。通过清查户口，严格户口异动报告制度，保障了绝大多数人民的利益与安全。

在恢复社会秩序过程中，为巩固后方治安，广大解放了的产业工人在各自工会领导下，根据不脱离生产的原则，成立工人纠察队，共有队员1000多人。南通市纠察队也在4月21日成立，全部队员被编成6个中队34个分队。同时成立6个镇治安委员会，开始群众性的治安活动。

禁毒和处理游民问题也是政府当时的一项重要工作，对此南通市政府发布了多项命令。市政府秘字第六号布告彻底禁绝贩卖及吸食鸦片、吗啡、白粉、红丸、海洛因等毒品。秘字第二十二号训令更具体规定了对吸毒和贩毒的处理。据档案记载，3月至8月计破获烟毒案79件，缴获吗啡65余两。在处理游民乞丐问题上，市政府秘字第八号布告对有家人和无家可归的游民乞丐分别作了收管改造规定，最终80余人为游民习艺所收容。

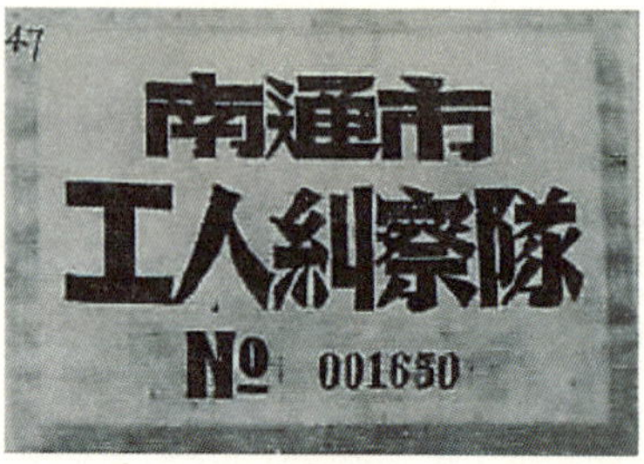

南通市工人纠察队臂章

（2009年7月27日第60期）

万众一心齐支前

陆桂枫

在千军万马横渡长江的时刻，刚解放的南通人民，组成浩浩荡荡的支前大军，掀起了大规模的支前热潮。他们有的抢修公路，架设电话，疏通水陆交通；有的日夜兼程，送军粮，抬担架，运弹药；有的起早贪黑，赶机军粮，赶制军鞋，缝制军粮布袋；有的撑着木船，冒着枪林弹雨，护送百万雄师，飞越长江天堑，涌现出许许多多可歌可泣的支前模范，谱写出一曲又一曲不朽的英雄凯歌。

60 年前，家住海安县里下河仇湖区、年仅 16 岁的船家姑娘王凤英，就是一位家喻户晓、令人赞不绝口的渡江小英雄。小姑娘 10 岁就学会了掌舵、划桨、撑篙等行船技能。渡江战役前，她再三要求参加支前强渡，被部队首长破格任命为第一批渡江民船的班长。4 月 21 日午夜，长江北岸的香圩港，随着渡江命令的一声下达，王凤英扯足船篷，掌稳舵，驾着小舟，和满载渡江勇士的 12 条先遣船一道，冒着敌人的炮弹和飞机的扫射，直驶江南。她的船第一个靠近南岸并强行登陆，王凤英带头跳进冰冷的江水中，肩扛弹药，给部队探路。这一夜，王凤英往返数趟，将一批又一批解放军战士送过辽阔的江面。战后，部队领导机关授予王凤英"渡江英雄"的光荣称号，并记特等功。据统计，南通地区（不包括海安、如皋）参加渡江的船只组成一个大队，共 190 艘，载重 3 万多担，船工 70 余人，船主兼老大 150 人（渡江时 2 人负伤，1 人光荣牺牲）；参加内河运输的船只 2291 条，载重 16 万多担，船工 9164 人。

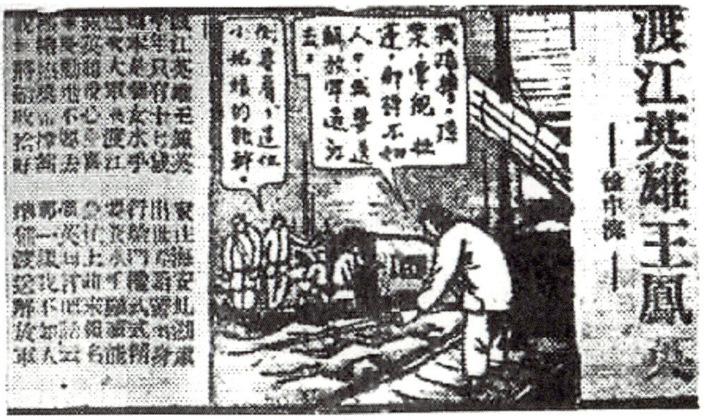

渡江英雄王凤英

大军未动，粮草先行。早在淮海大战时，为了保证军需供应，有关方面组织力量日夜加工，昼夜兼程运送，及时装卸。据南通市人民政府《渡江支前工作的初步总结》记载："南通市城闸两地机米坊 24 家，75 天机米 700 万斤；复新面粉厂 2 月机麦 67000 担。"据统计，2 月如东、南通调集粮食 4500 万斤，柴草 380 万斤，油、盐、猪肉、萝卜干等共约 25 万斤，还有各种渡江需要的物品器材，完成了上级规定的任务。

动员组织民工随军渡江，是支前工作中最重要也是很艰巨的任务。各地坚决贯彻上级指示精神，干部、党员、团员带头报名，做群众的表率。留在后方的干部、群众照顾好出征民工的家庭困难，消除出征民工的后顾之忧。

渡江战役中，支前民工始终与部队指战员们一起冒着枪林弹雨，征战千里。在解放大上海的战斗中，南通民工第六团承担了浦西战场的主要任务，有时五六天不睡觉，时常吃不上饭，但仍坚持在积水二尺多深的战壕里运送炮弹。据不完全统计，九分区各县出征民工 52000 多人（其中党员 3500 多人），小车 4700 多部，担架 3000 多副，挑子 15000 多副。124 人光荣加入了中国共产党，100 余人参加了新民主主义青年团，培养各种骨干 2800 余人，提拔干部 100 多人；在渡江民工中，负伤 91 人，光荣牺牲 35 人（缺如皋、海安统计数）。他们为新中国的诞生，献出了自己的鲜血和宝贵的生命，在解放战争中书写了人民支前的光辉一页。

（2009 年 7 月 27 日第 60 期）

渡江支前光榮證

王玉富同志係江蘇省[illegible]縣[illegible]區人，
參加渡江戰役，配
合本軍渡江，完成戰勤任務，本軍除致謝
意外，特發給渡江光榮證，以資表揚。
此證。

中國人民解放軍第三野戰軍[illegible]
陳毅
粟裕
譚震林
唐亮
鍾期光

一九四九年五月四日給

支前模范王玉富及其渡江支前光荣证

扬州解放

扬州市档案馆　扬州市党史办

从1948年12月9日宝应县城解放开始，至1949年4月23日邗江的最后两个国民党军队的据点被歼灭，在中国共产党领导下，经过5个月的艰苦斗争和浴血奋战，红旗终于插遍扬州市城镇和乡村，扬州全境宣告解放，扬州人民喜获新生。

扬州民谣——解放大军渡长江

小车队，长又长，黄河两岸到长江，道道民工队，处处支前忙。
红旗飘，尘头扬，滚滚铁流向长江，打到南京去，活捉秃头蒋。
大炮队，高又长，车拖马拉奔长江，敌人不投降，叫他葬长江。
大马队，真雄壮，四蹄腾飞过长江，马望英雄笑，看谁先过江。
汽车队，喇叭响，四轮不停下长江，粮弹车车满，支援过长江。
大船篙，小船桨，千舟万楫下长江，不怕风浪大，扬帆过长江。
清明到，菜花香，百万雄师过长江，砸烂蒋家窝，人民喜洋洋。
秧歌舞，腰鼓响，大军胜利渡长江，树倒猢狲散，全国迎解放。

（作于1949年春，江都杜明甫老人提供）

1949年1月庆祝扬州解放大会会场

高邮解放之——延安人民广播电台报道三打临泽

讲述人：刘春龙　高邮市委党史办主任

“高邮解放期间，三打临泽是攻打高邮前的重要战役。为占据临泽这一军事战略要地，我军发动了三次进攻。”高邮党史办主任刘春龙这样描述当年的临泽战役。临泽镇位于高邮、宝应、兴化三县结合部，交通便利，是控制临东、临南和临北地区的战略要地。国民党军于 1946 年 10 月 30 日占领临泽镇后，建筑了坚固的工事，派重兵千人把守，四周布满了壕沟、铁丝网，明暗碉堡十几座。

1948 年 9 月 20 日，接到“攻打临泽”的命令后，部队从宝应夏集出发，天黑后包围了临泽镇，当夜就对临泽发起了猛烈攻击。敌人凭借坚固的工事负隅顽抗，经过一夜激战，第二天早晨，我军主动撤出阵地。这第一次围攻临泽，主要是造成强攻的假象，吸引邻近的敌军前来增援。9 月 24 日，我军再次攻打临泽。此时的临泽守敌已成惊弓之鸟，大部分敌人抢在我部合围之前逃到界首等地，只有小股敌人留守。在摧毁了临泽据点的周边工事后，部队再次撤出临泽镇——这次战斗只是为了牵制敌人力量，狙击敌人的外围援军。11 月初，为配合淮海战役，华中二分区决定解放临泽镇，全歼临泽守敌。

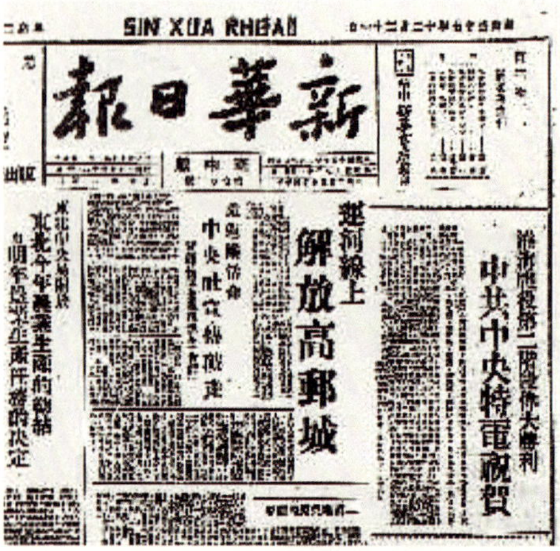
SIN XUA RHBAO
新華日報
運河線上
解放高郵城
中共中央特電祝賀

11 月 7 日晚，攻克临泽的战斗打响了。由于敌人的工事坚固，武器精良，又有兴化的援军，战斗打得非常激烈。当时，临泽据点内的敌人拼命想突出重围与援军会合，我军用猛烈的阻击让敌人的计划没有得逞。当总攻的命令发出后，部队从四面八方展开了猛攻，枪声、炮声、手榴弹爆炸声和喊杀声震天动地。一支支突击部队打开了一个个缺口，大部队趁势冲入临泽镇，见大势已去，敌营长只得率部缴械投降。

临泽战役歼敌 1500 多人，临泽解放后，高邮、宝应、兴化三县的解放区连成一片，为最后彻底解放高邮起到了非常重要的作用。“虽然临泽战役战斗规模不是很大，但临泽解放的消息却上了延安新华广播电台的新闻报道。”刘春龙这样说。

江都解放之——邵伯解放日记摘抄

日记主人：吴子辉　时任邵伯区区委书记

1949 年 1 月 21 日　晴

听说敌人要撤……

晚 “恭喜！恭喜！邵伯解放了 ……”我在半睡中，战士戴 ×× 读着孙（聚德）给我的信。

1949 年 1 月 22 日 晴

凌晨 1:00 时出发到娘娘庙，找吕 ××（原文如此。——编者注），发了很多信出去。

天亮了，派一个班出去袭击迷惑敌人。

轰……大概洋桥被敌人炸掉了。

我们继续前进，缴到八十八排子弹，俘国民党逃兵两名。

“河北没得敌人了，河南的也要走。”从仙女镇向北走的群众以非常高兴的口吻告诉我们。

“叭嗡，叭，咯……”当我们靠近仙女镇时，敌人反扑了，我们后退一步，在退的路上，很多群众出来欢迎，有的从很远的村子上送来东西给我们吃。

休息。今晚是“送灶”，我们在双沟强（龙沂）家吃的糯米饭，以应时节。

当晚，又进军，主要是做联络工作（即策反顽乡、保人员）。

1949 年 1 月 23 日 晴

带区队南进，仙女镇解放了，一路上群众兴奋地告诉我们说：“你们的人进镇了。”

我们进镇，鞭炮声满耳。

枪源源不断地由顽化人员向我们交来了——很忙。

午后，街上转了一圈，到太安乡。晚宿营孔家庄。

1949 年 2 月 17 日 晴

从孙家庄回邵，布置邵伯镇工作，要求三天内搭起（组织）架子。

建议全面（支前）组织，以迎接（解放大军前哨特务营已在公路上走了）大支前的重大任务的到来。

1949 年 3 月 4 日 半晴

据说真武区发生骚动，随即派人往昭关侦察，我区境内未发现，当即向各联防发出指示信，进行预防。

晚，冒雨返邵，因深夜雨大，跌了跟头，就在窦家桥宿营了。

“柴禾是每亩四斤树条子，青菜每户摊七八斤。”群众这样告诉我，使我警惕起来了，觉得我作风上官僚，下面执行完全变了样，柴、菜应当是动员老百姓卖给我们部队的。

1949 年 3 月 5 日 半晴

亲自出马动员过江船。

1949 年 3 月 6 日 晴

忙送过江船动身，完成了任务。

仪征解放之——三天四夜 十二圩打得很艰苦

1949年4月7日晚7时左右，解放军第三野战军第二十六军一部用大炮轰击仪征老北门城楼，轰塌城墙后，敌人失去了可以凭借的优势，无力抗拒，连同国民党仪征县县长左治人在内，大部分被俘虏。这一夜，解放军基本没放枪，就一举解放了县城，接着又很快拿下泗源沟，扎住十二圩的西出入口，随时准备攻打十二圩。

4月14日，军部召开军事会议，决定从十二圩东北入手，挖坑道和交通壕迫近作业。

4月17日傍晚，第三十四军一〇〇师开始对十二圩的敌人进攻，以试探敌人火力，并掩护东北阵地的坑道作业。以后两天，解放军攻势较猛，敌人也负隅顽抗。尽管如此，坑道作业进行得很顺利，进展也快。

19日半夜，敌人突然在东北阵地外发射了多枚照明弹，使坑道作业战士大部分暴露野外。敌人以机枪、步枪朝解放军扫射。解放军战士群情激愤，纷纷请战。

4月20日，敌我两度交战，到21日凌晨，解放军终于占领十二圩，打赢了渡江战役前的重要一战。这一仗历经三天四夜，打得很艰苦，130余名战士英勇牺牲。

邗江解放之——六圩、瓜洲战斗

邗江境内的六圩、瓜洲，是扬州至镇江的江口北岸，与镇江仅一江之隔。六圩、瓜洲战斗是扬州解放的最后一战，也是大军渡江前的最后一战。

当时，驻守六圩的国民党整4师175团，依据南北河堤和东西江堤构筑土圩，圩内有明暗碉堡，土圩顶上设有枪眼，构成了不同层次的交叉火力网，外围还设置了鹿寨、铁丝网等障碍物，妄图凭借这天然的水道障碍和坚固的工事与我军顽抗到底，阻止我军渡江。

1949年4月21日晚7时，苏北军区警备七旅向六圩据点发起攻击，炮兵率先以炮火向敌据点猛烈轰击，接着十九团展开攻坚战，战斗至夜12点，全部扫清敌外围障碍。就在十九团准备向敌核心工事发起攻击时，国民党镇江炮台隔着长江炮击六圩二十一团纵深阵地，停泊在江面的国民党海防第二舰队的十几艘舰艇，也用机枪扫射解放军前沿阵地，并发射五颜六色的曳光弹，把夜空照得通明，给解放军的进攻造成很大威胁。为压住敌人的炮火，第三野战军八兵团榴弹炮团和十九团组织了强大的炮火还击敌炮阵地和江面敌舰。敌舰被击沉一艘、击伤两艘，火力被压制了下去。守六圩之敌在失去炮台和舰艇的支援下，利用江堤做掩护，争着要登上备好的轮船逃往江南。解放军抓住这一有利时机，乘胜发起猛攻，摧毁了敌人的工事，把一面绣有“胜利在望”的大旗插到了六圩据点上。

六圩解放后，警备七旅二十团全速向瓜洲挺进。瓜洲守敌见解放军云集，慌忙于23日乘船逃命。瓜洲镇的顺利解放，标志着邗江境域全部解放。至此，沿江的敌人堡垒均被人民解放军攻克，扬州全境获得解放。

扬州城解放之——平静的一天

1949年1月25日清晨，当扬州的市民打开家门时，欣喜地发现街头出现了许多“欢迎解放军、喜迎扬州解放”的标语和横幅。就这样静悄悄的，扬州解放了，一个改天换地的时代到来了。其实，在这平静的背后，是淮海战役的完胜和势如破竹的解放进程，令国民党的腐败统治土崩瓦解。早在上一年底，驻扎扬州的头面人物已逃之夭夭。民心、民意，是摧毁一切反动力量的最强大武器。

1949 年 1 月 24 日

下午，党的地下工作者将杜干全市长致扬州电讯局全体职工的一封信发到了 30 多个职工手中，要求他们严密保护电讯局。23:30 左右，驻守电讯局的国民党军队逃走。

夜，振扬电厂通宵发电迎接解放，城里街道上灯火通明。

党的地下工作者陆勤召集各业工会负责人开会，要求全城商店次日照常营业，并明确了解放区的华中券与原国统区法币的兑换比例。

1949 年 1 月 25 日

凌晨 2:00，华中二分区某部先头部队进入扬州振扬电厂，然后抵达电讯局，留下一个班驻守，这是扬州解放后的第一个军管单位。

清晨，人们在街头发现许多欢迎扬州解放的标语和横幅，奔走相告：扬州解放了。

上午，扬州市商会在甘泉路正式挂牌，并召开第一次会议，为进城解放军做好后勤保障。

上午 10:00，近 200 名各界群众从扬州市商会出发，手持彩旗，敲锣打鼓前往南门和新北门，迎接解放军进城。与此同时，《苏北日报》社门口正在分发号外。

中午，市民自发动手清除各个城门的路障，全市 13 个城门全部打开，市民可以自由出入。

1949 年初，苏皖二分区部分党政军领导合影。右一至右六为：杜文白、金求真、杜干全、韦永义、陈扬、陈光，左一、左二为孙更舵、克林，左四至左六为王向明、张玉辉、郭健

扬州解放大事记

● 1948 年 7 月 1 日，高邮独立团成立。

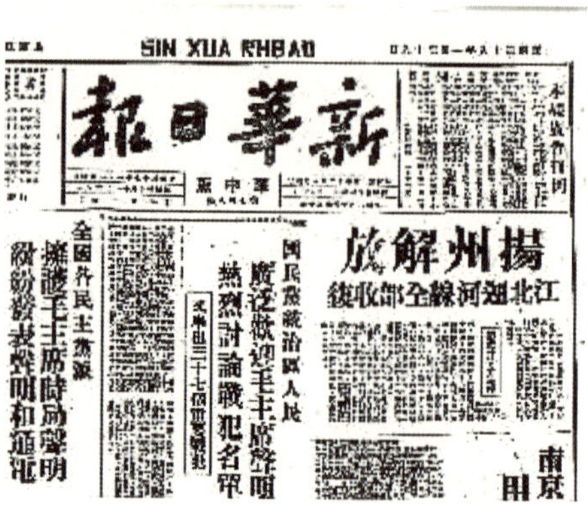

SIN XUA RHBAO

新華日報

揚州解放

江北湖河線全部收復

國民黨統治區人民
廣泛歡迎毛主席聲明
熱烈討論戰犯名單

全國各民主黨派
擁護毛主席時局聲明
紛紛發表聲明和通電

南京

● 1948 年 12 月 9 日下午，驻宝应县城的国民党军 147 旅一部及县保安队随国民党军 51 师撤走。下午 5 时，解放军一部抵达宝应城北门，并兵分两路，分别从北门、西门进入城内。

● 1948 年 12 月 10 日，宝应县委、县城政府机关在撤出县城 26 个月后，胜利地回城办公。

● 1948 年 12 月 11 日，范水战斗告捷，宝应全境解放，全无敌踪。

● 1948 年 12 月 20 日，三垛镇、沙沟镇、界首镇相继解放。至此，高邮集镇及农村皆获解放，国民党孤守高邮县城。

● 1948 年 12 月 29 日，邗东县总队及江镇武工队在三江营成功袭击了国民党军某部海军炮艇，陕北人民广播电台以“三江营大捷”为题播发了这一胜利消息。

● 1949 年 1 月 6 日，在宝应全县范围内发生“腊八”反革命暴动，宝应县委采取了一系列的政治瓦解和军事镇压相结合的措施，迅速而胜利地平息了这次暴动。宝应全县全面开展了以恢复和发展生产为中心的生产救灾、渡江支前等各项工作。

● 1949 年 1 月 18 日，驻高邮县城的国民党军仓皇逃离高邮城。

● 1949 年 1 月 19 日，高邮解放。

● 1949 年 1 月 21 日，江都独立团七连和八连解放邵伯镇。

● 1949 年 1 月 22 日和 23 日，江都独立团七连和八连解放仙女庙镇。

● 1949 年 4 月 9 日，解放军某团解放三江营。至此，国民党在江都境内的最后一个据点回到人民手中。

● 1949 年 4 月上旬，中国人民解放军第三野战军第二十六军一部进入仪征县，占领黄家圩（现胥浦）。

● 1949 年 4 月 7 日夜，解放军发起攻城战，仪征县城解放。

● 1949 年 4 月 8 日，解放军一举攻克泗源沟，占领十二圩镇西出入口。

● 1949 年 4 月 17 日，中国人民解放军第三野战军第三十四军第一〇〇师一部包围十二圩镇，并发起进攻。

● 1949 年 4 月 20 日晚，我军调整部署，发动总攻，用炮火摧毁敌军工事。

● 1949 年 4 月 21 日清晨，我军从薄弱环节突击，一举攻入镇内，国民党军队大部分被歼灭，少部分乘江轮逃走。在解放十二圩的战役中，130 多名解放军战士献出了宝贵生命。至此，仪征彻底解放。

我送亲人过大江

主人翁：颜红英　渡江支前民工

1948 年 12 月 9 日，扬州境内的宝应首先解放。宝应广洋湖镇船民颜建发，带着大女儿颜红英、小女儿颜根兄，用自家的木船为人民政府和子弟兵送粮草、运军需，走遍了里下河水网地域，先后参加了攻打沙沟、东鲍庄、邵伯镇等战斗、战役的支前工作。1949 年 2 月，颜建发一家又义无反顾地加入到渡江支前的大军中。

4 月，颜家父女和泰州地区数千条民船分别隐蔽在长江北岸六七十处河道港汊中，利用夜幕的掩护，与部队共同开展水上练兵。颜建发和两位女儿配合部队在长江北岸至扬中岛之间演练，每晚要在江面上来回五六趟。一次演练中，敌人的炮弹落在船边，炮弹的爆炸使颜红英血流满面、晕倒在船上，从此听力严重受损。

22 日，我渡江部队从扬中过夹江，在夹江北岸由支前船工送部队渡江，一条条满载解放军的木船向南岸疾驰。万船中，颜红英拼尽全力，把对敌人的仇恨都凝聚在船桨上，决心要亲手把解放军送过大江去消灭敌人，解放全中国，汗水一滴滴沁满了额头，也顾不上擦拭。这情景深深地打动了在岸边采访的新华社八兵团军分社摄影记者邹健东，他迅速地用相机把这场景拍摄下来，作为群众参加革命战争的真实而生动的写照（附图）。解放后，颜红英一家因在渡江战役中作出的贡献而荣立二等功。此后，颜红英嫁到吴江农村，种田育子，一直过着操劳而清贫的生活，再没对别人提起过在渡江战役中的英雄壮举。

颜红英（左二）、颜根兄和邹健东在北京相见。三位老人回忆起当年百万雄师过大江的壮观情景，不由心情激动，感慨万分

我送亲人过大江

时光飞逝，邹健东始终不能忘记渡江战役中百万雄师过大江的壮观场面和划船小姑娘纤弱而坚强的身影，多次托人在南京的报刊上刊登照片和文章《扬中的小姑娘，你在哪里》，但始终没有一点回音。直到 1999 年 4 月在渡江战役胜利 50 年后，经电视媒体的帮助，才终于找到了当年划船的小姑娘颜红英和她的妹妹。时隔 50 年，三位老人的手紧紧地握在了一起。

（2009 年 8 月 3 日第 61 期）

淮阴城的第二次解放

张建国　鹿建平　沈淮　叶静

在中国共产党领导的革命战争中，淮阴城（现淮安市区）经历过两次解放。第一次是抗战胜利后，新四军三师于1945年9月6日攻占淮阴城。但在1946年9月19日，国民党集中4个师兵力进攻淮阴，华中野战军在歼敌5000余人后于21日主动撤离淮阴城。

此后两年，淮阴人民在党中央和华中第六地委、华中第六军分区（简称华中六分区、六分区）的统一领导下，坚持开展敌后武装斗争，直到1948年12月第二次解放。

1948年6月初，苏北国民党军整编第八十三师、七十二师、二十五师，因我军发起豫西战役而被迫西调，华中我军乘机发动攻势，收复失地。华中第六军分区（于1949年4月21日改称淮阴军分区，当时辖淮阴、沭阳、潼阳、宿迁、宿北、东海、涟水、灌云、泗沭等县地方武装）军民积极配合主力，全面出击，至7月中旬，不到一个月时间，即收复了陇海路以南、淮阴以北大片土地，控制了运河线、淮沭线和连云港以南的盐河线。在淮海战役主战场节节胜利的震慑下，驻淮阴第一绥靖区之国民党军胆战心惊，有如惊弓之鸟。至11月底，淮阴北郊之敌已被我军全部肃清。

12月1日，淮阴驻敌闻徐州方面已撤逃，遂匆忙抢掠财物，纵火烧毁仁慈医院，并连夜在城北城隍庙荒地和南门外枪杀活埋我方干部群众许大中等40余人。2日上午，敌人在淮阴城继续抢掠。此时，我独立第六旅已向淮阴城运动，先头部队已抵达淮阴城郊。2日下午，驻淮阴之敌第一绥靖区所属第五十一军第四十师、第四军第五十九师以及特务团、保安团等部弃城撤逃，我独立第六旅二团进驻淮阴城。史称淮阴第二次解放。

3日拂晓，我独立第六旅一团由王营出发向淮安（现淮安市淮安区，以下同）追击，三团随后跟进，二团留淮阴城准备向五分区交代防务。此时，驻淮阴之敌第一绥靖区司令周岩在南撤之中接蒋介石电令：立即停止撤退，限其于4日前重占淮阴，控制运河线，进而北援徐州。周岩不敢违命，遂率部北返，企图重占淮阴。

3日上午8时许，已进至淮阴东南5华里之山芋行地区的独立第六旅一团与敌遭遇。我一团一营勇猛激战10余分钟，占领了山芋行据点，敌退守张庄、水庄一线。敌另两个团兵力从侧翼钵池山一线迂回包围我一营，我军遂以两个营配合一营迎击该敌。我二营以猛烈炮火予敌人重大杀伤；一连战士进至张庄以南运河堤边，遇敌反冲击，他们以肉搏近战将敌杀退；四、五连协同抗击，杀伤大量敌人后安全突围。敌继以两个团兵力猛扑四、五连，但二营3个连密切协同作战，紧守阵地，激战4个小时，敌未能前进一步。下午，我三团赶到战场，立即投入了战斗。一、三团遂协同发起攻击，我军以8门迫击炮集中轰击敌人，并摧毁敌指挥所，敌师参谋主任和1名团长当场毙命。敌遭此打击后丧失斗志，被迫退回板闸、河下一线。此时，五分区两个团和苏中地方武装也正向运河线挺进。敌人见复得淮阴无望，苏北败局已定，恐南逃路线被我切断，遂于8日夜仓皇撤离淮安城南窜。9日，独立第六旅不战而得淮安等县城，并立即沿运河堤向南追击。后来，独立第六旅奉命调回淮阴地区。独立第六旅——淮阴人民的子弟兵，在淮海战役决战期间配合主力，解放了新海连，保卫了淮阴城，为苏北的解放作出了贡献。

（2010年10月15日第74期）

顺着历史的大潮前进

——纪念江阴解放60周年

徐泉法

1949年4月20日，国共和谈破裂，谭震林指挥的解放军中集团30万雄师，按中共中央军委的命令，于当晚8时，在裕溪口至枞阳镇间长江北岸首先发起渡江战役。4月21日傍晚7时30分，刘伯承指挥的西集团、粟裕指挥的东集团分别在枞阳镇至马当、张黄港至三江营同时实施渡江，东、西两个集团70万大军乘坐在数以万计的木帆船上，冒着南岸国民党守军的密集炮火，奋勇向前！

江阴作为长江南岸的一座千年名城，自古以来就是兵家必争之重地。1949年4月21日傍晚，在江阴对岸的江边，东起张黄港，西至七圩港，是东集团第10兵团的渡江地段。10兵团司令员叶飞遵照东集团指挥粟裕下达的命令，指挥第23军、28军、29军开始渡江。眨眼间，漆黑的夜空，不时被两岸的炮火瞬间照亮，又瞬间一片抹黑。然而奇怪的是，被称为长江第一要塞的江阴要塞，却并没有向黄山东西两翼汹涌而来的解放军船只开炮。蒋介石南京国民政府对江阴要塞的防御工事精心经营，至渡江战役爆发，已配备7000余兵力和70余门大炮，凭借壁立江边的黄山、君山、肖山等优势地形，居高临下向渡船开炮，其巨大的杀伤力不言而喻。原来是以唐秉琳为首的江阴要塞地下党，控制了要塞的要害部门。当江面上发现渡江船只的时候，又巧妙地制止炮台不予发炮，或发几门空炮以敷衍。4月22日凌晨，唐秉琳宣布要塞起义，命令炮台掉转炮口，向溃敌轰击，迎接人民解放军上山。

要塞起义是江阴渡江战役中的一部分，布防在江阴沿江的国民党第54军、21军、51军、123军数万人马，各自作了垂死前的疯狂挣扎，企图夺回解放军的登陆场。战斗一度十分激烈。

人民解放军第23军刚刚踏上江阴的土地，就遇到蒋介石嫡系第54军的正面抵抗。我23军指战员一鼓作气，一举挫败了敌54军主力第8师的嚣张气焰。4月22日凌晨，第23军前锋分队两个营抵达江阴与武进交界地带师姑墩、潘墅镇，敌54军第291师布阵阻击。至4月22日中午，第23军相继攻克圩塘、石庄、徐墅、璜土、百丈镇等地，又疾风骤雨般继续向前方挺进。

我28军在澄西沿江登陆后，击溃了敌第21军和第51军的数次阻击，前锋直指敌人坚守的舜过山阵地。舜过山相传虞舜巡幸经此，在江阴与武进交界而地处武进一侧。在攻占舜过山战斗中，俘敌500余人。我28军另以3个团兵力前后夹攻申港守敌，歼其两个团，俘敌2000余人，其中包括敌第230师少将师长骆周能。我28军另一部在李沟头战斗中打得特别顽强，敌21军残部凭借地形优势，一时大逞其能，致使我军受到较大伤亡。两个小时后，终于击溃敌人，歼敌200余名。接着，又取得小河沟战斗的胜利。我28军在李沟头、小河沟战斗中也付出了重大代价，第83师249团2营教导员郑立洲等111名指战员把青春的热血倾洒在江阴的土地上。

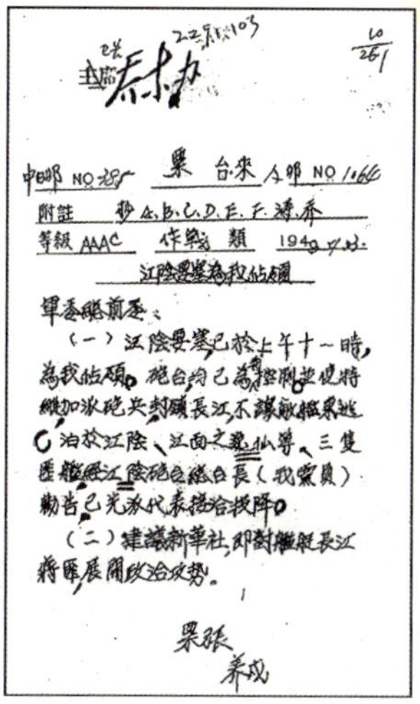
中郵 NO.285 粟 台來 今郵 NO.1066
附註 抄A、B、C、D、E、F、譚、乔
等級 AAAC 作戰類 1949.4.23.
江陰要塞為我佔領
軍委總前委：
（一）江陰要塞已於上午十一時，為我佔領。砲台均已為我控制，並使特繼加派砲兵封鎖長江，不讓敵艦東逃。泊於江陰、江面之……等、三隻匪艦經江陰砲台總台長（我黨員）勸告，已先派代表接洽投降。
（二）建議新華社，即對艦艇長江將匪展開政治攻勢。
粟張
養戌

1949年4月22日，粟裕、张震给军委总前委的战况报告

我29军渡江地段位于江阴要塞之东侧，因为要塞国民党官兵起义而未遭到炮火之轰击。4月22日上午10时，29军控制了云亭、定山、三官一线。不久，敌第123军一个加强团3次向定山发起反击，均被我29军87师击退，歼敌300余人。

多年来，对渡江部队哪一个军攻占江阴县城，本地史志都没有明确的记载。最近，笔者在江阴市档案馆看到《中国人民解放军第三野战军战史》，才解开了这个谜。《战史》上说："第31军于21日午夜尾第29军南渡。22日下午，攻占江阴县城。守敌第21军闻风而逃。第31军当即留下1个团控制江阴县城，主力疾速向常州攻击前进。"我们应该记住在江阴境内登陆的第23军、28军、29军和31军，记住他们在境内的战斗和牺牲，还应该记住的是第31军攻占县城，记住县城被解放的4月22日这一重要日子。4月23日，江阴全境解放。当晚，前些日子在泰州被任命为江阴县委书记的纪乐天、副书记焦康寿带领南下干部和警卫连，分批渡江，进驻江阴城。4月25日，中共江阴县委、江阴县人民政府对外办公。4月28日，中国人民解放军华东军区江阴要塞区军事管制委员会正式开始办公。至此，江阴人民进入了当家做主、齐心协力建设社会主义的新时代。

当年运送解放军过江的江阴船工们，每当回忆起这件令他们自豪一生的大事时，最得意的事就是当晚风向的转变。刮了一整天的东南风，顶风逆浪的，船该怎样过江呢？谁也没有想到，当解放军指战员坐上木船，升起篷帆的时候，风向

突然变了，东南风换成了东北风，把一片片白帆吹得鼓鼓胀胀的，一声开船令下，积蓄了强劲力量的木帆船像离弦的箭，飞也似的驶向南岸而去。笔者从风向想到了江潮，从江潮想到了历史大潮。是啊，百万雄师横渡长江，这是顺应了历史的潮流。顺者昌，逆者亡。渡江战役的胜利乃至中国革命的成功，这中间蕴藏着的历史规律，是值得我们一代又一代人永远记住的。

1949 年 6 月 3 日，江阴市各界群众在体育场召开庆祝京沪杭解放大会，图为大会现场

（2009 年 5 月 23 日第 58 期）

纪实故事：将计就计

李建华

这个故事，是 60 年前江阴要塞起义中的一出高潮戏，说的主要是蒋介石不甘心失败的命运，最后将赌注押到了所谓“固若金汤”的长江，押到了被称作长江第一要塞的江阴。而我们共产党早料定老蒋会来这一手，1947 年的时候，就在江阴要塞安插了地下党，至 1949 年春，要塞地下党已经把要塞司令戴戎光架空了。

4 月 20 日，要塞地下党负责人唐秉琳，人在黄山总炮台的指挥所，心里就是踏实不下来，特别是两天前见到了过江来负责策反的王征明，了解了解放军渡江的初定时间，更觉得让戴戎光留在江阴城的司令部里将会坏事。

与此同时，唐秉琳在显得十分忙乱的黄山炮台总台指挥所里，为 21 军斜插一杠子换防长山也伤着脑筋。长山是解放军安排登陆的地段之一，原属于要塞防区，现在归 21 军，这样一来要塞就没有过问权，事情就有些难掌控了。

那天，唐秉琳和自己的“勤务兵”李干，一起走出指挥所。李干是 10 兵团派来协助策反的，在解放军里是团长。

两个人来到了指挥所外的松林里商量着对策，李干望着路沟边草丛里开放着的几朵黄灿灿的迎春花，先开口说：老唐，与其让戴戎光在城里司令部蠢蠢欲动，不如请他上山作看管！唐秉琳对李干用了一个“请”字很是赞同，他接着又说：我们这叫有理有节，请他上山更是将计就计！

长话短说。时间已经到了第二天晚上，也就是 4 月 21 日。这个时候，唐秉琳已到无锡将由于封江期间秘密放行船只，被国民党撤职处理的地下党员吴广文接回。要塞地下党一个个都摩拳擦掌，要塞起义只欠东风！

再说戴戎光来炮台后，被安排在山脚下的一个四周设警戒的营房里，里面一样有电话机、有作战地图什么的，也给他几个使唤的“勤务兵”。地下党将他监视起来，并没让他看出一点破绽来。直到解放军渡江开始，靖江的八圩港那边，国民党 21 军 145 师遭到解放军炮火轰击，给唐秉琳打电话，请求炮火支援，而唐秉琳在险象环生、云谲波诡的境遇里，又一次运用将计就计的计策，将炮台射程

江阴要塞国民党7000余官兵成功起义，策动起义有功人员受到上级的表扬。1949年5月1日，在江阴解放后的第一个国际劳动节，部分有功人员合影留念。前排左起：王刚、王征明、李干、徐以逊；后排左起：曹炳三、吴广文、唐秉琳、王德容、李云葵

缩减400米开炮，当炮弹在对方阵地一朵一朵开着花，唐秉琳喜在心里。他口头上对那敌师长就用了“夜间射击不准确，难免有散布”一说搪塞了过去。

时间到了4月22日凌晨，亲临要塞前沿压阵作战的司令戴戎光已是暴跳如雷，就在声称再不开炮要砍唐秉琳头的关键时刻，唐秉琳接到一个令人兴奋不已的电话：“我代表中国人民解放军第三野战军命令你们起义，掉转炮口，配合我军渡江。”这是东集团第10兵团不久前派来负责江阴要塞起义的王征明的声音，要塞地下党知道发动要塞国民党官兵举行阵前起义的时候到了！接着，要塞地下党活捉戴戎光，要塞地下党负责人唐秉琳正式宣布江阴要塞7000余国民党官兵战场起义。从此，江阴要塞回到了人民的手中。

这就是被江阴人民传为神话般的要塞起义，江阴要塞大炮掉转炮口，这不仅大大减少了渡江部队的流血牺牲，加快了国民党反动统治覆灭的速度，而且避免了江阴古城生命财产的巨大损失。

（2009年5月23日第58期）

铁骨雄风
——长征老红军烽火忆当年

沈犁

1936年10月，中国工农红军第一、二、四方面军，经过万里长征，在甘肃会宁胜利会师，宣告了国民党反动派消灭共产党和红军的图谋的失败，宣告了中国共产党和红军肩负着民族希望实现了北上抗日的战略转移。当年的红军依靠党的正确领导、全党全军的坚强团结和军民之间的大团结，依靠压倒一切敌人而不被敌人压倒、战胜一切困难而不被困难所征服的英雄气概和革命精神，在连最基本的生存条件都不具备的情况下，克服一切艰难险阻，最终实现了自己的战略目标，创造了人类战争史上的奇迹。

如今，战争的硝烟早已散尽，但长征精神已成为我们民族宝贵的精神财富。在长征胜利70周年之际，我们先后采访了省内17位经历过长征的老红军。重温那段艰苦卓绝的光辉岁月，将激励我们继承和发扬红军的优良传统，为推进“两个率先”，建设以人为本、全面协调可持续发展的新江苏而努力奋斗！

只要我活一天，我就要为人民服务一天
——记老红军罗青云

如果不是干休所的同志介绍，你怎么也无法把眼前这位精神矍铄、中气十足的老人与“百岁老人”这四个字联系起来。他就是永远“年轻”的革命人——虚龄99岁的老红军罗青云老人。1935年红军长征到达他的家乡时，他就跟着红四方面军走上了长征路，几过草地三越夹金山。与当年的“红小鬼”相比，长征时他已经是二十七八岁的“大人”了，因此，他吃了更多的苦，苦得都不想再提，在这次的采访中，他几次难过得说不下去。

翻越大雪山时，露营山下，根本无法睡觉。同志们只能挤在一起背靠背坐着休息，还要不时起来稍稍活动一下，不然坐的时间长了，两腿就会冻得发硬无法走路。由于翻越大雪山必须在中午到达山顶，一天之内翻越，因此，第二天，天不亮就

【人物档案】罗青云，1908 年出生，四川眉山人。1935 年参加革命，历任班长、排长、连长等职。离休前任公安总队镇江支队副队长。1955 年被授予八一勋章、独立自由勋章、解放勋章。1988 年被授予红星勋章。

开始爬山。山越爬越高，空气越来越稀薄，大家都张着嘴大口喘气。山上气候变化莫测，一会儿晴空万里，太阳把山都照红了，晒得人汗流浃背。一会儿又满天乌云密布，四下什么都看不清，不多时狂风大作，雪雨冰雹铺天盖地一齐下，山上石子被吹得满天飞，耳边能听到石子飞起的响声。大家只好低着头、弓着背、屁股朝天，任由无情的冰雹和石子砸在背上，背上背的斗笠都被砸烂了。刚刚被汗湿的衣服，转眼变成了“冰桶”。

山上坡陡路滑，一不小心就有滑下去的危险。而一旦有人滑下去连救也没法救。滑下去的人越是往上爬，掉得越快，如果有人去拉就会被一起拽下去。山上还不时遇到坑洞，就像陷阱一样，洞口长年被积雪盖着，人一踏上去就会掉进深不见底的洞里，连影子也看不到。很多同志就这样永远安息在山上了。

当问到罗老：“您在长征中吃了那么多苦，一直到今天都不愿回首这些往事，那您后悔过吗？您当时想过不再跟部队走吗？”罗老大声地说：“我从没后悔过！比起牺牲的战友，我已经很幸运了，我活着就要为人民服务。只要我活一天，我就要为人民服务一天！”

拖着伤腿三过雪山草地
——记老红军丁德山

【人物档案】丁德山，1921 年出生，湖北大悟人。1932 年 4 月参加红四方面军，历任卫生员、勤务员、班长、团长、师长、司令员等职。在他的战斗生涯中 12 次身负重伤。在 1949 年的开国大典中，作为我军第一位水陆坦克团团长，驾驶坦克车驶过天安门广场，接受党和人民的检阅。1955 年被授予八一勋章、独立自由勋章和解放勋章。1986 年被授予金质红星勋章。

像我们这代伴随着《闪闪的红星》和老红军的长征故事长大的人都知道：过雪山草地是何其艰难，而三次过雪山草地更是难于上青天。那么当你突然知道有这样一位老红军，他竟然是拖着受伤的腿，过了三次雪山草地，并且在翻越岷山时另一条好腿也受伤了，他硬是用受伤的腿，坚持走完了全程，你将会是怎样的震惊呢？那是怎样的勇气、毅力和信念？带着无数的问号，我们走近了这位传奇式的老红军——丁德山。

1932 年春，年仅 12 岁的小德山抱着有饭吃、有衣穿和不再受地主的欺压的简单想法参加了革命。先在卫生队当卫生员，一年后调到李先念身边当勤务兵。在给李先念当勤务员时，在四川广元被敌人飞机扔下的炸弹炸伤了左腿。当时只是轻伤，很小的伤口，但时值第五次反“围剿”，没有药品得不到治疗，加上行军打仗，伤口始终无法愈合。负伤后不到一个月，第五次反“围剿”失败，就这样小德山拖着伤腿随部队开始了长征。

过雪山的时候还能用雪擦一擦，清洗伤口，但到了过草地的时候，情况就变得相当的恶劣了。水草底下的水发黑、有毒，即使是脚被水草划破了，伤口都会化脓、溃烂，更何况他的腿伤。过草地时伤口一会儿泡在泥水里，一会儿又被草丛划碰，结果伤口越来越大、越来越深，直至露出白森森的骨头，伤口里爬满了蛆，不时散发出阵阵恶臭。每次行军休整，14 岁的小德山所做的第一件事就是解开绑腿用手把蛆抠出来，使劲地往地上甩，然后再绑好绑腿继续向前走。

草地的风雨之夜，寒气逼人，可战士们都还穿着单衣，为了御寒，小德山和战友们到处找能遮风蔽体的东西往身上裹，有的裹着毯子，有的披着各种兽皮，有的头戴斗笠、草帽，他们相互搀扶着深一脚浅一脚艰难地跋涉在水草地里。

由于受张国焘分裂主义的影响，小德山拖着伤腿随红四方面军先后三次穿越雪山草地，直到 1936 年 10 月间到达甘肃会宁与红一方面军会师。尔后他参加了西路军奉命打通国际路线，横渡黄河至新疆。最后还是在新疆由苏联大夫为他治好了腿伤，但腿上却留下了永久的伤疤。

当问到他在长征中那么苦他是靠什么坚持下来的时候，他竟轻描淡写地说：你说苦我也没什么感觉，那时候十四五岁，也不知道是怎么过来的。想法很简单：别人能走我也能走，别人不怕死我也不怕死，死了拉倒。反正就是不能掉队，参军七十多年我从未离开过部队。

“红军不怕远征难，万水千山只等闲”，我们的红军战士就是靠着这种革命的乐观主义精神、不怕牺牲的大无畏英雄主义精神与坚韧不拔的毅力，完成了长征的壮举。

三过草地的收容员
——记老红军刘应启

三过草地而且是在最艰苦的收容队里收容病号、彩号，刘应启在回忆里是这样说的：“是战友的团结和相互帮助，以及对革命前途无比坚定的信念使我们以苦为荣、以苦为乐。”刘应启还清晰地记得李先念在过草地时说的一句话：“前面部队吃豌豆头，中间部队吃豌豆杆子，后面部队吃豌豆根子。”过草地前虽然部队准备了不少干粮，但远远不够

【人物档案】刘应启，1911 年出生，扬州军分区干休一所正军职离休干部。参加过长征、三次过草地的他，历经国内革命战争、抗日战争、解放战争和抗美援朝，参加大小战斗 150 多次，荣获八一勋章、独立自由勋章、解放勋章和红星勋章。离休后，他继续书写着人生辉煌，先后被全国、全军评为“离休干部先进个人”、“先进老干部”、“关心下一代先进个人”，荣获全国“老有所为精英奖”、“希望工程贡献奖”。在扬州被人们亲切地称为“百岁老红军”。

需要，战友没吃的了，刘老就将身上带的干粮全都分给伤员们吃，而自己饿得实在受不了时，只好吃草根、牦牛粪。

收容队因为工作性质的原因，走在最后面，危险性很大。刘应启不仅自己要与艰苦恶劣的自然环境作斗争，还肩负着抬担架、背伤员，帮助体弱战友和病号的重任。有时候还要应对当地“蛮子”的骚扰。刘应启说，收容队员很不好当，一怕不明真相的藏民追杀，二怕跟大部队落下距离，三怕战士们体力不支倒在路上。过草地时不少掉队的战友，就被“蛮子”给枪杀了。

每当遇到一些因伤、因饥饿而实在走不动的战友，他就动员战友说：“今天、明天有困难，走出草地就没了困难。”在他的乐观情绪的感染下，掉队的战友相互帮助，共渡难关。

问起刘应启总共收容了多少战友，他说，三过草地加起来收容包括友军的掉队战友共有300多号。这些病号和彩号在刘应启和收容队员的照顾下，伤势恢复后很快就返回原部队，投入新的战斗。

“两颗子弹也没有打碎我的脑袋！”
——记老红军索心忠

今年80多岁的索心忠看上去只有60多岁，硬朗的身体、健康的体魄使他格外的精神。而提起这些，索心忠爽朗地说：“这是长征给我留下的宝贵财富！”

1933年6月，刚满12岁的索心忠就报名参加红军，由于年纪很小，头一次去被招兵的同志送了回来，第二次跟在部队后面走，就这样参加了红军。在部队里担任司号员和勤务员，14岁加入了共青团，16岁在战火纷飞的枪林弹雨中成为一名光荣的共产党员。在河北平山战斗中，敌人把红军的部队都包围了，部队被打散了，有的人把枪也丢了，在这样极为困难的情况下，索心忠一个人坚持把战马一一拉回了部队。就是在那次战斗中，一颗子弹从他的头皮上呼啸而过，在他脑袋上留下了战争的纪念。团里对他的勇敢机智，专门召开大会表彰授奖。还有一次，索心忠和战友们正在奔赴前线的途中，遇到了一股敌人，在短兵相接中，索心忠不顾自己的安危，一边同敌人周旋，一边掩护战友撤退，就在这时，一颗子弹打到了索心忠的额头上，血流如注，模糊了他的双眼，而他仍然坚持掩护战友离开……敌人两颗无情的子弹非但没有把索心忠打倒，反而

【人物档案】索心忠，1921年出生，四川广元县人。1933年加入红四方面军，历任司号员、勤务员、饲养员、警卫员、放映员，1949年参加南京军管会做接管工作，1983年离职休养前任南京市电影剧场公司副经理。

更坚定了他献身人民事业的信心和决心。

在采访中，索老说出了对年轻一代的希望："我只希望，当然我们不是说现在还要去吃那个苦，不是那个意思。我希望今天的青年人要牢记今天的幸福生活来之不易，是由过去的老一辈历经艰辛、用生命和鲜血换来的，永远都不能忘记。"

大智大勇来自坚强的信念
——记老红军贺大彬

贺老从 1933 年入伍直到 1952 年由朝鲜战场回国，始终在一线作战，19 年的戎马生涯，几乎没有负过伤。有几次在很危险的情况下竟都能化险为夷，不知与他的机智、乐观是否有关，反正在对他的采访中始终充满了笑声。

在过草地时虽没有什么主力敌军，但国民党的一些反动武装不断和他们作对。有一次，师参谋长要贺大彬他们通信一排去给三十里外的三团送信，排长接受任务后，带领全排同志出发了。经过大半天的行军到了一个大寨子外面，寨子四周有围墙，见到上面有红旗，他们就毫无防备地进去了。前脚刚进去，100 多个敌人猛地冲出来，把贺大彬和战友们冲散了。他爬上一个小土坡，刚起身就发现敌人也在往上爬，他转身向敌人打了一枪，趁敌人躲枪弹的空当，跑到一个草垛后面，并召集另 5 名同志一起和敌人打，6 个战士坚持了一个下午。为了歼灭更多的敌人，他们设计诈降，两个人趴在原地瞄准敌人，四个人把枪放在一边喊："你们来吧，我们投降！"敌人果然上当了，当场打死了敌连长，敌人没敢再动。

天快黑时，敌人增加了兵力又扑了上来，于是贺大彬和同志们又唱了一出"空城计"。一个战士在山头假装团长，一个装营长，一个装通信员，还有三个战士大体散开，监视敌人的行动。安排好后，山上的"团长"问："你们是哪部分的？"通信员就反问："你们是哪部分的？""团长"回答："我们是红二团。""通信员"马上向"团长"报告："在我们前面有敌情……""团长"命令"一营向右包抄，二营一连由左包围，四连跟我从正面冲下去"。这时他们几个战士就向敌人猛射，枪筒都打红了，敌人被吓跑了。这时排长在另一处把被打散的同志集中起来，向他们靠拢。第二天，排长向师长汇报了前一天的遭遇，师长表扬了 6

【人物档案】贺大彬，1913 年出生，四川广元县人。1933 年入伍，1935 年随部队三过草地。历任战士、通讯员、排长、营长、徐州兵役局局长、邳县人武部部长。1955 年被授予八一勋章、独立自由勋章、解放勋章。1988 年被授予红星勋章。

个战士的勇敢和计谋。由于部队有重任在身，不得恋战，因此在进行武力威慑，迫使敌方民团厚葬两名牺牲的同志并按条件送来了给养后，他们就继续赶路了。

回忆起当年的往事，贺老说，虽然困难，但大家团结一心，互相关心、爱护，有吃的一起吃，生病的同志大家背着、扶着一起走，行军途中互相拉歌，说笑话。大家的情绪都很高涨，理想信念坚强。正是因为我们红军有这样坚强的精神信念，才有了战胜困难的勇气和毅力。在今天希望年轻的同志们要努力奋斗，大家共同努力来完成我们的革命事业！

难忘长征路上的饺子
——老红军姚健忆长征

【人物档案】姚健，1917年11月出生，陕西省合阳县人。1933年2月参加中国工农红军25军223团，1936年10月加入中国共产党。历任班长、排长等职。1956年6月到弶港农场任医院党支部书记、农场办公室副主任等职，1983年12月在弶港农场离休。

解放后，姚老特别爱吃饺子，每次吃饺子，都会讲长征途中商南那一战包饺子被敌人突然偷袭的故事；每次吃肉，他还会讲骡子肉的故事。

姚老回忆说，走在漫无边际的草地上时，米吃光了，就吃面糊子，后来什么吃的东西都没有了，只好吃草根，拔一把草根往嘴里嚼嚼，如不苦就咽一点，苦就赶紧吐掉，就这样还舍不得吃，嚼嚼就收起来，下次再吃。后来实在没吃的了，都饿得走不动路，一天，政委吴焕先骑的骡子突然受惊，踩伤了不少人。吴政委一狠心，就把骡子给杀了，每个战士只分到核桃大的三块肉。但都舍不得吃，嚼嚼以后还装起来。后来，就扒树皮，慢慢地吃出了经验，知道朝南的树皮香，朝北的树皮厚。到后来，连树皮也没有了，就吃驳壳枪皮，枪皮嚼不烂，一咬就满嘴的黑水。

“记得有一次在商南附近，条件稍好了，中午就组织起来包饺子吃。还没来得及下锅，敌人就上来了，因力量悬殊，战士们忙将生饺子分散开，一人兜里揣着三四个生饺子，边打边转移，不少同志阵亡了。”姚老叹息说。

“跟党走，革命一定能胜利！”
——记老红军钟良树

别人过了一次草地，而他却因为工作的关系过了三次草地。每过一次都有生命危险，但他却没有任何动摇。靠的是什么？今年已经90岁的老红军钟良树说起这段经历不无自豪地说：“相信共产党、毛主席带着我们翻身一定能够胜利。什么时候胜利？不知道。脑子里不想这个，反正一定会胜利，这个信念是不变的，跟着毛主席走，革命一定能胜利。这个信念立志不忘！”

1933年，15岁的钟良树参加了中国工农红军，第五次反围剿失败后的1934年他随红一方面军红五军团开始了万里长征。由于从小读了一点书，钟良树就从事红军的宣传工作。用他的话说：“那个时候是宣传队，是播种机，做宣传嘛！”

钟良树所在连队负责大部队的掩护接应工作，所以来回过了三次草地。第三次过草地是钟良树一生难忘的经历——第三次过草地时，有一段时间，部队没有吃的，牛马大便中没有消化的青稞就成了战士们的主食——把它用水洗干净，磨碎了吃下去……实在没有吃的了，就以水充饥。由于水喝多了，一天小便几十次，才转身还没有几分钟就又要小便了。钟老说：“要不是那些皮带、草根救了命，恐怕早就没有今天了！”

长征不分日夜，走的又是崎岖路，所以睡觉成了大家又一个奢望。有一次，钟良树的部队边走边打瞌睡，后来干脆停止前进，整个部队不动了，首长到前排一看，原来大家走着走着就睡着了。就这样，钟良树和战友们还要边走边打快板，喊口号，进行鼓动，临时编一些好人好事，鼓舞士气。

在过草地时，天很冷，衣服不够穿，钟良树发明了“皮衣”——把扔掉的牛皮马皮用棕树叶连起来做成简陋的衣服披在身上御寒……长征路上的艰苦怎么也说不完、道不尽，可是当记者问钟老当时“有没有动摇”时，钟良树掷地有声地说，长征中吃的苦确实很少见，常人都吃不了，为什么红军就能顶下来？为什么红军就不怕？最关键的就是我们每个战士心中都有这样的信念：“跟党走，革命一定能胜利！”

【人物档案】钟良树，1917年生，江西于都人，1933年入伍。历任通信员、宣传队长、科长、政委等职。1955年被授予八一勋章、自由独立勋章和解放勋章，1988年被授予红星勋章。

十七岁的“团中央秘书长”
——记老红军王敬群

担任团中央秘书长是在1936年春天红一方面军到达陕北之后，那一年王敬群17岁。当时胡耀邦任团中央组织部长，两人“平级”。

“我参加革命是从共青团起步的。”王老10岁就加入共青团参加革命，13岁担任团县委儿童局书记。1934年3月

【人物档案】王敬群，原名王申蔼，江西吉安人，1919年5月出生。1934年春任共青团闽赣省委儿童局书记期间转入红军工作，随后参加长征。历任青年干事、团中央秘书长、政治部主任、政委等职。解放后历任福建省永安地委书记兼军分区政委、南京市委副书记兼市人大常务副主任和省政府顾问等职，1992年离休。

在担任闽赣省委儿童局书记期间，带领省青妇儿童代表团慰劳红军少年国际师时，留在红军工作，长征期间也一直担任共青团干部。

“长征途中共青团的主要任务是发挥共青团员的先锋模范作用，带领和鼓励大家冲锋在前，退却在后，轻伤不下火线，重伤不哭；做党的得力助手，做党的后备军，向党输送党员和干部。”王老还参加了列宁室的布置，学识字，写墙报，开展文化娱乐活动。“我深感红军时期共青团和共产党的组织形式与任务相比，除了年龄小外区别甚微。”王老说。

过草地是一段刻骨铭心的经历。王老深情地回忆说，过草地之前，部队要求每人自筹半个月的粮食。作为青年干事，他带领战士到藏民家找粮食，要求大家打借条或留下钱，到田野去摘成熟的麦穗用锅炒熟后装进干粮袋。进入无人区后，茫茫沼泽地，荒无人烟。由于冻饿相加，很多人中途躺在地上休息，待吹前进号继续行军时，就永远起不来了。他就带领共青团员解开他们的背包，用被子为他们蒙上遗体……

王老寄语年轻一代：战争年代早上不知道晚上，今天不知道明天，干净衣服穿在身上，随时准备牺牲。为革命牺牲的同志，什么也没有得到。胜利来之不易，年轻一代要让红色江山永远传下去。要坚决和钱权交易、权色交易腐败现象作斗争！

漕渡主席过金沙
——工兵排长肖福回忆巧渡金沙江

【人物档案】肖福，原名肖荣连。1917年9月出生，福建长汀县人。1931年参加革命，1933年参军。历任中央军委工兵营班长、排长、延安抗大总校队长、工兵团长等职。1958年转业，任江苏省交通厅副厅长，1982年离休。1955年被授予八一勋章、自由独立勋章和解放勋章。

提起中央红军直属工兵营，89岁的肖福语气里透出无比的自豪。

1934年6月中央军委决定成立直属工兵营。由于工兵的特殊性，从一开始长征，我们工兵三连就与一线部队同行。部队前进遇阻开路，遇水架桥、夺船或扎竹木排，漕渡部队过河，并在一线部队胜利突破敌人围攻苏区的防线后，进一步破坏敌人构筑的工事、碉堡。

在中央红军巧渡金沙江的战斗中，我们连奉命随先遣部队昼夜强行军急速挺进。翻山越岭，端着饭边走边吃，风雨不停地走了一天一夜，于第二天晚间到达200多里外金沙江的绞平渡口。不一会儿，突击队一枪未发地俘虏了守备金沙江南岸渡口的敌人，并夺得南岸渡口一条船。做通俘虏工作后，在俘虏喊话和船工的协助下，借着夜幕的掩护，突击队偷袭北岸成功，又夺得3条船。

有了这4条船，工兵连的渡江指挥部开始组织编组上船漕渡。中央领导决定确保绞平渡口渡过全部中央红军，于是上下游夺得的3条船也被放了过来。刘伯承总参谋长指示：7条船很重要，红军的胜利要靠这7条船渡过金沙江，你们工兵要好好保护，要严加指挥，管理漕渡，漕渡人员轮换休息，船昼夜不停。最后一天，毛泽东同志和中央领导同志来到绞平渡口南岸，看到毛泽东神态自若的样子，大家心里更踏实了，信心更足了，细心稳妥地漕渡首长过江。

经过7昼夜不间断的漕渡，我们中央红军直属工兵营三连在当地船工的协助下，将全部中央红军胜利送过金沙江。从此，摆脱了国民党几十万大军的围追堵截，摆脱了被动挨打的局面。在金沙江漕渡时，为解除战士疲劳，确保漕渡安全，工兵连战士们还自编了一首连歌，一边漕渡一边唱歌提神。

说到这里，肖老情不自禁地唱了起来：金沙江水绿又清噢，咆哮滚滚迎红军呀；红旗跃过金沙渡噢，艄公掌舵安全航啊；英雄摇橹稳靠岸哎，万马千军渡大江啊；红军哥儿前程奔呀，万岁红军世铭扬哎；万岁红军世铭扬啊；嘿嘿世铭扬哎，世铭扬啊！

我是党的女儿——忆红军女战士王文珍

作为一个体力上的弱者，一个女人要经历过怎样的苦难才会参加革命？要熬过怎样的磨难，具备怎样的信念和毅力，才能走完那两万五千里的漫漫征程？当我们做好了一切安排，准备采访这位目前省内唯一健在的红军女战士时，却突然接到她病重住院的消息。在病房里，记者实在无法把眼前这位虚弱得连眼睛都无法睁开的老人，同她小辈同事口中的那个活泼、开朗，极具人格魅力的坚强的红军女战士联系起来。她的传奇经历也只能从多年来一直关照她、熟悉她，与她亲如家人的赵部长那里作些了解。

王文珍幼年即失去双亲，5岁做童养媳，8岁当长工，受尽欺压。1933年，14岁的她逃出地主家，带着仇恨，带着希冀找到红军，当了一名宣传员。摆脱了压迫和剥削的她整天尽情地唱啊跳啊，像一只快乐的百灵。宣传队的演出不仅教育了别人，也教育了她自己，她深信：共产党、红军是穷人的救星。只有跟共产党走，才能翻身得解放。同年8月，她加入了红军妇女独立团，很快成为一名“神枪手”。不久当上了排长、副连长。在一次掩护部队突围时前额负伤。1934年10月，额头上的伤还未痊愈，她就和战友们一起踏上了长征的征途。

王文珍和战友们渡过黑水河、金沙江、大渡河之后，又翻越了人迹罕至的夹金山。每次提到翻越夹金山那一幕时，王文珍都会唏嘘不止，牺牲了那么多的战友是她心中永远的痛。海拔4000多米的夹金山，对饥寒交迫的红军战士来说无疑是一道鬼门关，很多人走着走着就倒下了。王文珍喘着粗气爬上雪山后，累得再也走不动了，一头倒在一个大雪块旁。忽然她发现大雪块里露出一截军装，急忙扒开积雪，赫然发现竟是两个冻僵了的背靠背坐着的战友。她默默地擦干眼泪发誓，一定要走出雪山，为牺牲的战友报仇！

俗话说“上山容易下山难”，夹金山是“上山不易下山更难”。女战士们望着茫茫的覆雪，实在找不到下山的路。连长心一横下令：全连同志分成两批，把各自的背包抱在胸前，往山下滚。王文珍曾这样回忆道：“我一边滚一边看到一路上有很多战友的遗体，还

【人物档案】王文珍，1919 年出生，四川达县人。1933 年参加红军。历任宣传员，红四方面军妇女独立团班长、排长、副连长、卫生队指导员等职。1952 年转业到苏北黄海农场任指导员。1982 年在江苏省清江药业有限公司离休。

看到身边的战友有的滚到了山沟里，有的滚到了雪窟里，连里有很多战友就这样牺牲了，实在太惨了。”

在草地，她误入沼泽，是战友们用几根绑腿结成绳索，合力把她拉出来，才捡了一条命。走过雪山和草地，她更加坚信：只有共产党，才能救中国。

建国后，多次调动工作，她都毫无怨言，她总是说：我是党的女儿，党叫我到哪儿我就到哪儿，跟组织上不能谈价钱。要不我怎么对得起那些牺牲的战友，又怎么对得起培养我的党呢？

虽然她 1952 年就转业到了地方，但她始终都是一名红色娘子军。

遵义会议我站岗
——记老红军陈志万

陈老回忆说，1935 年 1 月，红军占领遵义城。当时，陈老任红一军团警备连警卫排长。14 日，陈老接到任务，次日要召开重要会议。他和四五名战士被分配到南大门做守卫。15 日一早，陈老就挎上一杆驳壳枪，荷枪实弹，站在南大门。不一会儿，毛主席就从南大门进入了会场。其他中央红军西征的党和红军的最重要人物也陆续走进了“柏公馆”。他还看见周恩来、朱德、刘伯承站在天井里或二楼的会客室前，和走进“柏公馆”的战友们打招呼。

虽然只是个排长，陈老却对红军当时的前途忧心忡忡。李德等指挥的阵地战、正规战使红军在第五次反围剿中一败再败，被迫离开苏区，被动地战斗，不断牺牲，陈老和其他同志一样，生出许多不满的情绪来。会议看似轻松，但随着会议的进行，陈老隐约闻到了“火药”味。毛泽东等一些同志的发言和李德、博古针锋相对，会议一连开到晚间，天刚黑，大门上的煤油灯就点亮了。陈老和四五名战士三五个小时就轮一次岗，不停地换班，直到 17 日会议结束。这次会议，最终确立了毛泽东同志在红军和党中央的领导地位，从此，中国革命“迈步从头越”。

【人物档案】陈志万，江西泰和人，1917 年 3 月出生，1930 年 6 月参加红军独立五师，1934 年 2 月入党，1965 年 2 月在镇江军分区第二干休所离职休养。享受副军职待遇。1955 年被授予八一勋章、独立自由勋章和解放勋章。1986 年被授予金质红星勋章。

赖达元：红军都是英雄好汉

赖老家电视背景墙上醒目地挂着中共江苏省委、省政府 2004 年赠送的“富贵牡丹”画框，上书：“衷心感谢赖达元同志为党的事业和江苏人民做出的重要贡献”。画框下方摆放着1958年在怀仁堂与毛泽东、刘少奇、朱德、周恩来等的集体合影。所有这一切似乎都在向人们昭示着主人传奇般的经历,面对记者,这位89岁的老人打开了话匣。

早在1931年,赖达元即在家乡参加了少先队,2年后参加了共产主义青年团。1934年在第五次反“围剿”中参加了红军,半年后,随部队开始长征。血战湘江,四渡赤水,强渡大渡河,两次翻越雪山,三次过草地,先后参加了高夫脑、土城、金沙江阻击战和山城堡歼灭战等红军战史上著名的战斗。

1935年1月至5月四渡赤水期间,在贵州土城战斗中,在朱德总司令亲临前线指挥下,全团指战员英勇杀敌,与数倍于自己的敌人浴血奋战,拼命厮杀,连续打退敌人多次大规模的猛烈进攻,为赢得胜利立了功,受到军委的嘉奖。

1936年3月初,第二次翻越夹金山,很多体弱的同志牺牲在那里——他的好战友、炊事员老李坐下休息就没能站起来,永远长眠在雪山上。10月,第三次过草地时,草根、树皮都没有了,皮带、皮靴也吃完了,最后实在没有办法,一些战士就把撕下的破棉袄的棉絮硬吞进肚里,甚至还有的战士吃过沼泽里的泥巴,许多优秀战士就因饥饿献身在这茫茫草地上。

山城堡战役是红军三大主力会师后的第一仗。这一仗歼敌一个旅,给胡宗南以沉重打击,迫使敌人停止了进攻。首战大获全胜结束长征,极大地鼓舞了我军志气。真正是“长征一完结,新局面就开始”。

最后赖老掷地有声地说:长征中,红军斩关夺隘,抢险飞渡,杀退了千万追兵阻截,翻越了高耸入云的雪山,踏过了渺无人烟的草地沼泽,其神勇艰苦的精神,充分表现了中国共产党领导下的人民军队无坚不摧的力量。长征向全世界宣告:红军都是英雄好汉!

【人物档案】赖达元,出生于1917年,江西石城县人。1934年参加中国工农红军,同年入党。1935年随第五军团参加长征。历任宣传员、指导员、教导员、政治委员、民航总局政治部主任、南京市革委会副主任、江苏省顾问委员会委员等职,1982年离职休养。1955年被授予八一勋章、独立自由勋章和解放勋章,1961年晋升少将军衔。

手中战旗血染红
——记老红军李衍福

李衍福的回忆把我们的思绪带到了那革命生死攸关的年代。

强渡大渡河时在一师一团一营三连当指导员的李衍福,乘坐第二条船,不顾湍急的江水和头顶上呼啸而过的子弹,

【人物档案】李衍福，1914年1月出生，江西省兴国县人，1929年6月参加革命，1931年入党，历任战士、班长、指导员、军分区参谋长、副司令员等职。1955年被授予八一勋章、自由独立勋章和解放勋章，1988年被授予红星勋章。

在机枪排排长神枪手李德才的火力掩护下带头冲上了对岸。

翻过了夹金山、长板山、梦笔山和打鼓山这四座大山后，李衍福所在的部队选择从川西北过草地。过草地，一个最大的问题就是没有粮食。作为指导员的李衍福最重要的任务就是想办法寻找粮食，保持部队的战斗力。难得找到的大庙让李衍福高兴许久，因为附近方圆几十里的土地都归大庙所有，老百姓要向他们交租，所以在大庙里能找到一些麦子。作为较早过草地的部队，他们当时还能找到青稞，但找不到磨石。没有磨成粉的青稞怎么也煮不烂，吃下去什么样拉出来还是什么样，养分无法吸收，每个人都面黄肌瘦，浮肿，浑身无力。

草地是沼泽地，道路泥泞空气稀薄，天气变化无常，一下子乌云遮天，一下子倾盆大雨，一下子又晴空万里。太阳特别毒辣，战士身上被雨淋透的衣服被太阳一晒闷热得像蒸笼一样，让人受不了。有些身体虚弱的战士就这样被折磨得坐下去就再也站不起来。

就这样，在过草地的途中，在李衍福连队中饿死的、晒死的、冻死的，还有掉队后夜里被敌人打死的战友就有一大半。为了保证战友不掉队，担任指导员的李衍福不断地做鼓动工作，用党的信念鼓舞、激励同志们走出草地，走向最后的胜利。当离开草地时，李衍福所在连队100多人只剩下了二三十人。李衍福动情地说："当我们走出草地的那一刻，我看着手中飘扬的战旗，真正感觉到这面旗帜就是用我们战友的鲜血染成的！每当想起牺牲的战友心里就特别的难受，也格外珍惜今天的幸福生活。"

烧烤牛皮鞋
——老红军潘平的长征故事

现年85岁的潘老在记者到他家采访前不久，刚接受了心脏搭桥手术。这已经是他今年做的第二次大手术了。虽然身体虚弱的他已无力对我们说些什么，但他的家人在他的授意下已为我们准备好了他的回忆文章。

1936年夏，在红四方面军粮食局当公务员的潘平，在第三次穿越松潘草地出发前夕，用伙房吃牛肉剩下的牦牛皮，割成三双简易牛皮"鞋"随身带着。茫茫草地一望无际，怎么也走不到头，带的干粮吃完了，野菜、草根也被采光了，日子越来越难过。有一次宿营时，同志们已经整整一天汤米没沾了，饥饿的煎熬，寒冷的折磨，威胁着红军的生存。又饿又累的潘平，摘下挂在腰上的三双牛皮“鞋”，往身边一扔就躺下休息了。“嘿！潘平真行，给我们送饭来了！”外号叫活宝的大老李抓起三双牛皮鞋大声嚷着。潘平不耐烦地说：“哼！再找不到啥子吃就得饿死，还有闲心说笑话？”“谁说笑话？”大老李举着那三双牛皮鞋说：“这不是好吃的东西吗？”一听说有好吃的，大家围拢过来。潘平一骨碌爬起来，解开三双牛皮鞋，和大老李一起把牛皮鞋放在火上烧烤，大伙儿看着牛皮鞋在火里“吱吱”乱叫，会心地微笑着。大家一边烧烤牛皮鞋，一边用小木棍轻轻地刮着烧焦的地方，生怕多刮掉一点能吃的东西。牛皮鞋“烤”好了，每人一份，大家用手指甲把皮毛刮了又刮，洗了又洗，然后支起茶壶、茶缸煮起来。一袋烟的工夫，牛皮变得又软又黄，由少变多，散发出扑鼻的糊香味。吃起来，由苦变甜，越嚼越有味。这对极度饥饿的红军来说，真是难得的美食。大家都舍不得一次吃完，一点点往嘴里放，慢慢地嚼，细细地品，一边吃一边说笑。还是大老李来得快，他编成了四句顺口溜：“皮鞋本是脚上穿，今天把它肚里咽。红军长征闹革命，再苦再累心也甜。”顺口溜引起大家一阵欢笑，消除了长征行军中的疲劳……

【人物档案】潘平，1921 年出生，四川省万源县人。1933 年 12 月入伍。历任公务员、班长、指导员、第 403 仓库政委等职。1955 年被授予八一勋章、独立自由勋章、解放勋章，荣获朝鲜颁发的“国旗勋章”。1988 年被授予红星勋章。

就算是牺牲了那也是为人民尽义务
——老红军洪有道回忆长征

一对横眉，一脸严肃，这就是洪有道，经历过红 25 军长征全过程的 90 岁老人。长征时，他是一名通讯员。

“开始大家不知道要长征，但在鄂豫皖根据地，蒋介石几十倍的军力包围堵截我们，想置我们于死地。”洪有道在省军区第一干休所接受采访时非常感慨：“当时敌我力量悬殊太大，七里坪战役 25 军困在根据地，没有吃穿了，只能吃水芹，没有盐也没有油。7000 多人的部队打下来，不是被敌人打垮的，而是自己饿垮了。”

1934 年 11 月 11 日，洪有道接到上面的通知：每人准备 3 天干粮，两双草鞋，15 日前要完成。“不知道干什么，总觉得突然而来的决定可能意味着重大的改变。”洪有道按照上级的要求做了。“中国人有习惯，不愿意离开自己的家乡。但是这次接到命令，红军是跟党走的，听从党的指挥是我们的责任啊。”他依稀记得当时自己转移前的心情。

在敌人前堵后追的情况下，战士们冒着雨雪前进。“正

【人物档案】洪有道，1917 年 11 月出生，安徽省霍邱县人，1931 年 5 月入伍，1935 年 1 月加入中国共产党，历任通讯员、班长、排长、连长、营长、团长、校务部部长、二炮二十二基地副司令员、司令员。1955 年荣获八一勋章、独立自由勋章、解放勋章，1988 年被授予红星勋章。

是冬天啊，天很冷。”这位 90 岁高龄的老人有着惊人的记忆力，他介绍，那几天的气候条件极为恶劣，不时有雨或者雪下下来，身上的衣服被雨雪浸透都结起了冰，变成了“冰桶”。饥寒交加的战士们手指都冻僵了，有的枪栓也被冻住了。“我自己因为皮带早当粮食吃了，裤子就一直用布带系着，有天，因为解个大便，我足足跑了 20 多里路，冻僵的手都没有能把裤子系上。”

在这样的环境下，战士们依然坚持着。那时我们只有一个信念，就是：“坚持到底，与敌人搏，与恶劣环境拼搏，既然当了兵就不能三心二意，要一直走到底，任何艰苦困难，哪怕牺牲了也是为人民尽义务！”

人在困难时最聪明

——记老红军秦华礼

稳健的脚步，坚毅的目光，敏捷的思维，洪亮的声音，你很难想象眼前的老人已经 93 岁高龄。初见秦老，记者已被老人身上透露出的从容不迫的气度所折服。他似乎更愿意回忆当年，大家都是如何“苦中作乐”的。

1936 年 1 月，红四方面军处在非常困难的时期，几乎已到了弹尽粮绝的地步。“我们那时，比叫花子还惨，要翻雪山，衣服破烂不堪，就拿棕树的棕毛披在身上，草鞋外面也包棕毛，结果意外发现棕毛可以防雨雪，好得不得了。”

夹金山海拔很高，空气稀薄，气候变幻无常。人只要稍一停，就会瞌睡。由于山陡路窄且滑，为防止有人瞌睡不小心摔下山去，每个人把裹腿解下来搓成一根长绳，人人抓着扶着绳。人只要一瞌睡，手松了，绳子打晃就会把人摇醒。和翻雪山一样，过草地所遇到的艰难险阻也是超乎想象。“我三过草地，最后一次，野菜都已难寻踪迹，整日靠吃草和牛皮带过活。”

秦老告诉记者，别看环境如此恶劣，求生存已是不易，当年我们还不忘学习呢。当时最难学的就是英语，为学英语，我和另外一个伙伴结成学习小组。在行军中，将汉语写在一人背后，边走边看。发电报时，一人说汉语，另一个用英语回答。那会儿我最常说的就是：“Please message!”

长征时，电报机所用的电池都是前方部队淘汰下来的，常是电量不足。我不懂化学，但有次我将已腐烂的电池锌皮层层扒开，舔舔里面的液体，又咸又苦又涩，我琢磨

【人物档案】秦华礼，1913 年出生于四川通江。1932 年加入中国工农红军第四方面军，曾参加川陕苏区反击敌人三路围攻、六路围攻，万源保卫战、佑垭口、田水铺等战役。新中国成立后，在四川、云南、北京等地就职。最终来到了南京，任南京邮电学院党委书记兼院长。

着里面应该有盐，于是就尝试着把电池外皮全扒掉，放入有盐水的竹筒中长时间浸泡。再次使用，竟然电量十足，灯泡发出耀眼的光芒。真的，人在最困难的时候最聪明。

跟着贺军长泅渡金沙江
——记老红军唐建能

一进唐老家大门，就可以看见墙壁上挂着的一幅地图，虽然纸片已老旧发黄，边角残缺。这是唐老做校外辅导员给孩子们讲长征历史时，自己画的长征行军路线图。唐老说，两万五千里长征是个世界奇迹。

唐老回忆说，1936 年，他在第二方面军任军部警卫连警卫班班长，此时，贺龙在滇中总用“调虎离山”、“避实就虚”的战法，打得敌人闻风丧胆，草木皆兵。

1936 年 4 月（唐老说是 1935 年 4 月，据史料记载，当为 1936 年），部队来到了金沙江德钦镇。到了江边之后，才发现江面窄、江水过急，水里到处是暗礁、流石，既没有桥，也没有船，根本过不去。怎么办？贺龙和关向应召集各师干部在江边开会商讨对策，四师陆政委说，他曾问过一个老乡，发大水时可以放排过去。现在水小，老乡不肯放排。贺龙一听，就说：“这好办，只要能过去一个班，要他们多带一点绳子，边划边放，到对岸将绳子拴紧，我们沿着绳子泅渡过江。”关政委说：“这个任务交给四师吧，要给先头部队好好讲讲，这是为全军开路，再大的困难也要克服，一定要保证完成任务！”最终，这一任务被一团一营三连（夜老虎连）争到了。战士们有的砍竹子，有的编竹筏，有的借了老百姓扎排的绳子。经过一下午的认真准备，天黑后开始过江。过江前，大家伙商量好以火光为号。

金沙江南岸，几千双眼睛望着河面，等待着对岸的消息。一刻钟，半小时，三刻钟过去了，怎么还不见对岸的火光？就在大家都等得焦急之际，有人叫了起来，亮了亮了！大家欢腾起来，“夜老虎”过去了。就这样，经过两天两夜全军顺利渡过了金沙江，等到敌人追到江边时，只能看到红军的影子了。不少战士隔着金沙江喊：“白军士兵弟兄们，你们辛苦啰！谢谢你们送了我们这么远。快拣上我们的破草鞋交给你们长官拿去报功吧！”敌人在对岸只能眼巴巴地看着我们跳出了包围圈。

（2006 年 11 月 2 日第 34 期，2006 年 11 月 16 日第 35 期）

【人物档案】唐建能，湖北荆门人，1913 年 11 月出生，1932 年 5 月入伍，1934 年 6 月入党。历任红二方面军警卫连战士、班长、连长、参谋长，华东军政大学副大队长，南通军分区副司令兼参谋长，镇江军分区、淮阴军分区副司令等职。1965 年 12 月在淮阴军分区干休所离职休养。1955 年被授予八一勋章、独立自由勋章和解放勋章。1986 年被授予金质红星勋章。

史 海钩沉

辛亥革命在江苏

胡若筠

19世纪40年代，中国开始沦为半殖民地半封建社会，中国人民从不屈的反抗斗争中逐渐认识到，要实现国家富强和人民富裕，必先求得民族独立和人民解放。在这样深刻的时代背景下，1911年，爆发了一场具有20世纪历史性巨变的革命——辛亥革命，它集中反映了当时中国人民争取民族独立和振兴中华的深切愿望。

20世纪初，随着江苏民族工业的初步发展，资产阶级革命运动在江苏逐步掀起，江苏成为资产阶级革命党人活动的重要地区。革命党人创办报刊作为宣传主阵地，利用《苏报》、《国民日日报》、《警钟报》、《神州日报》等革命报刊大造革命舆论，宣传资产阶级民主爱国思想，鼓动反清排满，建立民主共和国。1909年，江苏成立中国近代第一个革命文学团体南社，宣传反清、反专制的革命主张，推动资产阶级革命高潮的到来。在领导反帝斗争方面，1903年上海、南京等地掀起拒俄运动，拒不承认俄国企图长期霸占东北的无理要求；1905年5月，为抗议美帝国主义歧视凌辱旅美华工华侨，掀起了反美爱国运动；1907年收回苏杭甬铁路路权斗争的胜利，将全国收回路权运动推向高潮。

1911年10月的江苏，同全国一样，处在“乱机遍地皆是，如处火药库上，一触即发”的形势下。10月10日，武昌起义打响了辛亥革命第一枪，很快革命的烽火在全国蔓延。11月4日，江苏省上海首先光复。11月5日，省会苏州和平光复。此后，全省各地纷纷响应，12月2日，江浙联军攻克南京，标志着江苏光复告成，并使长江中下游连成一片，加速推进了辛亥革命的进程。11月29日，独立的17省代表在江苏咨议局投票选举孙中山为临时大总统。1912年1月1日，孙中山在南京宣誓就职，宣布中华民国成立，这是中国第一次用民主选举方式产生的最高领导人和建立的新政府。

以伟大的民主革命先行者孙中山为代表的革命派，领导中国人民推翻了延续两千多年的君主专制政体，建立了亚洲历史上第一个民主共和国——中华民国，开启了民主共和的新纪元，使中国发生了历史性的巨变，中国人的思想也由此而获得了一次巨大的解放。辛亥革命为中国先进分子探索救国救民的道路打开了视野。辛亥革命后，新文化运动、五四运动相继爆发，中国共产党的诞生成为中国人民革命的必然结果。中国共产党继承和发展了孙中山先生的革命事业，将辛亥革命的精神与社会主义思想相结合，带领中国人民经过艰苦卓绝的斗争和不懈努力，终于取得了新民主主义革命的胜利，并找到了适合中国国情的社会主义道路。

（2011年9月15日第82期）

辛亥革命中的江苏光复

沈犁

1911年10月10日，武昌起义爆发后，江苏同全国一样，很快引起漫天的革命烽火。从11月4日上海光复到12月2日南京光复，江苏全境除徐州外基本光复。“江苏财赋甲天下，形胜亦足控东南。”江苏的光复，对于支持武汉首义之地的斗争，对于建立中华民国临时政府及整个辛亥革命都具有重大的意义。

上海光复

清末江苏松江府之上海是中国同盟会在国内从事革命活动的重要策源地。1911年7月底，中国同盟会中部总会在上海成立，谭人凤、宋教仁、陈其美、于右任等一大批同盟会骨干分子，都在此积极推动长江中下游的革命运动。

武昌起义后，上海光复工作主要由陈其美主持。10月24日，陈其美、宋教仁等在民立报馆举行秘密会议，决定“以联络商团、沟通士绅为上海起义工作之重心，并利用《民立报》宣传革命胜利消息，以激励民气”。

在革命大势所趋下，起义前夕，上海军警大都站到了革命一边。起义首先在闸北发动起来。11月3日下午2时，起义军占领巡警局，高悬白旗，上书“光复”二字，各巡警局也都遍挂白旗，巡士均袖缠白布，闸北光复。闸北起义发动后，南市也行动起来，以敢死队百数十人进攻道、县两署，至当晚6时左右，全城各机关均被占领。

吴淞各军也都于3日下午反正。起义军进攻的重点是地处高昌庙的江南制造局。制造局系全国主要兵工厂之一，储有大量枪支，清军有炮队、巡防营及卫队等数百人驻守，其中有半数赞成革命。而督办张士珩（楚宝）顽固反抗。陈其美亲率新成立的敢死队向制造局发起进攻，未果。陈其美遂只身徒手闯进局内，企图说服守军放下武器，结果被捆绑在办公厅前柱上。

人们闻知进攻制造局失利和陈其美被扣的消息，群情激愤。上海商团总司令李英石即于4日深夜1时左右，发出攻击令，至4时左右全部占领制造局，上海宣告光复。

李平书随即以上海民政总长身份发布安民告示，街头亦张贴上海军政分府宣言。城内安静如常，店铺照常开市。全市包括租界内各商店，亦均悬挂白旗，上书以“光复”、“复汉”，或“民军万岁”。

11 月 6 日，沪军都督府正式成立。陈其美被推任为都督兼都督府司令部长。同日，上海附近的松江、金山、嘉定、太仓、昆山、崇明、宝山相继和平光复。青浦先于 5 日和平光复。

陈其美

苏州光复

苏州是江苏巡抚衙门所在地，武昌起义后，上海革命党人不断派人来苏州策动，并由同盟会员顾忠琛（荩忱）、章驾时等人负责主持苏州的光复。在革命党人的策动下，驻苏州新军中下级军官大多倾向于独立反正。

苏州的绅商教育界，为保护商业和生命财产免遭战争破坏，在革命党人争取下，一面支持光复，一面劝说巡抚程德全反正。上海光复后，江苏全境震动，在苏沪绅商和革命党人的劝说下，程同意时机成熟即反正。

江南制造总局

11 月 4 日晚，上海民军 50 余人，乘火车赴枫桥标营。驻苏新军官兵在沪军的鼓励下，纷纷要求反正。顾忠琛、章驾时等见时机成熟，即臂缠白布，赴抚署见程德全。程见来人都已臂缠白布，答应拂晓宣布独立。11 月 5 日天明，驻城外新军与革命军皆袖缠白布，先后进城。民军径到巡抚衙门，推戴巡抚程德全为江苏都督，并进“江苏都督印”。于是，巡抚衙门改为都督府，大门口挂起“中华民国军（政府）江苏都督府”木牌，旗杆上悬红字白旗一面，上书“中华民国军江苏都督府”，旁书“兴汉安民”。各门城墙，大街小巷，皆高悬白旗，上书“兴汉”或“大汉”、“光复”。就这样，兵不血刃，民不受惊，苏州光复了。但为了表示“革命必须破坏”，程德全令人用竹竿挑去了抚衙大堂屋上的几片檐瓦，以示除旧布新。

程德全

光复后，程德全就任江苏都督，当日组织江苏都督府。同时，发出六言简明安民布告：“仍各安分营生”，“旗满视同一体”，“大家共享太平”。11 月 6 日，程德全“通令新属遵照，宣布光复”，苏南苏北沿江地区除南京及其附近地区外，在四五天内都先后宣告光复。

南京光复

南京光复纪念币

南京是清朝南洋大臣和两江总督驻节之地，地理位置重要，城池坚固，驻有以张勋率领的江防巡营为主的兵勇近万人、新军九镇5000人。辛亥革命后，一方面，同盟会派出柏文蔚策反新军，负责南京光复，另一方面，两江总督张人骏等人生怕受革命思想影响的新军起义而处处防范。

10月30日，张人骏下令收缴新军弹药，移驻南京聚宝门南六十华里的秣陵镇，并将炮口和机枪对准新军营地，九镇官兵悉被激怒。苏沪光复，九镇统制徐绍桢认为“时候到了”，约定11月8日夜间起义。不料，7日夜间，城内蓦然发生了起义，但很快被张勋部击溃，城内内应几乎被一网打尽。8日，城外新军按原计划行动，先遣骑兵队被雨花台守军发现，遭重炮轰击，激战至9日5时30分，新军败退。

第九镇新军秣陵关起义的失败，对刚取得独立的上海和江浙震动很大。上海同盟会中部总会宋教仁、都督陈其美等人认为，“南京之得失，关系民族之存亡，非攻克南京不足以完成江苏革命之任务，且无以挽回武汉革命之颓势。”沪军都督府决定组织江浙联军，以集中力量攻取南京，并举徐绍桢为联军总司令，电请两省都督承认。

11月中旬，苏、浙、沪各军先后云集镇江附近。决定兵分四路：中路以镇军、浙军为主力，右翼镇军攻打天保城，左翼浙军由孝陵卫攻朝阳门；南路苏军攻雨花台、聚宝门；北路

光复南京联军炮队凯旋后的摄影

淞军攻沿江各炮台；柏文蔚率镇江二支队和扬军徐宝山部沿江北岸向浦口进攻，以截清军退路；沪军为总预备队。22 日、23 日，江苏都督程德全前往丹阳、镇江以至龙潭、尧化门一带，慰劳各军，民军士气为之鼓舞。此时上海总兵站赶购之军械也已运赴前线，一切准备就绪。

24 日下午，总司令部移至龙潭，各路军队向指定目标进击，当夜占领乌龙山。25 日，联军攻占幕府山炮台、占领孝陵卫。同日晚，总司令部移至麒麟门。27 日，江浙联军对南京形成合围之势。

12 月 1 日，苏军攻占雨花台，浙镇诸军攻占天保城。张人骏、张勋托美国领事及鼓楼医院美籍院长马林出面向江浙联军总部洽降，要求不杀旗人，停止炮击，让他们退出南京。是日深夜，张勋率 2000 残兵自大胜关渡江狼狈北逃。2 日，苏军由雨花台攻入南门，镇军攻入太平门，粤军攻入仪凤门，其余部队陆续入城，南京光复。

南京的光复使长江中下游连成一片，加速和推进了辛亥革命的进程。

江苏主要地区光复一览表

地名	独立日期	简　况
上海	1911.11.4	11 月 3 日起义，4 日军政府成立，6 日推陈其美为沪军都督。同日，松江、金山、嘉定、崇明、宝山相继光复。
苏州	1911.11.5	巡抚程德全反正，成立江苏都督府，就任江苏都督。次日，太仓、昆山独立。
无锡	1911.11.6	5 日光复军成立，次日组织军政府，秦效鲁为总理处总理。
常州	1911.11.6	5 日江防营统领恽祖祁接程德全通电，次日响应光复。
镇江	1911.11.6	李竟成协助林述庆光复镇江，林述庆为都督。
淮安	1911.11.7	周实、阮式响应清江浦光复，知府刘誉出逃。
常熟	1911.11.8	7 日晚召开国民大会，推蒋凤梧为主席。8 日光复。
通州	1911.11.8	上海光复军许宏恩至通州，组织军政府，许为军政长。
扬州	1911.11.10	投诚于林述庆的徐宝山打垮孙天生义军，宣布光复扬州，自任都督。
泰州	1911.11.16	徐宝山镇压刘凤朝兵变后宣布光复，李茹真为县长，张淦清管军政。
南京	1911.12.2	11 月 8、9 日徐绍桢带兵攻南京，不胜，退守镇江。后组织江浙联军，12 月 2 日光复南京，推程德全为都督。
徐州	1912.2.14	1912 年 1 月 1 日南京临时政府成立时，徐州尚在张勋之手，革命军兵分三路进攻徐州，张勋逃走，徐州光复。

（2011 年 9 月 15 日第 82 期）

辛亥革命在南通

费范九

宣统三年，辛亥，阴历八月十九日，武昌爆发了革命。南通当时称通州，僻处江北，仅相隔一个月，到阴历九月十八日，便举起义旗，宣告独立，与满清政府脱离关系。此举在南通不是偶然的，有内部酝酿的因素，有外部推动的力量，因时结合成此局势。最主要的如：南通沿江一带，田地崩坍，地方人士发起筑楗保坍运动，需银五十万两，两江总督端方在任时，曾帮助计划进行。端方去任，张人骏继任总督，一反其所为。请拨官款补助，不许；请介绍银行借款，又不许。文电往返，积稿盈尺。人民愤怒，认为官所不恤人民疾苦。近城各学校学生，平时看报纸杂志，受新说鼓吹启发，有羡慕外国立宪的，有主张排满革命的，总之思想已波动了。工商业受苛捐杂税的压榨，厘捐、关税以外，各行各业负担重重，表面按营业大小，逐月核派，实际经办的人上下其手，徇私舞弊，极不公平，工商业怨恨极了。这种种内在原因，犹如积薪厝火，一触即发。适外部推动的力量，乘时而至。上海光复军特派许宏恩来通，和地方人士接洽，策划光复南通大计。许宏恩曾任过狼山右营游击，熟悉地方情况，与张謇、孙宝书等素有交往，约定九月十八日乘军舰到通，宣布独立。至期，孙宝书率领地方商、学代表和师范、中学、城北高小学生数百人，赴芦泾港迎接，有一部分学生荷枪而往。傍晚，上海光复军乘“掣电”兵舰（一说钧和）和广艇两只开来。兵舰司令台瞭望岸上列队荷枪之人，均无白布臂章，疑有变化，将开炮示威。孙宝书见舰上炮位移动，亟将白色手绢向舰艇挥舞，并传令学生赶紧套上预发的白布臂章，举手表示欢迎，舰上始释疑。许宏恩同随员冯亚雄、张仁第、丁雨田、伍炳枢、邵新豫、刘春林、刘国宝、肖正安及福山江防营三十七人，革命军五人，乘广艇登陆，由西门进城。沿途商店、居户都在门口悬挂白旗，并写“光复大汉”“还我河山”等标语，张贴通衢，地方秩序如常，毫无惊扰。先至狼山镇署大堂，许宏恩发表演说，申明汉族光复大义，肖正安推翻旧公案，举指挥刀猛劈，截其一角，高喊独立口号，出示安民。当时狼山镇总兵，系清廷奏派驻通的高级武官。总兵官张士翰初颇倔强，经孙宝书、宝珩兄弟邀约至家相劝，请其归顺，离开镇署，免使地方遭受损失，当送给廉饷八百余元，回籍川资三百元，他才悄然而去。其实张士翰平时任用私人，极为部下所反对，没有兵勇为之效力，即不去亦无作用。故许宏恩来时顺利无阻。旋至通崇海泰总商会，开地方大会，组织军政分府，举张詧为总司令，许宏恩为军政长，孙宝书为民政长，张有采为司法长，刘桂馨为财政长，宣布本年民地、沙地、灶地田赋钱粮，一律豁免不征；旧州署监狱内所拘禁的已判罪、未判罪男女犯人，除杀人犯外，一律释放回家；接收裕宁官银钱局驻通分局，得现款二万八千多元，又续收账款二万三千多元；组织中央队，购置新式军器，专负警卫责任。光复时，军政分府所难应付的系财政问题，开支以军费为最大，中央队用了三万五千六百多元，江防水师步队营用了六万四千一百多元，通海保卫水陆军用了三万二千七百多元，狼山旧营用了一万一千八百多元，还协助镇军都督军饷五千元；其他民政、司法、财务各费不过支用一万元上下。其收入仍靠征收民、灶钱粮，征收花布厘捐和接收裕宁局官款为大宗，不足，再劝募私人捐款，随时填补。而地方原有公益存款很多，如乡会费、紫琅书院以及育婴、保婴、恤嫠、积谷之类，总数在十万元以上，虽当军需急迫之时，仍未拨用。张詧于民国元年五月，自请解除总司令职务，取消军政分府。许宏恩至辛亥十月，奉省令改为狼山镇守官，民国元年三月又改编为江防内洋水师第一协第二标统带官，二年七月又改编为江苏水警第一所第一专署长，三年三月交卸。孙宝书任职不久，军政分府撤销后，民政长由张詧担任。民国二年改称县知事，即由省委田宝荣任职。张有采原为知州，表示赞成光复，所以被举任司法长，发审委员孟梅被推为司法参议，至民国元年十月撤销，省令设地方审判所，委胡炳益任职。刘桂馨管理财政，至民国元年五月与张詧同时解职。南通人在光复时，除少数顽固分子外，对革命都表示拥护。不过这一场改革，只做到推倒清朝为止，而社会上一切压迫剥削腐朽的实质，仍旧未变，人民依然忍受痛苦，仅仅剪去发辫，不戴顶、拖翎、穿袍褂，废除跪拜礼，聊以一新耳目而已。

（2011年10月17日第83期）

辛亥革命时期的锡金军政分府

章振华 周惟芝

辛亥革命前，无锡以运河为界分成无锡、金匮二县。运河之西为无锡县，运河之东为金匮县。无锡光复后，革命党人随即建立了锡金军政分府。这个前后仅存在了178天的军政分府，是无锡历史上第一个具资产阶级民主革命性质的政府。

锡金军政分府的机构嬗变

1911年11月3日，陈其美组织民军光复上海后，无锡革命党人秦毓鎏赴申与之联系。11月5日晚，刚刚由上海返回家乡的同盟会会员秦毓鎏，在私邸中密召吴千里、孙保圻、吴廷枚、许嘉澍、钱鼎奎、钱基博等数十位进步人士漏夜计议，在锡起事。“招敢死队四百人，分布四境，复结集商团同志为光复团，联合民团同志为守望队，策划已定，待时而动……”

11月6日，无锡光复，随即建立了锡金军政分府，初设民政、军政、财政、司法四部，每个部门各置部长一人，互不统属。以“裘廷梁充民政长，华承德充军政长，孙鸣圻充财政长，薛翼运充司法长”。10日又“公议设立总理处，推举秦毓鎏为总理”，统一领导四个部门。12日，总理处发上海军政府电文中，军政部长人选更换为王耀梓。不久军政部撤销。16日，法院成立，司法自此独立。22日，金匮、无锡两县合并为无锡县，裘廷梁任无锡县民政长。此后，民政亦独立。

1月23日，因总理处三个部相继撤销独立，经江苏都督批准，“把总理处改名司令部，总理改称司令长，秦毓鎏任司令长”。

1912年4月1日，南京临时政府解散，秦毓鎏电呈北京临时大总统南京留守处和江苏都督批准，于5月1日撤销了锡金军政分府。此后，无锡县的最高行政机构称民政署，秦毓鎏为无锡县民政长。

锡金军政分府的施政措施

1. 军事方面

无锡光复后，秦毓鎏改编了清无锡县和金匮县的旧部，又拨款招募新兵，组成锡军步兵团，下辖三个营。1912年5月1日锡金分府撤销后，锡军步兵团改名为“常军步兵团”，直属江苏都督统辖，不再受无锡支配。

军政分府时期，锡军的编制曾有三次变化。第一次为锡军成立之初，第二次兵制改变时增设联队，第三次是南京临时政府陆军部成立后颁布了陆军编制，锡军按此编制将联队改称团，大队改称营，中队称连，小队称排。3 棚为 1 排，3 排为 1 连，4 连为 1 营，3 营为 1 团。

锡军水师前身为清浙江驻锡盐捕右营管带徐诚檀统率的兵船，无锡光复后由秦毓鎏接管。全营共有官佐 10 人，兵士 65 人。锡金军政分府撤销后，锡军步兵改为常军，水师由民政署管辖。秦毓鎏任民政长后，认为民政长统军不宜，因此把水师改为水上巡警。

2. 民政方面

无锡光复后，民政上第一项重大措施是撤销金匮县建置，把金匮县并入无锡县。第二项重大措施是选举产生了无锡县临时议事会和县议会，共选出议员 49 人，于 1912 年 1 月 19 日召开了第一次临时县议事会会议。秦毓鎏任无锡县民政署民政长后，又根据江苏省暂行县制选举章程规定，选出议员 43 人，在同年 9 月 11 日成立了无锡县议事会。第三项重大措施是健全了警察制度。无锡有警察始于清末，当时有中、南、西、北四区。无锡光复后，在民政部下设立了警察事务所，许嘉澍出任警务长，将原来四区扩大为五区（中、南、西、北、东）。全县共有警官 39 人，巡士 240 人。无锡县民政署成立后，警察事务所撤销，改称民政署警务课，由吴廷枚任课长。又设立巡警讲习所，培养巡士、巡警，此即后来巡警训练所的前身。

此外，军政分府还曾兴办了许多公益事业，如修筑道路，拆修桥梁，整修运河塘岸，开辟光复门，开拓火车站一带的商业区，筹建县图书馆，扩充城中公园，设立孤儿院，辟建城内小菜场等。锡金军政分府还曾勘定新北门路线，拟改建北门。

3. 财政方面

军政分府在财政上的革新有三方面。首先是裁撤厘卡。1911 年 11 月 8 日，撤销了城内厘卡总局及黄埠墩、清明桥、五河浜、北闸口、南桥、大渲、堰桥、四河口、望亭、观音墩、马口等 12 处（连总局 13 处）厘卡。

其次是设立货物税总公所征收货物税。1911 年 12 月 20 日，按照江苏都督的通令，在竹场巷成立了货物税总公所，对本省产品及外省运入我省的货物征收 2% 的货物税。所长由财政部长孙鸣圻兼任，全所共 16 人。在火车站、黄埠墩等 7 处设立查验处，有稽查 2 至 3 人。凡货物通过各口岸，由稽查验明货物种类、数量、价值后报告总公所征税。总公所在每月终了时须向财政部报告税收总额，然后再转锡金军政分府备案。

第三项革新是减轻田赋，革除田赋征收中的各项弊端，简化纳税手续。军政分府按照江苏都督的通知，将田赋普减二成，如果上忙银两已交讫，“其应减二成统于下忙核算冲抵”。明文规定田赋征收时的折洋标准，忙银 1 两折洋 1.8 元，漕米 1 石折洋 5 元。还取消了田亩附加税，设立了无锡县征收银漕处。为革除以前漕总、银总的贪污舞弊，又分设了掌漕、掌银、掌册、掌串（票据）4 人，下设司漕、司银、司册、司串若干人，将银、漕与串、册分开，以杜绝弊端。更严禁地主代票，命农民自填都、图、户名及斗、石细数，向征收处自行投柜缴纳，并设串房，当农民纳税后立即裁给串票，从而简化了纳税手续。

锡金军政分府旧址大门（摄于 1911 年）

4. 司法方面

无锡军政分府成立后，着手清狱。1911 年 11 月 8 日，发出“释放人犯牌示”，采取“分别审讯，除案情重大暂行拘留外，其余情节较轻各犯俟讯明后酌量开释”。其次又整顿并制定了民事、刑事案件传讯程序，以及司法上各项费用的合理负担等制度。

5. 社会文化方面

锡金军政分府建立期间，在社会文化方面也有不少进步的作为。如下令禁烟、禁赌，拘捕了不少赌棍，将其绳之以法。又破除迷信，移风易俗。对文化教育事业予以一定的重视，出版发行 8 开的《民国军锡报》，作为锡金军政分府的机关报。

1911 年 12 月 15 日，新政权委督队官将太平天国荣王廖发寿所制铜炮运至锡金军政分府保存纪念，足见其对太平天国文物的重视。

（2011 年 11 月 17 日第 84 期）

中华民国诞生记

振 标

武昌起义成功后，在什么地方建立民国中央政府，起初人们认识并不完全一致。武昌是首义之地，黎元洪认为应将中央政府设于武汉。1911年11月7日，他致电各省军政府征求意见，要求速派代表赴鄂，协商筹组新政府。但江浙方面有不同意见，11月11日，浙江都督汤寿潜、江苏都督程德全联名致电沪军都督陈其美，建议公举代表到上海集中，磋商组织中央临时政府。陈其美完全赞同，并于11月13日与汤、程联名通电独立各省速派代表莅沪。两天后，浙江、江苏、湖南、福建、山东等省代表陆续抵达上海，经协商成立了“各省都督府代表联合会”。此时，武汉方面仍坚持在鄂开会的原意，并表示在黎的通电发出后，已有江西、广东、广西、贵州等省复电即派代表赴鄂。在这种形势下，上海方面同意各省代表转赴武汉开会，协商组织临时政府事。

各省代表到达武昌时，汉阳已失守。为代表安全，会议于11月30日在汉口英租界顺昌洋行举行。会议推举谭人凤为议长，通过《中华民国临时政府组织大纲》二十一条，决定湖北军政府暂行中华民国中央军政府职权，并议决如袁世凯投向革命，可推举其为临时大总统。会议进行时，江浙联军攻占南京，部分代表认为以南京作为中央政权的所在地更为合适，遂于12月4日议决在南京筹建临时政府。同日，陈其美、程德全、汤寿潜召集各省留沪代表举行都督府代表会议，选举黄兴为大元帅、黎元洪为副元帅，定南京为中央政府所在地，由大元帅主持组织临时政府。遭到黎元洪反对，黄兴亦表示不就。12月16日，各省代表再次开会，推举黎元洪担任大元帅，黄兴担任副元帅。对此，黎虽接受，黄却力辞，这样的僵局因孙中山的回国才得到圆满化解。

12月25日，孙中山归国抵达上海。29日，17省45名代表在江苏咨议局举行中华民国临时政府首任临时大总统选举会。按临时政府组织大纲规定，选票为每省1票，得票满总数三分之二以上者当选，当众开票。孙中山、黎元洪、黄兴为候选人。最终，孙中山以16票当选为首任临时大总统。同日，宣布国号为中华民国，定公元1912年为中华民国元年。

1912年1月1日上午10时，孙中山在汤尔和、王宠惠、陈其美、军事顾问荷马李等数十人陪同下，乘坐沪宁铁路专车由沪赴宁就任中华民国第一任临时大总统，上海万余人在车站送行，车经苏州、无锡、镇江均受到万人迎送。下午5时，车抵南京下关火车站，在礼炮和军乐声中，孙中山受到各省代表、驻宁各国领事和广大群众的热烈欢迎。专车由下关循宁省铁路入城，沿途遍悬旗帜，军队擎枪致礼，市民夹道欢呼，万人空巷。下午6时15分，专车抵达总督衙门车站，孙中山下车改乘蓝色绣花丝绸车棚马车，由黄兴、徐绍桢迎入设于原两江总督署的临时大总统府。

夜10时，孙中山在总统府（原两江总督署）大暖阁举行宣誓仪式，正式就任临时大总统职，并向中外宣告，在南京成立中华民国临时政府。

大总统就职典礼仪式简单隆重，其程序如下：（一）奏军乐。请总统就位后，各部人员行三鞠躬礼，各炮台鸣礼炮21响。（二）代表报告选举。17省代表景耀月向总统报告选举情况。（三）总统誓词。孙中山庄严宣誓："倾覆满洲专制政府，巩固中华民国，图谋民生幸福，此国民之公意，文实遵之。以忠于国，为众服务。至专制政府既倒，国内无变乱，民国卓立于世界，为列邦公认，斯时文当解临时大总统之职。谨以誓于国民。"（四）代表致欢迎词并致印绶。景耀月代表各省公民致词，表示拥戴之意。辞毕，授孙中山"中华民国临时大总统印"。（五）总统盖印宣言。大总统受印后，盖印于就职宣言，由胡汉民代为宣读。孙大总统在宣言书中阐述了"民族统一"、"领土统一"、"军政统一"、"内政统一"、"财政统一"的政务方针和"当尽文明国应尽之义务，以期享文明国应享之权利……与我友邦益增睦谊，持和平主义，将使中国见重于国际社会，且将使世界渐趋于大同"的外交方针，最后指出："惟保此革命之精神，一往而莫之能阻，必使中华民国之基础确定于大地，然后临时政府之职务始尽。"（六）海陆军代表致颂词。宣读宣言后，由徐绍桢代表海陆军人致颂词。（七）总统致答词。（八）与会者高呼三声"中华共和国万岁！"奏军乐礼成。

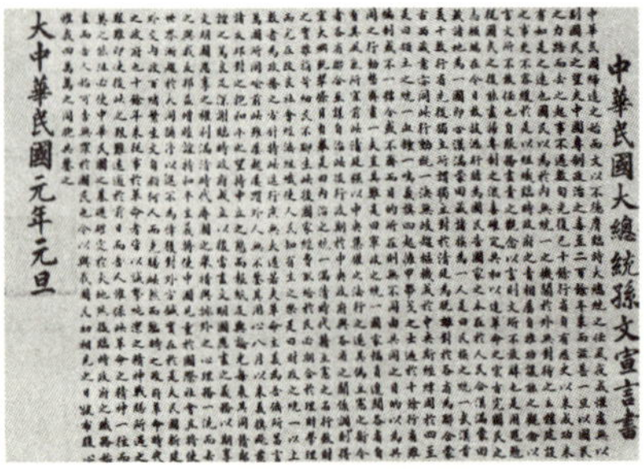
中華民國大總統孫文宣言書

大中華民國元年元旦

《中华民国大总统孙文宣言书》

1912年1月5日，孙中山主持召开第一次内阁会议。

1912 年 1 月 2 日，孙中山发布《改历改元通电》，规定“中华民国改用阳历，以黄帝纪元四千六百九年即辛亥十一月十三日为中华民国元年元旦”。

1 月 2 日，各省代表会议修正并颁布了《中华民国临时政府组织大纲》。1 月 3 日，各省代表会议选举黎元洪为副总统，确立各部总、次长名单，南京临时政府成立。

1 月 11 日，各省代表讨论决定：以五色旗为中华民国国旗。五色旗由红、黄、蓝、白、黑五道横条组成，代表汉、满、蒙、回、藏五个主要民族，即五族共和。此决议被孙中山以“革命用兵之际，国旗统一，尚非所急”暂时搁置。参议院搬迁北京后，于 5 月 14 日议决五色旗为国旗。6 月 8 日，袁世凯公布了参议院议决的国旗方案。

1 月 28 日，根据临时政府组织大纲规定，临时参议院正式成立。孙中山以临时大总统身份，率各行政长官及秘书长胡汉民莅会，并致贺词。

亚洲历史上第一个民主共和国——中华民国的诞生，标志着中国人民结束了延续两千多年的君主专制政体，实现了 20 世纪中国的第一次历史性巨变，开启了民主共和的新纪元，中国社会从此迈向了现代社会的道路。

（2011 年 12 月 17 日第 85 期）

民国初期江苏剪辫风潮

一宁

1645年（顺治二年）清军攻占南京后，清朝统治者为了用同化风俗的办法来铲除汉人的民族意识，消弭反清斗争，依据满人风俗颁布剃头令。规定：头顶只留金钱大小一片头发，编成手指粗细的小辫子，大于一钱要处死。头发的去留，顿时上升为拥戴还是反对清朝的政治问题。经过一场“留头不留发”和“留发不留头”的抗争，男子剃发蓄辫成了满清统治中国的重要象征。

到了20世纪初，随着清朝统治的逐步衰败，革命党人又以剪辫子为手段激发民众的反清意识，推翻清廷统治。1911年10月武昌起义后，各省纷纷于起义或独立后下达剪辫令。江苏地区光复后，一场剪辫浪潮迅速从上海、南京等中心城市向中小城镇和广大农村发展。沭阳一带广泛流传“革命革命，剪掉辫子反朝廷”的民谣，剪辫与否成为是否赞同革命的一个政治标志。

在辛亥革命的过程中，一方面，革命党人把自己心中对满清朝廷的不满情绪通过剪辫发泄出来。另一方面，与清初汉民反剃发如出一辙，有不少前清遗老和普通劳动群众，或视剪辫为异端抗拒剪辫；或对辫子早已习惯迟迟不愿剪去；或畏惧于权力斗争的血雨腥风，不敢剪去辫子。由于没有明确的行动规范，一些军人和激进者便走上街头强行剪去行人的发辫。由此引发多起“剪辫风潮”，这其中尤以上海、镇江、苏州为最。

上海光复后，沪军都督陈其美立即剪掉辫子，并张贴剪辫告示，号召凡我同胞，一律剪辫，重振汉室，上海形成剪辫高潮。上海军政府贴出剪辫布告的头几天，在城厢内外，便有士兵拖住行人，硬将垂于脑后的辫子剪下；后来，更有不少身份不明者窜上街头巷尾，看到拖辫者，就上前“咔嚓”剪辫而去。一些男子唯恐被拖住剪去辫子，纷纷闭门家中。11月，“敢死队”因强剪制造局警兵的辫子引发冲突，陈其美都督闻讯，立即下令各军警营所，所有警兵必须立即剪除发辫，抗拒者一律革除不用。此后，又发出文告，一方面恳切劝谕自剪，一方面严禁拦路强剪。1912年元旦，上海军政府再次发出《通令军人剪辫告示》：对于普通人民，剪辫与否，听其自然，不得干涉，而对于军人须迅速剪除发辫，抗违不遵者革除军籍。此后，上海出现了一句新的骂人俗语“你这人真是辫子！”一来取辫子为无用之物的寓意，骂人饭桶；再者辫子如动物的尾巴，骂人辫子，如同骂人禽兽畜生一般。

在江南，无锡锡金军政分府要求民众从速剪除发辫。但又规定，民众剪辫自愿，军士不得擅自强迫他人剪辫。如不服从军纪，定当从严惩治，决不宽贷。虽如此，仍不能禁绝强迫剪辫事件的发生。1912 年 4 月 21 日，《申报》以“无锡强迫剪辫”为题报道了军人在街头强行剪辫千余条，乡民惊惶万状，手执辫子狂奔回乡，军队从后追赶，有人逃避不及竟跳入河中。各处开往无锡的船只闻讯后纷纷中途折回，水陆交通中断，致使无锡商贸活动深受影响。

民初江苏剪辫风潮

镇江光复后，绅商各界召开临时议会，发布剪辫示谕。月余之后留辫者仍然不少。1912 年 1 月 6 日，《申报》刊载一则“镇江剪辫风潮”的新闻：镇江商团巡逻队于 2 日晚巡逻时，婉言劝告站岗巡士剪发无效后，拿出利剪强行剪去两位巡士的发辫，引发斗殴；3 日晚有好事者三人手持剪刀，在鱼巷一带强剪行人发辫，以致纷纷争扰；4 日上午又有人在大街强迫行人剪辫。时任英国驻镇江领事德为门在给驻华公使朱尔典爵士的信中称：“在镇江城内各街道上和郊区，正式推行剪掉辫子，使那些安宁和平静的居民感到极为愤怒，在革命军代表被问及此事的时候，他们声称，这是无业游民和不良分子干的。但据我看来，此事无疑地获得了军队首领们的赞同，而且很可能是他们下命令这样做的。”1912 年 2 月，浙军朱瑞所部在镇江大马路南街、江边大街、银山门、西门桥等处拦截行人，剪辫千余条。从江北清江一带逃荒来的难民视辫子如命根，啼哭跪求，终不能免。直到浙军开往清江，剪辫风潮才稍有平息。

苏州光复后，军政府多次发布剪辫通令，但数月后军警界仍有六七成未剪辫，普通群众留辫者更多。1912 年 1 月，江苏新任都督庄蕴宽再次发布剪辫告示：“中华光复，百事更新。惟此发辫，起自满清，既碍工作，且害卫生。昔呼鞑子，编入戏文，今称猪尾，惹笑四邻。为此出示，劝告我民，不论老少，农工商人，速速自剪，切勿因循。本都督府，不日出令，限期剪辫，一律实行。到期未剪，定予严惩，赶早剪去，体

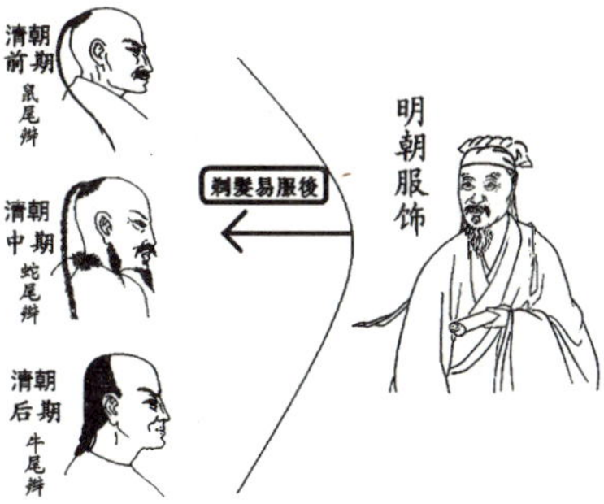

明清发式的演变

溥仪剪辫前的照片

溥仪剪辫易服照

面保存。今先晓谕，军警人等，暂勿干涉，其各禀遵。”并限令所有军警在十日之内一律剪辫，否则撤职斥退。但剪辫效果并不理想，并因此酿成多次冲突。

1911 年 12 月 28 日，浙江新军在苏州强行剪辫，造成商民惊惶无措，纷纷关门闭店。巡警将两名强行剪辫的军人扭送警局，并转解军政府收管。次日清晨，浙江新军第二标数百人执器械、木棍冲上马路，见巡警就打，并将巡警局内什物门窗捣毁，释放局中押犯。数日后，先锋队兵勇又在街头强行剪辫，一些江防营士兵故意寻衅滋事，拖着大辫招摇过市。当先锋队兵勇前来强行剪辫时，他们突然拔出小刀乱戳，酿成事端，为后来的仇杀埋下祸根。

1912 年 1 月 26 日清晨，苏州一名留辫的江防营士兵在胥门外喝茶，先锋队兵勇欲强行为其剪辫，双方争吵不休，兵士愈聚愈多，彼此开枪射击。下午，双方在胥门内枪战十数分钟。在双方争斗时，匪徒、流氓在胥门外趁火打劫，将慎裕钱庄、酱园、米店等十余家铺户抢劫一空。翌日，双方在甘棠桥附近再次发生枪战，2 名江防营士兵受伤。都督庄蕴宽率队亲往弹压，规定城外防兵不准进城，城内队兵不准出城，以免再起冲突。

1912 年 2 月 3 日，从南京撤回的先锋队一到达苏州，就在胥门内沧浪亭、查家桥、三多巷等处强行剪辫，一名江防营士兵被剪辫，误以为是先锋队报复，于是回营拖取洋枪刀械，哄出营盘，欲与先锋队寻衅。城内先锋队得报，亦持枪严阵以待。一时街巷民众惊慌奔逃，城内外店铺一律闭市。后经都督庄蕴宽和江防营统领率兵弹压劝谕，这场剪辫风潮才告平息。

3 月 16 日，从南京撤回的浙军途经苏州，见大街上仍有不少拖辫者，于是派出数十人，各持大剪刀分赴阊门马路及城内中市大街一带强行剪辫，一时谣言四起，再次造成动荡，进城完纳租米的农民纷纷持辫逃奔回乡。

好在从目前所掌握的档案史料来看，民初剪辫虽然出现过一些过激行动，的确存在着打人、抓人、罚款等过分之举，但没有一个人因抗拒剪辫而被起诉、判刑或杀头。一些军政府只对政府工作人员、军人、学生等要求剪辫，对平民百姓一般持宽容态度并不强求。至于那些街头剪辫队的过激行动，亦不能代表政府行为。1912 年 3 月民国政府颁布《大总统令内务部晓示人民一律剪辫文》，从法律上确定剪辫成为中华民国新国民的形象。但事实上，直到 1917 年张勋复辟失败，新的政权稳定下来，城市才基本上完成剪辫，而偏远山村则花费了更长的时间。1922 年，溥仪在时代潮流的感召下也毅然剪掉了辫子，标志着“辫子时代”的彻底结束。

（2011 年 10 月 17 日第 83 期）

南社——同盟会的宣传部

胡若筠

南社，是二十世纪初一个以革命民主主义者为中坚，以反清革命为共同思想基础，以振起国魂、弘扬国粹为主导文化思想的全国性、近代性文学社团。在近半个世纪的民主革命斗争中，南社有23位社友被反动当局杀害。南社因其正义、爱国的文化精髓，成为近代中国人数最多、分布最广、领域最宽、持续最长、影响最深的先进文人团体。

1909年11月13日，以传播启蒙思想和革命民主思想为己任的同盟会会员柳亚子、陈去病、高旭，在反清革命文化团体"神交社"的基础上，联络一批具有共同志向的民主革命宣传家，于苏州虎丘张公祠成立南社，和同盟会的武装斗争互成犄角，文武唱和，进行反清革命斗争。"南社"取意"南者，对北而言，寓不向满清之意"。高旭亦在《无尽庵遗集序》中表明："于同盟会后更创设南社，固以文字革命为职志，而意实不在文字间也。"当时参加成立大会的17人中有14人是同盟会会员。

被视作南社宣言的《南社启》声称："国有魂则国存，国无魂则国将从此亡矣。""欲存中魂，必有存国学始；而中国国学中尤可贵者，断推文学。"而"今世之为文章，为诗词，举丧其国魂者也。荒芜榛莽，万方一辙"。召唤国魂，振起国魂，以学术、文学来唤起国民意识和民族精神，改造国民品质，振奋革命精神，"欲一洗前代结社之积弊，以作海内文学之导师"，这

一价值取向突出体现在南社的创作中。

南社倡导民族主义，呼唤反帝反清、反封建，中华崛起。1910 年 4 月，柳亚子在《金缕曲》中填词："铁骑长驱河朔靖，勒石燕然山里。算才了平生素志。"代表南社成员立下了北伐中原、推翻满清王朝的誓言，表达了南社成员反清的共同意志。陈去病在《题明孝陵图》中呼喊出"几时还我旧山河"。杨天骥诗："誓涤犬羊辱，甘为豺虎投。组织新社会，革去旧春秋。龙战风狂吼，鲸翻海倒流。一腔翦胡血，莫负少年头。"高旭《海上大风潮起作歌》愤怒揭露处在清朝和列强统治下的人民"两重奴隶苦复苦，"喊出"作人牛马不如死，淋漓血灌自由苗"的高昂呼声，他们向往"倡建民权独立秋，义旗飘举十三州。自由钟动东方白，籍甚文明北美洲"。

"欲以文字播风潮"。在反对清朝统治、重振中华文化的旗帜下，一时海内风从，纷起响应，各地同盟会、光复会员及爱国文学家纷纷加入。南社几乎囊括了当时革命报刊的主笔或主撰，汇聚了众多植根传统文化又接受近代文明、具有国际视野的知识分子。于右任创办《神州日报》和被称为"竖三民"的《民呼日报》、《民吁日报》、《民立报》；陈其美、陈去病等主编《中国公报》；李叔同、戴季陶、陈布雷等主编《天铎报》；南社女成员唐群英主编《留日女学会杂志》；汪精卫、苏曼殊、马君武、柳亚子等南社成员还为多家革命报纸撰稿。他们揭露列强瓜分阴谋，号召反清革命，鼓吹新学思潮，弘扬爱国主义，抨击三纲五常，提倡妇女解放，激发和颂扬献身祖国、为创建新社会奋斗的牺牲精神。

1911 年 9 月，南社成员发展到 228 人，并相继成立了广州"广南社"、沈阳"辽社"、南京"淮南社"、绍兴"越社"。武昌起义前夕，同盟会重要人物宋教仁和筹划上海武装起义的陈其美参加南社，使南社成为当时举足轻重的力量。1911 年 10 月武昌起义爆发后，柳亚子和朱少屏在上海创刊《警报》，陈去病、傅熊湘、张默君、高增等在苏州创刊《大汉报》，把革命军胜利的消息传到千家万户。另有许多南社成员英勇地投身于武装起义，上海、江苏、浙江、湖南、广东等地的独立，都有南社成员的身影。

每有革命党人遇害，南社都有人写作诗文，哀悼，抗议，立志为殉难者复仇。南社每有一个社友牺牲，社刊《南社丛刻》就尽量收集、发表烈士的遗作、遗像、传记。作品铺天盖地，激越悲壮。"万古玄珠沈赤水，千年碧血洒黄花。""革命！革命！革命！几多大好男儿，死而为灵，应助同胞齐杀贼；议和！议和！议和！毕竟是何妖孽，来者努力，断无遗恨失吞胡"，反映了对革命先烈的深切崇敬，表达了对反动统治者血腥罪行的愤怒控诉，成为提倡革命气节、激励革命壮志的最有力的教材。革命党人能一变三百年来奄奄不振之士气，勇于赴义，一往无前而百折不挠，"亦持此革命文学以相感动也"。

1912 年元旦，中华民国临时政府成立，南社数名社友任政府部门次长要职。1 月 28 日，临时参议院成立，陈陶遗当选为副议长。南社成员又一次以自身的学识为新生的民主政权出力。

武昌起义后，参加南社的人员迅速增多，杨杏佛、仇亮、李叔同、曾孝谷、沈钧儒、黄兴、程家柽等一大批人相继入社。从 1911 年至 1917 年，南社社友达千余人。南社多数社友头脑中反清与排满交织在一起，他们迫切希望的就是反清复汉。清亡后，他们认为代表北方势力的袁世凯能够赞成共和，那么也就是汉人执掌政权了，因此南社同仁不少人赞成南北议和。只有为数不多的南社骨干坚持革命立场，力主北伐，撰写和发表大量反对妥协投降，反对袁世凯的文章，与议和派展开激烈论战。

袁世凯上台后，解散国会，废除“临时约法”，挖空心思地将辛亥革命后建立起来的各项民主制度逐一扫除，实行独裁统治，中华民国名存实亡。南社中有些人悲观失望，偃旗息鼓，相继退隐，只求明哲保身，甚至有少数动摇分子在袁世凯的收买下变节投降，但更多的社友迅速觉醒。在南京临时政府做官的一批南社成员，立即抽身，退出官场后拿起笔杆积极撰写文章进行反袁宣传。袁世凯收买宋教仁不成，1913 年 3 月 20 日派人将宋刺杀，引发二次革命。

南社社友纷纷投入讨袁革命。黄兴在南京任江苏讨袁军总司令，陈去病、庞檗子、孙景贤等人携手赴宁，陈去病出任讨袁军总司令部秘书；陈其美任上海讨袁军总司令，居觉生任吴淞要塞司令；柏文蔚任安徽讨袁军总司令；蔡治民任代理江苏省省长。参加讨袁的还有范鸿仙、田桐、章木良等南社社员。宁调元、杨德邻、范光启、程家柽、吴鼒、仇亮等社友先后为袁世凯所杀，为共和大业献出了生命。诚如柳亚子所控诉：“断头沥血，白首同归，几几乎举吾社之良而尽歼之。”更多的南社社员拿起笔杆为二次革命呐喊，南社条例本来规定每年出版社刊两集，在袁世凯统治下的 4 年当中，出刊 14 集，其中哀悼革命烈士、号召反袁斗争的作品在社刊中占有相当重要的篇幅和比重。他们以诗写史，对封建专制主义在中国的历史根源，以及袁世凯为了称帝的卑鄙私欲不惜祸国殃民的滔天罪行，作了尖锐的揭露和深刻的剖析。因此，柳亚子在《关于纪念南社》中总结：“南社在反清成功后，还有反袁的一幕。”

南社的主导文化思想是振起国魂，弘扬国粹。在辛亥革命前后，南社因“振起国魂”达到辉煌的顶峰，被誉为同盟会的宣传部；在“五四”前后却因“弘扬国粹”开始分化，并逐步走向解体。

南社“弘扬国粹”，主张对中国古学“拾其精华，弃其糟粕”；对外来学说，要根据是否合于“我国现势”来“研究”、“吸收”，而不“醉心”依从。这样的观点是正确的，但是对国学的理解，对“精华”与“糟粕”的界定，在南社内部始终有分歧，到新文化运动前后，这种分歧进一步加深。1917 年夏，南社成员内部发生的对于同光体诗人陈三立、郑孝胥评价不同而引起的纷争，从根源上暴露了南社内部政治意识与文学观念的混乱与分歧，成为促成南社分化的主要原因。

中国共产党诞生后，中国革命进入由无产阶级领导的新民主主义革命时期。1924 年，南社迅速分裂成两个团体：一个是拥护新文化运动的“新南社”，另一个是复古守旧的“南社湘集”。1925 年，柳亚子全力投入国民党改组工作，新南社活动停止。1936 年，南社湘集在出版了社刊《南社湘集》第七集后就此沉寂。南社重要成员的政治和文化活动，余波延续到新中国成立前夕。

1949 年 4 月，在即将成为新中国首都的北平，南社、新南社社员举行了最后一次雅集。周恩来、叶剑英、李立三等中国共产党领导人亲自出席，表明了中国共产党对南社历史地位和功绩的肯定。新中国成立后，南社成员将主要精力投入到如火如荼的新中国建设事业中。

（2011 年 12 月 17 日第 85 期）

从三帮漕运档案谈三帮漕运

朱士石

漕粮为“天庾正供”，京城中帝王、官员、军队的食用，均赖于此。这里所谓的漕运，就是从水道向京师运送粮食，保证“天庾”无缺。历代都有漕运，秦代将山东粮食运往河北，从汉代到唐代，将东南粮食运往关中和洛阳，宋代将东南和西北粮食运往开封，元代将南方粮食运往北京，明清两代将东南粮食运往通州（现北京市的通县）和北京，其路线分别是黄、渭、汴、惠民、广济、京杭运河以及海道等水道。

漕运的粮食，要求极严。就清代而言，运往京中的粮食，上自皇帝谕旨，下至官府札移，都要求按时征兑乾圆洁净的好米，灰暗杂碎，一律不准征兑。南方的漕粮，以大米为主，分为正、耗等项。正米又分为正兑和改兑（将杂粮改兑大米）两种。正兑米运往北京，改兑米运往通州。耗米为正兑、改兑防止耗损而补足之米，征兑时随正入仓。根据历史记载，明清两代，全国漕运粮食，每年均保持在400万石左右。

从以上情况看，漕运如此重要，漕粮质量如此严格，数量如此之多，因此历代政府极为重视，设官任职，严加督率，使漕粮南兑北交，通畅无阻，确保仓储充羡。在清代，户部于通州设有坐粮厅，侍郎董其事；于淮阴（江苏清江市）设有带兵部侍郎衔的漕运总督；在有漕之省，省设督粮道，府下设卫，卫下设帮，帮下设所。例如江南（清初江苏、安徽合称江南省）江安督粮道，下有15卫51个帮。其中扬州卫有头帮、二帮、三帮、仪微帮4个帮。三帮（第三帮）下辖泰州、盐城、兴化、通州（现江苏省南通市）4个所。另外还有一个拨运所，是机动的，无固定所在地。除上述这些机构直接负责漕运以外，在江苏尚有江淮总运淮安军捕分府、江淮总运江宁江防船政府、扬州府督粮河务分府等衙门，监督和帮办漕运事宜。至于有漕各省的总督、巡抚以及府、州、县的知府、知州和知县，都有管理监督漕运的责任。

当时，漕运衙门如是之多，往来的文件当然亦多，文书旁午，驿马飞驰之情况，可以想见。在泰州市博物馆收藏的一部分漕运档案，就是扬州卫三帮所遗留下来的文件。这部分档案，经过认真清理，上自嘉庆，下至同治，共有968件。按内容分为八类，即：1. 漕运管理；2. 漕粮受兑；3. 帮船造行；4. 旗丁佥选；5. 银钱收付；6. 认保册结；7. 漕运案件；8. 其他杂件。

现从这些遗留的档案中，将三帮漕运的情况，略叙其大概，借以反映封建经济工作的一个侧面，以便有关史家研究古代经济参考。

三帮属扬州卫，驻地在泰州，设有千总衙门（督运府），有千总两员，一员领运（护粮北上），一员押空（率船南下），共管领丁船 95 只。其中泰州所有丁船 34 只，无漕差时，分别停泊在泰州南北水关。每船有正丁（旗丁）、副丁、舵役、头工各 1 人，水手 6 人，共 10 人。一所有一伍丁，为一所之领袖，遇有要公，均须责其经办。旗丁来源于各地屯田中的军兵，为一船之主。

每年新漕到来之前，各帮对旗丁必须进行佥选，被选者，一定要殷实强壮，谙练老成，不准贫疲、尖刁、土匪混入。舵役、头工、水手，则雇募而来，要求亦甚严格。所有丁舵人等，都要具有任状及互保切结，使其能诚心实意办事。

为确保漕运的安全，对丁舵人等，作出了许多限制。例如，帮船开行中，漕粮不得短少或变质，船只不得毁坏或沉溺，否则，丁舵便要赔偿，重者还要枷责。此外，不准折乾（将粮变钱），不准奉罗祖教，不准供奉神像，不准私藏武器、火药，不准窝藏坏人，不准夹带私盐，不准贩卖和吸食鸦片，不准家属上船，不准多带土宜（土产物品），不准私开押当，不准沿途滋事，均规定明白，不得触犯。

为防止他人混入，各帮要根据各省规定的颜色和式样，制造腰牌，给丁舵人等悬挂，以便识别。同时，根据当时保甲制度，一帮为一甲，其甲长由头船运丁（旗丁）充任，负责一帮治安工作。

上级各衙门，因要掌握各帮之实际情况，命令各帮在帮船开动之前，需呈报各项册结，如丁舵人等的花名册（包括年貌、箕斗即指印、籍贯、地址）、受兑的米色、各船仓口米数等等，共有一二十种之多。所有这些，一定要以日驰 500 里的驿马速度，星飞呈报。

一旦新漕来临，领运千总，即督率各所丁船，根据督粮道漕粮派单的数字，赴各州县受兑。受兑完竣，即随船北上。受兑和开行时间，订得十分严格，要求冬兑冬开。不论天寒水冻，都不得停歇。如遇河面封冻难行，则由各地方政府，组织军民敲打冰凌，保持水道畅通。如遇天旱水浅，则增加短牵，牵挽前进，或由地方政府组织驳船过驳，使帮船轻快前进。当时漕运总督驻在淮阴，三帮船只一定要在当年 12 月底以前，抵达淮阴，接受总督盘验，而后才能渡淮渡黄北上。其他各帮，可在次年四月初十日以前到达淮阴。帮船在航行途中，经过州、县、卫时，必须在专印的册簿上，填明何时入境，何时出境，字迹要清楚，不许涂改。回空帮船，亦须如此，如道光二十八年，三帮协运官（押空千总）德克積额，起运丁船，于六月初九回空南下，途中经过天津、聊城、济宁、宿迁、高邮等 52 个州、县、卫，各回泊地。其中泰州所帮船，于 10 月 23 日，进入泰州水次，共历时 4 个月零 14 天。何时到达某地，何时离开某地，册簿上均写得十分明白。

船是当时最主要的运输工具，所以，帮船的制造，亦是各帮重要之事。帮下各所，均有造船之丁，都要选在宽敞近河之处，插厂制造。造船经费，政府和旗丁分担。如道光十六年扬州卫三帮，每造一船，向政府领料价银 208 两。此数仅为一船造价的十分之二，其余十分之八的 832 两的银子，则由旗丁负担，而旗丁则各处借贷，或族户公捐凑贴，方

能完成。造船所用木材，必须精选樟、桎（似杉而硬）二木，不许掺用旧料，不准板薄钉稀。每只船的载重量，要在700石以上（实际每船装载漕米规定600石）。吃水深度，不得超过三尺八寸。每年船只回空归次以后，要修舱（加油漆）一次。每只船一般经过九运或十运（一年运粮一次为一运）之后，方得报废重造。

关于三帮丁舵人等的食粮和经费问题，略述如下。道光十六年十二月档案记载，泰州所属运船34只，灾减船4只，实际起运30只，每船应支食米60石。此外，在南方受兑正、耗漕米时，用的是漕斛，到通州交卸时，用的是洪斛。如一船以600石计算，漕斛改交洪斛，每船就要少交23石，这样一来，一船人的食米，连前面的60石，就有83石。当时丁舵人等食米标准，规定每人每日2升，一船10人，如以360天（阴历）计算，全年共需72石，因而尚多11石。此外，为防止水浅起剥，迁延时日，又可买米30石，以备不虞。照此看来，一船人的食粮，还是绰有余裕。根据规定，船中漕米和食米，仓口要明确分开，漕米仓贴有封条，非检查时，不得启封。经费根据奏定章程，在受兑正、耗漕粮时，政府每石津贴银五钱。如每船兑600石，可得银300两。为保证一船一年的足够开支，船上一切支出项目，都有明文规定，出榜公布。如道光十年，扬州卫三帮规定的项目则有皇赏、神福、柴火、柴草、麻缆、草绳、席片、篙子、毛竹、犁檝、榔头、笆斗、小菜、茶叶、香烛、纸马、鞭爆、笤帚、牛烛、石灰等30余种，共给钱11.5万文。其他还有什么守岁钱、小心钱、相帮钱、平安会分钱、打差钱等多项，共给钱13950文，两者合计为128950文。这样做的目的，是使各船的开支，连同丁舵人等的工资，不得超过300两的总数。

三帮漕运档案，在数量上，不算少数，在内容上，包括很广，涉及当时整个社会各个方面。由于本人缺乏各种历史知识，特别是各种档案方面的知识，加以本人目力太差，不能对档案作详细阅读和深刻研究的缘故，因此，在编目分类方面，定然存在不少问题。至于本文内容，写得不够全面，又不够系统，看问题亦难免差错，因此缺点定然不少，请阅者予以批评指正。

（2006年3月23日第21期）

南洋劝业会
——中国历史上第一次大型博览会

一 宁

我国历史上第一次举办的大型博览会——南洋劝业会，是1910年6月5日至11月29日，在南京城内丁家桥至三牌楼一带展出的。这一个全国性规模、内容丰富、耗资百万两白银，盛极一时的博览会，在南京乃至全国都是空前的，有力地促进了中国近代民族资本主义的发展。

1910年6月5日，经过一年多筹备的南洋劝业会在南京开幕。这是中国历史上的一次大规模文明传播、交流的盛会。人们对这次盛会表现出极大的热情，南京及各地来会观摩者达30余万。国外商界也很关注这次博览会，日本、美国等先后派了代表团来会参观考察，并对南洋劝业会表示赞赏。

南洋劝业会的规模相当大。劝业会主会场位于南京城内丁家桥至三牌楼一带，占地700余亩，除两江馆外，东三省、直隶、山陕、湖北、湖南、四川、河南、山东、云贵、浙江、福建、安徽、江西等省设有陈列馆；南洋大臣所属各府都设立了物产会，组织产品参展，各省各大商埠和南洋群岛的泗水（今苏腊巴亚）、三宝垅、爪哇、巴达维亚（今雅加达）、新加坡等地也都组织展品参加展出。展览会分别设置有农业、医药、教育、工艺、武备、机械、美术、交通运输、暨南各馆和第一、二、三个参考馆，暨南馆为南洋华侨所组织的展品陈列馆，三个参考馆为陈列欧美各国产品的陈列馆。其中两江馆最大，内设有教育、工艺、农业、机械、通运、美术、卫生、武备等馆。此外还设湖南瓷业、博山玻璃、江宁缎业三个专门实业馆和江南制造局馆、广东教育会教育出品馆、江浙渔业公司水产馆等特别馆。全部展品共分24部440类，号称100万件，都是各地选送的最精良的产品。其中多为农副产品和工艺美术品，还有私人收藏的名贵古玩、玉器、珠宝、字画、精制工艺品、历代珍贵刺绣等供欣赏的非卖品。此外，也有不少质量不错的机器工业品，如苏、鄂等地产的洋布，上海的棉纱和棉布，湖北毡呢厂的鄂呢、北京博利公司的细呢、广东的花纱、耀徐厂的玻璃、启新厂的水泥，以及各省仿制的各色洋货。

参观者纷纷赞扬各省参展物品“质美工精”，许多物品已不逊于外洋，反映了中国近代民族工业的发展趋势。

南洋劝业会琳琅满目、五彩缤纷的展品来自全国各地和欧美等国，数量多达百万件，所以实际上是一次国际博览会。劝业会各展馆在布局、结构上也各具特色。有以园林取胜，有以宫殿称雄，有的精小玲珑，有的外形壮观，有的金碧辉煌，有的雅淡素净，有中式也有西式，可谓争奇斗艳，竞相比美。会场内设有贩卖部、饮食店、旅社、剧院、游艺场、照相馆、邮局以及马戏团、动物园、植物园等，共计200多处。会场外围铺设轻便的小铁路，花十枚铜元就可坐上火车环游会场一周，会场内有马车、人推车，可随时雇佣漫游。为了扩大这次展览会的影响，清廷还特地在南京举行了一次全国运动会，这也是近代中国历史上的第一次全国运动会。

在南洋劝业会上，以李瑞清为会长的研究会还对各个馆的展品质量、生产技术一一加以考察、鉴定，并加以研究，指出各产品的优劣和今后的改进意见。最后，集700余人的研究成果，编成《南洋劝业会研究报告书》，算是为“振兴实业”做了一件大好事。在此基础上，南洋劝业会在百万件展品中选出5269件获奖展品。其中一等奖66件，二等奖214件，三等奖426件，四等奖1218件，五等奖3345件，并分别颁发了奖牌。

南洋劝业会的规模与当时西方国家经常举办的博览会相比，算不了很大，但它对于数千年来乡居独处，只逛过集市、庙会的中国人来说，的确如当时人们所说的令人“荡心骇目，巍然焕然”，大开眼界。

（2005年7月28日第7期）

昙花一现的远东第一大厂

二十世纪二三十年代可以说是中国民族工业的一个黄金时期，很多企业都是乘着这个短暂的机遇迅速发展，奠定了民国时期中国工业的基础，有些甚至一度成为海内外知名的大型企业，南京的永利铔厂便是其中一例。

1930年，国民党南京政府的实业部长孔祥熙提出了中国要兴办的10项实业计划，颇受国内外关注。其中一项即创办硫酸铔厂，发展化肥工业，因为当时中国每年要花3000万银元进口化肥，如能实现自给，意义重大。英国的卜内门公司和德国的蔼奇颜料工业公司得知这一消息后立即写信给国民政府实业部，表示愿意将其在欧洲创办硫酸铔厂的经验与中国合作，但因双方均无诚意，合作未获成功。

在此情况下，中方转而将希望寄托于国内公司。这时，一直在积极争取由国人自己创办硫酸铔厂的天津永利化学工业公司向国民政府提出了申请。1933年11月，国民政府第136次行政院会议正式批准由永利公司及其总经理范旭东主办硫酸铔厂。说到永利公司，就不能不说到范旭东。毛泽东同志在二十世纪五十年代中期谈到中国工业发展时曾经说，有四个人不能忘记：讲重工业，不能忘记张之洞；讲轻工业，不能忘记张謇；讲化学工业，不能忘记范旭东；讲交通运输，不能忘记卢作孚。由此可见范旭东在中国化学工业中的地位和作用。范旭东1883年10月出生于湖南湘阴县，早年东渡日本，进入京都帝国大学理学院学习应用化学，立志要做救国救民的大事。他以生产精盐起家，艰苦奋斗，他所创办的天津永利化学工业公司是当时国内首屈一指的化学工业企业，酸、碱工业生产有雄厚基础。从1931年起，范旭东就开始筹建一个硫酸铔厂。实际上，当英德两家公司写信给实业部的时候，一家美国公司也对中国的计划表示出兴趣。这家公司叫美国氮气工程公司，声称曾经为苏联、日本等国设计创办过硫酸铔厂。公司的总经理蒲柏漂洋过海来到中国，在上海会见永利公司的代表，表示可以代为设计图样，帮助选购机器并主持装配。按照这家公司的估价书，建设一个年产7万吨的硫酸铔厂需要建设费352万元，一个年产3.5万吨的厂需要建设费213.5万元，而英德公司的报价则是建一个年产3万吨的厂要1100万元，一个4万吨的厂要1500万元。中美双方经过谈判，逐步达成一致。在办厂申请得到行政院的批准后，1934年永利公司与美国氮气工程公司订立了设计合同。随后，永利公司派总工程师侯德榜率领技术人员赶赴美国纽约进行采购和技术学习。

1937 年 2 月 5 日，中国人自己生产出了第一批硫酸铔化肥，这是中国化肥工业史上崭新的一页。工厂当年生产出化肥 1.87 万吨，质量可与卜内门公司的狮马牌化肥相媲美。产品趁着春耕之际运往周边各地农村，供不应求。用铔厂的设备生产的硫酸、硝酸、液态氮也是化工的基本原料，可用于医药、印染、缫丝等行业，深受欢迎。永利铔厂利用高压合成氨的方法进行生产，可年产硫酸铔 5 万吨，作为国内罕见的化工联合企业，工艺复杂，设备精良，远远超出了我国三十年代的整体工业水平，国人都把它和美国的杜邦公司相媲美，号称“远东第一大厂”。然而，当永利铔厂生产出第一批化肥的时候，中国大地已处于抗日战争前夕。抗战爆发后，永利铔厂立刻停产化肥，秘密改产军火。日军为了阻止工厂的军火生产，通过各种渠道向公司施压，想要收购该厂，对此范旭东断然拒绝，表示“宁举丧，不受奠仪”。日军阴谋未遂，便于 8 月 14 日命令台湾的木梗津航空队派飞机对永利铔厂进行轰炸，因受到中国高炮部队的阻击未能成功，只好将炸弹投在了江边。恼羞成怒的日军又于 9 月 27 日、10 月 21 日两次派飞机轰炸。工厂设施受损，又停水停电，最终停产。上海沦陷后，由于日军逼近很快，除了图纸和仪表外，工厂只来得及将一批最好的机床拆走，装船运往武汉和四川，剩余设备和物资全部落入敌手。日军将永利铔厂的重要设备拆卸后运往国内，安装于九洲大牟田东洋高压株式会社横须工厂，用来生产军火。这个中国当时最具代表性的工业大厂就此夭折。

抗战胜利后，永利铔厂勉强于 1946 年 8 月复工生产，产量只有战前的 1/3 左右。南京解放后，南京市军管会接管了该厂，并于 1958 年 1 月将工厂改组为南京化学工业公司，这个奄奄一息的“远东第一大厂”终于获得了新生。

（2005 年 5 月 26 日第 3 期）

中山先生与海港发展

连云港市档案馆

辛亥革命后，孙中山为国能富强，民可安乐，殚精竭虑地撰写了《建国方略》，在其第二部分《实业计划》中，连云港被先生寄予厚望。

港口建设是发展的核心问题，连云港是中国港口发展的节点。孙中山对此有极其深刻的认识，基于此，他在《实业计划》中提出，在我国沿海建设三个头等大港，即北方大港（天津港）、东方大港（上海港）和南方大港（广州港），四个二等海港，即营口、海州、福州、钦州，和九个三等海港。连云港不仅列入了二等海港建设之列，且在所有港口中名列第五，连云港在先生心目中的地位可见一斑。他说："吾意则须建四个二等海港……海州以为海港，则刚在北方大港与东方大港两大世界港之间，今已定为东西横贯中国中部大干线海兰铁路之终点。海州又有内地水运交通之利便，如使改良大运河其他水路系统已毕，则将北通黄河流域，南通西江流域，中通扬子江流域。海州之通海深水路，可称较善。在沿江北境250英里海岸之中，只此一点，可以容航洋巨舶逼近岸边数英里内而已。海州之比营口，少去结冰，大为优越。"

在连云港建设现代化港口具有重要的战略意义。孙中山在100多年前就提出区域协调发展的问题：海州应担负起服务西部发展的重任。他认为，海州筑港可以使西北大陆与太平洋之交通畅通无阻，对于西北社会民生之裨益，以于建设西北之辅助关系之大，均非比平常；在经济上可使西北物产，越崤函之天险以分布于南北，东向出海以输出于外国，而南北之物产，与外国之机械货物皆可直达西北，在文化上可发扬民族之精神，促进东西文化之融通。

振兴实业，交通为先；计划交通，铁路为重。在《建国方略》中，孙中山认为，海港建设应有与之相适宜的铁路系统，提出修筑中国独立的铁路网络。连云港以其特殊的战略地位在铁路建设规划中占有重要位置，连云港的铁路作为中央铁路系统的重要组成部分，他认为"盖所经地方，较诸本部十八省，尤为广阔……倘有铁路与此等地方相通，则稠密省区无业之游民，可资以开发此等富足之地。此不仅有利于中国，且有利世界商业无穷也。"由此，我们看到了先生的远见卓识，在百年前，他就向人们展示了西部大开发的宏韬伟略和新亚欧大陆桥的美好前景，点明了连云港作为大陆桥东桥头堡的不可取代的重要地位，使连云港成为承载着民族复兴希望和引领陆桥发展的东方大港。孙中山还提出了在中央铁路系统中修建24条铁路的计划,其中有3条铁路是以连云港为起点,分别是:海州济南线、海州汉口线、海州南京线。

孙中山建设东方海港和海州铁路的梦想在他的有生之年没有实现,但是他对海港和铁路的规划对后来连云港的发展起到非常重要的作用。1920年,国民政府决定以海州为陇海铁路终点,以墟沟为港址建港,但因军阀混战,陷入停顿。1925年,开始修建大浦码头;1933年,随着陇海铁路东延至海边,连云港正式开港,连云港也因建于连岛与云台山间而得名。然而,国家不富强,民族未独立,也就谈不上海州的发展。直至新中国成立前,孙中山的东方大港梦仍很渺茫,连云港建设缓慢,1949年的吞吐量仅有55948吨。

新中国成立后,历史翻开了新的一页。经过连云港几代人不懈的努力,连云港作为新亚欧大陆桥东桥头堡,在我国区域均衡协调发展中的地位愈来愈突出。1992年,从连云港发出了第一列过境国际集装箱专列,从此,一座横贯亚欧、连接太平洋和大西洋的国际海陆联运的新亚欧大陆桥正式开通。2007年国务院总理温家宝视察连云港时指出:"连云港在我国区域经济协调发展中具有重要战略地位。"这为连云港的跨越发展注入了新的动力,到2008年12月28日,江苏沿海首个亿吨大港在连云港诞生,标志着连云港成功迈进中国深水大港行列。2009年,国务院通过《江苏沿海地区发展规划》,把连云港定位为国家沿海主要港口及区域性中心港口,强调以连云港为龙头发展江苏沿海地区。连云港的发展实践,是对孙中山先生最好也是最深切的缅怀。

（2011年1月20日第75期）

抗战时期的侦空情报战

张秋妹

抗战时期的中国侦空情报机构，搜集了大量的日军航空情报，不仅为中国空军和美国援华航空队的对日作战、内地城镇的防空避警提供了可贵的行动依据；同时，作为抗战期间我国唯一输出的军事科技，其卓著的成就，也使英美等发达国家对处在贫困中的中国航空侦译工作刮目相看，增强了中国人的民族自豪感。

海上监视哨与“八一四”大捷

民国初年，随着中国空军的建立，防空监视哨也随之诞生。但当时的防空情报传递主要是靠专设的有线电话辗转联络，防空监视哨仅及于大陆沿海各省的“点”，监视哨的配备简陋，几件测候仪、飞机识别图和望远镜而已，往往是等敌机飞临大陆陆地上空后，才有情报。“九·一八”事变后，为了加强江浙沿海的防卫和保护杭州笕桥空军基地的安全，中央航空学校教育长蒋坚忍（后任中央空军军官学校副校长）决定在笕桥空军基地设立防空总台，在花鸟山、陈钱山、大羊山、小羊山及六横岛设立海空监视分台，监视过往飞机船舰，并以无线电传递给总台。这项工作由军统局主持全国谍报通信工作的魏大铭筹划进行。1935 年 10 月，梅东高桥空军营地防空监视训练班开业，对外以浙江省立警官学校为掩护，由航校教官教授，课目有机舰识别、航空气象及器具使用、通讯演习、电台秘密架设等 11 项，首批 20 名学员毕业，分赴五岛建立秘密监视电台。选在这几个岛设台是由于花鸟山与陈钱山在最外海，由上海至南北洋及日本舰船均在花鸟山监视线内；陈钱山则监视向南航行去汕头、香港、基隆、马尼拉各航线方向的船只；大、小洋山为监视宁波、温州、福州、厦门的航线；六横岛在象山港口；它们都可起到护卫杭州空军基地的作用。由于这些小岛都未设防，监视电台在小岛上的活动都是秘密的。电台采用干电池通讯机，用共用波长，每台两人，每日固定时间报告气象，随时报告敌飞机、舰船动态。为配合各台需要，还选用当地人定期来往于各岛之间，运送必需的给养及器材。1936 年，航空委员会成立，在南京设立情报总台，总台长为陈一白。杭州则改为情报支台，各岛监视哨改为分台。通讯总支台间采用日夜 24 小时随呼随应制，以便双方及时交换情报及气象报告；分支台间则采用共同波长制，支台长时间守听，分台可随时出呼发报，保证在三五分钟内发出情报。1936 年 4 月和 1937 年第二、三期航空情报训练班结束后，又分别在温州、黑山、鸭窝沙、崇明岛、兖州、徐州、淮阴、盐城、东台等处建立了秘密航空监视哨分台。至此，三批训练班共建秘密电台21处，扩充了南京情报总台，一个以南京为中心点，杭州为支点，南至温州，东到崇明，沿苏鲁沿海及内陆各地，拱卫京、沪、杭地区的秘密监视通讯网络组建成立。江浙两省沿海各岛屿防空情报网建成之后，日夜执行着对敌飞机、舰船的监视任务。1937年8月14日，18架日军飞机从台湾起飞，企图轰炸笕桥空军基地。由于温州、黑山监视哨在敌机到达前20分钟发出了敌情警报，告知有大编队敌机，是如何编队，多少高度，何时经何地上空向某方向飞去等情报，给我空军部署赢得了时间，我空军决定用迎战打法，自己的轰炸机避开，教练机推进掩体内，驱逐机立即快速升空，在最高空或隐蔽在云端上，等待敌机来临俯冲出击。结果中国空军健儿旗开得胜，击落敌机6架，以6比0的辉煌战果，载入抗击日军空中强盗的光辉史册。

破解日军密码与内地城镇防空

淞沪会战之后，由于中国地面部队作战失利，空军在空战中消耗剧增而无法得到及时补充，中国空军陷于极度艰难的境地。南京、杭州等地区的失陷，各地防空监视哨因失去作用，相继撤销。空军情报总台也迁往汉口。1939年国民政府军统局成立了一个密电组，并聘请了美国破译专家亚德雷，开始研译和破解日本的军用密码。亚德雷传授了“各种Cipher密法之基本变化与破解方法”，对后来破译日本空军通讯密码起到了重要作用。1939年1月，军令部成立侦测总台及移动侦察八组分派各战区工作，同时在重庆徐家坡成立侦空组。由于不懂日军术语，开始时破译工作进展缓慢。1939年5月，日本飞行员大石信三被俘，密电组把过去许多不明白的密电统统拿出来，搞清了其代表的意义。从此，凡是敌机来袭，它的行动经过及机上动作，密电组都可了如指掌。1939年10月，中国军队又从一架被击落的日机上发现了一份侵华日本陆军航空队电台使用密件。这份文件提供了日本陆军航空队空对空和空对地无线电通讯联络的各项规定，成为侦听敌航空通讯情报的重要线索。1940年春，重庆徐家坡侦听台已能收到以运城为中心的日本陆军航空队和以武汉为中心的日本海军航空队电台发出的密码电报。1940年4月，国民政府军令部把在重庆的七个侦听、研译情报的机关合并，成立技术研究室，负责对敌情报的侦译工作。由于掌握了日本空军密码，侦译人员成功地侦收到大量日本空军的电讯情报，对我空军作战和地面防空起到了重要的作用。

日军长期陷于中国战场，国力不堪承受。同时，日本与美、英关系的恶化，也使其急于从对华战争中脱身。从1938年底，日本空军对中国内地城镇进行普遍空袭，企图以此摧毁中国军民的抗日信心，迫使国民政府投降。重庆作为当时国民政府所在地，受到了日本空军的疯狂轰炸。1940年，重庆成立侦译工作队，它具有电讯侦听、密电研译和情报判断等职能，有效地侦收敌航空电讯情报，供空军参考。此时中国空军以其顽强的作战，英勇抗击着日本的入侵。但由于敌我力量悬殊，日军采用先进的“零式”战斗机空袭重庆，横扫四川各处的中国空军基地，企图将中国飞机赶尽杀绝。中国空军为了保存实力，减少不必要的牺牲，采取了避战方针。即每当敌机来袭时，往往提前起飞，避免与敌先进的战斗机正面交锋。避警时机的选择就是根据侦译工作队的侦空情报。由于对敌机动向了如指掌，避警飞机做到了敌来我走，敌走我返，把损失降到了最低限度。根据侦空组准确、及时的侦空情报，重庆等地防空机构建立了一套“防空警报”系统。分预报、警报及紧急警报三部分。空军情报总台迁成都后，在湖北、湖南、四川、陕西各地飞机场附近分设秘密电台，侦收敌机行动，只要敌机一起飞，就有秘密电台发出情报，各地开始预行警报。与此同时，重庆的侦空队在掌握敌机动态的情况下，再从各电台互相联络的通讯中，判断出有多少飞机及飞达的目的地，并适时发出情报。防空当局由此发布空袭警报及紧急警报，直到敌机飞回原起飞机场，秘密电台传来敌机降落情报，才算是真正的解除警报。1940 年至 1941 年，日本空军集结于山西运城基地，对重庆进行了有计划的轮番疯狂轰炸。在敌机处于绝对优势，我地面部队炮火威力不足的情况下，及时地侦收敌机情报、准确地发出警报的侦空情报工作，对减少内地军民人员伤亡起到了重要作用。

侦空情报与中英、中美军事合作

至 1941 年太平洋战争爆发时，我空军情报工作已积累了多年抗日经验。为了加强对日航空情报的侦译工作，1942 年 3 月，航空委员会监察总队成立，下辖各区队。原重庆侦译工作队改为第二监察区队，移驻昆明。另成立第一监察区队，驻重庆。成都侦译工作队改为第三监察区队，仍留成都。组织第四监察区队，驻洛阳。第五监察区队驻东南地区。并应英国政府的要求，组成第六监察区队，于 1942 年 8 月赴印度与英军合作。

从 1941 年底起，日本空军主要对英、美作战，日本空军的密码组成也发生了变化，改用加乱数密码，比其对中国空军作战时复杂了许多，使破译工作难度加大。但我侦译人员由于受过亚德雷关于密码变化的训练，通过反复分析、比较，终于破译了日本空军的密电，及时掌握了敌情动向。1942 年 11 月至 1943 年 10 月，第六监察区队共破译驻缅的日本空军密电 300 多件，出色地完成了侦收任务，为盟军作战做出了重要的贡献，受到了英军将领的赞誉。

抗日战争期间，由于中国空军力量的薄弱，侵华日本空军凭借空中优势，气焰极为嚣张。为了支持中国空军抗战，美国组成航空援华队，同中国空军一起抗击日本侵略者。陈纳德将军的飞虎队就是一支骁勇的援华战鹰，这支队伍英勇善战，取得了辉煌的战果。飞虎队的赫赫战果，与我侦空情报的准确及时是分不开的。由冉一鹤主持的昆明侦译工作队，就专门负责为第五战区与飞虎队提供航空情报。为奖励中国侦空人员的功绩，美国当局授给冉一鹤自由勋章。

成功地侦译日军情报，受到美国当局的重视，因而促成了进行交换对日作战情报等技术合作的“中美技术合作所”的成立。

在抗战中，中国的侦空情报工作发展迅猛，到 1945 年 5 月止，全国已有防空情报所 18 个，监视队 617 个，无线电总（分）台 450 个，有线电路 1.6 万公里。正如美国人罗纳德·海华斯在《中日航空大决战》中所写的那样：“这种情报的价值太大了。陈纳德知道日军飞机朝哪个方向飞去，也明白了它们的目的所在。因而，能够以他贫弱的兵力和日军周旋个没完。虽然只是一个不足 100 架的小部队，但却与超过 500 架的日军战斗数月。”

（2006 年 2 月 9 日第 19 期）

封江谍案纪实

江水精

卢沟桥事变爆发以后，当时长江各埠有日本军舰70多艘，海军陆战队3000多人，时刻威胁着国民党的长江航线。为了根除这一心腹之患，1937年7月25日，国民政府海军部提出了阻塞长江计划案，准备调集大型民船160只，江轮6只，沉到南通一带江底，然后倒下170万立方米的石子，阻塞长江航路，使日本军舰外面的进不来，里面的逃不走，这样国民党海军便可“闭关自守”了。后经研究，觉得南通江面太宽，不易阻塞，不如改在江阴搞。

1937年7月30日，华北日军攻陷了古都北平，当天晚上，蒋介石等开会后决定实施江阴封江计划，同时调派部队将长江上的日本军舰及海军陆战队一举消灭。

可是就在江阴封江计划紧锣密鼓实施之际，日军大小军舰、商轮突然升火起锚，满载各埠日兵、日侨，不分昼夜，一站不停，顺流直下，于8月9日开到上海，抢在江阴封江前三天逃了出去。

蒋介石闻讯大怒，严令戴笠立即追查泄密事件，限期破案。

后经严密侦查，泄密案犯行政院主任秘书黄秋岳、其子黄晟以及汤山温泉招待所女服务员廖雅权被一举抓获。廖雅权原是日本人，真名叫南造云子，是个潜伏的日本间谍。

原来，泄露封江计划的正是黄秋岳。7月30日晚，蒋介石等召开秘密会议时，黄秋岳担任会议记录，知道了这个事情。过了一两天，他儿子黄晟到南京一家咖啡馆去，进入屋内便取下黑色礼帽，挂到衣帽架上。这时，衣帽架上已有一顶同样式样和大小的黑色礼帽。黄晟一个人坐着呷咖啡，并未与人接触，不久便回家了。而礼帽里面藏的秘密情报，已被日本间谍带走，交给南造云子，南造云子又将这份情报迅速上报日本大本营。

案犯由戴笠亲自提审，黄秋岳父子眼见事情败露，只得一一供认，签字画押。这个案子经由最高军事法庭审理，自然例行公事。蒋介石余怒未消，亲笔签署命令：处黄秋岳父子极刑。

黄秋岳父子命归黄泉，而南造云子却从戒备森严的监狱中奇迹般地逃出。后来，南造云子在上海协助汉奸李士群等建立汪伪76号特工总部，1942年她在上海霞飞路百乐门咖啡馆前被人击毙。

（2005年4月15日第1期）

民国时期江苏的施粥厂

杨益群

谈及施粥厂，人们都知道那是旧中国天灾人祸，民不聊生年代的产物。追溯施粥之历史，这种受“乐善好施”心理所支配，曾被称为“移民移粟的春秋之举”，在我国已流传了千百年。据有关史料记载，早在周朝，就曾经出现过“齐（国）大饥，黔敖为食于路，公待饥者而食之。卫（国）大饥，公叔文子为粥与国之饥者”的赈济灾黎的举动，这是关于施粥的最早的文字记载；而真正使之具有规模，并由政府统一章法进行集中管理的大约要属民国时期，尤其是抗战结束后的两三年间，当时在全国各受灾地区相继出现了大批施粥厂。

江苏境内开办的施粥厂，主要集中在受灾难民麇集的苏北等地，具体分布在南通、江都、东台、海州、徐州、镇江等水灾及春荒较为严重的7个区。“为谋灾难民获得最低生活”，统筹配拨济灾赈粮，合埋规范各受灾县市施粥厂的开办，国民政府江苏省社会处对此专门订立并颁布了《江苏省各县市施粥厂实施办法》及《江苏省施粥要点》两项规定。按照上述两项规定，各地在开办施粥厂方面的大体情形是：施粥作为冬令救济工作的一项内容，均由省府根据实际需要通令各县市组织办理，并限量配拨粮款柴草。具体负责推展这项冬救业务的为当地冬令救济委员会或其他慈善机构。

施粥厂的开设时间通常都在年末岁首的冬春之间，即青黄不接之时。施粥时限一般为2到3个月，但也有少数地区或县市，因实际灾情较为严重而超过3个月甚至“须放至小麦登场”。不过，因延长施粥期限而导致粮款不敷者，除了再次向上申报接济外，只能通过当地慈善团体自行筹募解决。

施粥厂的开设地点，必须选择远离城市之适宜地区，从各地的情况看，多半是利用城郊附近原有的祠堂庙宇等公善设施。这样既可避免和防止大量灾民涌入城市而影响正常的社会治安和生活秩序，又可使流离失所的灾难民有一个起码的栖身避寒之地。施粥对象多以“鳏、寡、孤、独、老、弱、病、残及赤贫以不能维持生活者为限”。这项工作由县市政府会同有关机关团体（如查放组、乡、镇公所等）进行调查、登记、核实、造册，然后再按户口核发食粥证。同时，填列发放食粥证一览表，送由施粥厂抽查，如发现冒领或不合食粥资格者，随时吊销其食粥证。凡享受施粥待遇并领有食粥证的灾难民，可在规定时间内持证赴粥厂就餐，最多为一天施粥3次，最少则一天一次。如徐州施粥厂是“每人每日一次，由小麦制成的麦片，计12两麦粥”，而且，每食粥一次，都须在食粥证背面的日期栏内，加盖“讫”字戳记，以防多领。另外，各地施粥厂对于每日施粥的实际人数，以及消耗的粮草，必须逐日记载，按月填报，并经县市政府及主管机关审核后，统一上报江苏省政府社会处备查。

又如南通施粥厂，分城西和城东两处，分别在城西大街龙王庙和城门外湾子头。城西粥厂原先就有，1948年3月13日，经专署召开的南通粥厂实施会议之后，在原有的基础上，得到了加强和充实。自3月21日起，由政府以赈米补助城西粥厂，平均每日供应2市石，以3个月为限量。烧粥的燃料及设备（如砖灶锅蒸等），均由粥厂协同有关方面设法解决，如款项不敷，则由纺织慈善会、继善堂、真济坛等慈善团体另行筹募办理。每日施粥时间在上午9时，一日只供2次，每次不分大小口，人均一大铜勺，总数以施放1000人为限。所有受施灾难民，事先须经县政府、警察局、社会服务处、救济院派员进行严格调查、登记，并造具清册送交粥厂，按实有名单发放食粥竹筹。在这之前，县政府发出布告，说明粥厂设置缘由，并要求所有希望食粥之灾难民，自觉履行登记手续，然后再领取竹筹，凭竹筹按规定时间到粥厂就餐。粥厂的秩序和治安工作，由当地警察局派员维持。城西粥厂作为临时性赈灾机构，其内部组织十分简单，未作详细分工，其米柴款物以及发粥等事务，由专人负责统一管理。城东粥厂基本情况大致与城西相仿，只是在开办时间上略迟于城西，内部组织设总务、会计、劝募3个组，分别按粥厂实际情况各司其职。粥厂燃料由县政府责令柴草业公会按需负责代购，并规定不取佣金，所有燃草费用，由有关慈善团体负责筹募。1948年4月江苏省第四区行政督察专员公署呈报给省府的关于《南通县难民收容所及粥厂调查表》中统计，城西城东两粥厂，每天的食粥人数总计为2090人，其中城西粥厂1033人，城东粥厂1057人，但实际求赈者则远远超过此数。

再如铜山县施粥厂。1948年初，该县冬救业务确定为施粥和急赈款物两项。施粥一项经2月25日开会议决：一、设置粥厂4处，分别为大许家施粥厂、敬安镇施粥厂、孙圩子施粥厂、张集施粥厂；二、食粥灾难民由乡公所、镇公所负责调查，报送名额，共计720人，每厂平均180人；三、定于3月5日开始施粥（实际开赈时间为3月7日），每日发放数量为180斤由小麦制成的麦片，每人每日以1市斤为标准。4个厂日需麦片720斤。另外，该县为了确保施粥业务能正常展开，除了严格按照省府有关规定办理之外，还根据当地实际情况，印制并分发了具体施粥办法及办事细则，对灾难民调查、核实、发放食粥证以及如实填具日报、旬报等方面的工作均作了明确部署。因此，自粥厂开办以后，“睹食粥之灾难民自喜，每日可得两饱”，并对“层峰之德意无不铭感于心”。

总之，在天灾人祸频繁出现的年代里，特别在“难民群集、啼饥号寒、非赈不活”的情况下，政府颁令各地施粥厂，推普济灾民之举，实为可行有效之措施。我们暂且不管当时政府采取这种济灾方式是出于何种考虑，但运用少量粮款，拯救嗷嗷待哺的灾民难民，在客观上确实起到了广济贫黎、安定民心之作用。但也应当看到，这毕竟是一个治标不治本的办法，饥寒交迫的广大灾民难民的生存与出路，绝不是一点稀粥麦片就能敷衍的，唯有先进的生产关系出现，才能从根本上解决这个问题。

（2006年1月5日第17期）

苏州的龙社

夏 冰

苏州历史上民间的消防组织称为龙社，又名水龙会、水龙救火社和水龙公所，因为当时救火所用的主要工具是水龙。据清《吴门表隐》的记载，康熙初年在海外经商的士绅陈肇泰将西方用来救火的水龙传入苏州，因其救火颇为便利，故从乾隆十一年起，苏州知府傅椿下令推广使用。

乾隆盛世正是苏州商品经济高度繁荣的时期，外来经商人员众多，城区户口稠密，商贸区更是屋宇相连，一旦某处失火，火势就会蔓延开来，后果不堪设想。地方官员有鉴于此，便十分重视消防工作。乾隆八年，江苏巡抚陈大受和苏州知府觉罗雅尔哈善就出于防火治安的考虑，在繁华商贸地阊门外南濠建五条水弄，其中信心弄与姚家弄是拓宽重建，同善、中正、兴仁三条是新辟的水弄，这些水弄都通往河埠，一方面杜绝了房屋相连起火容易大片蔓延的弊端，同时又方便了救火时水龙的汲水，但即便如此，人口居住密度较高的地区发生火灾后，损失还是非常大。如咸丰三年八月初六日南濠失火，虽经扑救，还是绵延烧去了 63 家。

从现存档案资料来看，龙社的大量出现是在清末，其创办者多为热心公益的商人。他们借鉴外国救火会的方法，将旧有水龙会加以改良，以谋求地方治安、保全大众生命财产为宗旨。位于苏州阊门外山塘半塘的永安龙社创始于清同治年间，起初有旧屋五楹，几位社董相继谢世后，日见破败，至 1915 年，社屋余地为西邻毛姓侵占，后多亏顾得其酱园经理蒋柏如出面维持，捐资添置前后基地，改造储藏救火器具的社屋，并募建办公用房，使龙社规模扩大，焕然一新。蒋柏如急公好义的精神得到地方人士的嘉许，苏常镇守使朱熙题赠匾额“永靖离光”，清末探花吴荫培题额“有备无患”，武科进士朱永璜题额“永镇坎方”，书画家顾麟士题额“盛德在水”，季新益还赠联一副“居安虑危弭灾气于永久，蟠龙踞虎得山水之神奇”，巧妙地将“永安龙”三字嵌入联中。蒋柏如后来还当选为苏州救火联合会常务委员。

各龙社的命名都有一定的内涵，如既济龙社是取《周易》中“水火既济”的含义；坎安龙社名称中“坎”字在八卦里代表水，依靠水保平安的意思。其他如永安、保卫、治安、保康等名称，都反映了商人及居民希望生命与财产能永久得到保障的心态。

龙社与当时的会馆、公所、市民公社等社会团体关系密切，如体善龙社就在三山会馆内，周王庙龙社系玉业公所同人创办，福惠龙社同时又是道养市民公社的消防部。龙社的社址大多借用善局善堂、寺庙宫观等慈善宗教设施，这大概与救火属于公益善举有很大关系。

原本龙社都是各自为政的，若某处发生火警，附近龙社都会出救，在救火过程中相互间容易发生磨擦纠纷，不利于火灾的及时扑救。有时火情较大，又非一两个龙社的力量所能应付。有识之士徐联芳、徐怡春、何筱农等人鉴于这种情形，认为“城厢区域较广，龙社散处，非联合一气不足以壹心志而禳灾厄”，于是在 1913 年发起组织各龙社成立苏州救火联合会。同年，苏州警察厅在北局建消防队，属官方消防组织。原先发生火警时，龙社值班人员会鸣乱锣报警，1914 年消防队在昆局建造一座高 99 尺的铁塔用来瞭望火警，并于 1915 年制定分区钟声、标旗、标灯办法。钟声办法就是发现火警即击乱钟 15 下，稍停 1 分钟，再以钟声多少区分其方位，如东区 1 下，南区 2 下，西区 3 下，北区 4 下，阊区 5 下。标旗办法就是白天以蓝、红、黑、绿、黄五种旗色代表不同的区。标灯办法就是晚上以电灯盏数分区。同时，消防队、警钟楼与各龙社之间都有电话相通，使得各消防组遇警可以通力合作，迅速出救。从 1920 年开始，各龙社纷纷改称救火会，作为救火工具的老式水龙也逐渐被新式法国制马达帮浦所取代。各救火会注重加强消防训练，为提高会员的救火技能，各会每月组织一次小演习，1929 年起救火联合会还每年进行两次消防大检阅，集中全城所有救火会的救火车，组织出水速度和射程的比赛。1936 年 11 月，救火联合会与苏州城防指挥部为防日军空袭、增进民众防空防火的知识，联合无锡、常州、江阴、常熟等地救火会举行防空演习，盛况空前。那些在救火中牺牲的勇士如史金奎、顾士杰等，人们为表彰他们的义行，特在虎丘山麓建救火会公墓以资纪念，每逢清明都有人前去祭扫，缅怀至今。

根据 1947 年《吴县警察》的记载，当时的消防队仅有救火车 1 辆、帮浦 1 架、三节梯 2 架、大小斧头 6 把，而作为民间消防组织的救火联合会却拥有大小救火车 30 多辆，救火器材设备相当完善。至 1949 年前夕，苏州救火联合会下属共有 51 个救火会，会员 966 人，参加各救火会工作的多达 1376 人。可见，从龙社到救火会，是旧时民间消防事业发展的一个缩影，其中凝结了无数仁人义士的心血，他们的历史功绩令人难以忘怀。

（2005 年 11 月 17 日第 14 期）

江苏的青帮组织

一宁

青帮,又名“安清道友”、“安清道德会”、“安清道教”,即人们常说的“安清帮”。青帮在我国近现代帮会史上,是仅次于“洪帮”的第二大势力。因其始祖之一姓潘,“潘”字拆开是“三”和“番”,所以又俗称“三番子”。其成员用手势作暗语时往往把手翻三翻,即表示同类,还称“家礼”。参加安清帮的人即为“在家礼”,以区别于“门外人”,即一般人。

光绪年间,在江苏一带,青帮“根底于仙庙(指扬州仙女庙),枝叶于苏沪,蔓延于京(口)、瓜(洲)、清(河)、淮(安),萌于金陵、芜(湖)、六(合)”。扬州、镇江、瓜洲、清河、淮安本来就是两淮产盐的集散地和漕运交通要道,青帮在这一带根基很深。苏州则是江苏水手罗教的发源地,盐枭在这里也很活跃,“其先随粮船南下,勾串为匪,迨至重运过完,又复迟留不返。”“淮扬徐海之捻匪盐枭,与跟随溜船之水手青皮”早在道光年间就立足于“水陆交冲、五方杂处”的上海。

青帮在苏北站稳脚跟后,数十年间迅速向苏南、浙江一带发展,成为苏皖地区的主要帮会势力,从事贩盐、贩私、贩毒、劫掠、包赌、包娼,甚至贩卖人口的社会恶势力。19 世纪末 20 世纪初,随着中国近代社会的半殖民地化和交通运输线的改变,青帮的活动重点也由农村转向华洋杂处的通商口岸上海、镇江和南京等大中城市。

抗日战争前夕,青帮的辈分主要是“大、通、悟、觉”四辈。当时全国的大字辈只有 37 人左右,而江苏一省就占了十多位,加上上海的 5 个,几占全国之半。在江苏省有名姓可考的有:朱炳元、杨善之、魏子荣、胡小望、步长生(以上 5 人在镇江),阮慕析(扬州)、朱钧甫(常住扬州)、樊荩臣(瓜洲)、王柏龄(扬州,北伐时期任国民革命军第一师师长,时任江苏省政府委员兼建设厅长)、王敬亭(扬州商会会长)、鲁紫铭(河南永城人,其徒众多在徐西各县),再加张仁奎(鲁南滕县人,在江苏发迹,其徒在江苏者众多,此时常住上海),共 12 人。

张仁奎所收的门徒大部分是社会上层人物且知识分子众多,多半是谋互助为发展个人事业而加入张门青帮组织的,并用社团法人形式于 1935 年 5 月组织了“仁社俱乐部”,“仁”是张仁奎的名字。

也有为从事抗日救亡运动而加入“仁社”的，如江苏省的崔锡磷先生。仁社联系军、政、经济、学各界，在当时颇有影响。据说 1936 年山东军阀韩复榘曾欲发动一次倒蒋战争，因韩是张仁奎的门徒，蒋介石邀约张仁奎到南京磋商，张受蒋之托，赴山东利用师徒关系消弭了在抗战即将爆发前的一场内战。

与此同时，在当时京（宁）沪先后成立的青帮社团组织还有：1932 年 11 月杜月笙成立的“恒社”，1936 年夏黄金荣成立的“荣社”，1935 年上海市总工会主席朱学范组织的“毅社”，以及上海杨虎的“兴中学会”，南京韦作民、张竞立的“文社”等。这些青帮组织的政治倾向各不相同，但其成员多系军政界人物和经济界大亨，也有不少留学归国学生。

江苏另一个青帮大字辈人物朱炳元，早年所收徒弟多是江边的码头、车站的工头和工人，以后多有商业老板、小开之类，逐渐和中上层人士交往，最后竟担任国民党苏浙皖卷烟查验局镇江分所负责人，成为半官方人物，虽未跻身士绅之林，但至少已不被看成一个帮会头子而受鄙视了。这类人物与上海三大亨——黄金荣、杜月笙、张啸林颇为相似，是由下层社会的“青皮”、流氓，借助帮会而爬上来的，与张仁奎等颇不一致。稍晚于朱炳元的向春亭是江都县人，早年在镇江的轮船公司当学徒。他拜清江（淮阴）大字辈的冯守义为师父，属通字辈。由于善“混世”，既入青帮又入洪门，后竟爬到公司的总经理、交通部驮运管理所高等顾问等职。到抗战时期更成为涉足各个领域的“闻人”。虽名声不及杜月笙，但远在南京的青帮重要人物余得水、黄春庭之上（余、黄是觉字辈）。朱、向这等人物都是典型的帮会人物。还有以帮会混世、吃饭，在帮里打一辈子滚的人物。如镇江的顾华堂，几乎一生以传道士为业，帮内人远近皆知。

镇江一带另几个大字辈的人物，有的是在乡村土豪、乡保长之流中谋发展；有的在土匪、兵营中出没，尚未能涉足上流社会。

扬州的“二王”（王柏龄、王敬亭），也是大字辈人物。不过他们侧身于军政界或工商界，不以“混世”身份出现，与青帮只是有这么一个关系而已，也与张仁奎等在青帮中广泛交游不同。扬州的徐宝山是与张仁奎同代，其辈分已不可考。他在扬州一带的安清帮内拥有众多势力，又是洪帮“春宝堂”的龙头大爷，以贩私盐为业，曾受清政府招安，任巡防营统领。1911 年 12 月 1 日，徐绍桢、林述庆等的光复军光复南京，他亦投机革命，借机光复扬州，后投靠袁世凯，被革命党人暗杀。

宁沪地区的青帮人物，如杜月笙、黄金荣等，在 1927 年蒋介石发动“四·一二”反革命政变时，多数追随蒋介石，屠杀共产党人，成为反革命“别动队”。而在徐州地区以鲁紫铭、张广茂为代表的一些青帮人物却没有同国民党合作，并在抗日战争时期接受了我党的统一战线政策。

青帮在江苏省的发展大致可分三个阶段。第一阶段，为辛亥革命前，青帮势力仅在下层社会；第二阶段，为辛亥革命至抗战爆发前，这是青帮发展的鼎盛时期，这时的青帮头面人物渗入到军、政、绅、商、学各界，出现了许多风云人物；第三阶段，为抗日战争和解放战争时期，此时是青帮发展也是它分化瓦解的时期。

抗战爆发后，民族矛盾上升。中共中央专门发布了关于争取会党的指示，广泛开展帮会工作。抗战初，中共徐东南区委书记邵幼和为联络“三番子”抗日，曾印刷过青帮的《通草汇海》。苏鲁豫根据地的创建人王文斌、赵万庆、陈筹等党的领导曾通过张广茂、鲁紫铭等人，建立了与新四军彭雪枫部的固定交通线。1938年底八路军一一五师六八五团组成苏鲁豫支队，张广茂利用帮会关系为“苏支”组建了陆海大队，又称独立团，群众称新八路，后编入新四军第三师。1939年3月，周恩来在视察皖南新四军工作时，在军部干部大会上要求“争取青帮、大刀会的群众。我们应研究这些组织，进行政治工作，争取他们”。皖南事变后担任新四军政委的刘少奇，也曾要求新四军争取和利用帮会来开展工作。1941年5月成立的以刘少奇为书记的中共中央华中局，根据中央《关于哥老会青帮工作的初步指示》精神，先后批准率部起义的陈玉生利用青帮“老头子”身份开堂收徒，批准苏南镇江丹徒地区县以上的军政负责人以帮会的名义收徒，赢得了帮会工作的主动权。

1939年上半年，新四军四支队东进大队参谋主任赵鹏程利用过去的青帮首领身份继续收学生，以争取和利用青帮抗日。赵鹏程根据党交给的任务以及当时国内出现的新变化，自行订立了青帮十大帮规，其主要内容是：大敌当前，我们有责；团结为重，一致对外；国家需要，父子上阵；保护群众，如同父兄；三大纪律，不能违犯；争取伪军，为我抗战……经过赵鹏程等人的改造，青帮只剩下了一个组织躯壳，其实质内容已变成了一支有利于抗日救国的群众力量。赵鹏程利用青帮收学生的形式，为革命输送兵源，赵鹏程部侦察班的人都是通过收学生招来的，有勇有谋，不怕牺牲，经过教育成了新四军坚强战士，有的还在战斗中献出了生命。赵鹏程的青帮学生中有一个叫宽定的苍山大庙和尚，此人经常身穿袈裟，手敲木鱼，到乡村集镇以化缘为掩护，侦察敌伪情报，还曾策动伪军一个班起义参加新四军。1941年，经中共中央华中局批准，新四军苏中三分区司令员、苏中行署保安司令陈玉生重新利用青帮老头子身份开香堂收徒弟。当时三分区包括了泰州、泰兴、靖江、如西，其边沿区常常为流氓地痞所控制，群众工作不能公开进行。而这些流氓地痞只相信结拜兄弟和帮会的江湖义气。陈玉生开香堂、收徒弟的名单要经党组织审查。共产党组织利用这个办法很快控制了根据地内和边缘地区帮会势力，打开了工作局面，把工作做到敌人的据点里。由于不少伪军头目如泰兴城内伪军师长蔡鑫元等是陈玉生的熟人或“把兄弟”，另有不少维持会会长也是陈的徒弟，因此新四军能够在日伪据点林立、扫荡频繁的苏中三分区坚持斗争。

（2005年6月30日第5期）

经济恶枭

——日本驻徐州领事馆

赵杰

徐州市文化路12号，铜山县第二招待所及其两侧建筑均是徐州沦陷时期留下的历史遗迹。虽经岁月的剥蚀，却依稀可见当年的风貌。风雨飘摇中，默守着陈年旧事。四个曾经彼此相通，后各自独立的四合院式结构楼房，可以说是徐州保存最完好、也是最大的日式建筑群，它昔日的拥有者就是当年日本为加强对徐州的经济掠夺而设立的殖民机构——日本驻徐州领事馆。

67年前，在日本30余万精锐数月围攻中，1938年5月19日，战略重镇徐州沦陷了。军事强占之后便是经济掠夺。为此，日本在徐州建立了日本领事馆，负责移民的管理和保护、神社参拜、在徐经济机构的设置和管理，同时它的另一重要任务便是监视加搜集中国情报，是名副其实的特务机关。

徐州日本领事馆筹建于1939年7月，10月18日举行了开馆仪式。18日，日本方面的代表驻军第21师团长鹫津亲临致辞，日本在徐州成立领事馆的险恶用心昭然若揭。鹫津在祝辞中说："我圣战历经两年有余，攻克徐州至今一年有半，徐州的复兴已焕然一新。今后，随着中国派遣军总司令的成立，派遣军不断壮大，建设一个光明的中国的目标已近在眼前了。我日本人移居本地区，会使本领事馆的业务日益繁重。眼下正值秋季，我领事馆诞生此时，其使命可谓任重道远……今后还望本领事馆能同各有关机构和衷共济，在指导教育以及保护方面紧密配合，为日华提携、共建新东亚做出贡献。"

为了加强对徐州地区及周围的统治，徐州领事馆成立仅两个月，即于同年12月设立开封分馆；次年1月将新浦警察署划归徐州领事馆；1940年3月29日日本人设立新浦分馆。由此，徐州领事馆不仅辖苏北地区18县，而且辖河南境内及新开沿线14县。

徐州领事馆开馆伊始，就把日本殖民经济利益放在首位，从日本和韩国向徐州大量移民，强占经济地盘，攫取原料，垄断市场。领事馆成立仅7个月，领事馆辖区内日韩侨民已达12800余人，在徐州定居的总计5526人，其中日本人3160人，朝鲜人2366人。领事中野在1940年5月24日致日本外务大臣有田八郎的信中预测："本年底辖区内日韩侨民将增至28000人,徐州市区将突破10000人,来势迅猛。领事馆则竭尽全力保护从事经济工作的日韩移民利益。"

领事中野十分重视徐州的战略地位,他认为：徐州地处津浦、陇海两条干线的交叉点上,地理位置重要。在政治、经济、产业、文化、军事等方面作为苏北地区中心城市发展很快。其重要性还在于该地区连接中国北部和中原,将来随着连云港工程的完工,陇海沿线交通渠道日益完善,设想该地区会有更大的发展。而领事馆在军事方面,同中国方面的接触相当频繁,在金融、土地方面需要交涉处理的事务不在少数,预想今后处理这类事务会相应棘手。而特务机关拥有的80余名人员,也只能完成日常工作。于是中野连续致函有田八郎希望扩大领事馆规模,并升格为总领事馆,要求增加馆员,以加强对这一地区的统治。1940年5月18日,中野致有田的信中谈到："事变前,本地区没有日本居民的经济地盘,对现在日本居民来说,本地区还是个陌生地。因此,在对日本居民指导、管理、监督上有诸多困难。而且该地区朝鲜居民多于日本居民,对其思想上的教导以及对不务正业者和行为不轨分子的纠察还有对普通朝鲜人的保护等诸事务相当繁重复杂。"中野于1940年5月24日致有田八郎的信中说："各官方机构、各商社蜂拥而来,并要求提级别等事务均已成为亟须解决的问题(例如已作为汇报的事项：特务机关的扩充,铁路办事处升格为铁路局,国际运输处升为分局,还有济南银行在本地设行开展业务)。"中野还强调："目前馆内人力远远不能顺利地完成工作,特别是随着治安状况的好转,产业的发展,各种企业规划、金融业务等等事务日益繁杂。因此,亟须一名专门负责占侨民多数的朝鲜人事务的托办或庶务。除此而外,还需配置副领事以及负责近期突然剧增的民间刑事及其他各种非刑事案件的司法领事各一名……"

在经济利益的驱动和徐州领事馆的不遗余力下,徐州市区日韩移民剧增,殖民机构林立。至1944年前后,日本在徐州设立的洋行、工厂、会社等机构已达132个。这些机构或为日本企业徐州代办处,如浅野产品株式会社徐州代办处；或为在徐新办企业,如东光焦炭厂事务所；或为日本在华所办企业的分支,如中华出光兴产株式会社徐州代办处；或为日本在华所办企业的总部,如金田洋行、三共商会、三幸洋行。其所经营项目大至发电、采煤、工程建设,小至文具纸张针头线脑,五花八门,所涉及范围真可谓水银泻地无孔不入。日本对徐州经济侵略规模之巨,给徐州人民带来的痛苦由此可想而知。而这些,无不是在徐州领事馆这只日本军国主义所豢养的恶枭的羽翼之下进行的。

(2005年7月14日第6期)

蒋介石的「内廷」供奉机构

——励志社

刘鼎铭

在上世纪20年代末至解放前夕，南京中山东路黄埔路口，有一个颇为特别的机构——励志社。解放后这里改做江苏省委招待所，现该处已更名为钟山宾馆。然而，提起它的历史，总会给人一种神秘感。

励志社正式成立于1929年1月1日，其前身为黄埔同学会励志社。它是蒋介石模仿日本军队中的“偕行社”组织亲手创办的，社长亦由其兼任，社址设于南京黄埔路中央陆军军官学校内。1931年，该社在黄埔路口建起了三座宫殿式的建筑，作为其活动的场所。建筑费用15万元。起初只有4间小木屋、5个干事的励志社，由于得到蒋介石、宋美龄的直接关怀，所以发展很快。到解放前夕，该社在全国各大城市都设立了分社，而且都是富丽堂皇的大建筑。南京的总部，南昌、成都的分社，都是在抗战前落成的宫殿式建筑，由关颂声、赵深等名建筑师设计，陆根记营造厂承包建造。还有长春的伪“满洲国国务院”、上海的百老汇大厦（现上海大厦）、乐义饭店（现华山饭店）、北京的翠明庄、南京的AB大楼（现华东饭店）等等，即使重庆的嘉陵宾馆及胜利大厦为孔祥熙的产业，但也是励志社派人去经营的。这些在当时很豪华的饭店，都成了励志社的分社或招待所。该机构的主要任务，一是充当蒋介石、宋美龄的“内廷”供奉机构，二是接待外国来华军政人员，特别是美军顾问团。

励志社为蒋介石、宋美龄的服务，可谓是全方位的：蒋介石、宋美龄要看电影，就由励志社派电影放映队去放映；蒋介石、宋美龄外出各地需要拍摄照片和电影，由励志社派人去操办；蒋介石、宋美龄要画肖像，由励志社美术股的人员绘制；蒋介石、宋美龄举办的宴会由励志社的中西餐部承办，宴会或晚会的演出节目，也由励志社的戏剧股、音乐股承办，这些别的单位都是插不上手的。在为蒋介石、宋美龄服务过程中，励志社的总干事黄仁霖也是事无巨细费尽心机。如1929年举行孙中山先生奉安大典时，孔祥熙任总指挥，黄仁霖任副总指挥。当大胖子黄仁霖好不容易跨上365级台阶到达中山祭堂时，宋美龄看到了他，便让他拿几瓶柠檬汽水给她与蒋介石喝。当时山上并无此供应，黄仁霖虽已精疲力竭，可他二话没说，亲自跑下365级台阶，在一个供应站提了几瓶柠檬汽水，重新奔上365级台阶送到宋美龄手中，他虽累得汗流浃背，气喘如牛，却仍然是乐呵呵的。在西安事变前，蒋介石偕宋美龄在洛阳"避寿"，时任副总干事的黄仁霖得悉后，即亲自带领音乐股、戏剧股、电影股及美术股的全体人员，由津浦铁路挂一节蓝钢皮卧车赶到洛阳，为蒋介石庆寿。宋美龄非常喜欢跳舞，但却从不在公共场所参舞，她只是在公馆里举行家庭舞会，舞伴除她的姨侄女孔令俊外，都是孔、宋金融财政部门的亲信要员，这些也都是由黄仁霖派人一手安排的。正因为如此，黄仁霖深得蒋、宋夫妇的欢心和信任，以致由副总干事当上总干事，及至后来的联勤副总司令。励志社的地位也扶摇直上，别的机构是不敢碰一下的。

励志社的另一项重要任务，就是接待外国军政要人。在抗日战争时期，励志社还成立了战地服务团，专门接待美、苏援华人员。如抗战初期的苏联志愿空军、苏联军事顾问及苏联支援中国军火的汽车运输队都由励志社的战地服务团负责接待。到了1941年，美国空军（包括陈纳德的飞虎队和十三、十四航空队）和陆军大批进入中国，战地服务团的招待所也随之激增。因此，黄仁霖便把战地服务团分成重庆和昆明两个团部，重庆团部主管前线慰劳和宣传工作，昆明团部主管美军招待工作。抗战期间的一个除夕之夜，蒋介石夫妇在重庆的官邸里宴请马歇尔和十余位中外高级军官，当宴会快结束时，忽然一位身穿长袍马褂的服务员，双手捧着一个大蛋糕，上面插着65支明亮的蜡烛，在他走进宴会大厅的同时，隔壁的房间内演奏出《生日快乐》的优美乐曲，一下把晚会的气氛推向了高潮，因为谁也不知道这一天正是马歇尔的生日。这一招正是由励志社总干事黄仁霖一手导演的，"服务员"竟由这位身不离军服的大名鼎鼎的黄仁霖自己充任。也正是因为此人极为精明，从而得到了马歇尔的高度赞许。1947年，马歇尔曾在致蒋介石的一封信中说："在中国有两位优秀将军，一位是孙立人将军，是维吉尼亚军事学校（即西点军校）的毕业生，也是超群出众的指挥官；另一位是黄仁霖将军，一位伟大的供应者，也是后勤社会官。"也正是得力于马歇尔的推荐，黄仁霖当上了联合勤务总司令部的中将总司令。

（2005年10月13日第12期）

国民政府对侵华日军南京大屠杀惨案真相的调查

夏蓓

早在抗战期间，日军无耻野蛮的行径就引起了爱好和平的人们的极大愤慨。1938 年，著名人士黄炎培等提出了“调查日军罪行，以便战后清算”的议案。此后，国民政府外交部等机构对敌人罪行开展了零星调查。1943 年 10 月，二战同盟国在英国伦敦成立联合国调查战争罪行委员会，着手对日军在各同盟国犯下的侵略罪行进行调查，以便日后对日本进行战争审判并开展清算和赔偿工作做准备。战后，国民政府基于国际、国内的有利形势，响应人民的呼声，顺应时代的要求，将对日军战争罪行的调查工作提到议事日程。在当时的中国首都南京，最重要的调查工作就是对南京大屠杀惨案真相的调查。为此，南京先后成立了“南京敌人罪行调查委员会”、“南京抗战损失调查委员会”、“临时参议会南京大屠杀案敌人罪行调查委员会”三个机构，专门调查日军 1937 年 12 月 13 日攻占南京后，大肆屠杀放下武器的中国军人及平民，强奸、抢劫南京百姓，纵火、破坏南京城市的罪行。

南京敌人罪行调查委员会。1945 年 11 月 7 日，由 14 个机关团体组成的“南京敌人罪行调查委员会”成立，其主要工作是发动各区乡镇保甲及各区公所开展拉网式调查。但是，委员会的调查遭遇了重重困难。许多受害人不愿再次提起或触及 8 年前的伤心往事；有些平民百姓，文化水平低、不识字，不会填写表格；一些家中有妇女遭受日军蹂躏的市民，为了保住名誉不愿接受调查；有的家庭人去楼空、生死不明，无从调查。为此，委员会加大了日军罪行调查工作的宣传力度，强化人民检举日军罪行的意识，并采用张贴布告标语、登报宣传、制作幻灯片、委托电影院宣传等多种方式进行日军罪行材料的征集调查。此外，还请各大商户在窗橱内张贴关于日军罪行的文字图案，并制作横幅在市内各主要通衢路口张贴，协助宣传。到 1946 年 2 月，该机构共获得 500 余份调查资料，涉及日军在宁屠杀、伤害、奸淫、劫夺、破坏、强制服役和 29 支日军部队所犯各类罪行，总数达 295882 件，确定被害人数达 30 余万，被毁房屋 4000 余幢……

在南京市档案馆收藏的该委员会的调查报告中写道：“南京沦陷时，雨花台区有军民二三万不及退却，经敌人扫射，哀声震地，尸积如山，血深没胫。八卦洲争相渡江的军民，悉被扫射，尸体蔽江，水为之赤。至沦陷时，将男女老幼五六万人禁于幕府山四五所村，绝其饮食，十六日夜间，用铅丝将二人并捆，排成四路，驱至草鞋峡，用机枪扫射，然后又以刺刀密刺，继又浇以煤油，纵火焚烧，余骸全部投入江中。沦陷后，又在难民区内强驱军民至汉中门，用绳索捆绑，用机枪扫射至死。此役又丧数千人。计自日军入城之日起，集体屠杀二十余万人……”

报告中还写道：“敌宪兵队任意诬陷人民为中国兵，被捕而去，以绳索或钢丝捆起，悬之空中，不使着地。再以铁棒皮鞭或木棍痛击，遍体鳞伤，逼其招供。更有以水或煤油灌鼻，濒死者屡，尤禁止受伤者不得呻吟，倘有一人犯戒，必全体悉被毒打，且每日任意以长棍向被掳人乱捣以取乐，禁止躲避，若有违抗则立毙杖下……又常拘捕人民，冻立馁之，或使负笨重之物，奔驰于道路上，稍有迟缓，即遭鞭挞。如是虐待甚于牛马，更有将人民任意殴辱，反手一掌正手一掌，复踢一足，名之为‘三面相交’，凡沦陷区之国民其受敌寇之殴击者比比然矣。”

报告中还写道：“一般青年妇女以至六七十岁之高龄老妇，被害者甚多，其方式有强奸者，有轮奸者，有拒奸至死者，有令父奸其女，兄奸其妹，翁奸其媳，以为笑乐者，更有割乳刺胸腮破齿落，下部肿烂，种种情况，惨不忍睹。”

南京抗战损失调查委员会。1945 年 12 月 10 日，南京市政府组织成立南京抗战损失调查委员会，调查南京沦陷期间，在自然资源、经济、文化、教育、卫生、金融、交通、公共事业等方面的损失。该机构印制了人口伤亡调查表、财产损失报告单两种表式六万份，分发各机关暨各区公所警察局，转发填报。该机构的调查结果显示，在日军大屠杀期间，南京人民的生命财产遭受损失的数字惊人，使得有着 2500 年历史，并经过 1927 年至 1937 年的十年黄金建设时期，已经初具现代化城市规模和雏形的南京城几乎化为灰烬。

临时参议会南京大屠杀案敌人罪行调查委员会。1946 年，为配合东京远东国际军事法庭与南京

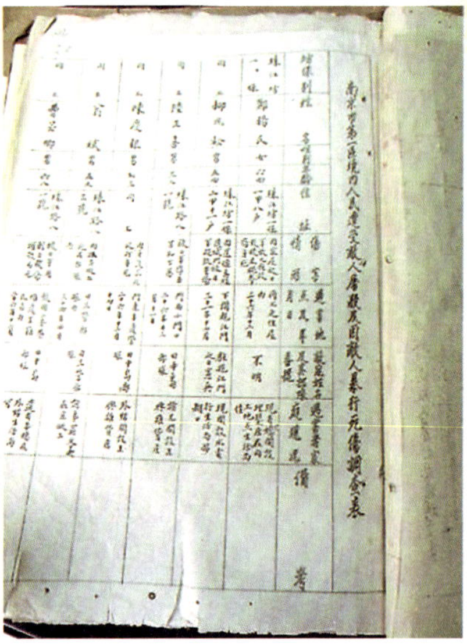

南京市档案馆所藏敌人罪行调查表

1946 年，国民政府“国防部审判战犯军事法庭”庭长石美瑜、首席检察官陈光虞率工作人员在各处检验南京大屠杀中遇难同胞的尸骨

东条英机在法庭上受审

中国国防部审判战犯军事法庭审判日本战犯的工作，南京临时参议会接受蒋介石旨意，成立了南京大屠杀案敌人罪行调查委员会。该调查委员会在南京的13个区设置区调查小组委员会，全面负责本区内大屠杀罪证的搜集、调查、统计与汇报工作。

该机构所有的工作都围绕调查南京大屠杀案展开，它们在各机关、团体、广大市民及外籍人士的大力配合下，分区域、按行业进行调查、统计、收集、整理。调查方法具有相当的专业性质，调查程序、表格设计、证人证词等具有法律意义。该委员会的调查工作从1946年6月起至11月止，共计6个月，调查案件总数为2784案，调查遇难人数达30万人。从调查罪行种类来看，其中枪杀1159案，用刺刀刺杀667案，集体屠杀315案，烧杀136案，打死69案，先刑后杀33案，先奸后杀20案，炸死19案，水淹11案，其他321案。这些调查内容和成果成为远东国际军事法庭审判南京大屠杀案凶手的重要证据。正是因为有了这些特别重要真实的证据，远东国际军事法庭对南京大屠杀案花了三个星期的时间专门听取亲历目睹的中外证人（人数在10名以上）的口头证词及检察官与被告律师双方对质辩论，接受了一百件以上的书面证词和有关文件。1946年12月25日，国防部审判战犯军事法庭对大屠杀案主犯之一谷寿夫提起公诉时，也采用了该机构的调查结果。

这些调查机构在调查过程中，不仅重视日军暴行和抗战损失的调查工作本身，还对受害者、幸存者进行耐心的心理抚慰，重视幸存者、受害者的救济工作，实行人文关怀。1946年7月26日，南京市临时参议会决议通过了“关于大屠杀案被害人或其遗族有效而实际之抚慰与救助”一案，对特别需要救济的155案给予了救济。1946年10月，南京市临时参议会对在南京大屠杀案中惨遭迫害的李秀英等28户人家，每户给予4万或3万元的救济金，共计118万元。1946年7月12、13日两天，善后救济总署南京办事处也对南京大屠杀被害遗族63户发放了救济物品。

用今天人们的眼光来看，战后国民政府对日军罪行和抗战损失调查及南京大屠杀案的调查仍显不足。但这些调查机构确实从不同角度、不同渠道，为调查、取证、揭露南京大屠杀的真相做出了巨大的努力，取得了巨大的成果。这些调查机构，无论是中央的还是南京市的，都是在国际反战罪联盟的调查机构成立后及工作框架下成立并开展工作的，都得到了国际反战罪联盟的有力支持和指导，使国际、国内、中国首都对反法西斯暴行的调查构成一个完整的战争罪行调查体系，所取得的调查成果是一个系统的战争罪行调查证据链，也为后人反省战争罪恶留下了宝贵的第一手资料。

（2012年12月31日第95期）

新中国成立后对侵华日军南京大屠杀案幸存者的寻访

夏蓓

南京大屠杀的历史，给中国人民留下了痛苦而沉重的记忆。长期以来，日本右翼势力为了达到否定侵略历史、推翻历史定案的目的，不惜歪曲史料，使得日本一些民众特别是年轻一代，对中日历史问题漠然无知，甚至有人对日方曾经有过的反省采取不理解的态度，对历史问题的解决产生抵触情绪。新中国成立后，对南京大屠杀事件的关注不断加强，关注主体和形式更加多样化，对幸存者的调查是其中的重要组成部分。南京地区也多次开展了或由政府组织、学术机构发起，或由民间自发的寻访南京大屠杀案幸存者的调查活动，以此加深中国乃至世界人民对南京大屠杀的记忆。

20 世纪 60—70 年代，在官方还无重大行动时，学术界对南京大屠杀案幸存者的调查已经启动。解放后国内最早对南京大屠杀幸存者进行调查的是南京大学历史系。1960 年，南京大学历史系日本史小组曾组织部分教师和学生，对南京大屠杀事件的幸存者进行详细的调查，收集了很多资料和照片，这些成果在 1962 年写成的《日本帝国主义在南京的大屠杀》一书中被体现出来。

20 世纪 80 年代，官方与学术界对南京大屠杀幸存者的调查研究都有了突破性进展。1984 年 3 月，南京市人民政府决定筹建侵华日军南京大屠杀遇难同胞纪念馆，与此同时，南京市委、市政府在全市开展了对南京大屠杀事件幸存者和见证人的普查工作。这次普查在南京市政府的推动下，各区县组织街道和乡镇干部、公安民警、居委会和其他社会力量，按单位和地段进行大范围的寻访。这次由百万人参加的大调查历时五个月，在全市 500 多万人口中，查出属于当年侵华日军南京大屠杀事件的幸存者、受害者、目睹者且尚健在的总人数为 1756 人。其中，本人亲身受害而又死里逃生的有 176 人，亲属被日军杀害的有 544 人，被日军奸污的妇女 44 人。据此，侵华日军南京大屠杀遇难同胞纪念馆筹备办公室积累了首批珍贵的幸存者、见证人的口述资料，建立了首批幸存者档案库，也为侵华日军南京大屠杀遇难同胞纪念馆建馆立碑做了一项十分重要的基础工作。除了侵华日军南京大屠杀遇难同胞纪念馆联合相关机构组织的幸存者调查外，建国后，南京市区县两级党史部门也多次开展了幸存者的寻访工作。1984 年，南京市雨花台区文物复查暨侵华

侵华日军南京大屠杀遇难同胞纪念馆

日军南京大屠杀受害者、幸存者、目击者普查办公室进行了大规模调查；1984年，江浦县党史办对江浦县境内的大屠杀幸存者进行了调查。

20世纪90年代至今，各种调查侵华日军南京大屠杀幸存者的寻找记忆活动都发展到了一个较高的水平。国内不仅出现了此类学术团体与学术机构，各种国际学术研讨会定期召开，权威学术专著和资料、图片集大量出版，甚至出现了自发寻访南京大屠杀幸存者的个人或团体。

作为储存南京大屠杀记忆的重要机构，侵华日军南京大屠杀遇难同胞纪念馆继续发挥重要作用。1991年夏，侵华日军南京大屠杀遇难同胞纪念馆与南京市教育局利用暑假，组织发动全市部分高中老师和学生，在20世纪80年代普查的基础上，对南京大屠杀幸存者进行回访复查活动，又发现了仍然健在的1400余位幸存者。这次调查还拍摄了题为《300000的控诉》录像片，该片被国家教委定为全国中学生德育教育音像教材。1997年夏，南京大屠杀遇难同胞纪念馆再次与南京市教育局联合组织开展并由日本全国纪念南京大屠杀遇难者60周年联络会和旅日华侨总会协办的“留下历史的见证”夏令营——万名师生寻访南京大屠杀幸存者活动，首次对南京15个区县的500多万人口中70岁以上老人进行全面普查。此次普查，就寻访调查范围、参加人数规模和宣传力度来说，都远远超过以往任何一次，引起了社会各界的积极支持和广泛关注。仅南京大屠杀遇难同胞纪念馆就收到各种线索80多条，发现了一批新的人证物证。据不完全统计，在南京部分区县内，有555所中学的9400多名师生参加调查寻访，涉及149个街道、乡镇，共775个居委会、村委会和2075个行政村。在对16714名70岁以上老人的寻访中，又发现1419名南京大屠杀幸存者。为使寻访活动征集的证言、证词和各类物证更具法律效力，南京市司法局公证员协会提供了法律支持。日本纪念南京大屠杀遇难者60周年全国联络会、旅日华侨中日交流促进会还组织部分日本中学生一同参加寻访，并为该活动捐款10万元购置照相和录音器材。此后，对南京大屠杀幸存者的调查寻访、救济补助成了南京大屠杀遇难同胞纪念馆的常态化工作，近三十年来从未间断。

此外,由政府组织和学术机构主导的幸存者寻访活动日益加强。2003 年,南京农业大学土地管理学院青年志愿者开展了“暑期侵华日军南京东郊暴行调查”工作。这次调查发现了因被抓夫而目击日军在南京城乡屠杀无辜平民、被俘士兵的梅印加老人;发现了见过国际友人德国京特博士、丹麦辛德贝格先生,并得到他们资助的苏国宝老人;发现了掩埋大屠杀遇难者遗骨的小乌龟山墓地;发现了惨遭日军枪击、负伤后残疾至今的幸存者秦义兰、胡正宽等一批幸存者。南京农业大学在这次调查中形成的幸存者证词原件及调查报告被南京大学中华民国史研究中心征集并收藏。

2004 年夏天,在共青团江苏省委的资助下,南京地区高校开展了“侵华日军南京大屠杀幸存者证言”暑期社会调查活动。6 月下旬,南京大学、南京航空航天大学、河海大学和南京师范大学的 80 多位青年志愿者,分赴浦口、江宁、栖霞、雨花台等区,进行了为期 20 天的“侵华日军南京大屠杀幸存者证言”暑期社会调查。在调查中,同学们根据口述历史资料收集的程序,首先进行采访、录音和记录,经整理后再进行回访,再将其整理的资料由当事人签字或按手印确认,最后由公证处公证。这次暑期调查活动共获得 400 多份幸存者证言,史料搜集符合法律程序,收集到的史料不仅具有学术意义并且具备法律效力。这次暑期调查活动还得到了南京大学历史系、南京大学团委、南京大学中华民国史研究中心、南京师范大学南京大屠杀研究中心的资助。

2006 年,中共南京市委党史工作办公室根据中央党史研究室和江苏省委党史工作办公室的要求和部署,组织南京 13 个区县开展了抗战时期人口伤亡和财产损失的专题调研工作,这次调研又重点对南京大屠杀幸存者进行了寻访调查。该调研工作从 2006 年 3 月正式启动,到 2008 年 5 月主要工作基本结束,历时 26 个月。南京市委高度重视此项工作,在 2006 年 4 月,成立了由市委副书记担任组长的南京市抗战课题调研工作领导小组,聘请了抗战史研究专家担任顾问。同时,南京 13 个区县分别成立了由区县委分管书记或组织部长任组长的抗战课题调研工作领导小组,市区财政都配备落实了专项调研经费。各区县的调研分别采取了拉网式、筛选式、走访式、梳理式、论证式等方法,对 70 岁以上的老人开展了调查走访,由区县组织街道、乡镇,再由街道、乡镇布置社区组织人员上门采访,还有的以召开座谈会的形式,请当事人逐一填写调查表。13 个区县共计走访南京大屠杀中受害的当事人、知情人 12201 人次,填写调查表、留下口述材料 2000 余份,整理出新的遇难者名录 1700 多人,对幸存者的调查所形成的口述资料都由调查人员进行了整理并经过口述人签名或按手印予以确认。13 个区县对这次大规模的调研活动都十分重视,如江宁区有 650 人参与了对幸存者的调查,在镇(街)政府部门的配合下,对全区各镇的村(社区)、敬老院进行拉网式走村入户采访。历时 51 天的调查,共走访全区 20 个街道(镇)、284 个社区(村)、23 个敬老院,共走访 1118 人,累计形成口述文稿 50 余万字,拍摄照片 1200 余幅,录像(音)50 多小时。

2001 年,作为民间自发寻访大屠杀幸存者的第一人,原南京炮兵学院数学教研室的费仲兴教授开始对汤山地区的南京大屠杀幸存者进行寻访调查,该调查直到 2011 年还在进行,前后持续 10 年之久。真正的密集调查是在 2004 年至 2006 年间。迄今为止,总共调查了 373 人,其中汤山镇 189 人,麒麟镇 81 人,上峰镇 43 人,句容市 32 人,还有龙潭、上坊、仙林、孝陵卫、沧波门等地的 28 人。373 位老人都有在沦陷期间农村地区惨遭

费仲兴教授参与编写的《南京大屠杀史料集》(幸存者调查口述续编)

蹂躏的悲痛经历。费仲兴共获得了汤山地区839名遇难者名单,其中汤山镇504人,麒麟镇233人,上峰镇102人。此外,根据这些调查和民国档案的记载,费仲兴摸清了日军在汤山地区进行的47起集体屠杀的事实,填补了汤山沦陷史的空白。费仲兴的调查成果在媒体报道宣传后,引起了各界的关注并给予了很高的评价。2004年5月,费仲兴申请了南京师范大学的"南京大屠杀史研究基金",将汤山调查正式作为南京炮院的科研项目。立项后,费仲兴更是废寝忘食地工作,体现了一个有正义感和责任感的中国人的担当。

此外,军旅作家、南京军区政治部创作室的徐志耕为创作历史小说《南京大屠杀》,《中国青年报》江苏记者站戴袁支先生为学术研究的需要,都对南京大屠杀幸存者进行过寻访和调查。

侵华日军南京大屠杀惨案已过去75年了,当年的幸存者如今都已进入耄耋之年,并且越来越少。建国后,各种层面对南京大屠杀幸存者进行的多次寻访和调查,对揭露日军南京大屠杀真相,回击日本右翼否定南京大屠杀事件的言论,深入开展南京大屠杀史实的研究,乃至对南京大屠杀幸存者进行救助、抚慰和人文关怀都有着重大意义。

(2012年12月31日第95期)

南京镇反三大要案

程堂发 滕小阳

1949年国民党反动派败逃台湾后，在大陆遗留下一大批反革命分子，他们并不甘心于自己的失败，继续进行各种破坏和捣乱活动。1950年10月10日，中共中央发出《关于镇压反革命活动的指示》，向全国发出了大张旗鼓地开展镇压反革命运动的动员令。

早在南京解放的同时，镇压反革命的行动就已同步展开。中央号令下达后，镇反运动在全市范围内更加轰轰烈烈地开展起来。运动采取群众路线的方法，由党委领导，公安、司法机关同广大群众相结合，吸收民主党派和民主人士参加。1951年1月18日成立了南京市人民法庭。20日，市军管会颁布《南京市反动党团特务人员登记实施办法》。4月10日，召开各界人民贯彻执行《中华人民共和国惩治反革命条例》动员大会。10日和27日，南京市公安局针对南京地区的复杂情况，集中进行了两次大规模搜捕。至1953年上半年，全市共逮捕土匪、恶霸、特务、反动会道门头子和反动党团骨干等反革命分子8457名，首恶分子被处以极刑，大批反革命分子悔过自新，低头认罪，各种反动组织被彻底摧毁。其中，三起大案尤为轰动——

“镇反第一枪”

解放初期，南京镇压的第一个反革命分子是国民党政府南京首都特别刑事法庭检察官管森保。

管森保，又名管揖岑，时年44岁（1949年），南通人。1927年于国立政法大学毕业后即充任启东等县的承审员。不久，他参与残杀了进步工人倪阿秋。1938年3月，管森保回原籍居住后，勾结地主恶霸横行乡里，将农民阚进、许四两人活活烧死。1943年4月，管森保任忠义救国军总指挥部军法处法官，正式加入特务组织，肆意残害革命人士。因其凶残杀戮，人称“活阎王”。军调部郑州三人小组的中共代表罗炳炎被国民党逮捕后，时任保密局上校军法官的管森保与国防部第二厅副厅长张炎元对罗炳炎进行了百般威胁利诱，企图使罗背叛革命，遭到了罗的严词拒绝。管森保恼羞成怒，遂指挥特务将罗炳炎活埋于南京清凉山下。

1948 年 4 月，国民党反动当局加紧迫害革命青年及进步人士，在各大城市设立特刑庭。管森保由国民党保密局派至南京特刑庭任检察官。管森保极端仇视共产党人及革命青年，经他提起公诉要求判处死刑或重刑的就有董剑平、李玉甫、余心清、程达（女）、吴超、虞成鑫、于钧、马通慧、刘英豪等多人。1948 年，国民党特务机关在报纸上公布黑名单，大肆逮捕南京爱国学生。管森保参加了“侦调小组”，对鲜继善、袁旭霞、苏琴、张明理等爱国学生以“匪谍”论罪，横加迫害。中央大学学生华彬清、李飞原判有期徒刑 5 年，朱成学原判有期徒刑 6 年，管森保认为刑期太短，遂勾结其他检察官提出抗告，致华、李两人改判有期徒刑 12 年，朱成学改判有期徒刑 15 年。

管森保还利用办案的机会进行敲诈勒索，中饱私囊。1948 年秋，国民党政府为挽救经济危机改发金圆券，实行限价。很多中小商人因不愿亏本而违反限价，被捕送特刑庭审判。管森保乘机敲诈，稍不遂意，便提出公诉，要求处以巨额罚金或判以重刑。当时鹤鸣鞋店经理因违反限价而被捕，管森保先后两次向他索要黄金 440 两，然后又按“妨害国家紧急治罪条例”提起公诉，要求处以重刑。某厂工人顾殿臣被捕送特刑庭后，管向其敲诈食米 40 石。顾因家贫无力拿出，管森保遂提起公诉，要求判其死刑。

南京解放前夕，国民党反动派仓皇逃跑，管森保受命担任“保密局南京办事处”文书科长，参与潜伏工作。南京解放后，管森保密藏枪支，散布谣言，竭力从事破坏活动，并秘密监视保密局的自首人员。随着肃特斗争的深入，管森保等一大批特务落入法网。在押期间，虽经反复教育，但他仍拒不坦白，继续与人民为敌。

1949 年 10 月，管森保的罪状在《新华日报》上公布后，引起了强烈反响，广大人民群众强烈要求立即公审匪特管森保。10 月下旬，南京市人民法院奉南京市军事管制委员会及人民政府之命组织了人民法庭。

10 月 30 日下午 1 时，人民法庭在洪公祠 1 号正式开庭审判管森保反革命案。法庭设有审判席、检察席及陪审席。正中悬挂着“人民法庭”字样、五星红旗以及毛泽东和孙中山的画像。法庭内座无虚席，共发出旁听证 800 余张。受过管森保迫害的有 40 多人要求出庭作证。当审判长宣布开庭时，全场一片肃静。被告人管森保被押上了历史的审判台，昔日的检察官今日成了阶下囚。在一桩桩、一件件铁的事实面前，管森保无言以对。最后，法庭庄严宣判管森保死刑。

在管森保案审判前后，南京市各界群众纷纷举行集会，控诉管森保的罪行。《新华日报》连续报道了公开审判的一系列活动。

11 月 2 日，管森保不服一审判决，提出上诉。南京各界人民一片愤怒，强烈要求市军管会予以驳回。

11 月 8 日，南京市军管会经过审查，认为管森保罪行属实，量刑适当，驳回上诉。9 日，市军管会宣布，维持人民法庭一审判决。10 日上午 8 时，管森保被押赴刑场，执行枪决。

管森保一案的侦破与判决，全市人民拍手称快，一大批反革命分子受到震慑，纷纷向人民政府投案自首。“镇反第一枪”将南京这个特殊地区的镇反运动推向纵深。

"土皇帝伏法"

1951年4月的一天，南京中华门外码头附近，一场控诉会正在激昂的气氛中进行。被押的罪犯名叫马忠极，系集恶霸、汉奸、军统、中统特务、把头于一身的首恶分子。他利用黄色工会剥削、欺凌码头工人长达20余年之久，人称中华门外的"土皇帝"。

1924年，马忠极刚满27岁，便由其岳父、帮会头子刘吉才介绍到中华门外码头，最初在箩行当管事。由于他读过一些书，能写会算，且好投机钻营，当时适逢轰轰烈烈的大革命到来之际，他便在1928年参加了国民党，接着又加入了安青帮。

马忠极看准了码头能赚钱，便与蓝衣社小头目、中统特务钱挹秀组织了一个黄色工会。该工会以"无牌不能工作"为借口，强迫每个工人购买一枚铜牌，交纳大洋一元（时合大米一斗七升），借此榨取码头工人大量的血汗钱。在此后的20余年中，该工会的名称一再更换，可马忠极却一直牢牢把持着工会，每年都以会员换证章的方法来赚取一笔数量可观的钱财。

马忠极还有一个惯用的赚钱手段，就是在工人之间挑拨离间，挑起事端，然后他假装出面主持公正，从中渔利。1929年间，他派人指使上码头工人抢水码头工人生意，导致双方发生斗殴，水码头伤14人，上码头伤20多人、死1人。当双方相持不下时，马忠极出来鼓动两边打官司，表示自己愿出面帮助，实际从中索取钱财。1933年，他挑拨箩行工人互殴；1935年他挑拨上码头93人与雨花路工人52人互抢生意；1947年他又唆使合州帮为卸稻子之事与外江班工人抢生意……他或拉一帮打一帮，或两面三刀在两派当中都充当好人，既捞到了大把钞票，又蒙蔽了一部分码头工人。每年，马忠极还从所谓"照料费"、"中头钱"、"干份子"、"官司钱"等各种巧立的名目中搜刮到大量民脂民膏。他用榨取的钱在雨花路125号盖起了一幢富丽堂皇的楼房，与之形成鲜明对比的是许多码头工人因贫病交加、终日辛劳而倒在扛大包的行列之中。

马忠极狐假虎威，仗势欺人，无恶不作。1933年间，他唆使箩行工人斗殴。工人韩德明、杨金如、梁从仁、卢焕发、郭义鹏等人因得罪了马忠极，马立即叫来警察，把这几个人抓进了警察司令部。当时正值国民党军队大举围剿红军，他便给这几个人安了个"共匪"的罪名。结果，韩德明被打成重伤后死亡，卢焕发被放出来时精神已失常，其他几人虽被放出，但都已是伤痕累累。马忠极成了地方一霸，不断网罗地痞流氓，扩充自己的势力。为了给他的手下帮凶们找碗饭吃，他看中了火车站这块"肥肉"。三四十年代的南京城，水运虽然重要，但是火车发挥的运输作用越来越大。马忠极将二班亲信组织起来，成立了一支红帽子队，把原来车站上的工人一律赶出站外，垄断了站内业务。要想吃"红帽子"这碗饭，就非得给马忠极"介绍费"。

1937年，日寇占领了南京，马忠极赶紧卖身投靠，他在日军官石内主办的扬子华工会任理事，后来又担任伪长江站埠工会委员、伪码头工会常任理事，成了可耻的汉奸。他口袋里装着一张粉红色的日本宪兵队派司和一张绿色的伪警察所派司，经常陪着日寇、特务在码头上巡视。1942年的一天，马忠极逼迫工人去给汪伪政府卸稻子，工人不肯干，他便叫来了"和平军"强押着工人去干，并借此"抽头"。1943年，他利用汪伪军队强迫工人去集合村做工，打伤工人顾玉和，致顾伤重而死。他还指控工人陈有智等二人是新四军密探，致其被日本宪兵抓去打得遍体鳞伤，后又被送到下关中山桥监狱。

1945 年日本投降后，国民党政府还都南京，马忠极摇身一变成了雨花镇的副镇长、东南城运输业工会理事长，并加入南京市训练委员会所办的训练团受训。1946 年，他由钱抱秀介绍加入了“中统”，并任国民党区分部委员、中华门码头工会理事长兼南京市总工会理事。1947 年，他以“不登记不能干活”为名，欺骗、威胁工人签名，获选票 1300 多张，当上了南京市参议会参议员并兼经济建设委员会委员。

1948 年下半年，国民党军队在前线不断失利，马忠极深感自己与共产党水火不相容，便干起了反共反人民的勾当，在军统特务眭光禄的指导下，他组织了“军统”外围特务组织“新生社”。中华门外共有 30 多个社员在他的管辖之内。这批人整天四处活动，刺探中共地下党的情况，使解放前夕的中华门外笼罩了一片白色恐怖。

南京解放之初，马忠极与国民党匪特稽四海、李庭镇、谭震等共同组织了“工人服务队”，自任第九大队队长。借过渡时期中共地方党组织非常繁忙，无暇顾及之机，到处张贴反动传单标语，制造散布谣言，还办理“工人登记”，妄图扰乱人心。

镇反运动全面展开后，马忠极仓皇逃到了上海。后来看到风声太紧，在上海也躲不过去了，只得又回到南京。

善有善报，恶有恶报，这个十恶不赦的“土皇帝”最终没有逃脱人民的惩罚。1951 年 4 月 29 日，南京市人民法院宣判马忠极死刑，立即执行。

大恶霸的覆灭

在南京燕子矶的七里洲，解放前有个横行乡里的大恶霸、大地主萧月波，他烧杀淫掠，无恶不作，骑在乡民头上作威作福 40 年，七里洲的乡民提起萧月波没有一个恨得不咬牙切齿。

七里洲和燕子矶隔江相望，背依八卦洲，三面临江，地势平坦，土质肥沃。1929 年国民党南京高级法院司法科长苏德成、朱子规、伏子成等 16 个官僚、封建地主勾结组成“16 股”，霸占了洲产，未经他们允许，任何人不得在七里洲及水面开垦、捕鱼。同年，横行迈皋桥的流氓青帮头子萧月波入股。萧成为“16 股”中称王称霸的主要人物。

1934 年初春，苏北邳县、皖北无为等地的农民因遭受水灾，辗转来到洲上。这时的七里洲一片荆棘荒凉。为了不惊动“16 股”，灾民们分散开来，钻进芦苇丛里，用手将芦苇拔掉，然后搭草棚安家，以芦根芦笋充饥，指望能通过不分昼夜的劳动解决点温饱。不久，萧月波知道了，带来打手驱赶垦民。众垦民至死不让。萧月波见垦民人多势众，撵走不易，就逼迫垦民每亩地开荒交 5 元钱押板金。为了生存，垦民只得忍痛答应。谁知当丰收在望之际，“16 股”却要没收土地，撕毁合同，又抓走代表，再次限期垦民搬出。垦民被逼无奈，只好一面派代表到南京与萧月波打官司，一面派代表与萧月波谈判。萧月波和“16 股”拒绝谈判，并将垦民的房子烧掉，垦民宛祥生的母亲及赵陶孟的三岁小孩被活活烧死。垦民们不甘示弱，建立起自卫组织——大棍队，重新搭草棚，开荒地，而萧月波、苏德成、朱子规等人勾结官府成立所谓“维持治安办事处”，并有宪兵、警察参加，屡次捕捉垦民。斗争一直持续到秋天，庄稼也成熟了，萧月波又派人去捣乱。垦民誓与萧月波决一死战，准备组织起来到南京市政府游行示威，以期得到政府的支持、重视。萧月波闻讯后抓走了 6 个垦民，并控制垦民过江进城。一天深夜，94 户垦民在当地农民的支持下，偷偷渡江，每人手执红色小旗，袖筒里藏有"要吃饭，要求惩办杀人、放火凶手萧月波！"的标语组成游行队伍开到国民党市政府机关，然而却遭警察多次驱赶。后来，行政院有人许诺每户垦民给 10 亩租地。处于生命垂危关头的垦民如获至宝，高高兴兴地撤回。谁知，这是一场大骗局。一个星期以后，伪宪兵、保安队、警察近 300 人再次放火烧掉垦民的房子，用刺刀逼着手无寸铁的垦民离开七里洲，垦民们开垦的良田最终全部落入萧月波手中。

萧月波霸占全洲后，连洲上一草一木都占为己有。农民割草，要买草票，否则就得挨打受罚。他还强压低价收购农民的鱼虾、螃蟹、菱藕、莲蓬等，然后高价转卖出去。据统计，七里洲有 50%以上的居户被萧月波抢夺过。村民孙其商以打鱼为生，每次到萧月波那儿卖鱼，只能卖到市价的一半，有时还拿不到钱。村民蒋启日夜辛苦，好不容易捕了 600 斤鱼，被萧抢走，蒋去要钱，萧把蒋启吊在树上毒打，并用刀威胁说："你以后再跟老子要钱，就用刀刮你。"吓得蒋启再未敢捕鱼。

萧月波有田 350 余亩，他出租的田地，不管旱涝，农民都得交租子。有一年发大水，所有佃户均无收获，萧月波硬是要农民交租，有的农民退租退地，萧概不收回。农民何义水经不起萧月波收租子的剥削，就以放鸭子为生。萧月波强迫他租 30 亩地，何义水不答应，萧月波就将何义水夫妻俩打得皮开肉绽。

萧月波烧杀奸淫，鱼肉乡民，无恶不作。1912 年，萧月波看中了村民张小二的妻子，便雇杀手将张小二杀死，他乘势霸占了张妻。1919 年正月，八卦洲曹文亮新婚 18 天的妻子回娘家被萧月波看见，萧即派人拦路抢劫，萧将其强奸后逼迫结婚。不久，曹妻在萧的虐待下死去。1936 年，村民郑福星因经商致富，萧月波派徒弟岳德等五人闯入郑家抢劫财物，用煤油烧死郑福星，劫走财物，又强奸了郑妻丕香。1937 年冬，酒商李老头从外地运来一批酒。当时因日本鬼子占领南京城，酒价很贵。萧月波为了劫酒，带人携枪在东坝头江边小庙旁将李老头打死，搜去身上现洋，将尸体抛入江中。

解放后，萧月波仍然暗地里向佃户逼租，扬言："国民党要来了，你们不交租就把你们的肠子从肚子里拉出来。"致使一部分村民担惊受怕，敢怒不敢言。直到 1950 年 12 月，恶贯满盈的萧月波被逮捕法办，七里洲人民才真正获得解放。

南京镇压反革命运动的胜利，基本肃清了国民党反动派遗留下来的反革命残余势力和地方恶势力，振奋了民心，安定了社会秩序，有力地配合了土地改革和抗美援朝斗争，使国民经济的恢复与发展得到了可靠保障。

在中央人民政府的正确领导下，轰轰烈烈的镇压反革命运动在全国范围内展开

（2005 年 12 月 22 日第 16 期、2006 年 1 月 5 日第 17 期、2006 年 2 月 9 日第 19 期）

档案揭秘「淮海联络总站」被摧毁始末

谭晓平

1948年11月6日，中国人民解放军华东、中原野战军发起淮海战役，新海连地区（连云港市前称）宣布解放，驻守新浦、海州的国民党军队44师及党、政、宪、警、特机关弃城溃逃。但在解放后的一段时间，新海连市与其他地方一样，仍有敌特势力隐蔽存在，伺机进行破坏活动。1949年11月15日，新海连市公安机关经过一个多月的工作，摧毁一特大敌特组织"淮海联络总站"，抓获特务分子45名，缴获电台一部，手枪、步枪各一支，子弹100余发，以及委任状、密件若干。

在淮海战役结束遭遣散后，分别任过国民党国防部二厅特务部队义山支队中校的王本东和卫国部队上校的穆文芳二人，随国防部二厅苏鲁豫皖边区游击总司令李化堂潜伏到徐州进行特务活动，该组织总部设在郑州。1949年2月，李化堂委派王本东潜伏到新浦"义兴号"老板杨义成处，掌握新海连等地情况，沭阳、灌云两县也属于其指挥。同年4月，特工李忠（蚌埠盐务局工作）因在蚌埠炸毁我军一仓库而暴露，"郑州总部"遂安排李忠来陇海东段进行联络活动。李忠又经郑州总部同意将军统特工张松堂、周正楼（新海连市盐务局医生）介绍给王本东调遣。6月份，李化堂为加强新海连组织领导，又让其部下特务穆文芳来新浦协助工作。经过一段时间的筹备，9月1日，李化堂亲自签发命令，"淮海联络总站"少将总站长由张松堂担任，游击38支队支队长由周正楼担任，"淮海联络总站"及"游击38支队"两部并为一个组织，由王本东、穆文芳统一组织领导，以新浦的天真照相馆、宝贝银楼、新新客栈以及海州的建民医院为联络点。该特务组织活动重点是企图混入我军内部，建立组织武装，开展破坏活动。

随后，他们分工明确，以各种身份作掩护，发展壮大组织。周正楼利用医生身份在盐业系统干部和要害部门人员中发展成员；家住新海连的董越（原在农场工作）、姚庭云（女）、刘敏芝（女）等军统特工，在家庭成员及同学中物色对象；杨义成以商人身份在商界吸纳成员。董越还通过同学关系在我文工队拉拢关系发展成员，调查我文工队成员名单，进行破坏活动并散布谣言，声称"中央（国民党）最近要派人来，叫我们等，在新海连我们的力量还很壮大，共产

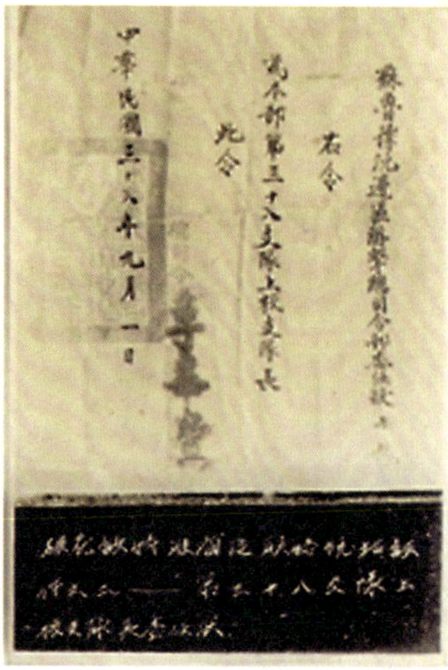

破获敌特淮海区联络总站证件之——第三十八支队上校支队长委任状

党是待不了多久的，将来仍是我们的天下”。张松堂利用老乡关系把驻扎在海州的我军某部队伞兵团人员魏泽涛招至旗下，于10月初让魏正式加入“淮海联络总站”。魏泽涛对一伞兵班长讲，第三次世界大战即将爆发，美国在各海港都布下兵力，国民党反攻已是板上钉钉，此地（新海连市）有千余人的游击队，伞兵部队10月10日在转移至南京时，新海连的游击队就要动手了。

10月初，公安机关侦查工作已全面铺开，董越和魏泽涛的行踪立即被公安机关掌控。

10月9日，魏泽涛被秘密逮捕。据魏交代，张松堂让其配合做好组织瓦解伞兵部队工作，要使伞兵部队在转移南京途中解散，或者组织力量在路上对其进行阻击。魏还交代，淮海联络总站预备在11月初召开“巨头”会议，到时王本东、穆文芳等人会过来布置重大任务。为了将该组织特务一网打尽，公安机关除了派出便衣民警对重点人员和重点部位进行监视外，没有惊动任何人。

11月4日开始，在发现重点目标部位陆续来了一些陌生人后，公安局决定开始收网。11月5日晚，首先安排民警以查户口为由，分别对海州的建民医院、新浦的“义兴号”、“天真照相馆”、“新新客栈”进行暗访。天一亮，便衣民警以谈生意为名首先进入“义兴号”。在该商号担任前台服务员的军统特工姚庭云感觉不对，便以外出买东西为由企图逃跑。一名便衣民警悄悄尾随跟踪，将其逮捕。到上午10时，十余名便衣民警采取守株待兔的方式实施抓捕，就这样，分别前来的董越、李留生等人一一落网，至11时30分，共逮捕20余名特务分子。到了中午12时，在“天真照相馆”外围守候多时的便衣民警接到抓捕通知。民警首先逮捕了在一楼的照相馆经理郭瑞吉（特工），而正在楼上开会的王本东、穆文芳、张松堂、周正楼、杨义成等人悉数被捕。同样，在宝贝银楼、建民医院等候工作安排的十余名特务分子也相继归案。已去南京的李忠于12月9日落网。

经审查获悉，“苏鲁豫皖边区游击总司令部”下设郑州、徐州、海州站，在新浦设淮海联络总站，属王本东指导。总站下设政治、军事、联络、交际、经济等八个股，目标是配合国民党反攻做接应，任务是联络发动、扩大组织、密谋暴动。他们在新浦曾两次计划暴动未逞，在伞兵部队内部利用魏泽涛发动组织瓦解活动未成后，又准备在伞兵部队10月10日移师南京途中配合陇海一线特务切断铁轨举行暴动。为此，李忠提前去南京与当地的特务组织联络，要求行动时配合响应，如新安镇、蚌埠、云台地区有活动，张松堂掌握的小刀会也要参与，周正楼掌握的几名警卫队成员将在盐区进行武装收缴，抢劫库房，而后从连岛乘船逃跑。但由于魏泽涛被秘密逮捕，缺少内应，加之伞兵移师南京，一路上有警备旅护送，沿线戒严，这一计划只得放弃。第二次计划于10月20日暴动，因司令部没批准而放弃。第三次暴动计划于11月30日举行，这次开会的主要任务就是为部署这一行动，谁知会议刚刚开始，这一特务组织就被一网打尽。

（2010年10月15日第74期）

江苏历史上第一份妇女刊物

——《女子世界》

一 宁

辛亥革命是20世纪中国最伟大的一次社会革命，它不仅在政治上推翻了统治中国两千多年的封建专制制度，而且在思想上摧毁了维护封建统治的精神支柱，是一场深刻的思想解放运动。在清末日益高涨的爱国救亡运动中，各种团体、各种人物为了各自的目的纷纷办报阐述其思想主张，其中资产阶级革命派的一些女子刊物特别引人注目，如1902年陈撷芬创办并随《苏报》发行的《女学报》，1904年丁祖荫等创办的《女子世界》，1907年1月秋瑾创办的《中国女报》，1907年11月陈志群等主办的《神州女报》等。这些女子刊物提出女子革命的主张，都深刻揭露了中国妇女所受的封建压迫，宣传女子教育、女子放足、婚姻自由等，鼓励女子像男子一样关心国事，为国家的生存而斗争。

《女子世界》月刊，32开本，1904年1月创刊于上海，创办人为丁祖荫（1871—1930），原名祖德，号初我，江苏常熟人。丁祖荫少年就读于江阴南箐书院，1896年与曾朴、徐念慈、张鸿、殷崇亮等在常熟创办中西学社，首开全县办新学之风。1903年为中国教育会常熟支部主持人。1904年即在上海创办《女子世界》月刊，公开主张“政治之革命”和“家庭之革命”并举，受到秋瑾的称赞。她在写给《女子世界》记者的信中称“惟贵报为巨擘”，“每每读之，不胜心服”。1906年一度停刊，1907年7月由无锡人陈志群续办一期，共计18期。该刊在上海、北京、南京、四川、湖南、安徽、浙江等地设有44处发行网点。每册定价两角，至第13期调整为每册两角五分。开始每期70页左右，后增至100余页。彩色封面，色泽鲜艳，印刷精良。

在清末日益高涨的爱国救亡运动形势下创办的《女子世界》，拥有明确的宗旨和任务。它以改造中国妇女为己任，反对封建礼教，倡导男女平等，强烈希望中国妇女觉醒起来，团结起来，创建强盛的祖国。其《发刊词》说：“女子者，国民之母也。欲新中国，必新女子；欲强中国，必强女子；欲文明中国，必先文明我女子；欲普救中国，必先普救我女子，无可疑也。”丁祖荫在《〈女子世界〉之颂词》中还宣称：“欲造国家，苟非招复女魂，改铸人格，合无量数之杂驳分子，开洪炉而大冶之；女子其终死，国家其终亡。”并提出“改铸女魂”的三个目标：“易白骨河边之梦为桃花马背之歌，易陌头杨柳之情为易水寒风之咏，易咏絮观梅之什为爱国独立之吟。”

《女子世界》的编辑撰稿人员，初办时只有几位固定撰稿人，且均为男性。如丁祖荫（丁初我）、陈志群、柳亚子、徐觉我、沈同午、蒋维乔、丁慕卢等。这种以亲朋关系建立的基本作者队伍，尚带有传统文人结社的余风。但旋即通过聘用男女调查员，杂志即扩大了征稿范围，保证了信息的及时传递。更有主动的投稿者加入，使刊物越发多姿多彩。

《女子世界》

《女子世界》的栏目设置主要有：社说、演坛、科学、实业、教育、译林、图画、传记、小说、记事、文苑等。其后为了“女子独立自营之绍介”，从第五期开始还加入科学、卫生、实业等内容。

《女子世界》每期都有较多的篇幅报道女界的活动情况。如第二卷第一期（总13期）就有湖南第一女生学堂学潮情况报道。这所学堂开办于1903年，因革新而遭到了社会上一些陈腐人士的非议，终致学堂停办。杂志在“女学文丛”专栏中发表了“停办湖南第一女学堂沥陈始末情形禀”一文，同时发表了著名女革命家秋瑾女士的“留学日本秋女士瑾致湖南第一女学堂书”，全文如下：

“君居乡间，妹游海国，觌面无从，相思日切，久欲上书，因无闲暇。今闻贵学堂遭顽固破坏，然我诸姊妹切勿因此一挫自颓其志，而永永沉埋男子压制之下。欲脱男子之范围，非自立不可，欲自立非求学艺不可，非合群不可。东洋女学之兴，日见其盛，人人皆执一艺以谋身，上可以扶助父母，下可以助夫教子，使男女无坐食之人。其国焉能不强也。我诸姊妹如有此志，非留学日本不可，如愿来，妹处俱可照拂一切。妹欲结二万万女子之团体学问，故继兴共爱会，名之曰实行共爱会，公举陈撷芬而妹任招待。寄呈章程三十张，望不妥处删改，并请推广如何。”

值得一提的是，《女子世界》还有开文明之风化，向封建包办婚姻制度挑战的举措。在第13期（1905年1月）首页，专门刊登一则征婚启事，这在一百多年前确是件新鲜的事儿。

秋瑾

《女子世界》是中国近代最早采用白话的妇女刊物。除“社说”专栏用文言体外，其他多用白话体。如用白话体裁、苏州方言发表的大量诗文，批判封建专制制度对妇女的压迫和摧残，使广大妇女成为奴隶，提出“女子革命”的主张。呼吁同胞姊妹“慎勿自视太轻”，警告她们“不要甘心认男贵女贱个话”，“要破除自轻自贱个想头”，应明白“天底下个人，男女一样个，男女有权柄，女人也有个。男女有责任，女人也有个”。又有一个年仅13岁的常熟女孩曾竞雄发表《女权力强国之元素》：“回顾祖国二万万之女同胞，涧耳束足，涂脂抹粉，如犬羊如牛马之驱役，如囚徒如猛兽之槛禁，不许越雷池一步。询之家政，则曰彼男子事也；信之国家，则回此朝廷事也；问之教育儿女，则曰自有师傅。嗟呼，悲哉！若是之国而冀其兴，夫直梦吃耳！夫女子者，强国之元素，文明之母，自由之母，国民之母，使弃其权利，而不知天职之当尽，黑暗无学术，并不知权利之谓何。”

《女子世界》是江苏历史上第一份妇女报，也是全国辛亥革命前历史最长、影响最大的妇女刊物，它反映了近代中国早期妇女运动情况，是研究晚清报刊史、考察晚清妇女生活与思想的珍贵史料。该刊停刊后，1907年初，陈志群致函《中国女报》主编秋瑾，商洽合办妇女报事宜，后因秋瑾起义事败牺牲未成。同年11月，《女子世界》与《中国女报》合并为《神州女报》。

（2011年9月15日第82期）

养天地正气 法古今完人
——东吴大学50年

沈犁

在中国近现代教育史上有这样一所大学，她发端于中日甲午战争后，此后50年里，为中国培养了大量具有现代知识的人才；在旧中国的历次战乱中她屡遭破坏，但劫后都能得到更加迅速的发展；她为远东军事法庭东京大审判中国代表团输送了既精通英美法又精通中文的法官、检察官。在1952年全国院系调整中拆并更名。如今60年过去了，她静静地藏身于耶鲁大学神学院图书馆、美国田纳西州档案图书馆、中国第二历史档案馆、上海市档案馆、苏州市档案馆、苏州大学档案馆的馆藏档案里，她就是东吴大学。

1900年，美国基督教监理会在苏州创办Soochou University，中文名"东吴大学"，取意为东吴造就人才。首任校长孙乐文认为，开办学校的日的首先是要把学生培养成对社会有用的人才，为社会、为国家做出贡献，同时还应以"完美之人格"为追求目标对学生进行道德培养。于是他选用《圣经》中Unto A Full Grown Man（为社会造就完美人格）作为校训，将其镌刻于校门上方。

倡导"学贯中西"培养有用人才

东吴大学注重培养学生"学贯中西"。1904年，东吴大学6名预科班学生参加乡试，其中3人中了秀才，轰动苏州城。在随后清廷举行的选拔考试中东吴大学学生又多次脱颖而出，学校随之名声大噪，"举国上下皆知，东吴大学培养的学生不但熟习中文，在西学科目上也不输于任何人"。

1907年，东吴大学培养出了第一位文学士。在文科取得成功的同时，法学和理科专业也得到迅速发展。经过 17 年的努力,东吴大学培养了中国最早的化学硕士和生物学硕士,成为中国最早授予研究生学位的大学之一,生物系还建立了“当时中国最先进、最完善的生物实验室”。东吴大学早期的硕士后来大多成为国内一流的专家、学者。1915 年,东吴大学在上海开办“东吴法律专科”。自 20 世纪 20 年代开始,越来越多的东吴法科毕业生在社会上崭露头角,成为国内法律界著名人物。

1927 年 12 月 3 日,东吴大学首位华人校长杨永清到任就职,在他的领导下,东吴大学走在了教会大学改革的前列。1928 年,东吴大学招收女生,推进男女同校,杨绛等 64 名女生入校。1929 年,杨永清定中文校训:“养天地正气,法古今完人”。1937 年“八一三”事件爆发后,校本部一度迁往浙江湖州、皖南、长沙,最终在上海公共租界复校。杨永清认为,战争总会过去,“为了在国家不久将来的物质重建方面做出我们有效的贡献,除了纯科学外,我们应重点开展应用科学教学工作”。东吴大学对院系进行调整,加强社会学和应用学科建设,高践四、俞庆棠、雷洁琼等成为社会学系的专业教师。此外,还增设了化学工程系、会计系、体育专修科。

1941 年 12 月,太平洋战争爆发后,日军占领上海公共租界,继续留在上海办学即意味着与日本军事当局和傀儡政府妥协。校董会决定离开上海,一路南迁寻找新址办学。1941 年东吴大学法学院部分迁往重庆,1944 年底文理学院终告停办。但大批滞留上海的东吴师生,化整为零,秘密办学,力谋避免敌伪干涉。在此期间,分散在上海 20 多个制药和化学实验室里的化学、化工专业教师,研制出了治疗结核病的药物葡萄糖钙以及安全的磺胺类抗生素配制工艺。

在首任校长孙乐文的倡导下,东吴大学的学术氛围浓厚,刊物、著作层出不穷,且均具有较高的学术水准。其中在中国大学学报史上占有重要地位的有:由东吴师生共同于 1903 年创办的《雁来红》和于 1906 年创办的《东吴月报》;东吴法科创办的用中、英两种文字印刷的《法学季刊》(China Law Review),是唯一一份致力于比较法学的双语定期刊物;黄摩西所著的第一部由中国人编写的《中国文学史》,谢洪赉编译的曾用作周作人、胡适等名人英语课本的《华英初阶》,史襄哉著的《纪元通考》、《中华谚海》等成为东吴学术著述的代表。

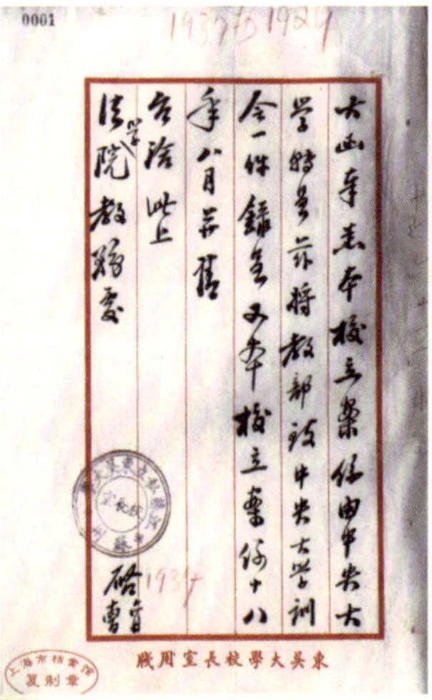
0001

東吳大學校長室用箋

1929 年,国民政府教育部批准东吴大学注册立案的有关文献

扶持“惠寒小学” 陶冶高尚品格

作为一所基督教监理会创办的大学，东吴大学具有十分浓厚的教会学校色彩。以耶稣为榜样塑造学生的品格是教会大学的目的。在学校里，所有学生不分贵贱，受到一视同仁的对待。学校鼓励学生参与具有慈善性质的社会服务，帮助那些无助的人。其中最具代表性的就是支持学生主办惠寒小学。

1911 年，东吴大学学生觅得小屋一间创办“惠寒小学”，免费招收贫寒人家无钱上学的孩子入学，为他们提供受教育的机会。惠寒小学从校长到教员都由大学生利用课余时间义务担当，学费和书本、制服费则由大学生们募捐而来。在校方的支持下，惠寒小学的学童们可以到大学科学实验室、图书馆等处参观，以激发孩子们的学习兴趣，学业优良的学生毕业后还可以免费进入附属中学继续学习。此后，东吴大学的学生们募来资金购置土地扩建校舍，改善办学条件，不断扩大惠寒小学规模。学校由半日制改为全日制，还聘请了一位常驻教员进行日常管理。1916 年已有在校小学生 92 名，58 名大学生利用课余时间承担他们的教学任务。是年，4 名惠寒小学的学生完成学业，1 名学生获得特别经济资助进入东吴大学附中初级班。抗战爆发后，流亡上海的学生们克服重重困难，重新办起一所类似惠寒小学的夜校，为上不起学的孩子提供 6 年制免费小学教育。1942 年，入学学生达 145 人。抗战胜利后，东吴大学在苏州恢复开办惠寒小学。一届又一届大学生服务社会、回报社会的热情，使得成百上千的贫苦孩子圆了入学梦，由惠寒小学进入中学再升入大学的孩子也不在少数。

1912 年起，校方在大学生中试行勤工俭学，让学生通过打扫教学楼

东吴大学创办的“惠寒小学”，免费招收贫寒人家无钱上学的孩子入学

和从事其他劳动来偿还一些学费借款，此举受到学生们的热烈响应，很多学生都来申请，使校长葛赉恩招架不住。在100年前的中国，让年轻学子乐意放下手中“高贵”的课本，通过“卑微”的劳动来偿还自己的费用，东吴大学教会了那些即将成为中国社会精英的年轻人在课本上无法学到的东西。

崇尚体育精神　锻炼强健体格

1904年4月23日是一个阳光灿烂的春日，这一天，东吴大学校园里一片欢腾。苏州市民争先恐后从十梓街赶往天赐庄，观看由东吴大学组织发起的华东4所大学体育联合会第一届田径运动会。这一届运动会像一场暴风骤雨震撼了风气未开的姑苏城。

100年前的中国男子体格普遍瘦弱，学生们甚至无法将自己悬挂在晃动的吊环上。为了努力把学生培养成体格健壮的领袖人物，适当的体育锻炼成为必需，适合所有学生的体育课程被列为必修课。1903年，一位极具传奇色彩的美籍数学教授司马德把体操和球类运动带到了东吴大学。学校中诞生了身穿灯笼式长裤、留长辫的中国最早的辫子球队，西方现代体育项目风靡整个校园，各种体育社团悄然兴起，田径队、棒球队、网球队、篮球队、技击（武术）队相继成立，中国士大夫重文轻武的传统思想像废纸一样被丢弃，体育运动成为一种新风尚，东吴学子将救国的梦想寄托于绿草如茵的运动场。“还人国魂，复我元气，孱弱民族，一变为雄武国民”成为技击队的宗旨。体育精神的培养增强了学生的体质，同时对学生性格的形成和思想的熏陶产生了难以估量的作用。

1922年5月13日，在南京金陵大学举行的华东8所大学第二届田径运动会上，东吴大学田径队获冠军。消息传来，学校决定停课一天，15日上午11点全体师生身穿制服，列队到火车站迎接运动员。这一天，整个东吴大学都在为他们的体育成绩而激动不

东吴大学女子篮球队

已。东吴大学的多名学生先后代表中国数次参加远东运动会。1936 年，东吴大学学子程金冠作为中国奥运代表团成员出席柏林奥运会，参加了 100 米、400 米接力两个项目的比赛。

维护国家尊严　培养有守有为法学家

在美国国防部解密的远东军事法庭东京大审判的录像资料中，中国检察官首席顾问倪征日奥用流利的英语向板垣征四郎步步紧逼，整整 3 天的诘问，彻底摧毁了这个老谋深算的军国主义分子的心理防线。看到这里，读者的目光不禁转到了东吴法学院，这个最初培养倪征日奥的地方。

民国初年的上海已经成为一个国际化的城市，"工商繁盛，狱讼滋多"，法律人才需求趋旺。1915 年 9 月，东吴大学美籍教员、律师兰金首发倡议，在上海开办东吴法律专科（英文名 China Comparative Law School），聘请当时上海司法界知名人士到校兼职授课，培养通晓英美法、罗马法以及希伯来法 3 种不同法律体系的法律人才。东吴法科效仿美国著名法学院的做法，招生对象至少须有 2 年大学学历，法律课程的学制为 3 年，开设法学类必修课 44 门，选修课 37 门，国文、英文为必修，良好的语言修养，极大地便利了学生对比较法的研究。教学中还引入"型式法庭"，每月开庭两次，模拟审判程序，操练实务。1918 年 6 月，东吴法科第一届 7 名学生毕业，获法学学士学位，"开创了现代中国之先声"。1922 年，东吴法科创办《法学季刊》，成为全国最早出版的法学刊物。1927 年，东吴法科改为法学院。1928 年，东吴法学院开设法学硕士班，成为中国第一家招收法学硕士生的学校，开中国法学研究生教育的先河。

20 世纪 20 年代后期开始，学成归国的东吴校友纷纷在学院任教，他们学贯中西，拓展了东吴比较法教学的内容；与此同时，一批在国内闻名遐迩的学者也被东吴大学法律学院所延揽：胡适、林语堂、徐志摩、陈布雷、潘光旦等被聘为教授。东吴大学法学院学生的优良素质也为世界著名大学所欣赏，截至 1938 年，有 92 名法学院毕业生被包括耶鲁、哈佛、斯坦福、柏林大学、巴黎大学在内的 18 所世界知名大学法学院录取为研究生。同期，康奈尔大学、杜克大学、日本法律学院、圣约翰大学等近 40 所国内外知名大学的数百名学生前往东吴法学院就学，中西法律交流盛况空前。

东京大审判远东法庭的中国法官、检察官、顾问、翻译等几乎都来自东吴法科

1946 年，审判日本战犯的东京大审判由于采用的是英美法程序，中国赴远东法庭的法官、检察官、顾问、翻译等几乎都来自擅长英美法、比较法的东吴法科。在历时两年半的庭审中，共开庭 817

次，中国代表团用自己的智慧、勇气和学识维护了祖国的尊严和人民的利益，赢得了世界的赞赏与尊重。

组织学生社团　投身社会活动

为将学生培养为公众生活中的领导人物，1906 年，两个互不统属的辩论团体“丽泽会”和“竞智会”，在校方的指导下，成为东吴大学最先成立的学生社团。1914 年，在圣约翰大学校长卜舫济博士的倡导下，东吴大学与圣约翰大学开展校际“竞辩”，通过辩论中才智的抗衡培养学生的领袖能力。论题紧贴当时中国社会、政治状况，如 1914 年第一届辩论会的辩题为“中国今日借外债利害孰甚？”1918 年的辩题为“道德问题与生计问题于今日之中国孰为尤要？”

辩论团体竞智会

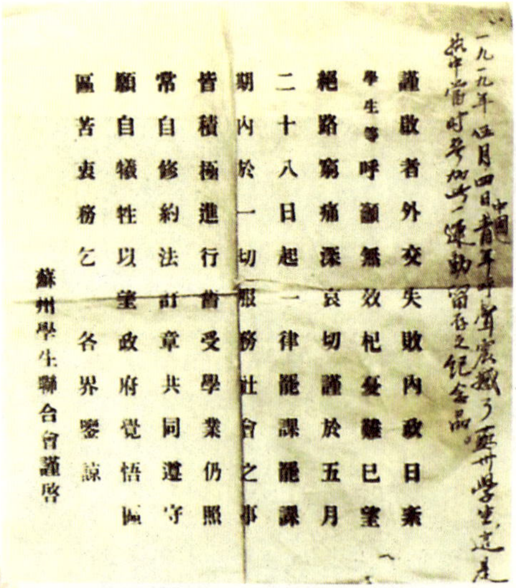
謹啟者外交失敗內政日紊
學生等呼籲無效杞憂難已筌
絕路窮痛深哀切謹於五月
二十八日起一律罷課罷課
期內於一切服務社會之事
皆積極進行皆受學業仍照
常自修約法訂章共同遵守
願自犧牲以冀政府覺悟俯
匾苦衷務乞各界鑒諒
蘇州學生聯合會謹啓

以东吴大学为主体的苏州学生联合会组织学生参加五四运动的传单

东吴大学其他社团的活动也一直如火如荼地开展着。学术社团有文学、宗教、哲学、理化、教育、生物、社会科学等 10 部。文化艺术社团多姿多彩，有东吴剧社、东吴大学音乐团、研究民族音乐及中国古乐的景倕会、美术会、摄影研究会等，还有联络同学、同乡感情的同学会、同乡会。

从 6 位年轻书生请孙乐文教他们英语开始，东吴学子始终没有缺少过图变、图强、拯救积弱中国的爱国之心和政治热情。五四运动爆发后，东吴大学学生冲破阻力，通电北洋政府“宁撤专使不签丧失国权之条约”，“请释学生，惩奸以谢天下”。5 月 18 日，苏州学联正式成立，东吴大学学生尤敦信被推举为书记。5 月 26 日，为响应上海学生的罢课行动，东吴大学成立学生会，进行罢课斗争。学生们走上街头闹市演讲，甚至远赴无锡进行宣传，痛斥卖国贼，揭发帝国主义亡我之心。6 月 16 日，尤敦信代表苏州学联赴沪参加全国学联成立大会，全国学联成立后致电北洋

中共党员和进步学生经常聚会

政府暂不承认合约签字。

1925 年五卅惨案爆发后，全体东吴大学学生致电上海学联及各报社，呼吁“各界同胞群起为上海学生后援团，为我国国民雪耻”。身处上海斗争中心的东吴法科学生，不仅聘请本校教授和著名律师为被捕的工人、学生打官司，还成立“法律讨论委员会”，承担调查检验等工作，调查资料《五卅惨案受伤调查表》、《五卅惨案死亡调查表》均经报纸向社会公布。法律讨论委员会还出版了《五卅血案实录》。法科学生的爱国活动，为东吴法科和东吴大学赢得了良好声誉。

新中国成立前，东吴大学曾经建立了 3 个地下党支部。他们根据上级指示，开展各项活动。1946 年初，在学生中建立秘密的“时事学习小组”，上海学生迁回苏州后又扩大成立了“今天社”。1947 年夏，地下党组织团结大多数同学迫使校方同意成立学生自治会。经过选举产生的 3 位自治会正副主席中有 2 位是地下党员。此外，他们还成立了一些公开的外围组织。解放前夕，学生自治会又担当起护校重任，地下党支部团结师生，为保护学校迎接解放做出了贡献。

（2012 年 5 月 24 日第 89 期）

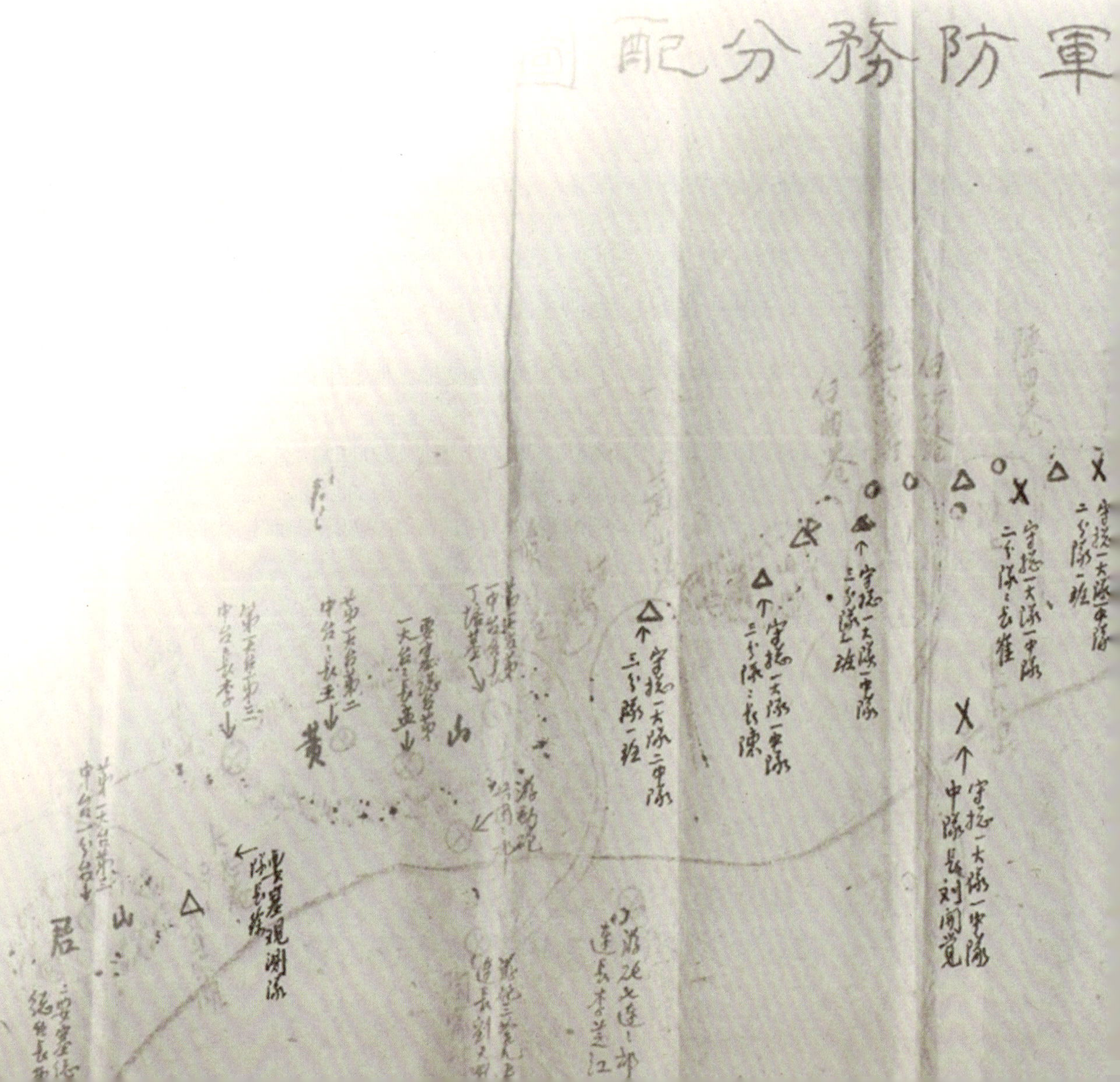
軍防務分配図
黄
山
居
山

艺
台拾贝

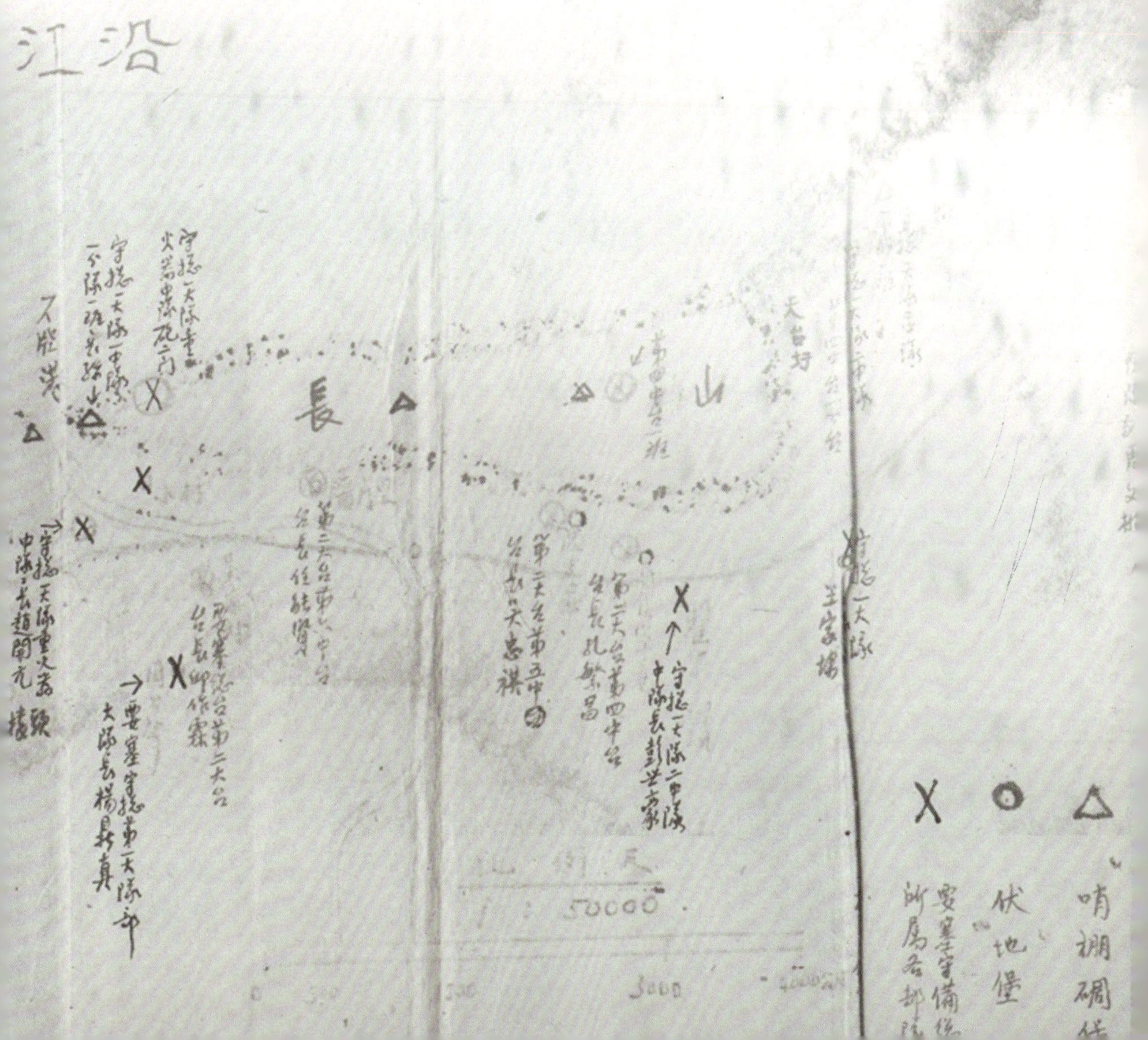

毛泽东三次为《新华日报》题写报头

徐之峻

毛泽东生前十分重视和关心在南京出版的《新华日报》，他曾3次为《新华日报》题写报头，勉励报社工作人员办好这份具有光荣革命传统的党报。

《新华日报》原是我党于抗日战争时期创办的在国民党统治区唯一公开发行的报纸，1938年1月11日在武汉创刊，1938年10月25日至1947年2月在重庆出版。1949年4月24日，周恩来代表中共中央宣布，把具有光荣历史的党报《新华日报》的报名，用于解放后的南京的党报。4月30日，《新华日报》在南京出版。

在南京出版《新华日报》的最初阶段，报纸仍然沿用了重庆时期《新华日报》的报头。1949年9月间，有几位同志从北京来，带来了毛泽东亲笔题写的"新华日报"4个大字，使同志们大喜过望。当时，解放全中国的战争还在进行，新中国即将诞生，毛泽东竟于百忙之中为《新华日报》题写报头，这不能不使报社的同志们感到意外的惊喜。通过大家紧张的工作，迅即于1949年9月17日用上了毛泽东第一次为《新华日报》题写的报头。

新中国成立后，毛泽东多次来江苏视察，每次来南京都要读《新华日报》，有时还在值得注意的地方用红铅笔划上杠杠。1953年2月22日，毛泽东乘军舰经过连日的长江航行，抵达南京。第二天上午他读了《新华日报》，不顾旅途劳顿，立即挥毫第二次为《新华日报》题写报头。"新华日报"4个字是写在一张印有"中国革命军事委员会"字样的信笺上的。在信笺上方空白处还写着："柯庆施同志：提议新华日报换一个报头。"柯庆施当时是中共江苏省委第一书记，他特地把报社负责同志召到省委，郑重地转交了毛泽东题写的报头。报社的同志们又一次感受到毛泽东为《新华日报》题写报头的惊喜。有关人员日夜赶班，精心制版，在2月25日的《新华日报》上，毛泽东重新题写的报头就与广大读者见面了。

毛泽东第三次为《新华日报》题写报头，是在1964年7月19日，这次是用宣纸书写的。他把"新华日报"4个字写了一遍又一遍，最后亲自选定4个字，在其右上角圈了双圈。他还写信给当时的中共江苏省委第一书记江渭清，在信中说：现在重写《新华日报》报头，"如可用，则在国庆节改换为宜。如不可用，请你退回重写。”毛泽东这封对《新华日报》寄予关怀和厚爱的信函，连同珍贵的题字，从北京传到南京，从省委传到报社。报社的工作人员兴高采烈，奔走相告，争相观看毛泽东为本报第三次题写的报头。根据毛泽东来信指示，新报头于建国 15 周年的国庆节正式启用。这一天的《新华日报》还发表了《致读者》，表示“我们一定要用实际行动回答毛主席的关怀和期望，我们要更高地举起毛泽东思想的伟大红旗，把《新华日报》进一步办好。”

毛泽东三次为《新华日报》题写报头，是我国新闻出版史上的珍闻，是值得新华报人乃至江苏全省人民引以为光荣和自豪的一件大事。

（2006 年 9 月 28 日第 32 期）

孙中山遗体归葬南京前历遭风险

赵路华

孙中山先生逝世后，其遗体最先停放在北京西山碧云寺金刚宝塔内，在此期间屡遭损毁危险，不得不几次移迁，以至暂厝毫无保存遗体条件的北京水泉山洞里。中国人民心中的国父，为中国民主革命奉献一生的孙中山怎会遭此厄运，其中的因由鲜为人知。南京市档案馆馆藏民国档案里有一份北京西山守灵处主任李荣的工作报告，将孙中山遗体历遭风险的事实经过披露出来，算是对这段历史真相的补白。

1927年“四·一二”政变后，蒋介石为扩充地盘，壮大势力，进行了二次北伐。其间，蒋介石联合阎锡山、李宗仁、冯玉祥，想利用国民党各派力量从奉系集团手中夺取中国北方。在新旧军阀的混战之中，奉系及直鲁军阀渐渐处于劣势，被称为“狗肉将军”的张宗昌，其部队不堪一击，而他在1927年9月18日到北京开会时声称“孙中山停灵柩地方风水大好，所以南军屡次告捷，不如将遗体毁灭以绝后患”。而东北绿林豪客出身的奉系首领张作霖也相信迷信、崇尚风水，曾有焚烧孙中山遗体的打算，并以此来发泄对北伐军的仇恨，只因他的军师杨宇廷竭力劝止，张作霖才将此事暂搁一旁，但此念始终未消。而张宗昌的这一提议，正中其下怀，二张一拍即合。张作霖的儿子张学良深知焚毁孙中山遗体为国人所不容，但又不敢公开反抗父亲。据当时的报纸记载，当他听说父亲张作霖已决定要立即对孙中山遗体采取行动时，就暗中致电南京政府派人将孙中山遗体运回南边，并声明他可以负责将孙中山遗体护送到天津。但这一提议却没有得到南方的明确答复。

张作霖的部队军纪很坏，进入北京后，士兵常到西山恣意捣乱、骚扰，甚至有士兵想举枪击落孙中山遗像，经守灵处职员好言相劝，方才罢休。1927年，当孙中山逝世两周年之际，守灵处职员举行纪念大会，被密探报告警察厅，说他们高挂党旗，秘密集会，系为异常举动。警察厅得知后，立即派署长前去调查，当这位署长回报守灵处职员只是祭祀孙中山，并非谋反，却被革职查办。此后，侦缉队不断围搜碧云寺，一些土匪也图谋火烧碧云寺，此时又有人从张作霖的卫队长赵锡福处得知，张作霖、张宗昌焚毁孙中山遗体的计划即将付诸实施，情况危急。

孙中山社稷坛灵堂内景，殿正中高悬孙中山先生遗像及"有志竟成"匾，两侧联为"革命尚未成功，同志仍须努力"。

听到这样的消息，西山守灵处主任李荣深感不安，他和守灵处全体职员商量，一定要竭尽全力保护好孙中山先生的遗体。李荣拟托商界朋友南下代为报告国民政府，然而此事已是迫在眉睫。于是李荣又亲自到协和医院请医生设法伪称孙中山遗体腐变，须运回医院处理，想借助外国人的势力暂避危险。不料院方不敢收纳孙中山遗体，李荣哀求数次，终未奏效。在无路可走的情况下，李荣只好请求协和医院的一位大夫开了药水名目，自己到西药房配制药水，又到中法中学将孙中山原有美式棺具取回，于 1927 年 11 月 25 日深夜两点，相约全体守灵人员秘密出动，将孙中山遗体用药棉裹好，移入美式棺内，转置水泉山洞安放，才免遭不测。二次北伐胜利，张作霖败退以后，孙中山遗体于 1928 年 6 月 7 日奉移至西山碧云寺灵堂。但经过这次磨难，孙中山遗体遭到一定程度的损坏，以后其遗体没有能够再装入水晶棺为人瞻仰而改为土葬，这不能不说是当年辗转波折所导致的直接结果。

（2011 年 4 月 18 日第 77 期）

宋氏姐妹常熟行

沈秋农

2003 年 10 月 23 日，中国近现代史上的知名人士宋美龄在纽约寓所安然长逝，走完了她 106 岁的生命旅程。消息传来，使人不禁想起 56 年前的 10 月，宋美龄与二姐宋庆龄在江南名城常熟游千年古刹兴福寺、品王四酒家美味佳肴的情景。

1947 年 10 月 19 日上午，宋氏姐妹在上海淞沪警备司令部司令宣铁吾、行政院新闻局副局长曾虚白与其弟名医曾耀仲、孔祥熙公子孔令侃等人陪同下，一行 30 人，分乘 6 辆专车，从上海出发，在事前并未通报常熟县府的情况下，于中午 12 时悄然抵常，径赴虞山北麓千年名刹兴福寺游览。

兴福寺初名大慈寺，梁大同三年（537）改名兴福寺，后又更名破山寺。随着唐代诗人常建作《题破山寺后禅院》一诗的传播，兴福寺声名大振，香火兴盛，成为江南四大名刹之一。寺内古木参天，胜迹众多，大雄宝殿、常建诗碑、千年唐桂、兴福石、空心事……宋氏姐妹在曾氏昆仲导游下，顺着寺园中的幽幽曲径款步轻移。曾氏昆仲本是清末四大谴责小说之一——《孽海花》作者曾朴的两位公子，因自幼生长于常熟，且家学渊源，耳濡目染，对家乡的名胜古迹、掌故轶闻知之甚多。所以，听着他们的娓娓介绍，宋氏姐妹兴趣盎

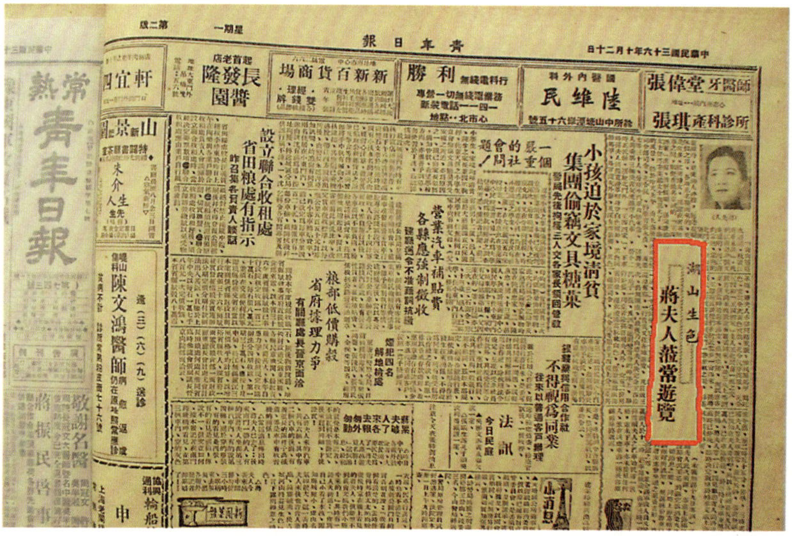
第二版 星期一
青年日報
中華民國三十六年十月二十日
常熟青年日報
湖山生色
蔣夫人蒞常遊覽
小孩迫於家境清貧 集團偷竊文具糖菓
一個嚴重的社會問題！
設立聯合收租處 省田粮處有指示
營業汽車補貼費 各縣應強制徵收
粮部低價購穀 省府據理力爭
不得視爲同業
法訊

《常熟青年日报》(1947 年 10 月 20 日版) 载有蒋夫人宋美龄来常游览虞山的报道

然，沿途摄影频频，以志留念。

从兴福寺出来后，一行人旋赴寺园附近的王四酒家进餐。王四酒家创办于清光绪十三年（1887），地处景色秀丽的虞山北麓，与兴福寺仅一箭之遥。店主的烹饪技艺精湛，所用菜蔬均十分新鲜，其中不乏时令菜肴，山间野味，散养鸡鸭，所酿桂花白酒更是香甜醇厚，风味独特。故慕名游览名胜古迹、品尝美酒佳肴的各方宾朋常将王四酒家挤得座无虚席。而此日又恰逢周末，秋高气爽，前来用餐者更是摩肩接踵，让酒家主人应接不暇。孔令侃与王四酒家主人王化民有过交往，事先已请其准备三桌上等酒菜，用以款待贵宾。为安全起见，孔令侃当时未曾言明贵宾身份。现在宾客临门，王化民虽记在心里，却一时难以应客，只得婉言请他们先在附近散步，过一会再入席用餐。好在宋氏姐妹游兴未尽，也不想因此扰民，就再往附近山麓览胜。

秋日的蓝天下，十里虞山更显得层林尽染，风姿绰约，山涧泉水淙淙，林间鸟儿欢鸣，虽然已是农历九月初六，但空气中依然浸透着木樨树的馥郁花香，沁人心脾。宋氏姐妹散步于兴福寺头山门外的密林之中，既尽情享受着自然界的秀美风光，也品味着人生难得的舒心与宁静。20分钟后，一行人折返王四酒家，谁料依然满座，只得再往各处游览。如此往返三次，王四酒家仍无空座。不得已，孔令侃才将贵宾身份透露给店主。王化民闻听介绍，赶紧招呼伙计将一方桌置于林间一处叫弯背枫杨树的草坪上，随后请其母亲邵银宝亲自侍奉，并命专人送菜，片刻之间，松树蕈油、鸟醉虾、荷叶煨鸡、冰糖葫芦、桂花栗羹等当地名菜名点摆了满满一桌。宾客们一边眺赏秋林山色，一边品尝美肴佳酿，不断赞叹："想不到这小地方有这么好吃的菜。"而宣铁吾、孔令侃等则在王四酒家楼上分坐数桌，共进午餐。至当日14时50分，宋氏姐妹一行尽兴散席，再一次环视秋阳下的虞山，依依登车返沪。次日，常熟4种报纸均对此作了报道，顿时轰动全城，王四酒家更是声誉日隆，成为当地值得宣传炫耀之事。

宋氏姐妹的常熟之行见报后，引来了一些长者对宋氏三姐妹中的大姐宋蔼龄游览常熟的追忆。1936年秋，孔祥熙夫人宋蔼龄莅常游览，事先，她已请驻军宋希濂部准备藤轿数乘。当轿夫抬至虞山著名景点桃源涧时，宋蔼龄即命轿夫停轿，并将预置的草鞋套在皮鞋上，步行游览。轿夫即对孔夫人说："奶奶，走好！"宋蔼龄含笑答礼："你们不要如此客气，只要叫我宋先生就是了！"当日，宋蔼龄游兴正浓，不顾旅途劳顿，一鼓气将虞山上下、城内城外的清凉寺、兴福寺、维摩寺、慧日寺四大古寺畅游一遍，然后回城中寓所休息。临别时，宋蔼龄将轿资悉数照付，并一再道谢，这在轿夫心中留下了平易近人、经久难忘的印象。

光阴荏苒，宋氏三姐妹游览常熟已是六七十年前的事了，但她们热爱大自然和不事张扬，与底层人民和蔼交往的风采，依然成为常熟人民时常念叨回味的名人珍闻。

（2012年10月27日第93期）

陈独秀孙女南京寻墓的来龙去脉

经盛鸿 芮勇

1992年、1993年，陈独秀的孙女陈祯祥先后两次从香港专程来南京，寻找她祖母高君曼在清凉山的旧墓。在各方人士的热情帮助下，陈独秀的孙女历经曲折，终于找到并确认高君曼那座60多年来几乎无人祭扫过的旧墓，使高君曼这位曾为中国革命出过力的女性安息于南京的青山绿水间。此事还得从陈独秀的婚姻情况谈起。

陈独秀的第二任夫人高君曼

陈独秀与元配夫人高晓岚的婚姻是按封建传统习俗由家长包办形成的，因而两人并无多少感情。高晓岚是个没有文化的旧式女子，陈独秀则是个思想日益激进且敢于向封建传统挑战与决裂的时代闯将，两人的思想差距日益增大，矛盾、冲突直至离异是自然的。这在陈独秀跟高晓岚的同父异母妹妹高君曼相识并相爱后，成为现实。

高君曼是高晓岚的父亲高登科与续弦亓氏所生，比高晓岚小10岁，乳名小众，又名君梅。她从小受父母宠爱，又聪慧异常。她未像其姐跟同时代绝大多数中国妇女一样遭受缠足之苦，而且自小就像男孩一样受到文化教育，后来还到北京女子师范读书，成长为一个新时代的知识女性。高君曼在北京读书期间就十分崇敬姐夫陈独秀，欣赏他的诗文与才气。后来接触多了，因思想相近与相通，两人感情日深，终于在1910年冲破世俗阻力，离家出走，“私奔”前往杭州，正式宣布结为夫妇。陈独秀与高晓岚的婚姻也就随之结束。

陈独秀与高君曼婚后共同生活了约15年，即从1910年到1925年左右。这正是中国社会发生翻天覆地的大动荡、大变化时期，也是陈独秀一生中紧张而忙碌、建树与贡献最多的时期。在这期间，他参加了辛亥革命、“二次革命”、新文化运动、“五四”运动、组建中国共产党……他是“五四”运动的总司令、中国共产党的创建人与主要领导人，成为中国极著名的文化名流与政治活动家。高君曼是陈独秀的生活伴侣，先后生下女儿陈子美与儿子陈哲民，同时在事业上支持与帮助陈独秀，作出了许多贡献。她帮助陈独秀接待各种来访客人，协助编辑《新青年》与许多中共早期刊物，掩护陈独秀的革命活动，在陈独秀前后数次被捕时积极参与营救，有一次还与陈独秀一同被捕……她被陈独秀的友人称为“女中之杰”。

1931年高君曼病逝南京

紧张、艰苦与不安定的生活很快损坏了高君曼的身体。她得了肺结核咯血病，这在当时是一种很可怕的病。更为严重的是，高君曼与陈独秀在1922年以后，由于各种原因，感情日益淡薄，关系走向疏离。他们经常争吵，后来分居。到1925年冬天，高君曼带着自己生的两个小孩，从上海移居南京。

1930年，高君曼的姐姐，也就是陈独秀的元配夫人高晓岚在安庆病逝，高君曼带着两个小孩回安庆奔丧。她的精神又一次受到打击，身体也迅速垮了下来，不仅咯血病加剧，又患上了子宫癌，于1931年在南京病逝，年仅45岁。高君曼在南京病逝时，陈独秀正隐居在上海租界中，被国民党政府严令通缉，自然不能到已成为国民党政府首都的南京奔丧与料理后事。高君曼的后事由她生前的几位友人与同乡操办，草草了事。她的遗体被安葬在南京城西的清凉山墓丛中。

自1931年以后，由于种种原因，几乎没有人来扫过墓。历经数十年风雨的侵蚀，渐被岁月湮没，这墓快被人遗忘了。

陈独秀孙女来寻祖母墓

岁月如梭，历史到了1992年，中国正是改革开放、繁荣昌盛的时代，尊重历史、实事求是已成为时代风尚。这一年6月初，陈独秀的孙女、高君曼儿子陈哲民的女儿陈祯祥，在父亲与其他亲友的支持下，来到南京寻找其祖母高君曼的旧坟。

历时半个多世纪，南京城内外面貌发生了很大变化。清凉山一带曾建过一座火葬场，后又劈山开路，建造公园，迁移墓群。陈祯祥来南京前，只听她父亲陈哲民回忆说，高君曼的墓建在清凉山朝南向阳的一处高坡上，并立有墓碑。但只靠这一点线索来寻找60多年前的旧坟，显然是十分困难的。

值得庆幸的是，陈祯祥得到了南京各界有关人士的热心支持与帮助。南京师范大学历史系一位教师陪伴她到清凉山，在山上山下寻找坟墓与墓碑，但历经数日没有收获。后来有一位负责看管这一带坟墓的“坟亲家”唐师傅告诉他们：据其妻子的祖父——一位老“坟亲家”说，山上的坟墓基本都有主，每年的清明节都有人来扫墓，或有的虽不是年年来，但隔几年总会有人来。但有一座坟，不知是谁家的，葬了60多年了，却从来没有人来上过坟、扫过墓。陈祯祥循此线索，立即找到此墓。他们发现此墓已坍了，但其位置与前后景物很像陈哲民回忆所说。可是没有找到墓碑，因而不能确定墓主身份。唯一的方法就是开棺取出遗骨，用科学方法进行测定。

又过了半年多时间，到1993年春，陈祯祥再次来南京。4月4日，陈祯祥请来几个民工，由“坟亲家”唐师傅指挥，动工挖墓。历时两天，他们才挖到真正的墓穴。又请来江苏省公安厅的法医指导取骨。因年代久远，棺木全腐，与泥土融合，遗骨则严重风化。经仔细剥离，才取出全部遗骨，立即送江苏省公安厅技术科学法医室进行检测。根据检测结果，陈哲民断定此遗骨即高君曼的遗骨。

经与有关单位联系，陈祯祥将其祖母遗骨迁葬于南京南郊雨花台附近的黄金山墓园，并以高君曼之子、女、孙的名义为高君曼立碑、圆坟。

高君曼作为曾对中国革命出过力的陈独秀夫人，终于在南京的青山绿水间得到真正的安息。

（2005年10月27日第13期）

南京城的百年变迁

——《金陵省城图》

李强 张建宁

在南京市档案馆收藏的数十万卷档案里，有一份晚清地图——《金陵省城图》。此图为正方形，边长 70 厘米，印制在较厚的优质纸张上。地图上的景物如紫金山、长江等，均为手绘的象形图例，而具体街道、建筑的名称，则是印刷字体，可见此图曾有批量印刷，广泛流传。据专家考证，《金陵省城图》是一份当时南京的城市区划图，地图成于 1894 年至 1908 年间，距今已有百年历史。

《金陵省城图》采用的是方格绘图法，全城区划绘制在以众多等边方格为背景的图纸上。这种采自西方的测绘技术，在当时的中国应该处于领先地位。图中所注的“每方一里”，表示此图采用的是 1∶50000 的比例尺。地图左下角标有“虎丘唐继淙测绘”字样。另外，该图城墙以内表现得相当细致、规范，各城门、街道、官府衙门的名称均有标注。

从地图上的街道、建筑分布可以看出，当时的政治、商业、文化中心主要集中在城南，尤其是升州路、秦淮河、夫子庙一带。而现在的新街口到鼓楼这一线，在当时也已有较大规模的开发，并带有一定城市规划的意识，地图上十余条东西向的道路和七八条交错的南北向干道便是证明。晚清时期的南京，出现了一些现代化工厂如江南制造总局，出现了新式教育机构如三江学堂等。此外就是南京开埠以来，对外的商业贸易发达起来，码头的兴建使得下关一带得到了开发。

交通方面，当时南京城内的道路建设已颇具规模，升州大道贯穿东西，城南、城中的交通相当发达。通济门外向南有一条宽敞的大道，应该是通往苏杭一带的经贸之路。

这 100 年来，南京城区的规划建设，经历了一个由南向北、由中心向东西两个方向不断推进的过程。专家们曾经对照过 1949 年、1976 年、1989 年、2002 年的南京城区图，和《金陵省城图》比较起来，1949 年的南京城区没有大的变化，而到 1976 年，南京的道路和人口分布就已遍布城墙内的老城区。从 1979 年改革开放以来的二十多年间，尤其是近十年，南京城的城貌经历了天翻地覆的变化。交通、高层建筑、环境改造、新街口和山西路商贸圈的形成等等，无不向世人展示着南京这座六朝古都的绰约新姿。近几年来的河西开发，亚东和江宁等卫星城的建设几个大动作，更标志着南京已实现城市郊区化的发展模式，她的未来会愈发地光彩照人。

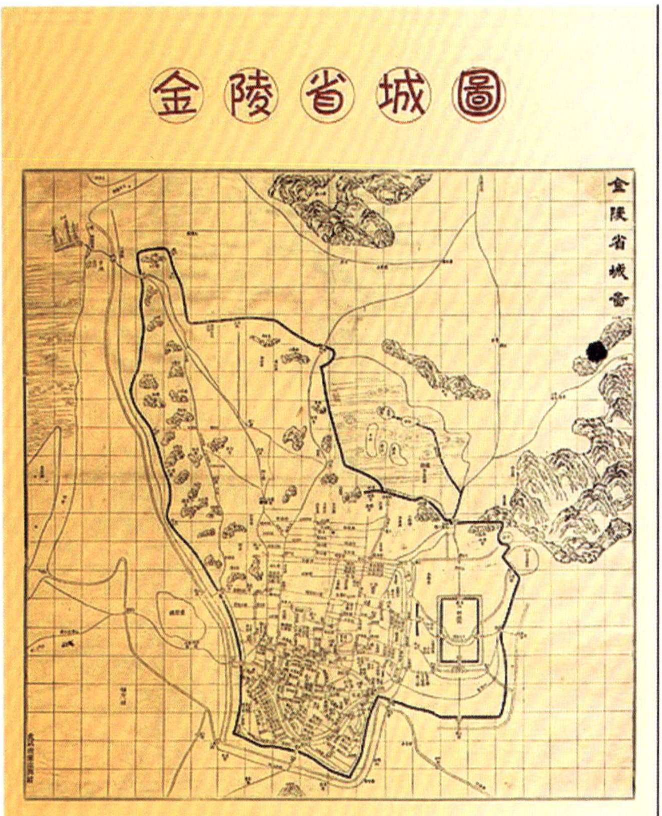

清末时期金陵省城图

（2006年5月11日第23期）

“鸿生轮”上的枪声

陆桂枫

1949年2月2日，国民党反动派在华中九分区最后的据点南通城守敌全部撤逃江南，南通地区（九分区除崇明未解放外）宣告全境解放。不甘心失败的国民党反动派，在仓皇撤逃后，利用南通滨江临海、海岸线长、港口多的地理条件，秘密组织武装特务，潜入解放区，勾结残敌、土匪、恶霸等反革命势力，妄想开辟“第二战场”，进行“游击坚持”，骚扰捣乱。发生在1949年9月22日晚间的“鸿生轮”案，就是当时令人发指的凶杀洗劫案之一。翻开珍藏在南通市档案馆《沪崇鸿生轮谋杀洗劫案与川港暗杀案破获报告》等档案资料，令身处和平年代的人们，感知了当年敌我斗争的残酷与艰辛，领悟到和平安宁生活的极其珍贵。

1949年9月22日晚，黄浦江面，月黑风高，水深浪急，首次由上海开往崇明的鸿生轮船正开足马力，“突突突”地向前疾驶。其中，乘船前往堡镇执行任务的我88师几名解放军指战员，一身戎装，在人群中显得格外醒目。这时，十几名伪装成客商的匪徒正在匪首黄志英、徐锡昌、朱国范的指挥下，悄然密布于我解放军指战员的周围。夜半时分，当船行近吴淞口外狮子坟时，匪首黄志英突然冲进驾驶室，举起手枪逼令轮船驶向江心。另一匪首徐锡昌立刻登高瞭望，匪特江山一见时机成熟，猛地瞄准我解放军战士，发起了突然袭击。经过激烈搏斗，两名解放军战士当场英勇牺牲。这时，江面上驶来一条帆船，匪徒徐锡昌咆哮着鸣枪喝停，架着被捆的3名解放军战士（1名解放军女战士受伤被放），带着抢劫的物品，劫持帆船仓皇逃窜。入夜，在江边，又凶残地将3名解放军战士活活勒死，埋尸灭迹。

崇明县公安局迅速将此案报告南通专署公安局，与此同时，专署公安局还接到南通县公安局关于川港区明安乡干群4人也被谋杀的报告。专署公安局立即研究侦查破案部署。从何下手呢？尽管当时专署还没有意识到两起案件系同一伙匪特所为，但鸿生轮凶杀洗劫案发生于茫茫江面，匪特踪迹难以寻觅，相对而言，川港命案陆上追踪发现线索较为容易。因此，专署公安局决定从川港谋杀案入手，集中分区、海门与南通之侦工人员，在两个县交界的区域统一部署，进行侦查。

经过一段时间调查后，公安干警发现以黄志英、朱惠丰为首的7名匪特最近逃离本地下了长江，他们是否与川港谋杀案有关呢？为了摸清实情，便争取了一个与朱惠丰熟识的人到朱家游说、侦查，结果从与朱妻的谈话中确认了朱惠丰已犯大案，并已逃窜至上海。

10月底，经苏北行署公安局并转华东社会部批准，专署公安局组织了一支以侦察科长顾克英为首的精干小分队奔赴上海。此时，小分队一面在警备司令部报告行动方案与计划，一面派联络员守候在内线等消息。某日下午5时，内线突然传话说，前计不成，主犯黄志英5至6时在兆丰公园与人谈话，6至7时徐锡昌约众匪在曹家渡聚餐后准备作一案，明日再走。

征得警备司令部同意，小分队立即行动。首先，飞车赶到兆丰公园，不料时间已过，主犯已走。于是，又火速乘车赶到了曹家渡。匪特们见势不妙，拔腿想逃，可为时已晚。狡猾的敌人又想往人堆里钻，企图掩在人群中蒙混过关。我便衣干警果断出击，厉声断喝："不许动，举起手来！"徐锡昌等7名匪特立刻变得像霜打的茄子似的，耷拉着脑袋，举手就擒。当夜又抓获盛老三等4名匪特。

第二天，根据敌人口供，小分队又发现了一条重要线索：匪首将于当日下午在虹口公园集会。

因虹口公园抓捕行动围观者甚多，小分队和警备司令部虽担心敌人有可能已闻风而逃，但为了抓住匪特主犯，仍然精心谋划，周密部署猎捕行动。匪特们由于过分保守秘密，闭目塞听，尚不知我捕敌行动，在大多数匪特已落网的情况下，依然应约而来。"看——他来了！"匪首黄志英一露面，便衣干警一下子将黄匪手臂反扭身后，其他三组立即举枪合围。穷凶极恶的匪首黄志英拼命地挣扎，无奈手臂被扭，面对直逼脑门的枪口，只得俯首就擒。

1949年12月，经上海市军事管制委员会主任陈毅、副主任粟裕批准，判处匪特黄志英、徐锡昌、朱国范、江山、朱惠丰、盛建民、黄连宝死刑。12月29日，首批匪特在上海龙华刑场被枪决。

据有关档案史料记载，1949年4月至1952年底，南通公安共破获匪特案155起，捕获匪特990名，并缴获大量枪支弹药与电台，有力地粉碎了敌人妄图开辟"第二战场"的阴谋，维护了地方治安，稳定了社会秩序。

（2010年9月9日第72期）

江阴解放中的《江防图》

刘鸿浩

很多人看过电影《渡江侦察记》。影片中，李连长与吴老贵、周长喜等人历尽千难万险，取得敌江防工事图，助百万雄师渡江南下的故事，给广大观众留下了深刻的印象。江苏省档案馆就有一份地下工作者手工绘制的《沿江驻军防务分配图》，保存在中共华中工委江南工委卷宗内。

《沿江驻军防务分配图》，幅面 40 厘米 ×18 厘米，比例尺为 1 ∶ 50000，图上标注有巫山、长江、黄山、君山等山，有张家港、巫山港、新河港、白沙港、鲥鱼港、黄田港等十多个长江沿岸港口，村镇、公路、伏地堡、哨棚碉堡、要塞守备总队所属各部队、要塞总台所属各台部等标记清晰可见。但绘图时间、单位等情况不详。从地名上看，该图是国民党军队从张家港到江阴黄田港段的防务图，著名的江阴要塞即位于此。

江阴要塞处于长江下游江面最窄、水流最急的地方，东临上海，西依南京，背靠京沪铁路，素有“江防门户”之称，是国民党军队重点设防的据点，也是人民解放军渡江作战的重点突破地段。为此，国民党对江阴要塞这一战略要地采取了一系列加强防务的措施。然而，越是坚固的堡垒越容易从内部攻破。1949 年 4 月 21 日，经过中共地下工作者的策反，江阴要塞起义成功，加剧了国民党军长江防线的崩溃和全线溃退，在解放战争史上写下了辉煌的一页。

江阴要塞起义的成功，不是一日之功。中共对江阴要塞的策反等工作，早在 1947 年就已开始。华中工委以战略的眼光，通过各种关系，设法把想离开国民党部队到解放区来的江阴要塞参谋长唐秉琳留在江阴要塞内，发展地下党组织。1948 年 5 月 10 日，为加强对苏南及长江两岸党组织的领导，适应革命形势的发展，中共华中工委决定建立专门工作机构——江南工作委员会，由管文蔚任书记，主要任务是为战略决战和解放军南下做准备，积极发展武装力量和党的组织，建立反蒋统一战线，开展多种形式的斗争。为保证与江阴要塞地下党的交通联系，江南工委特别开辟了一条秘密交通线，专门配备了一名交通员传递来往密件。临近渡江战役，中共华中工委江南工委发出指示：“对敌军事情报的不断收集和对城市敌党团特务与官僚资本的调查，二者均是当前的重要任务。”

1948 年末，蒋介石下令封锁长江，致使中共组织的许多南北交通线被迫中断。为此，华中一地委江南工委明确指示沙洲地下党要依靠群众，迅速建立行之有效的交通线，以确保大江南北的联络沟通。沙洲地下党想方设法冲破敌人封锁，先后建立了护漕港、长山、双山三条交通线和两条机动交通线。渡江战役前夕，担负最东端渡江作战任务的是中国人民解放军第 10 兵团所辖的 29 军，其南岸正面突破目标是江阴和沙洲沿江地区，包括黄山、肖山、长山、巫山等各个滩头阵地。1949 年 4 月中旬，人民解放军第 10 兵团曾先后派出数十名指挥员、侦察员到南岸侦察敌情和地形、水情，均得到沙洲地下党的全力配合与掩护。长山交通线先后向苏北渡江大军总部递送了数十份军事情报，接送了解放军 29 军派出南下的数名侦察员。为策应大军胜利渡江，沙洲地下党在上级党组织的直接领导下，全力以赴，开展了收集情报等工作。他们在沙洲沿江地区建立了 20 多个联络站，分段负责收集沿江一线国民党驻军的各种情报。参与收集情报的，除了地下党员，还有积极分子、杂货店老板、医生、保长、自卫队员等各方面人士。在两军隔江对峙、形势瞬息万变的情况下，从江阴黄山到常熟福山的敌方情报，沙洲地下党基本能及时掌握并通过地下交通线送到驻在苏北的江南工委。据不少从事地下工作的老同志回忆，当时从沙洲送到苏北的情报和文件达数百份之多，其中有沿江驻防敌军的番号、兵力部署、武器装备、江防工事；有要塞部队官佐名册、武器清册；有国民党要塞司令部与江防部队的作战命令、口令及陆海、陆空联络信号；有南岸江滩地形及江中水雷、梅花桩的布防情况；有苏南地区重要市镇地图、国民党南京指挥所长江江防部署和作战方案要图等。沙洲的五条秘密交通线一直工作到新中国成立后，从没出过问题，对渡江战役的胜利起到了巨大的作用。

管文蔚同志在其回忆录（续编）中记述了华中工委领导的渡江

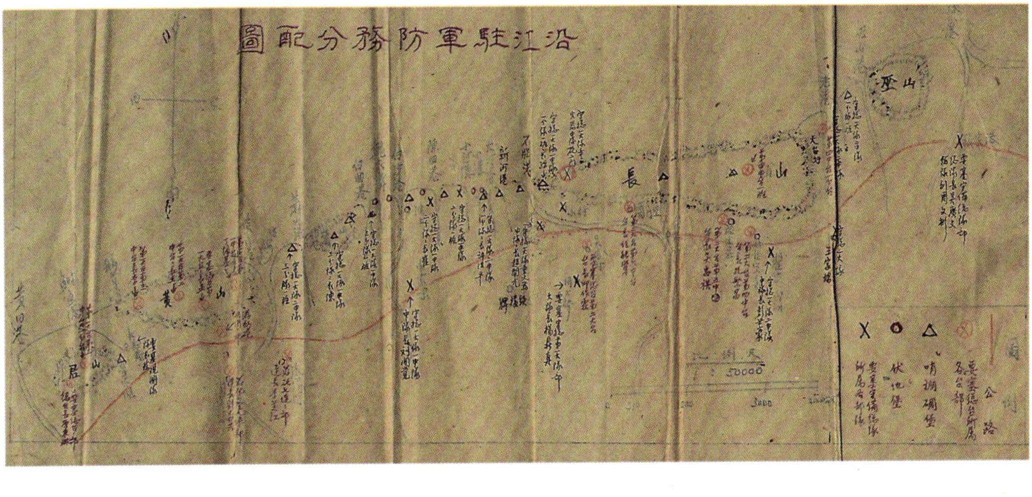

准备工作，特别提到了江南地下党提供敌军布防情况等工作："江南地下党的工作也做得不错。长江两岸的敌军布防情况，各地的兵力分布、弹药储运数量、交通、工厂和设施等情况，均由江南地下党的同志们大体摸得比较清楚，每个县均编印成册，上报给我们。"

可以推断，《沿江驻军防务分配图》绘制应在1949年1月至1949年4月间，且与沙洲地下党组织有密切关系，至于具体的绘制人、绘制时间、绘制过程，因为资料的阙如和秘密情报工作的特殊性，难以一一考证。

江防图的背后还有很多我们也许永远无法知道的真相和故事。透过这些稍显陈旧的江防工事图，60年前那段波澜壮阔的历史似乎就在眼前。地下情报工作者的奋斗牺牲精神将永远铭刻在我们的记忆中，激励我们前进。党和人民不会忘记他们！

（2011年8月18日第81期）

叶群在江苏「选妃」内幕揭秘

郦 春

“文革”前期，叶群为了给儿子林立果找对象，派人在全国范围内选“妃”。江苏是当时林家“选妃”的重点省份之一。从1968年到1971年8月的3年多里，叶群先后指派邱会作老婆胡敏和张秀川老婆等共20批43人次到江苏“选妃”。

叶群提出的“选妃”标准，可用一个“美”字来概括，主要考虑漂亮，至于其他，可以不顾，即要挑选具有闭花羞月之姿、沉鱼落雁之貌的西施式的儿媳。胡敏秉承叶群的旨意，按照全国第一的要求，提出的美人标准是：未婚，年龄17—19岁，身高1.60—1.65米，初中以上文化，身体健康，举止周正，外貌出众。这是可以公开的择偶标准。除此以外，他们在江苏的追随者又秘而不宣地炮制了更严格的标准：双眼皮，高鼻梁，小嘴巴，瓜子脸，皮肤白里透红，细嫩光滑，细腻而无反光，最好有两个酒窝。没有疤、痣、斑、点，头发、眉毛浓而乌黑，牙齿白而整齐，嘴唇薄而不翘，嘴角不上不下，鼻孔不露不勾，眼球黑白分明，大而有神，身材苗条，不胖不瘦，胸挺肩平。总之，要求淡美不要艳美，要古典美与现代美的综合。

为了挑到合适的人选，他们不但要看容貌、身材、风度、魅力，而且还要称体重，量身高，看举止，包括谈吐、走路、坐姿、睡眠等一举一动、一颦一笑的姿态，还要考察气质、机智和才气。

至于“选妃”的方法，则包括查档案，看照片，开座谈会以及到现场进行目测等多种形式。初选合格者先照相，再将三寸的正面、侧面和全身照寄送北京，经北京研究同意后，再将预选对象送叶群过目复审。

由于“选妃”的标准很高，尽管发动了一批又一批精兵强将煞费苦心地在江苏全省范围内挑选，但真正符合条件的只能是凤毛麟角。后来，据当时的江苏省革委会政工组长交代，只要能找到合适的，可以不惜一切代价，包括动用飞机，可以不分场合去物色。在这个“密令”下，选美扩大到整个江苏的大街小巷。

在海安，“选妃”的人路过一家部队医院时，见到一名护士刚从浴室出来边走路边梳头，被他们看中，就让该护士照相、体检，并安排送北京复审。

在苏州，他们经过和平桥时发现一位窈窕淑女，就叫人下车跟踪。听说益民食品商店和青阳百货商店有人长得标致，他们就专程前往，并选中一名女子送往北京复审。

在南京，他们在江苏饭店门口见到一个女子长得不错，便从杨公井一直跟踪到中华剧场附近的一家工厂，直到查明该女子原来是位已婚妇女才作罢。

这期间，在江苏被选中送北京供叶群亲自审定的预选对象共有 7 人，最后被选中的是南京的张某。

张某，1952 年出生于南京。9 岁上小学三年级时，因明眸皓齿，亭亭秀发，能歌善舞而被选入歌舞团。1969 年，作为“出落唇红齿白，生成眼秀眉清，面似桃花含露，体如白雪团成，行动一天半韵，俊俏行中首领”的她，被胡敏一眼初步选中，胡敏等人为此曾 8 次往返于北京、南京。后来，张某到北京后，在林家经林彪、叶群将上海选来的小赵与她分别对比地看了以后，最后决定留下张某。这是经叶群及胡敏等人的最后一次“筛选”。前后历时达三年之久的选“妃”活动宣告结束了。真可谓称得上是“过五关斩六将”，百里挑一，千里挑一，多少万里挑一，张某由此踏上了她无法预料的人生旅途。

胡敏等人所从事的活动是为林家效劳的非法活动。他们来往于北京、南京等地经常乘的是军用飞机，到江苏后又被奉为上宾，受到盛情接待，去各市县均事先电话联系，然后派专车、专人随同，负责生活和保卫工作。有一次胡敏一行在苏北等地“选妃”后由六圩过江去镇江，还派登陆艇专程去接。在镇江时胡敏稍有不适，就有八九个医护人员被派去为她特别护理。有一次在泰州住宿，还派一个班的人为她做警卫工作。

这些人自恃是中央来的，盛气凌人，动辄训人、骂人。他们到 27 军和 79 师找负责人，因耽误十几分钟时间就大发雷霆。在镇江打长途电话，因不愿报姓名而未接通，便破口大骂，要总参通讯兵部追查。有一次在途中因大卡车行速慢挡住了他们小车的去路，一位秘书下车，将卡车驾驶员狠狠训了一顿。群众反映说：“这个穿军装的为何这么凶？”

他们色厉内荏，心里有鬼，到一个地方挑选结束，往往将介绍信收回，以不留痕迹。胡敏始终与省革委会的政工组长，后升为副主任的 ×× 单线联系。三年中，他俩电话联系 39 次，书信来往 12 次。凡有信件、照片寄邱办要写明“邱副总长亲收”，并注明“别人不拆”。北京来从事挑选的人，除胡敏等两人以外，其余均用化名；这次来穿空军服，下次穿海军服；相互联系采用暗号，男的代号为“秘书”，女的代号为“参谋”。他们对参加“选妃”的人规定了严格的保密纪律，要做到守口如瓶，连自己的爱人和挚友也不能告诉，包括单位的领导。党员要以党籍来保证，否则，将给予党纪处分，直至开除出党。对不按他们要求办的就打击报复，如有一预选对象怕入选而提早结婚，被停薪停职，办学习班，进行检查，逼着她与对方断绝关系。部队的 359 医院的院长，因对选人的意图不大清楚，推荐了一名脸部有伤疤的女青年，被勒令检查，并因此提前离休，他的女儿也受株连而提早复员。对“选美”工作特别卖力的则青云直上，给予破格提拔。

在“选妃”过程中，他们欺骗不明真相的群众，说是招“女兵”、“文工团员”、“电影演员”、“外事人员”等等。因而每到一地，就有许多女青年到他们下榻处要求报名。被初选的兴高采烈，喜出望外，未选上的感到名落孙山，错过了就业良机而痛哭流涕，弄得全家不安。有的家长为了将自己的孩子争取选送，引起邻里间相互争执、斗殴、大吵大骂。

带走的大批照片使不少人心有余悸，找经办人索要，一无所获，纷纷埋怨解放军不守信用。落选的成了人们议论的热点，有的因此被迫调离原单位，有的痛不欲生，想寻短见，有的长期忧郁不乐，一度精神错乱；而入选的则背井离乡，断送了青春年华而遗恨终生！

叶群指挥下的“选妃”非法活动，遍及全国，涉及面广，参加的人和被看的人多，持续时间长，影响极坏，后果严重。毛泽东同志 1974 年在一次讲话中严肃批评了这件事。他说：“这件事遍及全国，有个省挑了 300 个，这不是共产党人干的事。”历史常常会有惊人的相似之处，诚如有些人早就议论的：“这与过去皇帝选美女何其相似乃尔！”

（2005 年 4 月 15 日第 1 期、2005 年 5 月 13 日第 2 期）

大师夙愿今日酬

——为胡绳同志寻找小学母校小记

蒋纪序

1997年4月，正是春绿江南的时节，古城苏州迎来了阔别的故乡游子——胡绳。胡老此次回苏看到了故乡的建设新貌，看到了曾经就读的苏州中学，还有一个心愿，就是想看看曾经接受启蒙教育的小学母校。但因他少小离家投身革命，岁月久远，已记不清确切的校名和地址，只依稀记得在肖家巷附近。当时，我接到任务查找肖家巷里曾经有过的小学，可是翻遍史料均无结果。不得已，人们把胡老带进了肖家巷。胡老边走边回忆道：记得小时候学校后面是个操场，从边门走出去有条小河……

在肖家巷，胡老没有看到小河，但似乎看到了自己童年的身影，没有找到学校，但似乎听到了自己少年的脚步。离开了苏州，胡老是满意的，但也是遗憾的。自己的小学母校到底在哪里？面对胡老的遗憾，作为档案工作者，我也心有不甘，希望有还原历史的一天，实现老人的愿望。

2000年11月5日，胡绳在上海逝世。2001年12月1日，《苏州日报》刊发消息：中国共产党的优秀党员、久经考验的忠诚的共产主义战士、无产阶级革命家、著名的马克思主义理论家、历史学家——胡绳同志的骨灰归葬苏州。就这样，胡老寻找小学母校的愿望，终因未能实现而永远定格为遗愿。

其实，这一信息在苏州市档案馆的馆藏中已尘封了许久。就在胡老骨灰安葬后的不几天，在一次查档中，我不经意间在一件旧案卷中看到了一行字："项志逖，吴，十，市一，《对于公共饮料的我见》。"立刻被深深地吸引住了。原来这是1926年《吴县教育会年刊》上刊登的当年举办全县第六次（小）学生演讲会的情况，这行字就出现在这次比赛的学生报名单中。参照名单项目类别，其中：项志逖是胡绳的原名，籍贯为吴县，年龄10岁，所在学校为"市一"。这"市一"就应是胡绳的小学母校。参阅该刊所记载的参加这次演讲会的各学校，"市一"即位于新学前的苏州市第一小学校。另据1926年《吴县第一学区教育会年刊》的记载，该校为一所完全小学。

那么,这所上世纪二十年代的小学校,如今何在?《苏州市志》有这样的记载:平江区实验小学,初名吴县官立第五初等小学堂,创立于光绪三十一年(1905),民国元年(1912)改名南区第一初等小学校,校址迁新学前。以后校名先后改称苏州市立第七初级小学、苏州市立第一小学、吴县县立平江小学……平江区实验小学。

1977年11月,平江区实验小学更名为苏州市平江实验学校。

对照以上《吴县教育会年刊》(1926)和《苏州市志》(1994),校址同在新学前,同名苏州市第一小学的,当属今天的苏州市平江实验学校无疑。再者,该校西、南两面环河,也印证了胡老的回忆。

令人关注的是,为什么一条小小的肖家巷,给胡老留下如此深刻的印象?我试作如下分析:胡老当时家住旧学前81号,从家里上学的路线首先是走旧学前或东角门转观前街;当穿过临顿路后,凡悬桥巷至濂溪坊(今干将路的一段)之间的小巷都能过,总共有悬桥巷、南显子巷、大儒巷、肖家巷、钮家巷等7条,到了平江路就可以直接到学校了。我以为,当年胡老上学的路线是习惯于走东角门、观前街、肖家巷、平江路的。因为旧学前较冷僻,而观前街店肆林立非常热闹,对一个小学生当是有吸引力的,肖家巷又正好斜对着观前街,这一线路比较合乎情理。观前街举世闻名自不必说,所以肖家巷就深深地印入了胡老的脑海,这是很自然的事。

寻找胡老小学母校终于有了结果,只是太晚了。胡老已带着些许遗憾走了,但苏州人民不会忘记自己的优秀儿子,他青少年时代的身影将永远保存在家乡的档案中:小学时代参加全市演讲比赛,为公共饮料问题发表自己的见解;1929年参加民众夜校举办的第一次乒乓球比赛而活跃于乒坛;而高中二年级时当选为苏州中学高中部的学生自治会常务干事,锻炼了自己的社会活动能力;当1931年日寇入侵我东三省时,更毅然参加了学校的"抗日救国演讲团"上街疾呼……

苏州平江实验学校

(2010年12月25日第74期)

一轴距今 500 年的明代圣旨

朱芳芳

“奉天承运，皇帝诏曰……”，每当在电视剧里看到一群人恭恭敬敬地跪在地上，敬聆太监宣读圣旨时，不少观众总想一睹古代圣旨真貌。

江苏省档案馆便存有一轴距今已有 500 余年的明代诰命。该诰命为明正德元年（1506）明武宗加封江苏常熟人、工部主事周炯之父周木为“中大夫”、周炯之母为“淑人”的绢质诰命，全长 260 厘米，宽 30 厘米，织锦，前有双龙，双龙中有篆文“奉天诰命”四字，后为云天图案，正文墨笔正楷，共 333 字，竖排 36 行。落款日期为“正德元年四月十八日”，钤盖“制诰之宝”篆体阳文朱印。全文如下：

奉天承运皇帝，制曰：

父以教忠为贤，心惟报国；子以养志为孝，务在亢宗。矧予世宦之良，克绍家传之业。肆推恩典，实倍常伦。尔致仕浙江布政使司右参政周木，乃工部屯田清吏司主事炯之父，蜚声甲第，佐长行人。比显陟于铨曹，遂闻名于朝野。擢参藩省，允穆师言。体国爱民，方伟旬宣之绩；投闲归老，遂酬恬退之心。矧义方素切于家庭，致令子蚤成乎国器。养隆五鼎，寿瑜六旬。爰推锡类之仁，诞示褒嘉之命。虽缘子贵，实视旧阶。兹特封为中大夫职如故，远增门阀之光，益享桑榆之乐。

制曰：

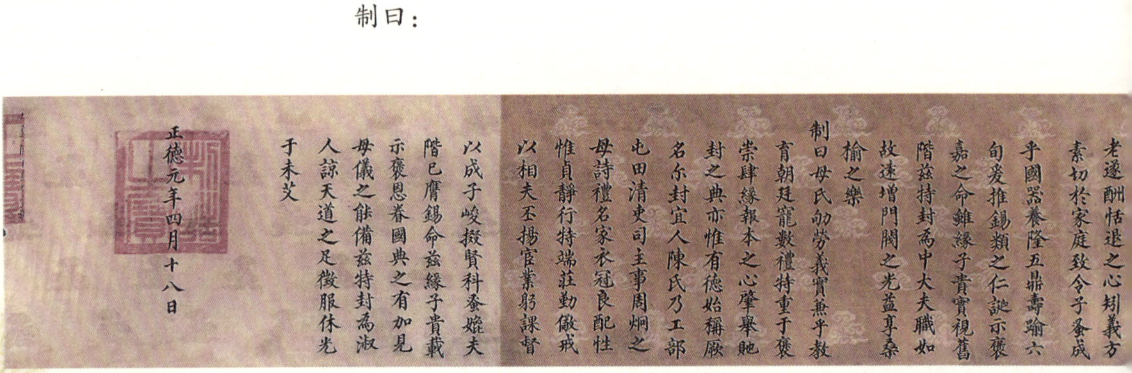
老遂酬恬退之心矧義方
素切於家庭致令子蚤成
乎國器養隆五鼎壽踰六
旬爰推錫類之仁誕示褒
嘉之命雖緣子貴實視舊
階茲特封為中大夫職如
故遠增門閥之光益享桑
榆之樂
制曰母氏劬勞義實兼乎教
育朝廷寵數禮特重于褒
崇肆緣報本之心肇舉貤
封之典亦惟有德始稱厥
名尔封宜人陳氏乃工部
屯田清吏司主事周炯之
母詩禮名家衣冠良配性
惟貞靜行特端莊勤儆戒
以相夫丕揚宦業躬課督
以成子峻擢賢科蚤躋夫
階已膺錫命茲緣子貴載
示褒恩眷國典之有加見
母儀之能備茲特封為淑
人諒天道之足徵服休光
于未艾
正德元年四月十八日

母氏劬劳，义实兼乎教育；朝廷宠数，礼特重于褒崇。肆缘报本之心，肇举貤封之典。亦惟有德，始称厥名。尔封宜人陈氏乃工部屯田清吏司主事周炯之母，诗礼名家，衣冠良配，性惟贞静，行特端庄。勤敬戒以相夫，丕扬宦业；躬课督以成子，峻掇贤科。蚤媲夫阶，已膺锡命；兹缘子贵，载示褒恩。眷国典之有加，见母仪之能备。兹特封为淑人，谅天道之足征，服休光于未艾。

正德元年四月十八日

一、周木其人轶事

诰命中典封的周木，字近仁，号勉思，江苏常熟人。历任南京行人司左司副司事、吏部稽勋司郎中、浙江布政司右参政。据《康熙常熟县志》记载，周木童年时期就有不同于常人的见识，小学时，有人问他读书做什么，他回答道：为了侍奉君主。人们对此惊讶不已。

明成化十一年（1475），周木高中进士，名列三甲第70名。同年，他奉命到河南为伊悼王朱諟钒办丧事，之后被授予南京行人司左司副司事（从九品）一职，为官清简。在南京期间深受当时执掌南京政务的端毅公王恕青睐，后王恕主管选拔官吏时，上奏提拔周木为吏部稽勋司郎中（正五品）。

周木为官敢于创新，耿直敢言。为明懿祖朱四九迁庙祭祀（朱四九，朱元璋曾祖父，陵墓在盱眙的明祖陵）时，周木上奏提议："礼莫大于祭，祭莫重于祧。凡庙之祭哀与乐平，祧庙之祭则迁祖宗。既成之主离合享久安之庙，而人独居不享之室。比之常祭，殆乐少而哀过。然祭以肃静为本，今祭涓晨与视朝时刻相连，前礼甫毕，后礼继行，肃静之心未免倦怠。伏乞特降纶音免朝，庶乎君臣上下精一其心，以供祀事。"开祭祖日不上朝的先河。

明孝宗弘治年间，皇帝下诏令官吏直言。周木大胆上疏，抨击赋役时弊："民之所爱者莫如财，所惜者莫如力……今则赋之重者或兼困于役，役之繁者或兼苦于赋，此天下之极弊，不啻救焚拯溺而不可缓也。请敕户、吏、兵、工四部，将天下诸司大小赋役，自洪武正额添置者逐一条出，可因者因，可革者革，务在公私两便。因者必杜其请益之门，革者必绝其复开之路。"对明朝中叶的赋役清理起到了积极作用。

奉
天承運
皇帝制曰父以教忠爲賢心惟
報國子以養志爲孝務在
允宗剏予世官之良克紹
家傳之業肆推恩典實倍
常倫尒致仕浙江布政使
司右參政周木乃工部屯
田清吏司主事炯之父蜚
聲甲第佐長行人比顯陟

明正德元年诰命

周木由于恪守本分谨慎供职，后来被升为浙江布政司右参政（从三品）。作为地方长官，他不畏豪强，刚正不阿。浙江永康曾有一桩官司牵扯到豪门大户，府县畏惧该豪门势力，一直不敢结案。周木到任之后加以决断，大刀阔斧地处理了该豪门朋党，牵涉人数有数百之多。此外还清理了杭州前后两卫军籍，揭隐漏，辨冤屈，明断公正，为人称颂。

周木崇尚礼节规范，在任期间总以振兴教化、矫正陋习为首务。杭州葬俗习用水火葬，他下令革除，并给出解决办法：在三山立义冢，让百姓葬人于此。当时浙江左右参政均姓周，人们为有所区别，称呼周木为“新参”，并相互告诫，不敢违反周木所定规定。其间，周木关心民生，为百姓做了许多实事，如在报恩寺废址上建立万松书院，延请孔子后裔供奉祭祀；修岳飞墓，并让岳家后裔守墓；开辟候潮门、凤山门道路以方便行路之人等等。

尽管政绩不俗，但旧时官场上，刚直不阿的官员仕途向来难以一帆风顺，周木也不例外。由于不与世俗同流合污，周木向来不为贪官所喜，也因此在廷臣会议推荐周木为河南右布政使时，未能得到升迁，并遭人所忌，不为监察御史所容，最终被迫辞官归里。

宋末元初，吴地偏安一隅，士人喜文藻，鲜少有人致力理学。周木则恰恰相反，他崇尚理学，曾读《近思录》，并悟出为学要点。晚年喜好易学，并根据邵子所画诸图进行推衍，著有《易心逸说》。返里后，他孝敬亲人，与弟弟周彬友爱，并时常周济族人，每年花费甚广，家无积财。重视礼仪的他还从古书中找出冠、婚、丧、祭四礼仪典，并在家中执行。他尤其重视乡间德化，先贤仲雍的子孙游览吴讷、张洪祠一事便是由他发起。周木著有文集奏疏共若干卷，词义深奥简约，擅长古隶，终年 72 岁，葬于常熟兴福寺北白鸽峰下。

二、周木之子周炯

周炯，周木之子，字光宇，号简默。历任工部屯田司主事、郎中、云南右参政、陕西苑马寺卿、山西布政使等。遍诵五经，曾写万言书议论国家大计，由于父亲的阻止，未能上书。弘治二年（1489）乡试中，次年中进士，名列二甲第 67 名，授工部屯田司主事（正六品）。监税浙江时，锐意改革。以往商税都储存在分司，周炯命令存于杭州府。同官敬重他清廉公正，不敢违法乱纪。

后升任员外郎、郎中。当时宦官浪费公物现象严重，周炯按照规定给付，众小人怨恨在心，意图暗中诬陷，但一直未能抓到把柄。恰逢西藩叛乱，诏令五月出师，事起仓促，周炯被急调管理军械，但他从容不迫，被时任工部尚书的毕亨称赞有应变之才。一日，宦官刘瑾派低级官吏前来召唤周炯，质问虞衡司的兵器储备量，周炯从容以对。刘瑾听后一时语塞。

由于得罪了刘瑾，周炯被外调至云南担任右参议（从四品）。云南民众杂居，周炯以诚信待之，取得不凡政绩。丽江军民府为羁縻郡（明朝在边远少数民族地区所设的郡），巡行视察不到。巡按御史张璞嘱托周炯下谕该府，土知府木定趁机以财物加以贿赂，被周炯严词拒绝，使得木定深深折服。周炯的军事才能也在此时得以体现。十八寨很久都没有平定，驻守边疆的官员商议加以征讨，唯独周炯力持不可，许多百姓得以保全性命。

后升任右参政（从三品），负责管理军队。巡抚推荐周炯掌管边防储备物资，又有旨命他督理粮食储备兼管盐法。在任期间剪除诡诈舞弊之人，一时名动一省。当时守卫兵卒月饷多被镇守将领侵夺，周炯严格控制，并惩治仗势欺人者，使这一现象得以遏制。后因父丧离官归家。守丧期满后赴吏部候缺，由于前任巡抚范镛的推荐，得以继续担任旧职。

周炯仪表堂堂，身材魁梧，廉洁公正，不失操守，久居官位本应升迁的他由于小人作梗，转任陕西苑马寺卿（从三品），掌管养马，听命于兵部。当时，烙马有耗费，但苑军多有逃亡，草场也被权势之家侵占。周炯到任后一一进行改革，并制定法令，马匹得以繁衍生息，数量渐渐增多。总制都御使巡按将周炯的治理业绩上报后，周炯被升为山西右布政使，第二年转为左布政使（从二品）。后因得罪御史，被弹劾。恰逢守丧，便离职归家。朝廷再次起用时，周炯已逝世，有遗文四卷。

（2012年4月19日第88期）

翁同龢跋周氏诰命

朱芳芳

翁同龢，字叔平，晚号松禅、瓶庵居士，江苏常熟人。咸丰六年（1856）状元，授翰林院修撰，先后为同治、光绪两代帝师，历任户部侍郎、都察院左都御史，刑部、工部、户部尚书，军机大臣兼总理各国事务大臣等。甲午战败，《马关条约》签订后，愤于李鸿章割地求和，后举荐康有为，支持维新变法。由于辅翊光绪筹谋新政，深为慈禧所忌。光绪二十四年四月二十七日（1898年6月15日），即“明定国是”诏书颁布后第四天，被慈禧削籍归里，回籍后隐居于虞山西麓鹁鸽峰（常熟人称白鸽峰）墓庐。

虽已被朝廷罢官，但远近之人对翁的敬仰之情依旧，门生旧客往来不止。为周氏诰命题跋，便在此时。该跋写于宣纸上，续于诰命之后，长1.8米，宽0.315米，楷书，全文如下：

右明浙江右参政周公诰敕一卷，正德元年因其子炯任工部主事推恩而及者也。公讳木，字近仁，号勉思。潜心理学，表彰宋儒，敦崇孝友，蔚然名臣也。成化乙未进士，南京行人司左司副，吏部稽勋司郎中，擢浙江右参政，以忧归，遂不出。卒年七十二，从祀先贤言子祠。子炯，字光宇，宏治庚戌进士，终山西右布政，亦有政声。参政葬西山白鸽峰下，其右偏数十步，有冢隆然，俗呼为解元坟者，乃公从子光宙，非光宇也。余家先茔在参政墓后，道光季年，其地购自周氏，券署周奎香名。而其嫡系守墓者农夫不识字，一日告余曰：“家世有辟火古锦，已割裂矣。城中周奎香屡欲以白米一石易去，吾弗愿也。”索观之，始知农夫实参政苗裔。而奎香者，桀黠无赖，欺农夫茫昧，尽攘其西北山诸墓地，次第割售，并觊得此敕而灭弃之。噫，可伤已！今年夏，余归自京师，命工装治，匣而刻之，付农夫

翁同龢

周三大，令世世勿失。

光绪二十四年岁次戊戌七月九日翁同龢谨记（钤阴文篆刻朱印“同龢印”，阳文篆刻朱印“叔平”）

翁同龢写跋一事，在《翁同龢日记》光绪二十四年戊戌（1898）七月中有记载：“初九日（8 月 25 日），……题周近仁先生诰敕卷后，匣付周三大令毋失。”翁跋中不仅介绍了周家父子生平，而且详细叙述了跋周氏诰命的缘由及经过。

原来，翁家先人的墓茔在周木墓后，墓地于道光末年从周氏族人手中购得，买卖契约上署名人为周奎香。而此周奎香并非周木嫡系后裔，周木真正的嫡系子孙乃是守墓农夫周三大。狡猾无赖的周奎香欺负周三大蒙昧无知，不仅侵夺了周家西北山上的诸多墓地，并且次第割售，对周三大手中的诰命也是觊觎万分，屡次想以一石白米交换。周三大虽不识字，但也知晓家中世代留传下来的这份织锦有其重要价值，并未同意。他找到翁同龢，诉说详情。翁同龢要来细看，才知这是典封乡里先贤周木及其夫人的诰命。忙命人修理装裱，后又加以题跋，交给周三大，嘱咐其世代勿失。

这份题跋虽仅是翁氏晚年削籍归里后生活中的一个小小插曲，却也体现了翁同龢对于乡里先贤的敬重和对目不识丁的农户犹能爱护先人手泽的赞许之意，以及他维护事实真相、刚正不阿的个性。

翁同龢以书法名世，书风独特，同治、光绪年间被推为天下第一，在晚清颇具影响。《清史稿·翁同龢传》赞其书法“自成一家，尤为世所宗”。作为翁同龢的真迹，该跋也具有非常高的艺术价值。

在翁同龢所写跋文之后，另有翁的侄孙翁斌孙写的一段跋：

曩侍先叔祖文恭公于鸽峰丙舍。一日公取此卷令读之，且诫之曰：“农夫犹知爱护其先世手泽，尔辈可勿念哉！”斌孙敬志不敢忘。今公见背十有五年矣。遭际国变，四方杌陧，惴惴焉惧凿楹之不克保，每展遗书，泫然流涕。比以省墓至鸽峰，周三大之子根根出卷相示，霉损脱落，匣亦不完。盖辛亥风鹤之警，曾瘗土

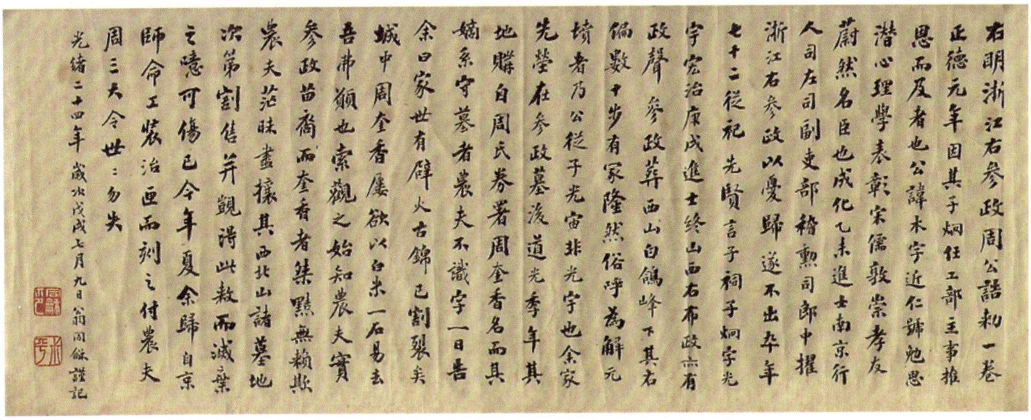
右明浙江右參政周公誥敕一卷
正德元年因其子炯任工部主事推
恩而及者也公諱木字近仁號勉思
潛心理學表彰宋儒敦崇孝友
蔚然名臣也成化乙未進士南京行
人司左司副吏部稽勳司郎中擢
浙江右參政以憂歸遂不出卒年
七十二從祀先賢言子祠子炯字光
宇宏治庚戌進士終山西右布政亦有
政聲 參政葬西山白鴿峰下其右
偏數十步有冢隆然俗呼為解元
墳者乃公從子光宙非光宇也余家
先塋在參政墓後道光季年其
地購自周氏券署周奎香名而其
嫡系守墓者農夫不識字一日喜
余曰家世有辟火古錦已割裂矣
城中周奎香屢欲以白米一石易去
吾弗願也索觀之始知農夫實
參政苗裔而奎香者桀黠無賴欺
農夫蒙昧盡據其西北山諸墓地
次第割售并覬覦此敕而滅棄
之噫可傷已今年夏余歸自京
師命工裝治匣而刻之付農夫
周三大令世世勿失
光緒二十四年歲次戊戌七月九日翁同龢謹記

翁同龢跋

中数十日也。爰取付善工重装而归之。根根能服先畴，必能保守此卷，但不可轻以示人耳。

戊午十月五日翁斌孙谨记

辛亥之际，为使该诰命免遭战火蹂躏，周家后人曾将其埋在土中数十日，导致诰命及盒子发霉损坏。又是翁家将其修复。正是由于周家数十代后人的珍藏，以及翁家的关怀照顾，才使得这一珍贵文物得以保存至今。

该诰命及翁同龢跋由江苏省档案馆于 1985 年 11 月征集进馆。诰命详细叙述了周木的为官经历、褒封官职，既佐证了历史，也为大家了解明代正德年间的经济情况、文学及书法水平、诰命的发展史留存了珍贵的资料，具有重要的历史价值和文物价值。

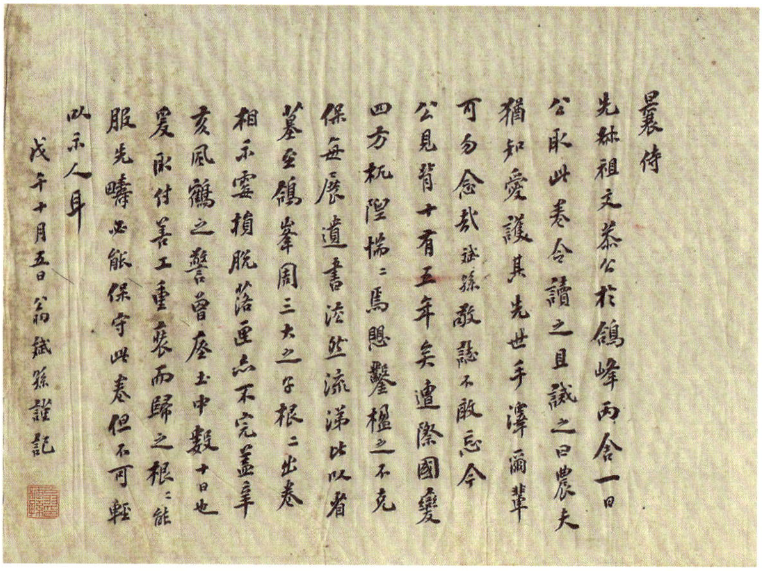
曩侍
先叔祖文恭公於鴿峰丙舍一日
公取此卷令讀之且識之曰農夫
猶知愛護其先世手澤爾輩
可不念哉斌孫敬志不敢忘今
公見背十有五年矣遭際國變
四方杌隉惴惴焉懼鑿楹之不克
保每展遺書泫然流涕比以省
墓至鴿峰周三大之子根根出卷
相示霉損脫落亟亦不完蓋辛
亥風鶴之警曾瘞土中數十日也
爰取付善工重裝而歸之根根能
服先疇必能保守此卷但不可輕
以示人耳
戊午十月五日翁斌孫謹記

翁斌孙跋

（2012 年 4 月 19 日第 88 期）

韩国钧与《朋僚函札》

沈 犁

韩国钧(1857—1942),字紫石,又作止石、子石,号止叟。江苏泰县海安镇(今海安县)人。21岁中秀才,23岁中举人。曾先后署河南镇平、祥府、武陟、永城、浚县知县。1902年任河北矿务局总办、交涉局会办。1903年11月,受派总办河北蚕桑实业中学堂。1905年赴日本考察。1906年任河南陆军参谋处及矿政调查局总办。1907年任奉天交涉局兼开埠局局长、农工商局副局长;8月任两广督练公所参议兼兵备处总办。1909年9月,任职于奉天劝业道及署交涉司。1910年2月,兼署葫芦岛商埠督办。1910年4月,办理防疫事宜,筹设中日防疫委员会。后任吉林省民政司司长。1913年8月,任江苏省民政长。1914年7月任安徽省民政长、安徽巡按使。1915年回乡,经营泰源盐垦公司及办理运河工程局事。1920年任运河工程局会办。1922年6月,任江苏省省长。1924年12月,兼署江苏督军。1925年2月去职。返乡后,仍致力于盐垦及运河工程。1931年夏,主持运河复堤工程。后为财政部江苏苛捐杂税监理委员会、监理公债用途委员会、全国水利委员会、导淮委员会、赈灾委员会等委员会委员,苏北入海工程水道委员会主任等职。抗战期间,韩国钧以民族存亡为大局,奔走呼吁国共合作,积极联络苏北各类爱国人士,两次在家乡主持召开苏北停战会议,并拒绝出任伪职,与共产党建立抗日合作关系。海安沦陷后,日伪军警包围韩宅,利诱威逼其出任伪江苏省长,被严词拒绝。此后韩国钧积愤成疾,1942年1月24日去世。新四军军长陈毅曾以诗文赞扬其民族气节和爱国主义精神,誉之为“民族抗战之楷模”。

韩国钧

韩国钧《朋僚函札》系1915—1937年间韩国钧与康有为、梁启超、黄炎培、陶行知、史量才、曾朴、冷遹、张謇、张一麐、冯国璋、齐燮元、赵尔巽、卢殿虎、陈陶遗、徐鼎康、郑肇经等600多人交往的信函。共计57册,3600余件。均系韩国钧生前积存、亲自整理成册。有一年一册,亦有一年数册或两年一册者,每册信件多少不等。各册按时间顺序于封面编号,并以干支纪年注明年代,前几册封里编了目录。由韩国钧后人韩忠义、韩良愉于1987年8月19日捐赠给江苏省档案馆收藏。目前这部分馆藏档案编有案卷目录和卷内文件目录，并编入《江苏省档案馆指南》。

韩国钧《朋僚函札》档案文献形成的年代正是中国历史上的多事之秋。在这一历史时期，中国经历了从封建专制统治向资产阶级统治过渡、北洋军阀政权交替、东西方文化冲突、日本帝国主义侵略等重大历史变故，大量重要事件都发生在其间，使该文献在史料价值方面具有重要意义。

同时，该文献所涉及的地域极广，除江苏外，还涉及浙江、福建、安徽、上海等地以至全国的相关事件与重要历史人物。因此，这部分档案文献在地区性方面也具有十分重要的意义。

《朋僚函札》主题内容广泛，记述和反映了 1915—1937 年间，江苏、浙江、福建、安徽、上海乃至全国的政治、经济、军事、思想、文化、实业等多方面的史实。对于中国现代史上的一些重大事件，如府院之争、对德绝交案、贿选总统、第二次直奉战争、北京政变、江浙战争、浙奉战争、苏浙战争等均有涉及，对江苏运河海塘工程、黄灾救赈、江苏泰源盐垦公司等方面的情况也有所记述。同时也较为系统、完整地反映了韩国钧先生同政权核心至地方各类历史名人在这一时期的关系，集中反映了众多历史名人和政界要人对当时重大事件的态度与举措。如：1917 年 3 月 22 日冯国璋致函韩国钧“……顷者国璋述职北上，曾向中枢言之。元首，总理均同此意，且拟以奉天省长借重，冀靖东偏，恐难疆起巾车，谆属鄙人促驾，舟楫之需有待，霖雨之望方殷，用特驰函相商，并以已见附质遵旨如何？伫盼复示。”1923 年 11 月 17 日张謇致函韩国钧“……江浙和平，千方百计，仅不破裂，不意又生意外之变，得无一蚁而溃全堤乎？所云立案，似宜极早，迟恐歧中有歧，公谓何如？”1924 年 10 月 25 日史量才致函韩国钧“……江浙战争才平，北京政潮突起，此举影响与我江苏前途甚大。量才意，请公发急电致任之、云抟两君，迅即北上，接洽苏同乡，征求意见，商办我苏兵灾善后之事宜。如蒙赞同，即希发电。”

该《函札》所涉及的人物均为社会名流和政界要人，由这些在中国近现代历史上有重要影响的著名人物构成的档案文献无疑是我们深入研究 20 世纪初江苏及中国历史、研究相关历史名人的第一手原始史料，具有很高的学术研究价值。

同时，它也是典型的中国传统纸质书信的一部分，全部由寄信人用毛笔在手工书信纸上亲笔书写而成，许多书信出自书法名家之手，世间独此一份。个人集中如此众多历史名人在同一历史时期的亲笔信函，在国内亦属罕见。因此，江苏省档案馆收藏的韩国钧《朋僚函札》档案文献不仅具有较高的书法欣赏与文物价值，它的稀有性、原始性和唯一性也是其他史料所不可替代的，这更显示出《朋僚函札》档案文献作为中国档案文献遗产的重要意义和宝贵价值。

这部分档案文献，是我们真实描述与准确考证当时的有关历史面貌与具体细节，对 20 世纪初中国有关历史事件和历史人物作更深刻的分析理解与细节描述的重要旁证材料，被列入首批中国档案文献遗产名录。

（2012 年 2 月 16 日第 86 期）

解读中山陵档案

沈　犁

南京市档案馆藏有大量珍贵的、极具南京地方特色的档案。2003年3月，首批入选中国档案文献遗产名录的反映孙中山奉安大典、陵墓建设和陵墓日常管理的“中山陵档案”就是其中的代表之一。

1925年3月12日，孙中山先生在北京逝世；4月，葬事筹备处在上海成立。1929年6月奉安大典后，成立总理陵园管理委员会。1937年12月，日军侵占南京，总理陵园管理委员会奉令西迁重庆。1942年4月，汪伪国民政府成立国父陵园管理委员会。1945年8月，西迁的总理陵园管理委员会复员南京。1946年7月，国民政府明令原总理陵园管理委员会改为国父陵园管理委员会。

中山陵档案即是上述机构形成的反映孙中山奉安大典和中山陵陵墓建筑、管理等活动的重要文件，共计1904卷，另照片619张。档案中包括颇受公众关注的孙中山病情、病逝情况报告和国事、家事遗嘱（照相版）、致苏共中央的遗书；民国北京政府、南京国民政府各部院、中国国民党和中国共产党中央的唁电、唁文、告民众书；孙中山先生葬事筹备处有关确定墓址、陵墓设计方案、孙中山大理石像等事项的历次会议记录；有关葬事的来往函电和文件；陵墓奠基典礼和移灵奉安大典材料、《总理奉安实录》等。

档案中有关陵园工程的档案分为三部分：一是陵墓、祭堂、平台、石阶、围墙及石坡等工程档案；二是挖土、填土、水沟、铺石等工程档案；三是碑亭、碑石、陵门、牌楼、卫士室、休息室等工程档案和抗战胜利后陵园及附属建筑修缮工程档案。其中藏经楼三民主义石刻碑廊档案，有当时14位著名书法家手书《三民主义》全文原稿152张及石刻拓片

总理奉安实录

138 片。

718 张照片档案反映了孙中山早期革命活动、任临时大总统、北上、逝世，治丧记事、陵园建设、赴平迎榇、奉安大典，各地悼念、谒陵等活动，生动再现了当时的历史场景。

中山陵档案还系统翔实地记载了选址、圈地、建陵、奉安、管理、谒陵等活动过程，堪称是一部完整的中山陵园史，对研究民国史、建筑史具有重要意义。

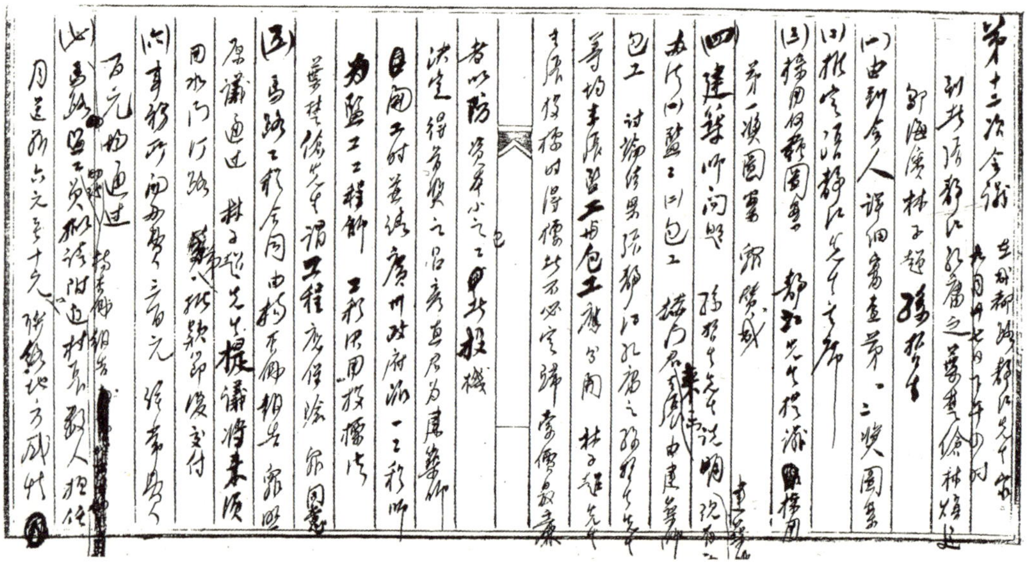

葬事筹备委员会评定吕彦直设计的方案为首奖，并授吕彦直为陵墓建筑设计师的会议记录。

（2011 年 4 月 18 日第 77 期）

南京市档案馆镇馆之宝
——《三民主义》碑文手稿

王 伟

在南京市档案馆的特藏库一角，挂着一幅具有极高历史价值的档案原件——《三民主义》碑文手稿。虽然时间过去了70多年，这幅珍品仍然历久弥新。《三民主义》分"民族"、"民权"、"民生"三大主义，计16讲15.5万字。该碑文手稿共152页，每页宽90厘米，高182厘米，与中山陵藏经楼碑廊里石碑的宽度、高度大致相当，由民国时期著名的书法家张乃恭、陈天锡、连声海、李启琛、叶恭绰、郑洪年、陈仲经、蔡允、胡涤、彭醇士、王宜汉、李宣倜、王贤、邓散木14人于1936年共同书写完成。全篇楷书写就，风格各异，造诣精湛，堪称当代书法艺术中的精品，具有很高的欣赏价值。

1928年底，中山陵墓将建成时，冯玉祥将军经孙中山葬事筹备处同意，精心挑选了90多块河南嵩山青碑石运到南京，准备在中山陵园篆刻《三民主义》全文，并建一座13层的塔。谁料1930年爆发了蒋、冯、阎的中原大战，此事遂一再耽搁。

1935年，中国佛教会在中山陵墓东侧建造藏经楼，用来收藏孙中山的物品和奉安大典的珍贵史料，这批石碑才被用来在藏经楼后面建造了一座左右对称、各长125米的碑廊，镌刻孙中山的《三民主义》。后因原来的碑石不够，又从河南嵩山选购了40多块。十年动乱中，碑文遭到人为破坏。1986年11月，经国家文物局批准修复碑廊，中央拨出专款，省市各方面专家根据南京市档案馆所保存的碑刻原文及拓本，共同研究修复方案逐一按原样重刻。1989年3月12日孙中山逝世64周年前夕全部竣工。1991年全部碑刻镶配玻璃框，以妥善保护。

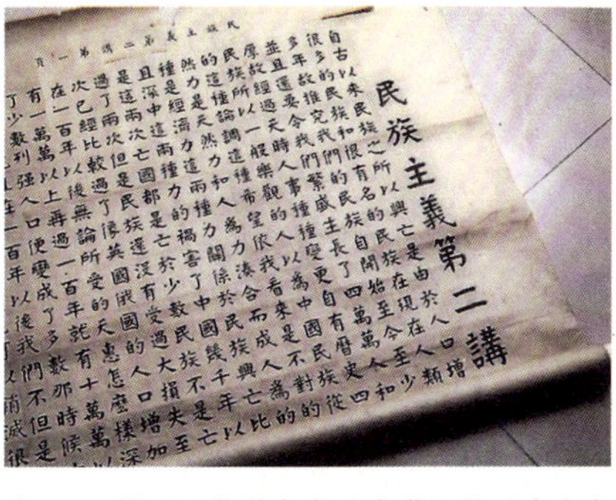
由民国时期14位著名书法家书写的孙中山先生三民主义碑文原稿。

（2011年4月18日第77期）

南京中山陵祭堂里的孙中山坐像

万云青

1925年3月12日，孙中山先生在北京与世长辞。4月8日葬事筹备处成立。根据馆藏档案资料记载，葬事筹备处在7月的第7次会议上，正式提出并决定在中山陵祭堂内造一座14尺高的大理石坐像，旋即在报纸杂志上发布征求条例，开始坐像模型的征集工作。1926年12月，葬事筹备处共收到14位中外雕刻家送来的应征石膏或铜质模型17件，当时上海雕刻师李金发、捷克美术家高祺均送来了石膏模型小样。葬事筹备处认真评审后，对应征模型均不满意，决定发还模型，致函道谢。

最后，陵墓设计图案评审顾问、曾在法国巴黎帝国美术学校留学的雕塑家李金发，向葬事筹备处推荐了法国著名雕塑家保罗·朗特斯基。朗特斯基先试着雕了一尊半身石膏像，送来中国。虽因路途遥远，石膏像的鼻子和下颚部位都损坏了，但评委们仍觉得比较满意，遂决定由他来雕刻孙中山坐像。

朗特斯基对这件作品倾注了很大心血，送来了铜质样稿模型，经葬事筹备处认可后，开始雕刻。他不断修改泥塑，每完成一个阶段，就将照片寄回中国。他还和孙科讨论过坐像上的孙中山是穿中山装合适还是中国传统的长袍马褂。朗特斯基从艺术家的角度赞成穿着马褂。到了1930年初，最终定稿。随后，他选用意大利白色大理石，经过几个月的精心雕琢，这座高4.6米的坐像终于诞生。

孙中山坐像

1930年11月12日，蒋介石等国民党要员都参加了在中山陵祭堂内举行的坐像揭幕典礼。朗特斯基最终获得中国方面的认可，他雕的孙中山“很有中国人的个性，能表现缔造民国的刚毅和专注精神”，最后这座雕像获得宋庆龄的赞美。

（2011年4月18日第77期）

解密《中山陵档案》

——中山陵为何既没墓志铭碑，也未建传记石刻？

南京市档案馆

作为南京名胜之一，中山陵吸引了无数海内外游客。许多游客游览过中山陵后，往往会有一个疑问，即使是一般陵墓都会有介绍逝者生平的墓志或传记碑刻，然而中山陵从“博爱”牌坊至“浩气长存”墓室，虽然有很多孙中山先生的墨迹石刻，但却没有后人为逝者所竖的墓志铭碑及传记石刻。这是为什么呢？首批入选“中国档案文献遗产名录”的《中山陵档案》为人们解开了这个谜团。

现珍藏于南京市档案馆的《中山陵档案》，大部分形成于1925年至1949年，其中文字材料1904卷、照片619张及138张石碑拓帖，包括了孙中山先生早期革命活动、就任临时大总统、治丧记事、陵墓建筑、奉安大典、中外各界人士谒陵等重大活动，以及陵园管理和三民主义石碑拓帖全文等重要历史文献。

根据葬事筹备委员会第32次会议记录，原先早在1926年3月18日葬事筹备委员会曾做出决议，“总理陵墓应有之文字，推定汪精卫先生担任碑文，胡展堂先生担任墓志铭文，吴稚晖先生担任传文，张静江先生担任记文”。但第55次会议记录表示，经过两年酝酿，葬事筹备委员会又慎重研究，认为“以总理之伟大，非墓志铭、传记文字所能包括一切，故以不用为宜”。

就这样，没有人为孙中山先生的陵墓“树碑立传”，然而放眼巍峨壮观的紫金山，每一座山峰，每一棵树木、一棵小草，都镌刻着这位爱国者的丰功伟绩。青山平川，气象万千，处处都让人感受到孙中山先生立志推翻中国数千年腐朽封建统治，胸怀民主自强、天下为公、平等博爱的崇高理想和远大志向。

孙中山先生的灵柩被缓缓地抬上中山陵

（2006年5月11日第23期）

尹湾汉墓简牍

——中国最古老的文书档案

胡若筠

在连云港市东海县温泉镇尹湾村，有一处面积约2500平方米人工堆砌的高岭，相传为刘备儿子阿斗之墓。

1993年2月，一伙打着“挖药材”幌子的盗墓贼，发现了岭下墓穴。当时的温泉镇党委领导得知后，一面派人立即赶往现场进行保护，一面向东海县博物馆上报。东海县和连云港市博物馆在第一时间，组织考古工作者对墓群进行勘察、鉴定。

经过近2个月的发掘，虽然这里并不是传说中的阿斗墓，但是这个汉墓群所带来的震动，却是所有人始料未及的。

那么这个汉墓群里究竟有些什么呢？

据当年参加发掘的工作人员介绍，当时出土的文物有铜铁器、釉陶器、古角器等数百种。当他们打开保存最完整的6号墓时，这次的考古工作就变得意义非凡了。

他们到底看到了些什么？

连云港博物馆考古人员回忆：“在清理足部时，一堆散乱的木牍和竹简暴露出来，根据其上有粘连的织物纤维，我们估计入殓时，它的外面应有方缇包裹。部分竹简上还有残留的编绳痕迹，少数竹简已经断裂为数节。木牍字体十分清晰，木牍的表面还呈现出一层淡淡的油光。木牍虽然叠压在一起，取出时仍有弹性，写在两面的字并没有磨损和粘连的现象。我们十分小心地将这批简牍一件一件取出，盛在水中。经登记，计木牍23件，竹简113支。”呈现在考古人员眼前的这批简牍制作十分精巧，其中竹简极薄，经测量长度均为22.5厘米至23厘米，大简的宽度0.8厘米至1厘米，小简宽0.3厘米至0.4厘米，上面黑色的毛笔字，清晰如刚刚写就；木牍长度与竹简一致，稍宽约6厘米至9厘米，厚度约0.3厘米至0.6厘米，“凭直觉就感到这些竹简不是一般的文物”。

此后的整理和释读中，这批简牍果然不负众望，成为国内外史学界、考古界特别是简牍研究专家瞩目的焦点。北京大学古文献研究室主任裘锡圭说：“对尹湾汉墓的简牍，怎样评价都不过分。”

挖掘现场

尹湾汉墓简牍揭秘

专家们在日后长达数年对出土简牍的整理、释读中发现，这批简牍虽然只有 100 多枚，4 万字左右，但内容却极为丰富，主要有以下四个方面：

1. 东海郡政府文书档案：《集簿》《东海郡吏员总簿》《东海郡下辖长吏名簿》《东海郡属吏设置簿》《武库永始四年兵车器集簿》六种簿集；

2. 术数历谱：包括《神龟占》《六甲占雨》《博局占》《刑德行时》《行道吉凶》以及元延元年历谱和元延三年日书等；

3. 私人文书：包括赠钱名簿、随葬谴策、元延二年日记和名谒；

4. 汉赋佚篇：《神乌傅》等。

其中汉代郡级政府档案尤其细致、系统、完整，为中国已出土的汉代简牍中所仅见。经鉴定，这是我国迄今发现最早、最完整的郡级行政文书档案，为研究汉代上计制度、行政建置、吏员设置、官吏迁除、国家盐铁生产、国家兵器制造与贮存，以及户口、垦田等等，提供了珍贵的第一手资料。而元延三年（公元前 10 年）五月之历谱是我国迄今所发现最早的完整的日书。

尹湾汉墓发掘地

政府的文书档案，又是如何变成了随葬品，被放入了墓中的呢？

还是这些简牍给出了答案：据考定，6 号墓男性墓主姓师名饶，字君兄，卒于西汉成帝元延三年（公元前 10 年），生前官居东海郡“郡之极位”、掌握人事大权的功曹史，那么他握有大量的郡政府文书就不足为奇了。

西汉时期人们普遍有“事死如事生”的观念，崇信人死之后在阴间仍然过着类似阳间的生活，因而陵墓的地上、地下建筑和随葬生活用品均仿照世间，这就为以文书档案随葬找到了注解。

《神龟占》、《六甲占雨》

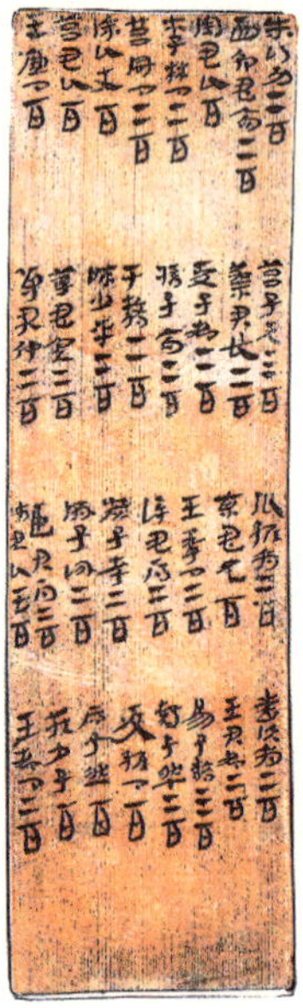

赠钱名簿

但是,这些政府文书又怎么能成为个人的物品私葬呢?

学术界倾向于这是东海郡向中央呈送计簿的底稿或副本而非原件,不然不可能落入私囊,作为墓主人希望在阴间继续位宠职高、一如生前而带进墓地,这些文件在内容上应与上报中央政府的原件具有一致性,从而确立了这批简牍的可靠性。

2000 年前离世的师饶不可能想到,他为了死后仍能如生前般荣华富贵而随葬简牍的举动,竟为中国留下了最古老的地方文书档案。2003 年 3 月,这部分简牍被国家档案局列入中国首批珍贵档案文献遗产目录,并高踞排序之首。

解读尹湾汉墓简牍

尹湾汉墓简牍内容丰富,中国社会科学院历史研究所所长卜宪群研究员在《尹湾简牍与汉史研究》一文中,总结了尹湾简牍在汉史研究领域的六点价值:揭开"上计"文书之谜;为研究汉代地方吏员设置和汉代地方长吏升迁制度提供了活的范例;为探讨汉代武库制度提供了突破口;补正《汉书－地理志》之误;填补了汉赋乃至古典文学史上的一个空白;为术数研究增添了新资料。

《集簿》

秦汉时,地方政府向朝廷汇报一年来当地社会经济与财政收支基本情况的制度称为上计制度,所呈送的上计文书称为计簿,亦名集簿。

上计制度是汉代政治生活中的一件大事,也是中央政府加强集权管理的重要手段。每年,县邑于年终将该县户口、垦田、钱谷、刑狱状况等,编制为计簿(亦名"集簿"),呈送郡国。根据属县的计簿,郡国再编制郡的计簿,上报朝廷,朝廷据此评定地方行政长官的政绩。

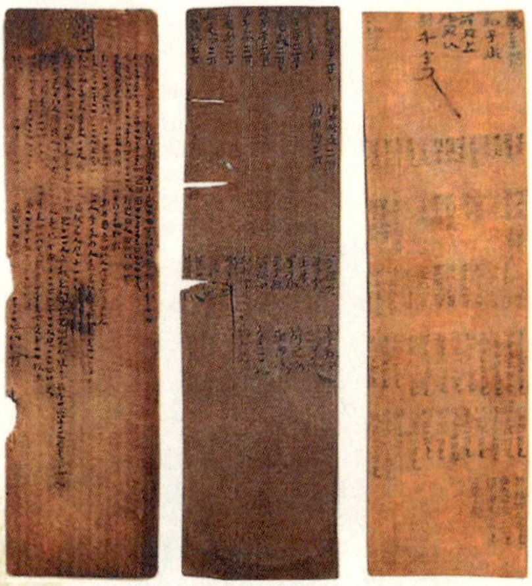

集簿

尹湾汉墓简牍中的《集簿》,是东海郡向朝廷呈送的计簿。木质为侧柏,长 22.7 厘米,宽 6 厘米,厚 0.25 厘米。正反两面书写，正面有隶书“集簿”二字，正面 12 行，反面 10 行，约 700 字，草书墨写。

《集簿》言简意赅，区区 700 字却涵盖了东海郡的行政建置和吏员配备、农业经济、民政、财政等方面内容和 22 个项目的综合统计。如：在地区面积方面“界东西五百五十一里，南北四百八十八里，如前”。所谓“如前”即和以往一样，没有变动；在农业生产方面“春种树六十五万六千七百九十四亩。多前四万六千三百廿亩”，指比上一年多“四万六千三百廿亩”；户政方面：“户廿六万六千二百九十。多前二千六百廿九。……男子七十万六千六十四人。女子六十八万八千一百卅二人。女子多前七千九百廿六”。

《集簿》是东海郡向中央上计的完整的内容实录，具体反映了西汉晚期社会形态的各个层面。在《集簿》出土之前，对两汉时期上计问题的研究只能停留在现有历史文献的层面，《集簿》为上计制度的研究提供了迄今为止第一份完整的实物范本，揭开了上计文书之谜，由此确立了《集簿》在历史研究中的地位。

《武库永始四年兵车器集簿》

《武库永始四年兵车器集簿》，是一部记录汉成帝永始四年（公元前 13 年）东海郡武库所收藏兵器与军车名目及数量的统计表，详细登记了武库中车马器及与其相配应的作战武器和其他装备，是我国迄今为止有关汉代武库年代最早、内容最完备的统计报告。

该集簿分两部分，皇室器物与库存器物分列清单。皇室器物冠以“乘舆”，登载了 58 种军械，共 114693 件；库存器物以“库兵车”统称，登载了 182 种军械，共 23753794 件。两项合计“凡兵车器二百四十二千三百二十六万八千四百八十七”。其中，弩弓：弩 537707 件，弓 77521 件，小计 615228 件；矢：弩矢 11458424 件，弓 1199316 件，小计 12657740 件；矛 52555 件；盾 102551 件；各类刀剑小计：311069 件；各类战车小计：7174 乘。

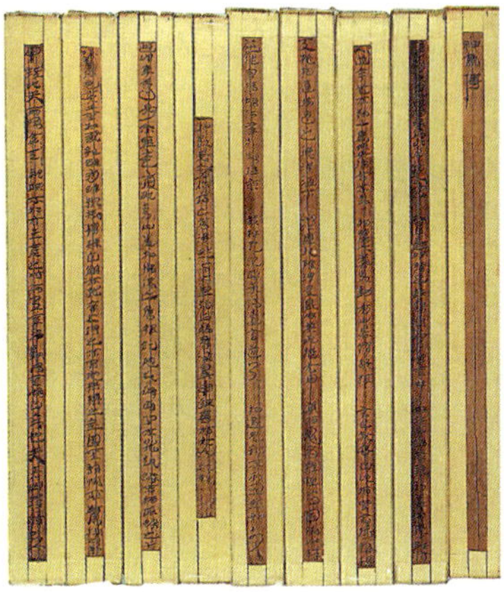

集簿

《集簿》中士卒个人战斗防护用具有：甲、铠、鞮瞀、铁募、铁股、铁罢、面衣及盾等。铠甲为铁制或革制的战衣；鞮瞀为头盔；铁募、铁股、铁罢分别为铁质的臂、腿、裙甲；面衣为护面具，以木制成。

此外，《集簿》还记载了战马也已全身披挂，有身甲和首铠，初显甲骑具装雏形。这一时期重装甲步、骑兵的出现，强弩用于战场，反映了战争越发残酷。

如此庞大的武器数量足以装备 50 万人的军队，而且东海郡吏员总簿或吏员设置簿都未见有“库令”的设置，专家推断该武库是由中央直管的国家武库。《武库永始四年兵车器集簿》指标项目甚多、数列明确，对我们深入了解汉代武器装备的情况、军事技术的进步、专业兵种的分化，以及由此带来的作战方式和战术的深刻变化，提供了弥足珍贵的第一手资料。

《神乌傅》

《神乌傅（赋）》是一篇亡佚了 2000 多年的西汉俗赋，全篇 664 个字，书写在 21 枚竹简上，每枚竹简长 23.5 厘米，宽 0.9 厘米，厚 0.3 厘米，是我国发现的最早汉赋实物。《神乌傅》四言为主，读起来琅琅上口，以拟人的手法描写了乌的性格和悲惨命运，有专家认为，它是西汉时期的白话文。

《神乌傅》比三国时期曹植的《鹞雀赋》早 200 多年，比敦煌俗赋《燕子赋》早 400 多年。也就是说，《神乌傅》把我国古代禽鸟寓言文学及俗赋的产生时间提前了 200 多年，对研究汉赋及汉代文学的发展有着重大的意义。

赋中的乌在汉代是一种孝鸟、神鸟。阳春三月，一公一雌两只乌艰辛筑巢。有一天，雌乌外出取材，回到家中，发现一只盗鸟在偷盗她的材料，于是雌乌和盗鸟吵了起来，而且大打出手。结果，雌乌力气不够，被盗鸟打得遍体鳞伤。雌乌将死之际招来公乌，告诉公乌一定要找只好的雌乌，过下半辈子，同时还要把两个孩子带大……

《神乌傅》被普遍认可的现代译文（节选）：

……雄乌惊悉，伸颈拂翼。上下鸣叫：“苍天神柢，彼不仁义。春生万物，何难我妻！”痛告雌乌：“此乃命矣！吉凶流浪，与你一起。”雌乌哭诉：“抚育孩子！”血泪啼泣：“何不虑家！我已将死。养子教子，我将不及。死生有期，各不同时。今虽随我，将有何益！临危授命，贱妾心意。以死伤生，圣人禁止。疾速飞去，再寻贤妻。毋偏后母，委屈孤子。《诗经》有言：‘云云青蝇，止于杆’，讥讽‘君子，勿信谗言’。惶恐议论，难尽言传。”遂束两翼，自投污泥。肢折体伤，终以死亡。雄乌大哀，左右徘徊。辗转其侧，涕泪满怀，长吁短叹，难于割爱。忧愤号呼，无处讼诉：“盗乌逍遥，亡乌含屈。”遂弃旧巢，携子而去。传曰：众鸟被网罗捕获，凤凰孤傲高翔。鱼鳖被笓笱禁锁，蛟龙潜伏深藏。良马死于车下，骐骥漫步游荡。鸟兽且争利斗殴，何况人为财亡。可悲啊可悲！过分追求必遭殃。诚心写作悬挂，志意附于文章。曾子曰：“鸟之将死，其鸣亦哀”，实指此事。

（2011 年 3 月 11 日第 76 期）

《锡金军政分府文书》回归记

崇安

1984年年底，广西柳州市图书馆历史文献部整理历史文献时，在已封存多年的古籍书柜里抖落出几包散件，打开后发现是“锡金军政分府”文书档案。千里之外江苏无锡辛亥革命时期军政府的档案文件怎么会出现在这里呢？原来，1956年柳州市图书馆成立之初，派员到江浙等地征集档案时无意中得到了这批档案。

这批档案汇集了1911年9月20日至1912年3月10日锡金军政分府成立前后的原始资料，详细记录了无锡、苏州、南京、上海等地民国初年的政治、经济、军事、社会和文化等方面的制度与举措。包括锡金军政分府民政部示谕、锡金军政分府总理处告示、锡金军政分府总理处命令、锡金军政分府总理处日记、锡金军政分府总理差遣处间谍科禀申簿、锡金军政分府总机关各科职员总名册、散件七个方面的内容，总共约13万字，500则档案史料。其中，《锡金军政分府起义檄文》行文气壮山河，如“清朝爱新觉罗氏……神州陷没……草木为之怒号……乾坤摇荡”。据专家解释，该檄文是当时革命志士冒着生命危险，在大街小巷张榜公布的讨伐清政府的文书，是当时中国人民反帝反封建斗争的一个缩影。

这批档案中的一部分，是由时任锡金军政分府秘书、著名国学家、钱钟书先生的父亲钱基博亲笔记写、誊录，是钱基博流传至今为数不多的墨迹中的重要一宗。经本地专家初步考证认为，这批文档的发现，填补了无锡地区早期档案史料的缺失，使发生在1911年的光复起义的历史一幕得以“重现”。此前，史学界对这一特定时期的历史详情知之甚少。这批档案原件的亮相，对研究无锡上世纪初政治、经济社会变迁具有极为重要的作用。因此，无锡档案工作者听说此事后，立即派人前往联系档案回归一事，但一直未果。

时间到了2004年，在无锡市崇安区政府和无锡市档案局坚持不懈的努力下，最终就档案回归事宜达成协议：由崇安区政府向柳州方面支付资料保管费、整理修复劳务费等费用，柳州图书馆将锡金军政分府档案文书全部交还给无锡，双方联合在无锡举行档案交

锡金军政分府民政处示谕

接仪式。2004 年 12 月 21 日，柳州市图书馆正式向无锡移交 7 册锡金军政分府原始档案和 18 件散件，无锡向柳州市图书馆回赠了无锡书画名家陈德华的“东林书院图”，冯稚乾的“风声雨声读书声声声入耳，家事国事天下事事事关心”对联，以及《无锡市志》6 册图书等。

目前此套锡金军政分府文书已被列为国家重点档案抢救和保护规划项目，成为崇安区档案馆的镇馆之宝。

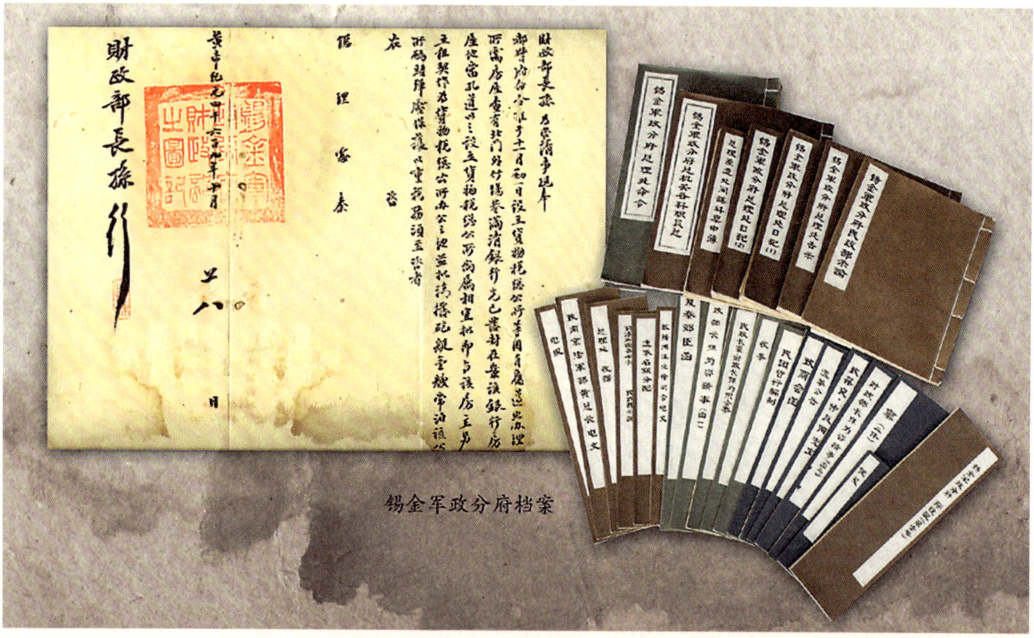

锡金军政分府文书

（2011 年 11 月 17 日第 84 期）

一张老照片背后的故事

王申礼　洪建龙

2008 年 9 月 1 日,《太仓日报》刊登了一张太仓档案馆馆藏老照片“题二我合影”,真实地反映了 1945 年 9 月 18 日抗战刚胜利时,照片的主人公将自己留须时和剃须后的容貌摄在一起,以示纪念的故事。

这张照片来自太仓师范档案全宗,由于现存资料贫乏,无以了解照片中的人和事,因此在刊登此照片时,太仓市档案局特地加了编者按,望知情者与太仓市档案局或《太仓日报》取得联系。没想到报纸发出的第二天,档案局就接到知情者电话。致电者是原太仓师范的老书记、现已 82 岁高龄的王申礼同志,他向我们介绍了这张老照片背后的故事。

留须

照片“题二我合影”中的“我”指的是胡厥文,嘉定人,生于

照片“题二我合影”

1895 年 10 月，1907 年至 1911 年在江苏省太仓师范前身太仓州属中学堂读书，是该校首届毕业生。为了实现实业救国的抱负，胡厥文于 1914 年考进北京高等工业专门学校，攻读机械专业，1917 年毕业后为了创建民族工业，毅然变卖家产并向亲友筹借资金，于 1922 年在上海开设新民机器厂，后又开设黄渡电灯泡公司，造出了曾被洋人垄断的中国电灯使用的钨丝。

1932 年“一・二八”淞沪抗战爆发，胡厥文义愤填膺，为了支援十九路军作战，他和上海机器制造业同行一道，组建临时工厂制造手榴弹、迫击炮弹、地雷，支援前线。在这一时期，胡厥文席不暇暖，胡须也顾不上剃了。胡厥文后来回忆此事时作词曰：

“九一八，一・二八”，敌据三省窥冀察。
野心未戢再兴戎，侵吾淞沪肆贪猾，
守土将士愤填膺，向天无语泪盈睛。
矢坚贞，怒鸣镇，江潮一片杀倭声，
吾心跃跃如花放，勇为见义宁多让。
搜罗机械汇沪南，集合同行与巧匠，
地雷水雷手榴弹，劳形日夜成巨量。
送军前，与敌抗。为醉痴，须髯长。

“一・二八”抗战结束，朋友劝他把胡须剃掉，胡厥文说：“未逐倭奴，不容除剃。”从此蓄须明志，不逐日寇，誓不剃须。

剃须

1937 年 8 月 13 日，日本帝国主义为了实现其 3 个月灭亡中国的罪恶计划，再次大举进攻上海。胡厥文向政府提出，以最快的速度把上海的工厂设备拆迁内地，以免资敌，并在内地建立新的工业基地，支持长期抗战。在胡厥文等人的努力下，一次史无前例的被称为中国实业界的“敦刻尔克”工厂大迁移，终于在上海沦陷前完成。

1945 年 8 月，经过 8 年浴血奋战，中国人民终于取得了抗战胜利。当日本宣布无条件投降的消息传来，胡厥文立即到重庆九龙坎的一家理发店里把留了 14 年的长须剃去，随后又到附近的照相馆拍了“二我图”，将蓄须和剃须的照片组合在一起，看上去既像父子，又似兄弟，并在照片上题了“抗战胜利，父子昆季，忽忘忽怠，岂以为戏”的词句，作为纪念和自勉。

抗日战争胜利后，当时代表民主建国会的胡厥文参加了重庆政治协商会议，他的发言得到中共代表董必武的支持。

新中国成立后，胡厥文参加了在北京举行的中国人民政治协商会议并出席了开国大典；抗美援朝时期曾任赴朝慰问团华东团团长；1954 年起当选历届全国人大代表，并于1975年起担任六届全国人大常委会副委员长，直至1988年；其间还先后当选上海市副市长，中国民主建国会主任委员、名誉主任委员。胡厥文于1989年4月16日在北京病逝，享年94岁。他是诗人、书法家、政治活动家，更是杰出的爱国实业家。

晚年的胡厥文

（2010年11月25日第74期）

老报纸中话春秋

——记晚清、民国时期常熟百种地方报纸

吕惠峰

从满清封建王朝覆灭，到中华民国实现共和，至中华人民共和国成立，这是一段中国社会急剧变化的历史，政权更迭不断，国门初开，思潮涌动，政党丛生，经济多变，强敌入侵，战事绵延。由于战乱频发，系统反映这一时期县域地区的档案十分稀缺。作为地处苏南经济发达地区的常熟，也只留存了极少量的零星档案。而常熟市档案馆保存的"晚清、民国时期常熟百种地方报纸"（以下简称常熟老报纸）则较为全面地记录了这段重要的地方历史。

常熟市档案馆保存的常熟老报纸，由110种7248张常熟地方报纸组成，形成时间自1910年至1949年，品种涵盖了各个方面，以私人和集资筹办为主，少数为政府机关、党派创办发行。办报者以不同的思想、审美视角和价值取向，多角度地报道了这段历史时期社会发展变化中的人和事。

20世纪初，由于辛亥前后民主共和思想的逐步深入人心，特别是受"五四"运动后追求民主和科学的影响，各种报刊如雨后春笋纷纷以不同形式问世。由于当时社会政权更迭相对频繁，社会思想意识多元，新闻管制松懈，这批报纸所记录的内容范围之广，反映的思想情感之杂，揭示的社会现象之深刻，是任何时期都无法相比的。常熟地区激烈变革时期的社会、人生百态，都有详尽的报道记载。这批报纸文献真实地留存了作为近代中国经济最发达地区、有浓厚历史文化传统的苏南县城，随着中国社会深刻变革的发展轨迹。特别的是，在此几十年间，常熟地区发生的一些重大事件，没有官方档案记载，却能从这批报纸文献中得到查证。

报纸文献中涉及的人物也极其丰富，社会各种类型的人在报纸中都有反映。如：常熟地区早期著名革命烈士石楚材、任天石等被捕、被害过程，农民暴动，工人罢工，曾朴（《孽海花》作者）、张治中、宋氏姐妹等著名人物在常熟的活动都有记载。

这批报纸大部分是正规发行，版面形式有2、4、8开；

发行周期既有严谨的日刊、周刊、月刊，也有不定期刊；印刷方式有排版后机印，也有手工打字后油印；发行量几百到上万，如中共抗日机关发行的《东进报》，每期印数都在3000~4000份，《大众报》的印数多达1万份。这些报刊，语言记述既有无标点的文言文，也有通俗的白话文，遣字用语中保存了大量方言俚语，有较强的地方文化风格。这批报纸文献能反映出这一时期苏南县城文化思潮、新闻事业、印刷技术、语言风格等方面的变化发展历程，其利用价值具有多元性。

作为毗邻上海的江南县城，常熟不仅具有浓厚的中国传统文化底蕴、发达的农业经济和手工业，而且也是最早受到西方经济、文化影响的地区，社会在传统与现代的冲撞中发展。因此，当时的常熟产生了全国县域中特有的经济、文化现象，民族资本经济与自然经济高度发达，商业繁荣，文化进步，思想活跃，各种报刊如雨后春笋。常熟一个地方能在50年间出现近200种报纸，且经战火洗劫，文革扫荡，大部分种类得以保留，实属珍贵稀有，具有很高的保存、研究价值。2010年2月，“晚清、民国时期百种常熟地方报纸”入选第三批《中国档案文献遗产名录》。

（2012年10月27日第93期）

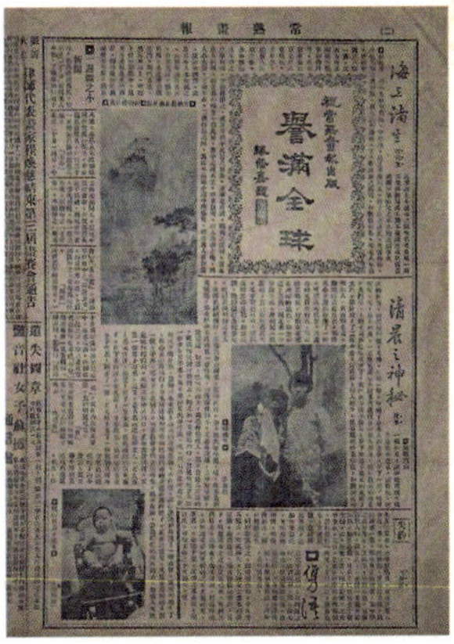

常熟第一份画报——《常熟画报》，主要刊登摄影、书画作品

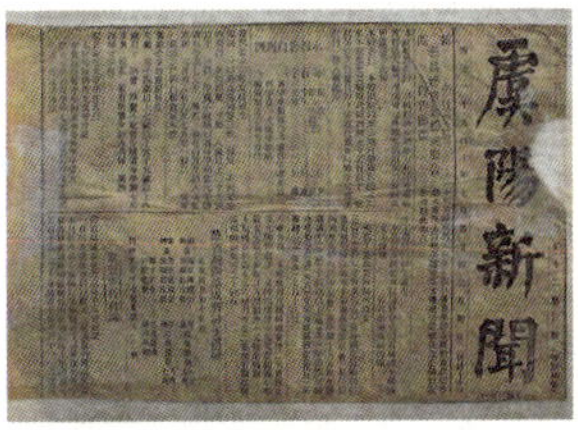
虞陽新聞

常熟第一份新闻报纸——《虞阳新闻》，创刊于清宣统二年

《琴报》(1935年10月7日版)——报道《孽海花》作者曾朴的追悼会

老报纸佐证了常熟解放日

沈秋农

1949年4月28日在常熟出版的名为《群众》的老报纸，在一版醒目位置刊发了题为《迎接历史的大翻身！千万颗心溶化在一起》的新闻特写。这篇报道不但反映了常熟人民欢庆解放的景象和心情，尤为重要的是确定了常熟这座历史文化古城喜迎新生的日期，而在1985年以前的35年间，常熟的解放日期一直难以确认。

上世纪80年代，笔者供职于常熟市委党史工作办公室，亲身经历了对常熟解放日期的考证与确认，可谓记忆犹新。当年随着《常熟人民革命斗争史》编纂工作的不断深入，常熟何时解放就成为党史办必须拿出明确答案的一大课题，因为在参与解放常熟的武工队员中存在着多种说法，有的说听见解放军渡江炮声的当天就进城了，也有的说是在听到炮声的第二天进的城，还有的说是在国民党军队撤退当天进的城，但具体什么时候听到炮声、国民党军队何时撤退则众说纷纭、模糊其词。为此，党史办的同志做了许多工作，查阅历史档案与资料，召开老同志座谈会，向社会各界调查，虽然一时还找不到过硬证据，但议论的话题却在社会上不胫而走。当时在苏州师范专科学校中文系任教的时萌先生获悉后，想起家中夹在《马恩列斯论文艺》这本精装书中的老报纸来，赶紧找来一看，常熟解放的消息、日期、社会动态一应俱全。通过对这份承载了重要历史信息的老报纸和其他相关的档案资料的分析研究，最终确定常熟的解放日期为1949年4月27日。

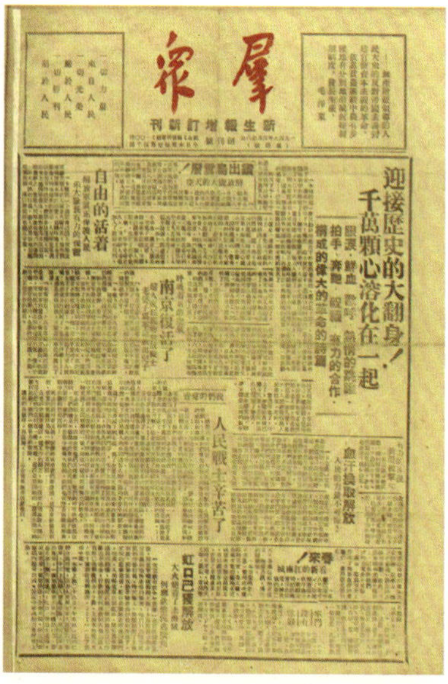
羣衆
新生報增訂新刊
自由的話着
南京復活了
迎接歷史的大翻身！千萬顆心溶化在一起
人民戰士辛苦了
血汗換取解放
虹口已獲解放

《群众》(1949年4月28日版）报道常熟解放情况

这是一份名为《群众》的8开小报，刊名下面以黑体字标明“新生报增订新刊”，在这行黑体字下面印有“创刊号”三字。报头居中为“群众”二字，集鲁迅墨迹，套红印刷，报名右侧刊印毛泽东语录：“……无产阶级领导的人民大众的反对帝国主义封建官僚资本主义的革命。依靠贫农，团结中农，有步骤地分别地消灭封建剥削制度，发展生产。”报名左侧刊印“一切力量来自人民，一切光荣归于人民，一切胜利属于人民。”第一版刊发新闻10篇，其中本地新闻、外埠新闻各5篇。其头条为“本报特写”《迎接历史的大翻身！千万颗心溶化在一起》，副标题用黑体字刊印“眼泪、鲜血、欢呼、热情的跳跃，拍手、奔跑、祝福、有力的合作，构成的伟大的革命的诗篇”。文章报道了常熟人民喜庆解放的热烈场景，其中写道：“昨天下午，万千善良百姓所殷切盼望的人民解放军入城了，这是一个历史性的日子……常熟解放了，自由了，地狱的古城已变成天堂，冬眠的虞山已开遍了春花。”旁边一篇报道是《自由的活着》，副标题是“解放军真正保护人民，朱大队长有力的保证”。文章写道：“今晨记者造访人民解放军苏常昆太武工队朱大队长英，他热情地关怀着本县的治安，为据昨晚上各方报告，特地郑重地表示，人民解放军决以全力维护治安……”由于报纸是4月28日下午出版的，所以据此判断，苏常昆太武工队的入城日期为4月27日，也就是古城常熟解放的日子。

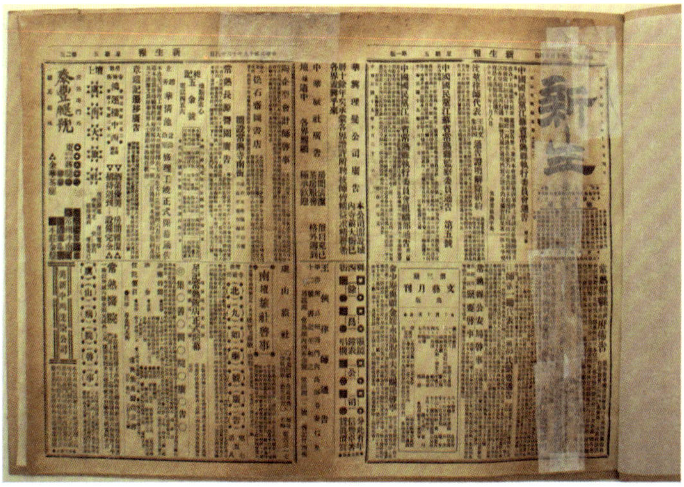

《新生报》，国民党常熟县党部、地方政府机关报。因刊登某些党政文件，并注明“不另行文”，故日销量超过3000份

据老报人黄绳之回忆，《新生报》是国民党常熟县党部于1929年9月创刊的机关报，而《群众》是报社里几个年轻编辑为迎接解放而自发创办的，他们中有黄绳之、杜高等人。其中黄绳之是中共地下党员，《自由的活着》就是由他采写的；杜高在上世纪80年代任中国戏剧家协会书记处书记。当时，他们两个都是新生报社的副刊编辑。《群众》的印数不足千份，且仅仅出版两期，所以能够保存下来实属不易。

在常熟解放40周年之际，时萌先生将这张珍藏了40年的记载着常熟重大历史事件的老报纸郑重地捐给了常熟档案馆，让这份老报纸更好地见证历史。

（2012年10月27日第93期）

四张毕业证明书见证一段特殊的历史

丁燕平

2009 年 4 月，宜兴市档案馆征集到四张抗战时期的毕业证书，这些证书都是其主人周金林 1942 年就读于省立苏州中学的证明。四张不同版式的毕业证明，见证了一段特殊而难忘的历史。

据周老先生介绍，1941 年至 1943 年间，江苏省立苏州中学为排除日寇敌伪干扰，先后三次迁校。最终迁至宜兴官林镇南郊的南义庄村，以私立弘毅中学的名义续学，并聘任当地士绅史钟奇先生为校长，但实际操作仍是苏州中学的原套班子。1944 年夏，周金林中学毕业，成为弘毅中学的首届毕业生，毕业时先后共领取了四份毕业证明书。

第一张毕业证明书是以私立弘毅中学名义，由史钟奇校长签发的临时毕业证书，颁发于 1944 年 7 月，编号为“弘字第陆肆号”，一旁附有照片。

第二张毕业证明书也是颁发于 1944 年 7 月，编号同为“64”，上盖有省立苏州中学的公章，是特制的一张临时毕业证书，校长签名杨汉松，其实是取时任校长杭海槎（曾先后担任苏州中学的训导主

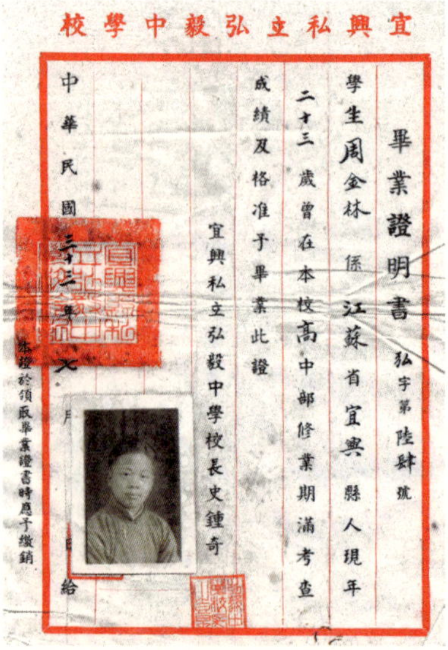

宜興私立弘毅中學校

畢業證明書 弘字第陸肆號

學生周金林係江蘇省宜興縣人現年

二十三歲曾在本校高中部修業期滿考查

成績及格准予畢業此證

宜興私立弘毅中學校長史鍾奇

中華民國三十三年七月 日給

本證於領取畢業證書時應予繳銷

第一张毕业证书

畢業證明書

學生周金林江蘇省宜興縣人現年二十三歲在本校

高中部普通科修業期滿考查成績及格照章應予畢

業此證

江蘇省立蘇州中學校長 楊漢松

中華民國三十三年七月 日

民國三十五年三月 宜興縣政府驗訖

第二张毕业证书

任、校长）三字的偏旁和谐音而杜撰的人名，在不显眼处盖有杭海槎的私章以证明证书的真实性。为便于携带，证书与照片分开，证书用羊皮纸油印，可折叠起来缝在衣缝里，摸不出搓不着。照片背面有持证人姓名、年龄和证书编号，并有杭海槎校长的私章，这些都要与证书相吻合才算有效。当时不少有志之士想到大后方上大学，要长途跋涉和经过敌伪无数次的盘查。为了保证学历的真实与安全保管，证书还盖有长条戳“民国三十五年三月宜兴县政府验讫”，这是抗战胜利后1946年宜兴县政府认可的证明。

第三张毕业证明书颁发于1946年4月，上附照片。这份证书是正式证书在补呈验印的情况下，由校长杭海槎签名颁发的临时毕业证书，作为报考大学的凭证。

第四张毕业证书颁发于1946年7月，这是经江苏省教育厅验讫并盖章的正式文凭。

同一位学生，同一个学历，却前后有着四份毕业证书，真可谓是特殊时期的特殊证书。由此我们不难想象，在那战火纷飞的年月，学校要坚持教育，学生要坚持学习，是多么艰难的事情啊！

（2011年6月17日第79期）

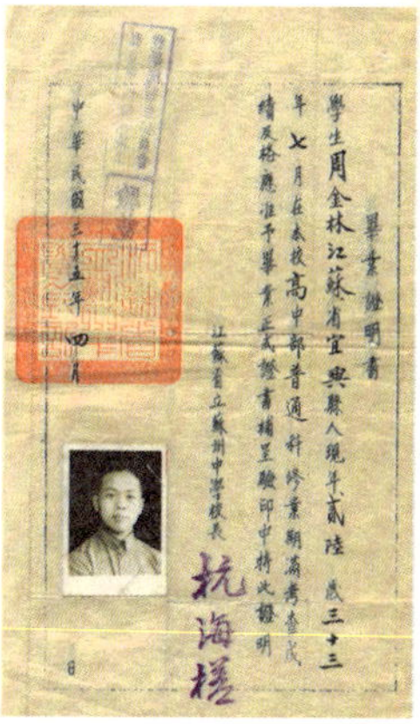

第三张毕业证书

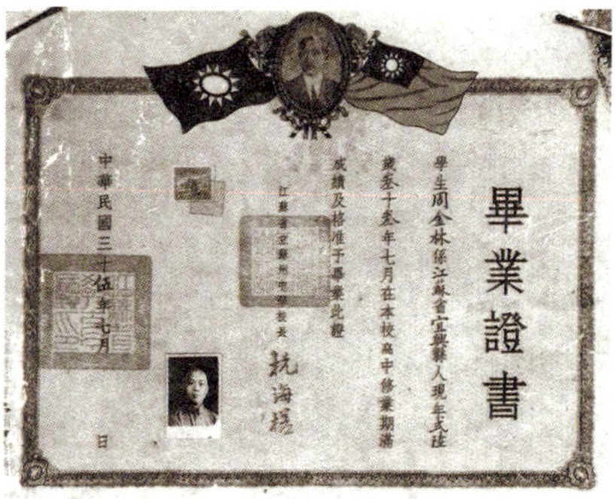

畢業證書

第四张毕业证书

苏州商会档案

沈　犁

二十世纪初，随着资产阶级力量的壮大和清政府的提倡保护，商会组织应运而生。光绪二十九年（1903），清政府设立商部，专司工商事务，并劝导各省商埠成立商会，以振兴商务，奖励实业，发展民族工商业。光绪三十一年（1905），苏州于上海、天津之后成立商会。初名苏州商务总会（1905—1916），后两度更名，即苏州总商会和吴县商会（1931—1949）。1949年苏州解放，改为苏州工商业联合会。

晚清商部明文规定，苏州商务总会统辖苏州、淞江、常州、镇江四府和太仓直隶州各商务分会，与上海、江宁两地商会共管江苏商务。苏州商会成立后，与全国各大商会往来密切，互通情报，商讨对策，又与南洋各埠华侨所创的中华商务总会乃至日本、美国实业团体频繁接触。加之它地处省城（苏州曾为江苏省会），并得交通便捷、经济发达、商业繁荣之优势，本身组织系统严密，领导层比较稳定，又直接控制着一支拥有千余条枪支的准武装组织——商团，建立了一种遍布

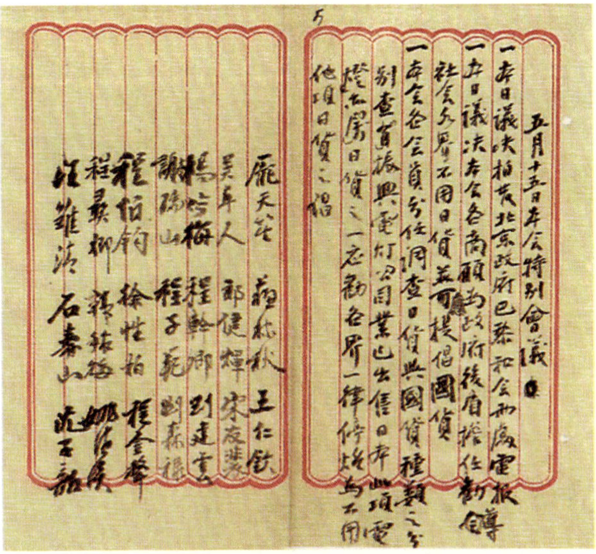
五月十五日本会特别會議

苏州商会关于讨论调查日货、提倡国货等的特别会议

全市的基层街道组织——市民公社，把自己的势力影响渗透到社会生活、政治、经济等各个领域，在地方上处于特殊地位，发展成为与京、津、沪、汉、渝、宁等地商会齐名的全国著名的八大商会之一。经过近一个世纪的洗礼和社会动荡的冲击，至今完整、系统地保存近代商会档案的仅天津、苏州两地。目前苏州市档案馆馆藏商会档案3500卷，内容浩繁，数量惊人，实属罕见。它是苏州商会四十余年间从事政治、经济、文化、教育、社会生活诸方面活动的原始记录和文件资料汇总，见证了苏州由封建社会逐渐沦为半封建半殖民地城市的历史进程。

苏州商会档案文件繁多，内容丰富，包括上行文书、下行文书、平行文书，文体格式均为旧体文言文，文种有咨、移、札、片、牒、呈、谕、批、奏、贴、电、函、图、表及其簿稿等，而以呈文、批示、函电为主，其中清代部分已于2002年列为中国档案文献遗产之一。

1910年3月11日，苏州商会购买的南洋第一次劝业会的股票

1946年10月，吴县县商会复员一周年纪念合影

入会凭证

（2005年6月16日第4期）

绝版商标失而复得记

徐州市糖果冷食二厂使用了20多年的“中华牌”注册商标,在2003年该厂进入破产程序后,被人以2000元的低价非法转让。企业破产清算组及时向该市中级人民法院汇报,办案法官查阅大量的原始档案,经过几个月的艰苦努力,终将这一流落他乡的知名商标成功追回。

绝版商标驰名中外

1983年颁布实施的我国第一部《商标法》规定:与中华人民共和国的国家名称、国旗、国徽、军旗、勋章相同或相近的文字和图形,不得作为商标使用。但同时还明确规定,本法施行以前已经注册的商标继续有效。

徐州市糖果冷食二厂是1979年10月31日注册的“中华牌”商标,不仅名称为“中华牌”,而且商标图案为天安门和华表。由于该商标的注册时间是在《商标法》颁布实施前,这就决定了该厂注册的“中华牌”商标不仅合法有效,而且有“绝版”商标之称,极其珍贵。根据徐州市档案馆馆藏“名、特、优档案”记载,徐州市糖果冷食二厂生产的中华牌高粱饴糖果,曾获首届中国食品博览会金奖和国家质量奖银质奖章。“中华牌”注册商标不仅在国内糖果食品市场上有很大的知名度,而且在国际市场上也有一定的影响。据业内人士估计,徐州的绝版“中华牌”注册商标,应该有很高的经济价值和市场价值。

非法转让依法追回

由于种种原因造成该厂严重亏损,并不能清偿到期债务,2003年8月15日,徐州市中级人民法院依法裁定徐州市糖果冷食二厂破产。2004年,徐州市成立破产企业清算组接管了该企业。破产清算组在清理企业资产时,从会计档案中发现,“中华牌”注册商标已在2003年8月21日被原企业有关人员以2000元的低价转让给了四川泸州东方酒厂。他们向审理破产案件的市中级人民法院汇报,市中院立即组织专人对转让商标一事展开深入调查。

在办案人员翻阅该厂大量的原始档案和充分取证、查明事实的基础上，2005年1月14日，徐州市中级人民法院根据《中华人民共和国企业破产法》作出裁定，宣告徐州市糖果冷食二厂与四川泸州东方酒厂转让“中华牌”注册商标的行为无效，“中华牌”注册商标继续为徐州市糖果冷食二厂所有。办案法官在作出裁定后的第二天，即赶赴北京，向国家工商行政管理总局商标局说明情况，争取支持。商标局在一个星期内立即下达了通知，撤销了徐州市糖果冷食二厂与四川泸州东方酒厂之间违法转让“中华牌”商标的行为，并决定四川泸州东方酒厂已经办理续展注册手续的“中华牌”注册商标专用权为原徐州市糖果冷食二厂所有，续展使用期限为10年。

（2005年5月26日第3期）

三份纳税凭证见证百年老店历史沧桑

郑　洁

如东县丰利镇的季敦国老人已91岁高龄，老人的曾祖父季克鳌于道光二十一年创办了“季信源”合记。宣统元年11月18日，如皋县政府（当时如东属如皋县）给“季信源”颁发了《税户执照》。

执照长宽约54厘米×39厘米，纸色发黄。税户执照格式是蓝色印刷体，上书黑色小楷。执照内容如下：“给照事照，得本县编征集办，钱粮及花布、油麦、烟包、靛花、油饼等税银捌佰伍拾叁两柒钱。向系本境店铺叁仟柒佰伍拾柒家分等输纳。家数以此为额，永不加增……今有季信源合记，原在一都五啚丰利地方开设花粮、丝绸、棉籽店铺。每年认完税银贰钱，合行给照，为此照给。如字第壹仟壹百三十号税户收执……右仰税户：季信源合记准此。宣统元年十一月十八日”。执照上有当时“季信源”当家人的手印和县太爷的印章。

转眼间几十年过去了，季老的祖父季兰锴为了扩大经营，于1921年建造了两层青砖小瓦小洋楼，这在当时的丰利街上首屈一指。站在楼上远望，视野非常开阔。当时的丰利，方圆几十里只有这一座楼房，一楼卖棉布，二楼卖丝绸，“季信源绸布号”远近闻名。1941年3月19日的《东南晨报》有篇“丰利季信源绸布号为收回礼券启事”，颇为醒目。

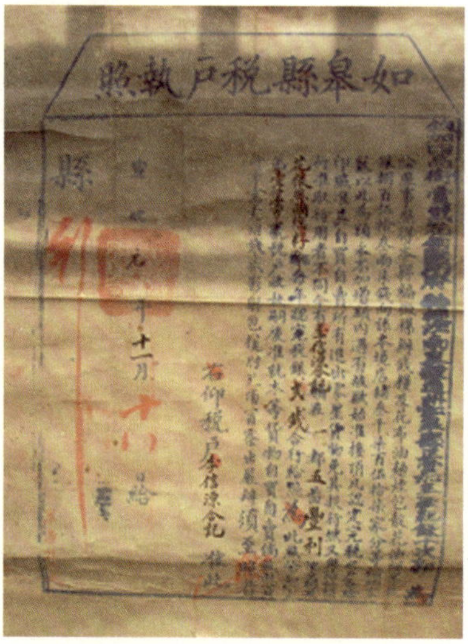
如皋縣稅戶執照
縣
十一月
右仰稅戶季信源合記 准此

说起这小洋楼的历史，可真不一般。这幢小楼曾经驻留过不少军政要人。抗战时期新四军第一师三旅领导人陶勇、粟裕、吉洛（姬鹏飞）都曾在小洋楼住过一段时间。陶勇他们开会时，就叫季兰锴站在阳台上把风。如今，季老家里还保存着这些老一辈革命家当年用过的桌、椅、茶杯等生活用具。2007年，粟裕大将的儿子粟戎生在《粟裕画传》中也曾提及这座小洋楼。如今，这座小楼依旧古朴，透露出古香古韵，是珍贵的建筑遗存。

到了解放初期，“季信源”在季老手里经营，得到悉心保护。1954 年，季老又在如东县人民政府领取了《契纸执照》，老人至今还保存着当时的契税发票，税额为 79.11 万元。这珍存的票据，延续着百年税照，传承着我国的税收制度。

“文革”中，季老全家被扫地出门，他没有藏金银细软，而是把这些珍贵的档案偷偷藏在旧衣服的夹层中带出。他觉得这些东西是他家一百多年诚信经营的凭证，是几代人心血的凝聚，有必要悉心珍藏。

季信源合记作为拥有百年历史的老店，记载着曾经的辉煌，更见证着历史的沧桑变迁。老人对历史真迹的珍存，为当代人追忆历史风云提供了不可多得的凭证。

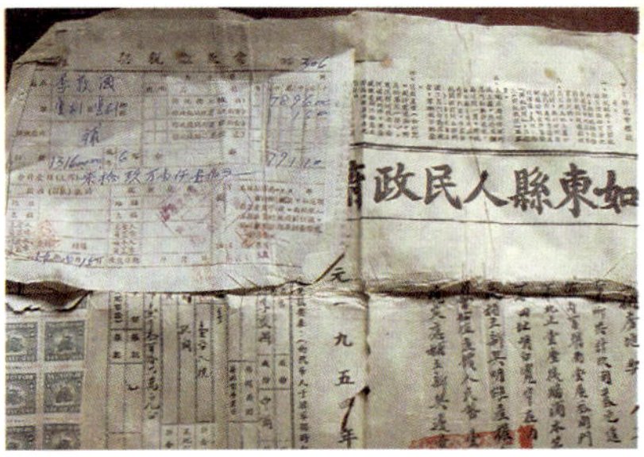

如東縣人民政府

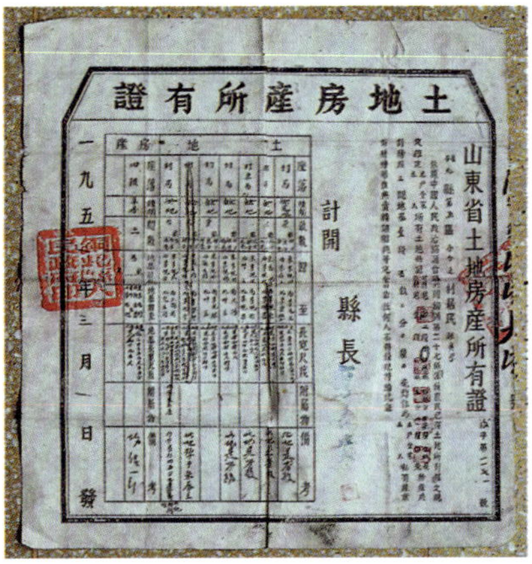

土地房產所有證

山東省土地房產所有證

計開

縣長

一九五 年 三 月 一 日 發

（2011 年 6 月 17 日第 79 期）

人物春秋

辛亥革命前后的张謇

朱 江

清末民初是中国社会急剧转型的时期，在这个跌宕起伏的历史阶段，张謇无疑是一个重要的人物。他与袁世凯摒弃前嫌，北袁南张，一个在朝，一个在野，遥相呼应，在晚清政局中起了重要作用。1925 年 12 月辞世前不久，张謇在其《啬翁自订年谱》的自序中，对君主制度和民主制度、立宪与革命阐述了自己的见解。张謇特别强调，他从 22 岁开始记日记，48 年间“一身之忧患、学问、出处亦尝记其大着，而莫大于立宪之成毁”。由此可见张謇对自己从事立宪运动极为看重，及至暮年仍念念不忘。武昌起义以后，张謇逐渐放弃了立宪立场转而拥护共和。

1901 年，张謇在他的《变法平议》中即提出“置议政院”和“设府县议会”的建议。1903 年，游历考察日本回来，深受日本宪政的鼓舞，张謇非常热衷立宪问题，“见到官员友人，遇到谈论通信，没有不劝解蹉磨各种立宪的问题”。1904 年，张謇与他人一起，为两江总督魏光焘、湖广总督张之洞起草了拟请立宪的奏稿，还和赵凤昌刊印了日本宪法，送达朝廷。

1904—1905 年间的日俄战争，立宪的日本战胜专制俄国的结果震动中国。一时间国内外立宪思潮高涨，清政府迫于形势压力，正式谕令“预备仿行宪政”。相对于清政府的伪装立宪，张謇等资产阶级立宪派认真响应，发起立宪运动。1906 年 12 月 16 日，以苏、浙、闽绅商名流为基础的预备立宪公会召开成立大会，推定郑孝胥为会长，张謇、汤寿潜为副会长。在立宪运动中张謇主张“缓进”，认为立宪应以政府为主导，“得寸进寸，得尺进尺”。

1909 年 8 月，江苏咨议局正式成立，张謇当选为议长。在张謇的积极斡旋下，江浙两省地方当局和咨议局步调协调一致，在全国立宪运动中处于倡导地位。是年冬，张謇发起国会请愿活动，十六省咨议局代表齐聚上海，组成国会请愿代表团北上请愿，要求迅速召开国会。请愿失败后，张謇又锲而不舍地发起了两次国会请愿活动。三次国会请愿的彻底失败，使他深感沮丧。1911 年，清廷的“皇族内阁”和“铁路国有”政策，使立宪派与清廷的对立达到极其尖锐的程度。尽管如此，张謇仍然没有放弃劝说清廷回心转意的幻想。

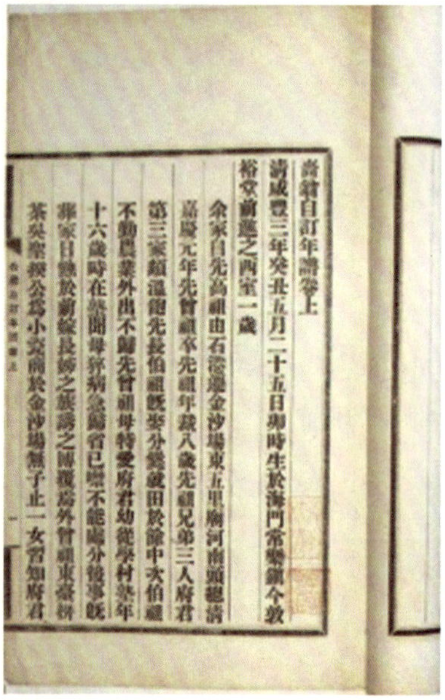

嗇翁自訂年譜卷上

清咸豐三年癸丑五月二十五日卯時生於海門常樂鎮今敦
裕堂前進之西室 一歲

余家自先高祖由石港遷金沙場東五里騎河南頭總清
嘉慶元年先曾祖卒先祖年甫八歲先祖兄弟三人府君
第三家頗溫飽先長伯祖既娶分爨就田於餘中次伯祖
不勤農業外出不歸先曾祖母特愛府君幼從學村塾年
十六歲時在外聞母病急歸嘗已噎不能歸分後事既
歸家日操於前於長姊之族為之撫甥為外曾祖東泰州
茶葉業程公爲小竅而於金沙場無子止一女贅如府君

《啬翁自订年谱》

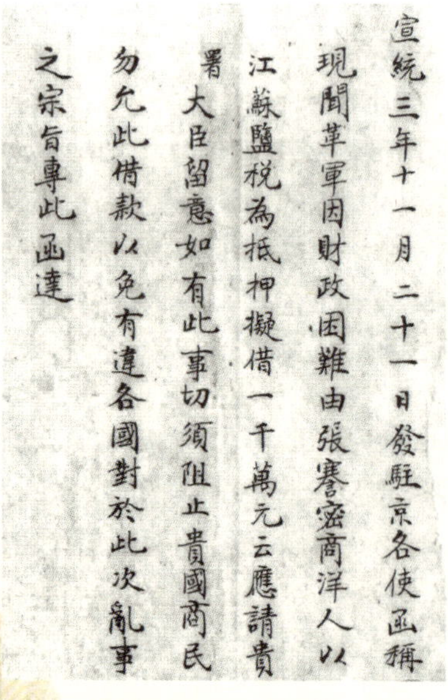

宣統三年十一月二十一日發駐京各使函稱
現聞革軍因財政困難由張謇商洋人以
江蘇鹽稅為抵押擬借一千萬元云應請貴
署大臣留意如有此事切須阻止貴國商民
勿允此借款以免有違各國對於此次亂事
之宗旨專此函達

《闻张謇为革军商借洋款请阻止勿借由》

1911 年 10 月 10 日，张謇最为害怕的事情终于发生了。武昌革命党人的枪声划破了中国沉寂的夜空，敲响了清王朝灭亡的丧钟。非常凑巧的是，张謇当天正在武汉。他晚八时登上“襄阳”轮离开的时候，发现长江对岸起火，张謇在其日记中记载：“见武昌草湖门火作，盖工程营地火作，即长亘数十长，火光中时见三角白光，殆枪门火也。十时舟行，行二十里犹见火光。”到了安庆得知武昌的情势，他先后劝说江宁将军铁良、两江总督张人骏出兵镇压。铁、张自顾不暇，无以为应。他又赶到苏州，连夜为江苏巡抚程德全起草《改组内阁宣布立宪疏》，建议立即“解散皇族内阁，组织责任内阁”，严惩“酿乱首祸之人”，“然后定期告庙誓民，提前宣布宪法，与天下更始”。

然而革命形势的迅速发展，各省区的纷纷独立，终于促使张謇的思想发生了剧变。他重新判断时局认识到清朝已如绝弦不能调，死灰不能燃，决定转向共和，站在革命的一边，从“和平光复”中另谋出路。11 月 4 日上海光复后，他随即支持程德全在苏州宣布独立。11 月 8 日，通州也宣告独立，“地方秩序如常”，大生资本集团毫无损失，张謇的哥哥张詧出任总司令。在此前后，他还打电报给已经奉命进攻湖北民军的袁世凯，劝他认清国内“大多数趋于共和”的严酷现实，应赶紧前往北京，防止皇室逃亡，尽快与南方达成协议，以确定共和政体，稳定全国局势。在《劝告铁将军函》中，他要铁良“纳满族于共和主义之中”，“共和主义”首次出现在他的笔下。

在张謇的思想里，一直认为君主立宪要比共和制度优越，并可以避免革命所带来的破坏。因此，即使在立宪派内部，他也是放弃自己原有立场较迟的一个，这与他对清政府的彻底失望有关。

1912 年 1 月 1 日，孙中山先生就任临时大总统，宣告中华民国成立。张謇受邀担任南京临时政府实业部总长。南京临时政府所面临的重大困难之一就是入不敷出，财政陷入极端困难的境地，解决军饷问题成了南京政府的当务之急。当时，南京城内的军队，有“浙军、沪军、光复军、铁血军、卫戍军，以及国有之军队与新编之各军，合计不下十万余众”，欠饷问题非常严重。再加上江苏境内的其他军队和各地准备北伐的军队，人数至少有 20 万以上。陆军总长黄兴为军饷的事“寝食俱废，至于吐血”，每天到陆军部要钱的军官达数十起，弄得黄兴焦头烂额。

黄兴请求张謇给予帮助。张謇毅然以大生纱厂总经理的身份和资格作担保，向日本三井洋行借款 30 万元，约定一个月归还，保证书上明确写道：“兹因黄君克强为中华民国组织临时政府之费用，向贵行借用上海通用银元 30 万元。约定自交款之日起一个月归还，并无抵押物。如还期不如约，惟担保人是问。三井洋行鉴存。张謇。”为了帮助临时政府解决外省军队调离江苏的经费问题，张謇商请各商会筹垫 20 万元。后临时政府军事、行政费用又告急，黄兴提出让商会再筹垫 50 万元。张謇提出“劝勿扰商，自任为筹”，自请承担为临时政府筹款的任务。

张謇的筹款行为帮助南京临时政府解决了不少财政困难，清政府对此十分恐慌。南通市档案馆 2010 年去台湾“中央研究院”近代史研究所档案馆查阅档案时，在外务部全宗发现《闻张謇为革军商借洋款请阻止勿借由》（馆藏号 02—24—008—02—061）。全文如下：“宣统三年十一月二十一日发驻京各使函称：现闻革军因财政困难，由张謇密商洋人，以江苏盐税为抵押，拟借一千万元云，应请贵署大臣留意，如有此事，切须阻止贵国商民勿允此借款，以免有违各国对于此次乱事之宗旨，专此函达。”

张謇作为立宪派的领袖人物，他的立场转向民主共和，对当时的影响颇大。而张謇的所作所为，对推动清朝的灭亡、中华民国的建立又起到重要的作用。黄兴曾高度评价张謇和赵凤昌等人“负国人之重望，往时缔造共和，殚尽心力”。

（2011 年 10 月 17 日第 83 期）

张謇与沈寿的旷世情谊

刘心媛

张謇是南通地区近代教育的奠基者。他1914年创办的女红传习所是我国最早的一所培养女子刺绣工艺人才的专门学校。

女工传习所落成后，张謇即延请近代刺绣大师沈寿女士担任女工传习所所长兼教习。沈寿（1874—1921），原名沈云芝，江苏吴县人，天资聪颖，幼年即学习刺绣，很早就扬名于苏州、扬州一带，20岁嫁给余觉。1903年，沈云芝献绣品祝贺慈禧太后七十寿辰，慈禧大为嘉赏并手书“福、寿”赐给余沈夫妇，沈云芝亦因此更名为沈寿。1906年，沈寿任清政府农工商部绣工科总教习。1911年，她的绣品《意大利皇后爱丽娜像》在意大利都郎赛会上获优等奖，同时荣获“世界至大荣誉最高级之卓越奖”。1910年，张謇任清政府举办的南洋劝业会审查长，在会上初识任绣品审查员的沈寿，对沈寿高超的刺绣才艺甚为赏识，遂有聘请沈寿来女子手工传习所担纲的意图。1913年前后，在女工传习所建造期间，张謇曾五次致信，盛情邀请时任天津自立女工传习所所长的沈寿来南通执教。1914年10月，沈寿来到南通女师范校附设女工传习所任所长兼绣科主任后，在所董张詧、张謇和女师校长范姚蕴素的全力支持下，她借鉴女师范校的教学经验，亲掌教鞭，在女工传习所建立了一套行之有效的教学体系。女工传习所分设刺绣、图画、编物、手织、裁缝、育蚕六科，每科聘请教员一名。

所长沈寿还常常亲自带领学员到郊外写生，手把手地教授刺绣针法，就具体作品讲解色彩搭配、挑针用线，使学员在作品完成的过程中循序渐进地掌握了刺绣技艺。如在沈寿指导下，张淑德的《夕照图》、李群秀的《塞外牧羊图》均为经典刺绣作品，流传至今。

女工传习所除了这些参加世界博览会的传世之作外，沈寿与学员合作的作品和学员独自创作的作品有《奉天牧羊图》、《夕阳返照图》、《花水相媚好，草木有佳声》等，均为精湛之作。

1912年10月，担任中华民国临时政府实业总长的张謇，恳切邀请沈寿担任南通女子师范附设的女工传习所所长兼刺绣教员。沈寿于1914年偕同姐姐沈立到南通，开始了与张謇长达七年的相处。

早在1910年江宁举行的南洋劝业会上，张謇作为绣品展览评审会审查长，就对沈寿的作品及其鉴赏能力大加赞赏，只是无缘相见。

沈寿虽然多方婉转地拒绝状元公的盛情，但对他在事业上给予的支持和生活上的照顾还是十分感激的，就是对他一些超越一般友情的言词，也看作是对自己的怜爱。沈寿感其情，便请张謇在一方白缎上写下"谦亭"二字。她剪下自己的青丝作线，精心绣成凹凸分明、乌黑光亮的"谦亭"字绣。

张謇曾经慨叹："嗟夫！莽莽中国，独缺工艺之书耳！"他的可贵之处在于并不止于慨叹，而是亲自实践，以自己的实际行动来弥补这一缺憾——为沈寿整理口述资料，1919年编著了我国第一部全面系统地总结刺绣艺术经验的专著《雪宧绣谱》。沈寿是一位享有"神针"美誉的中国近代著名刺绣艺术家，绣术精湛，堪称一代大师。但是她体弱多病，张謇"益惧其艺之不传而事之无终"，于是借宅供其养病，并在她病况稍有好转时，由沈寿口授张謇笔录，"一物、一事、一针、一法，审思详语，为类别而记之，日或一二条，或二三日而竟一条。……无一字不自謇出，实无一语不自寿出也。"从张謇这段自述中不难看出，他为编定《雪宧绣谱》付出了怎样的心血与代价！《雪宧绣谱》是我国刺绣史上最完整、最全面、最实用的第一部工具书，并成为我国现代刺绣发展的重要理论依据。

1920年，张謇筹建了南通绣织局，委托沈寿为局长，在上海、纽约、法国、瑞士、意大利设立办事处销售刺绣工艺品，其中大部分均为女工传习所学员的作品。

沈寿的病延至1920年6月7日凌晨3时，这位举世闻名的刺绣艺术大师与世长辞，时年仅48岁。

张謇对沈寿的逝世悲恸欲绝，他避居西山村庐，闭门谢客，日夜面对沈寿的遗像凝望发呆，并一口气写下了《惜忆四十八截句》，其中一首写道：

曾指西山有之亭，亭边割壤埋娉婷；

那堪宿约成新谶，丹旐来时草尚青。

这首诗是说沈寿生前曾和他有约，来日她死后，就把她葬在西山"有之亭"畔，因此张謇就在南通黄泥山的东南麓，划地83平方丈，由沈寿的胞兄沈右衡监工，为沈寿筑了一座坚固的坟墓，墓门石额上镌刻着张謇的楷书"世界美术家吴县沈女士墓阙"。

（2008年8月22日第48期）

韩国钧与江石溪

方一宁

韩国钧，字紫石，又字止石、子石，晚年号止叟。清咸丰七年（1857）3月生于江苏泰县海安镇（今海安县），21岁中秀才，23岁中举人。自1894年（清光绪二十年）起，他先于河南任职十三年，历任镇平、祥府、武陟、永城等县知县；1906年（清光绪三十二年）起，他历任河南陆军参谋处及矿政调查局总办、交涉局会办、营务处总办，奉天交涉局及开埠局局长、农工商局副局长，广东督练公所参议兼兵备处总办，奉天劝业道交涉司兼葫芦岛商埠会办，吉林民政司司长等职。1913年任江苏省民政长（后改任巡按使），1915年回乡经营泰源盐垦公司及办理运河工程，1922年任江苏省省长。1925年以后，他不满军阀统治，辞官退隐，在家赋闲。抗战期间，奔走呼吁国共合作，两次在家乡主持召开苏北停战会议，与共产党建立抗日合作关系，成为苏北著名的抗日爱国士绅。海安沦陷后，日伪利诱威逼其出任伪江苏省长，被严词拒绝。1942年去世，陈毅誉之为“民族抗战之楷模”。韩国钧身前集有《朋僚函札》三千六百多份，现藏于江苏省档案馆，2003年被列为“中国档案文献遗产”。

周嵩尧（中）与周恩来、邓颖超在一起

清末民初，韩国钧等在扬州御码头前的冶春茶社发起成立了一个著名的诗社——“冶春诗社”，因诗社成员都在冶春茶社深处的后楼聚会，亦称“冶春后社”。诗社社员均为当时扬州文坛宿将、士林名流，如韩国钧、臧宜孙、萧畏之、孔庆熔、辛汉青、凌鸿寿、严绍曾、周嵩尧、江石溪、王景琦、高乃超、胡震等。其中周嵩尧先生是周恩来总理的伯父，江石溪先生是江泽民的祖父。因韩国钧不常住扬州，诗社早期由臧宜孙主持，后由曾任国会代议长的凌鸿寿继之。臧宜孙是清朝同治进士、翰林学士，被公推为“冶春后社”祭酒。韩国钧、江石溪的诗风多受臧宜孙影响，体近白（居易）陆（放翁），于壮怀激烈之中，又多几分隐逸之气。

江石溪，原名江汉，石溪乃其医名。祖籍徽州，世居扬州仙女庙河南（今扬州江都利民桥南桥垅）。江石溪生于同治九年（1870），自幼受父影响，随父设计各种画稿，饱读诗书。光绪年间应童子试，曾拜同治进士、翰林学士藏谷（宜孙）门下学诗。后又至江都丁沟镇周云溪处学医六年，并取医名石溪，以后即以医名行。周云溪为当地名中医，属淮海医派一路。江石溪业成后悬壶于仙女庙（属今扬州江都）、头桥镇（今属扬州邗江）一带，治病救人，医道精湛，处方开放，每有独到见解，人称“医药文章曾惊人”，深受病家赞许。

江石溪先生素怀爱国民主思想，在清末中国被列强瓜分的灾难之中，怀着忧国忧民之情，投壶从戎，来到上海，寻找救国之道。民国初年，在反对袁世凯签订“二十一条款”卖国条约时，曾撰小曲多支，教人传唱，以示反抗。1915 年，经韩国钧等推荐，江石溪先生被聘为张謇创办的“南通大达内河轮船公司”协理（副经理），专管大达内河轮船公司在扬州地区的日常事务，以后成为大达内河轮船公司股东，举家由仙女庙迁往扬州东关街田家巷。江石溪先生非常重视地方农业经济的生产发展，曾与韩国钧、张謇等人致力于苏北的盐城、东台、兴化交界处海滩勘测，参与制定滩涂开垦计划，并付诸实施。后来大片滩涂得以开发，在此基础上建成大丰县，对繁荣地方经济起到了积极的推动作用。

1921 年农历 8 月中旬，暴风雨肆虐，江淮水位猛涨，苏北里下河地区尽成泽国。韩国钧与张謇冒雨巡视苏北 8 县，沿途栉风沐雨，晓行露宿，辛劳异常。韩国钧积劳成疾，一卧不起，遍延名医却难有起色，后送往扬州江石溪处救治。江石溪给韩国钧开出几帖中药，服后很快痊愈，救了韩国钧一命。

1928 年，江石溪爱子江上青秘密加入青年团，石溪虽不知其详，但他相信儿子的行动是正确的。1929 年初，江上青被国民政府逮捕，移押江苏高等法院苏州监狱。江上青坚不吐实，又因石溪乃社会名流，关了三个月后即获释放。当年秋天，江石溪将其送到上海艺术大学文学系学习。时值江石溪六十岁生日，便作《六十述怀》诗一首：

六十年华一瞬过，萧萧两鬓压霜多。
髭须未许尝甘苦，心力几经受折磨。
老不求人知命蹇，贫而能乐得天和。
几番山水丹青笔，笙管歌吹任网罗。

江上青进入上海艺大后，秘密加入中共，在学生和工人中进行革命活动，在虹口被捕，关进提篮桥西牢，一关就是两年。他在狱中坚贞不屈，并满怀革命乐观主义精神，写了不少诗篇，后来汇集为《提篮曲》。由于爱子身陷囹圄，江石溪心力交瘁，痼疾染身。1931 年作《病中口占》：

二十世纪三十年代在上海的江上青

六二年华老大身，病魔扰我实怆神。
兼旬历尽炎凉意，病久方知骨肉真。
百事萦怀惟画债，一生守拙累家贫。
而今赖有诗囊在，身外浮名且让人。

江上青经地下党营救出狱后，江石溪接他到南通长子处休养。不久江上青转入上海暨南大学社会学系，从李达、邓初民学习社会学，同时继续从事学运工作。1932年初，江上青重返扬州，担任扬州淮南职业中学国文教员，同时创办《新世纪周刊》，鼓动旅外扬州学子投入抗日活动，又遭反动势力缉捕。1931年初，转入十二圩扬子中学任教，继续宣传救亡思想。江石溪先生虽对共产主义思想未必理解，但对子女的抗日爱国行为是大力支持的。

1933年秋，江石溪先生因操劳过度，病逝于扬州，终年63岁，归葬于江都县仙女庙大王庄南（今江都引江二站东南角）。其时子女皆在身边，长孙江泽君、次孙江泽民皆已入琼花观小学读书；江上青作《哭父》诗，代表家人痛诉哀思。韩国钧闻讯后亲赴扬州江府吊唁，其手书挽联为：

向秀赋方成，惊听笛声到邗上；
江郎才未尽，尚留诗卷在人间。

后补建“江石溪先生安息处”时，此挽联刻于两侧亭柱。句中的“向秀”为竹林七贤之一（河南武陵人），曾著《思归赋》。“笛声”出自《思归赋》序：“邻人有吹笛者，发音嘹亮，追思曩昔游宴之好，感音而叹。”上下联首字组成“向江”，寓意深长。“诗卷”指江石溪先生之遗著《梦笔花馆诗集》。

扬州市江都县江石溪先生纪念亭

（2012年2月16日第86期）

「智慧女神」吴贻芳

振 标

19 79年4月,美国密歇根大学校园内,群花斗妍,春意盎然。当86岁高龄的吴贻芳女士从密歇根大学校长阿·史密斯先生手中接过该校为世界杰出女性专设的、象征智慧与和平的"智慧女神"奖时,全场立即沸腾起来。在经久不息的掌声中,吴贻芳用流利的英语发表了长达20多分钟的答谢词。她深情地说:"这不仅是给予我个人的荣誉,也是给予我的祖国,我国人民,特别是我们中国妇女的荣誉。"

命运多舛的求学生涯

吴贻芳,号冬生,曾用名Constance,1893年1月26日出生于湖北武昌,祖籍江苏泰兴,幼年在武昌度过。1904年,11岁的吴贻芳和大姐一起来到杭州外祖母家,就读于公立杭州女子学校。该学校由维新人士创办,提倡女子要读书、妇女也能救国的进步思想。在这所学校中,她受到了爱国思想的启蒙教育。1906年,吴贻芳随大姐转到上海启明学校读书,后考入景海女校。正当姐妹俩沉浸在书本里,憧憬美好未来时,家中突遭变故,吴父在任湖北省牙厘总局财务科长时,受人唆使,挪用公款,结果钱财亏光,反成替罪羊,最终走

吴贻芳在美接受密歇根大学"智慧女神"奖

智慧女神 吴贻芳

投无路，投江自溺。16 岁的吴贻芳第一次经受了人生的打击。父亲的去世，使家中失去经济来源，生活全靠亲戚们接济。为了陪伴哀伤中的母亲，加之学费困难，吴贻芳只好辍学在家。但不久，一场更残酷的打击降临到她的头上。在清华堂求学的哥哥吴贻榘不幸去世，接着多病的母亲和姐姐也相继离开人世。一个月内，几位亲人先后离世，吴贻芳受到沉重的打击。姨父陈叔通承担起了抚养她和她妹妹的重任，待她们视同己出。

在姨父帮助下，吴贻芳插班进入杭州弘道女中四年级读书，毕业后入北京女子师范学校附属小学任教。吴贻芳在杭州弘道女中就读期间，与学校的美籍教员诺马莉结缘，她的聪颖引起诺马莉的注意。1916 年，诺马莉受聘于金陵女子大学（简称“金女大”）时，推荐吴贻芳作为特别生插入金女大一年级读书。吴贻芳很珍惜难得的学习机会，发奋苦读，经过补考，以优异的成绩成为二年级的正式生。同时，她凭借优秀的学习成绩和卓著的组织才能受到大家信任，被选为学生自治会的会长。1919 年五四运动爆发，斗争的烈火迅速蔓延到全国各地。吴贻芳带领学生走上街头，投身到这一伟大的历史洪流中去。不久，吴贻芳以优异成绩毕业，成为中国第一代获得学士学位的女大学生。

毕业后，吴贻芳受聘于北京女子高等师范学校，担任英文教员兼英语部主任。1922 年，吴贻芳出色的翻译才能赢得美国蒙特霍克女子大学校长的赞许，校长推荐其进入美国密歇根大学研究生院生物系学习。在美国留学期间，她勤奋学习，除了学专业，还自学法文和德文。有时她到饭店或公寓打工，挣钱维持生活和学习。就这样，吴贻芳赢得中国留学生的普遍好感，当年就被推荐为北美中国基督教学生会长，1925 年又被推举为留美中国学生会副会长。

勤工俭学的吴贻芳在紧张的学习生活中，仍然关注国内情况。1926

1907 年，吴贻芳全家与陈叔通两兄弟合影。前排左起，吴贻芳的父亲、妹妹、母亲、祖母，陈叔通二兄陈仲恕，陈叔通。后排左起：吴贻芳、姐、兄

1927 年，吴贻芳在美国密歇根大学毕业，获生物学博士学位

年，澳大利亚总理应邀在美演讲时，傲慢地声称："中国不能算一个独立的近代国家。"吴贻芳气愤地说："这是对中国人的诬蔑！"她当夜便写了一篇文章登在《密执安日报》上，对澳总理的演讲予以严词驳斥，激起在美华人学生的爱国热情。1927 年，吴贻芳完成毕业论文和论文答辩，获得美国密歇根大学生物学博士学位。这时，她收到设在纽约的金女大创办委员会转寄来的聘书，聘请她担任金陵女子大学校长。

金陵女子大学首位华人校长

1928 年，年仅 35 岁的吴贻芳回国履任金女大校长，成为金女大第一任华人校长。时隔 9 年，吴贻芳回到自己的母校执掌校务，她心情激动，充满信心。她向新同学介绍校史，在讲到校训"厚生"时，她说："人生的目的，不光是为自己活着。而是要用自己的智慧和能力来帮助他人和造福社会，这样，不但有益于别人，自己的生命也因之而更丰富。"她倡导的办学宗旨是，把学生培养成"具有高尚的理想，不图个人的私利，掌握一定的专业基础知识，对工作认真负责，对同学互助合作，对社会至诚服务的态度，从爱国主义出发，在各自岗位上，尽到自己应尽的义务"的人才。金陵女子大学规定，每个学生在校期间都要从事一定的社会服务工作。学校组织学生成立了农村服务部、妇女部等社团组织。每逢农忙、假期，学校都组织学生走上街头、走向乡村进行社会实践活动，或参加乡村劳动，或开办识字班教妇女们识字学习，或讲授卫生常识等等。经过这样的教育培训，一批又一批的金陵女大学生带着吴校长的"厚生"精神走向社会，在各自的工作岗位上无私地献身于国家的建设事业。

1932 年，吴贻芳与金陵女大全体教职工合影。前排左起第六人为吴贻芳

吴贻芳治学态度十分严谨，对学生的要求非常严格。学生入学第二年，要参加一次英语综合测验，全面考察英语写读、理解和运用能力。及格者方可升入三年级，不及格者必须在三年级补修，再考仍不及格，便须自动退学。为了使学生毕业后更好地适应社会，吴贻芳校长主张：一方面要扎实基础知识；另一方面要扩展知识面，既要有深度，又要有广度。金陵女大实行主辅修制度，主张文理相通。文科生要掌握一定的理科知识，理科生也要选修一定学分的文科课程。这样，就打破了当时社会对妇女就业的种种限制。金女大一直实行学分制，而且允许经济困难的学生读了一个阶段以后，离校工作一段时间再来读满所要求的学分。在1930年代，吴贻芳还实行了一段时间的积点制（point system），就是说某门课得六十分算及格，但得不到积点，积点的标准是根据各门课的学分多少和考试分数多少而定，学生毕业时除学分达到规定数目外，积点也必须达到要求。这个规定说明学校对学生成绩要求是比较严格的。在吴贻芳及其同事们的共同努力下，金女大在国内外都赢得了较好的声誉。这所学校的学士学位得到美国一些著名大学的认可，学生赴国外深造，也常得好评。凡金陵女大毕业的学生，很快便能适应工作岗位并做出较好的成绩。

吴贻芳先后主校23年，将金女大掌管得有声有色，蜚声海外。她共培育出999名聪明、干练的知识女性，人称“999朵玫瑰”。而这些玫瑰们的园丁，金陵女子大学的校长吴贻芳，为此倾注了巨大的心力，终身未婚。她以校为家，勤勤恳恳，把自己的一切都贡献给了学校。对待学生，她如慈母般倾注一片爱心。她的学生回忆：“吴校长坚定而慈祥的眼神，总是给人以信心。”在吴贻芳主校20周年纪念活动上，学生们编演了这样一出特殊的话剧，描绘她们眼中的校长：吴家小姐吴贻芳才貌双全，登门提亲的人踏破了门槛，她始终不肯点头。最后，“教育之神”登门求婚，吴贻芳欣然答应。这是她的学生们对她将一生情感奉献给教育事业的一个注解。

《联合国宪章》上签字的第一位女性

1937年七·七卢沟桥事变后，全国抗战形势日益严峻。为支援、宣传抗战，吴贻芳积极参加社会活动，先后担任“中国妇女慰劳自卫抗战将士总会”（又名“妇指会”）执行委员和国民党参政员，为推动国统区妇女团结抗日发挥了积极作用。1938年3月，由邓颖超、何香凝等各方知名人士138人发起成立了“战时儿童保育会”，吴贻芳任保育会常务理事，为抚养遭受战火灾难、流落街头的儿童，做了许多工作。她的组织才干和社会活动能力，引起社会各界的关注。1943年，吴贻芳参加晏阳初、桂质廷、吴景超、李卓敏、陈源等组成的“六人教授团”前往美国，利用她在国内外的声誉，宣传抗战，使美国各阶层的人们了解灾难深重的中国，看到了中国人民坚决抗击外国侵略者的决心。此外，他们还争取美国朝野支持，时任美国总统罗斯福在与其接触交流中，深深被这位中国女性所折服，盛赞她为“智慧女神”。

1945年2月，苏、美、英三国首脑斯大林、罗斯福、丘吉尔在苏联雅尔塔的里瓦吉亚宫举行会议，讨论彻底击败德国法西斯和战后处置德国等问题。三国签订的《雅尔塔协定》决定，于4月25日在美国旧金山召开联合国大会。国民政府派出以代理行政院长宋子文为首席代表的代表团，吴贻芳是其中唯一的女性代表。临行前，重庆妇女界在国民党外交协会礼堂为其举办欢送会，她在会上说，“我对于和平有一希望，就是觉得第一次的国际联盟太重理想，此次第二次的世界和平的建立当靠武力；但最高理想是民族互相谅解为重要的鹄的，即所谓世界大同。两次大战中，由于血泪的经验，我们知道精神与道德是不可忽略的，不再使武力胜于正义，我们要维护世界永久的和平。”她的讲话博得了一片掌声。

1945年4月25日，联合国大会在美国旧金山隆重开幕，共有50个国家的282名代表参加，共同讨论《联合国宪章》。当时，中国和英、美、苏分在第四组，在一次讨论时，英、美、苏代表首先发言，轮到中国发言时，吴贻芳站起来，沉着地走上主席台，发表即席讲话。她从中国遭受日本帝国主义侵略讲起，讲到维护世界和平的重要性……人们望着这位侃侃而谈的女代表，被她的精彩讲演所吸引，最后情不自禁地鼓起掌来。此次，吴贻芳代表中国在《联合国宪章》上签字，因而成为在《联合国宪章》上签字的第一位女性。

1945年6月26日，吴贻芳代表中国在《联合国宪章》上签字

吴贻芳参加联合国大会，在美国也引起了广泛关注。在美国各界妇女联合大会上，受会议主席旧金山市长坎夫人邀请，吴贻芳发表了题为“抗战中的妇女”的重要演讲，也博得阵阵掌声。在美期间，她还参加了华侨向祖国捐献飞机命名典礼。旧金山米尔斯学院还在其第88届毕业典礼上，授予吴贻芳哲学博士学位。

江苏省档案馆馆藏部分吴贻芳档案

两度拒绝担任国民政府教育部长的邀请

吴贻芳并不贪恋政治光环，她曾两次拒绝国民政府邀请她担任教育部长。抗战胜利出席联合国制宪会议归来后，司徒雷登推荐她任国民政府教育部长。蒋介石派宋美龄前去，劝其出来任职，她干脆地回答：“我不会做。”1949年初蒋介石“下野”后，张治中推荐吴贻芳任教育部长，正在组阁的何应钦亲自找上门来，她再次谢绝。对国民党政府的独裁统

治以及官场尔虞我诈、争权夺利的腐败行径，吴贻芳早已“十分的厌恶”。

当时，吴贻芳把中国的教育事业寄托于国民党。然而，1946 年 4 月 23 日，发生在南京的“下关惨案”震惊全国，激起了各界人士的愤怒，吴贻芳在接受记者采访时说，国共两党是“自家人”，一切可以通过谈判来解决，不必“出自以打”、“下关事件侵犯了人身自由”，应该“严惩凶手”。此言一出，一片震惊。有的国民党人士提出，“吴贻芳意欲何为？”但没等人们从惊讶中回味过来，她又作出更进一步的举动。在当年 11 月 15 日召开的“国大”上，她辞去了主席团候选人。这次“国大”，国民党是在中国共产党和民主同盟等党派的一片反对声中单独召开的。蒋介石政府为实行自己的独裁统治，加紧反共，在进攻延安的炮声中召开这样的“国大”，当然是极不光彩的。吴贻芳的举动深得有识之士的赞扬。在 1947 年震惊中外的“五・二〇血案”中，爱国学生运动遭到国民党血腥镇压，这使吴贻芳非常气愤。她向蒋介石提出，“调走”镇压南京爱国学生的警察局局长。1949 年 4 月 1 日，国民党在南京镇压学生，制造了又一血案，吴贻芳亲自到医院慰问受伤学生。

国共和谈破裂后，解放战争的炮声震撼南京。此时，有人主张金女大迁至台湾，吴贻芳表示坚决反对。她断然拒绝蒋家王朝送给她的赴台机票，加入了南京各界组织的治安维持委员会，并被推选为副主任委员。她致电毛泽东和中共中央，欢迎中国人民解放军进军南京城。

投身新中国教育事业

1953 年，江苏省人民政府成立，吴贻芳担任省教育厅厅长。此时，这位六旬老人仿佛又焕发了青春，她把自己的满腔热忱倾注到教育指导工作中去。她常常深入基层调查研究，同广大教师保持密切联系，热情接待老师来访，认真听取他们的意见和建议。对于老师们的来信，她都坚持自己回复处理。机关里的同志看她工作繁忙，提出代为处理，她不同意，说这是同老师保持联系的一条渠道。她在全省人民代表大会上要求，各方面、各阶层应尊重教师、重视教育，让教师更好地担负起培养下一代的重任。

1956 年 8 月 24 日，吴贻芳在江苏省人大第一届四次会议上当选为江苏省副省长。在这期间虽然工作十分繁忙，但她仍然关心着教育工作。全省重要的教育工作会议她都参加，并发表自己的意见，这些讲话里，贯穿着她的基本教育思想，即要加强基础知识的教学和基本技能的训练。1958 年，为了给当时大量小学毕业生寻找出路，为农村培养各方面的技术人才，吴贻芳与省教育厅的同志一道，花费巨大心血，创办了全省农业中学。

文革时期，吴贻芳虽身处逆境，但她那颗受伤的心灵仍然迸发着对祖国和人民的热爱。粉碎“四人帮”以后，吴贻芳已年过八旬，但她继续为党和人民的事业、为她一生所系的教育事业不懈工作。1978 年，已进入耄耋之年的吴贻芳又担任了江苏省副省长一职。繁重的公务，频繁的社会活动，并未使她减少对教育的关心。她抓紧有生之年，撰写文章或发表讲话，阐明自己的教育观点和主张，为教育事业发展呕心沥血。

1979 年，在担任南京师范学院名誉院长期间，她又为南京师范学院的建设和发展提出许多很好的建议。她提出，江苏的师范教育必须形成一个完整的体系，应有师范大学、师范专科学校和中等师范学校及幼儿师范学校。为此，她写信给省政府有关负责同志，建议将南京师范学院改为师范大学。1982 年 3 月，南京师范学院改为南京师范大学，吴贻芳任名誉校长。她呼吁全社会要重视幼儿教育，特别要重视独生子女教育。她认为，溺爱是不利于独生子女成长的。由于两代人的溺爱，不少“独苗”成了“一家之霸”，从小养成自私任性等坏习惯。这些孩子进入幼儿园后，不合群、不关心集体、不爱劳动、不听老师的话。这样的儿童长大后是经不起风风雨雨的。她还据此在《人民日报》上撰文，呼吁全社会都重视这个问题。她还提出，在教育改革中要调整中学的教育结构，增设中专，试办勤工俭学学校。她号召中学教育既要为高等教育输送新生，也要培养普通劳动者。她对失足青少年也寄予了极大的关心。1980 年 7 月 26 日，她深入到南京鼓楼工读学校看望正在劳动的学生。在与学生交谈中，她语重心长地对这些学生说，你们要尽快改掉自己身上的不良习惯，成为一个对社会有用的人。她对学校坚持对学生“动之以情、晓之以理、持之以恒”的教育方法表示赞扬。她对学校负责人说，要让这些学生从简单的劳动中学会复杂劳动，懂得劳动的价值，达到既改造人，又创造社会财富的目的。

吴贻芳一生著述不多，但她的言论和半个世纪的教育实践，以及她在教育事业中的卓越建树，使她无愧于著名教育家的光荣称号。她以一种纯真的爱、无私的爱、执著的爱，将全部心血和毕生精力献给了教育事业。她经常教育她的学生，爱祖国不是一句空话，爱祖国就要热爱你们从事的事业，你们是祖国的希望，只有下一代健康成长，国家才能日渐昌盛。

（2013 年 1 月 24 日第 96 期）

吴贻芳和幼儿园的孩子们

1978 年，在中国妇女第四次代表大会上，邓颖超与吴贻芳（左二）亲切交谈

张爱萍将军与红十四军的情缘

沈红莲　周丽君

2011年6月9日上午，经中共中央办公厅、国务院办公厅和江苏省委同意，中国工农红军第十四军纪念馆正式开馆。这座如皋市委、市政府为纪念中国工农红军第十四军而修建的纪念馆，以丰富的图片、文字和实物材料，真实地反映了土地革命时期如皋人民革命斗争和红十四军发展、战斗的历程。张爱萍将军生前曾欣然为纪念馆亲笔题写了馆名。作为一名杰出的军事家和国家重要的领导人，张爱萍将军与红十四军之间有着怎样的情缘，当年的红十四军又有着怎样的发展历程，它的成立对中国革命作出了怎样的历史贡献呢？

负使命奔如皋协建工农红军

1930年春，张爱萍受中共江苏省委委派，随同何坤、俞乃诚等人，由上海至如皋，与如泰工农红军领导人薛衡竞、黎昌圣、朱香涛（老戈）和中共如皋县委书记于咸等会合，共同商讨建立红十四军军部和整编红军事宜。

红十四军正式组建后，张爱萍任第二支队大队长。在红十四军队伍不断发展壮大的过程中，张爱萍先后参加围攻老户庄、激战顾高庄、强攻石庄、伏击六甲桥、发起“黄桥总暴动”等一系列军事行

中国工农红军第十四军纪念馆

动。特别是在 1930 年 4 月 15 日围攻如皋城西南的老户庄战斗中，张爱萍与何坤军长一起身先士卒，勇往直前。同年 6 月底，在红十四军攻打迴垛、黄家庄据点的战斗中，张爱萍因伤被中共如皋县委护送至上海治疗。

1930 年 12 月伤愈出院后，张爱萍赴中央苏区工作，历任共青团中央局秘书长、少年先锋队中央总队总队长、中华苏维埃共和国中央执行委员会候补委员、红 3 军团师政治部主任、中央军委骑兵团政委兼代团长。1934 年张爱萍参加长征。抗日战争时期，他曾任中共豫皖苏省委书记，八路军纵队政委、支队司令员，新四军三师副师长兼苏北军区副司令员，四师师长兼淮北军区司令员。解放战争时期，又受命组建中国人民解放军海军部队，任华东海军司令员兼政委。新中国成立以后，长期从事国防科学技术和国防工业战线的领导工作，为第二炮兵和我国战略核力量的建设与发展倾注了大量心血。

早年的张爱萍

寻忠骸慰英灵多次重返故地

新中国成立后，张爱萍将军始终忘不了曾经一起战斗而英勇牺牲的何坤军长，并对英雄忠骸的寻找工作给予了极大的支持。他曾于 1952 年、1956 年、1957 年、1958 年 4 次派人到如皋专门查访。1962 年 4 月 5 日，张爱萍将军为寻找红十四军军长何坤烈士的遗骸，亲自到如皋县烈士馆凭吊。1964 年 9 月，他又派专人到如皋协助查访工作，也就是在这次查访中，何坤军长的忠骸最终在西燕庄垛子口找到。1965 年 5 月，张爱萍将军在扬州邗江县方巷大队蹲点社教时，又专程来到如皋故地重游，他先后在县烈士馆凭吊先烈，再访了当年的建军遗址——赉家巷。根据张爱萍将军的指示，何坤军长的忠骨得以妥善安放。上世纪 80 年代，也是在张爱萍将军的多方指示和关心下，才最终查实了何坤军长的身世。

写诗词题馆名推进场馆建设

张爱萍将军历经枪林弹雨，几多生离死别，他把对祖国、对人民、对红十四军战友的爱深深地熔铸在诗歌和题写的碑文、馆名中。在如皋的红十四军战斗生涯间，张爱

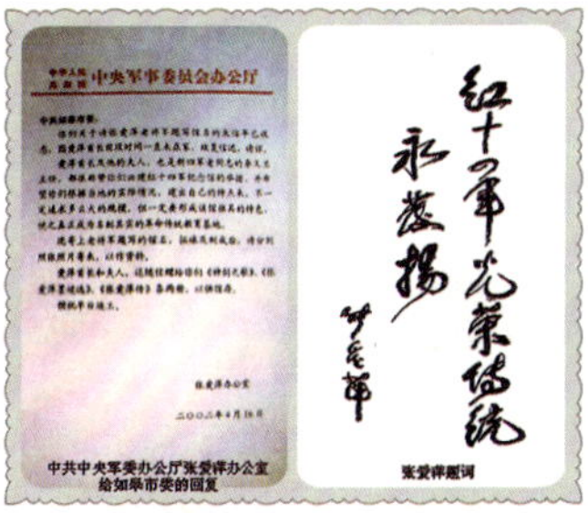

中共中央军委办公厅张爱萍办公室给如皋市委的回复　张爱萍题词

萍先后写下《红十四军》、《悼念何坤军长》、《治伤》3首有关纪念红十四军和悼念何坤军长的诗篇。1960年5月，如皋县委在何坤军长牺牲的地点——磨头镇西南老户庄，建立了“中国工农红军第十四军军长何坤烈士纪念碑”，张爱萍将军欣然为该碑题写了碑名。1962年4月5日，张爱萍将军凭吊如皋烈士陵园后题诗一首：“碧血遍染江淮间，丹心永照桑麻田，万紫千红春长在，英雄儿女笑九泉。”1990年4月3日红十四军建军60周年之际，中共南通市委、市政府，南通军分区暨中共如皋县委、县政府在红十四军建军大会会场遗址——贲家巷建立了“中国工农红军第十四军建军纪念碑”，碑名亦是张爱萍将军亲笔题写。

1999年，如皋市建设红十四军纪念馆的设想得到张爱萍将军的首肯，他欣然为红十四军题词“红十四军光荣传统永发扬”。2002年，筹建红十四军纪念馆计划正式得到批准，张爱萍将军又欣然挥毫写下“中国工农红军第十四军纪念馆”13个遒劲的大字。红十四军纪念馆最终在张爱萍将军逝世后的第七个年头顺利落成，并于2011年6月正式开馆。

（2012年8月23日第92期）

追寻何坤烈士的足迹

——纪念何坤军长牺牲82周年

周丽君

"军长何坤，1898年生，湖南省永兴县人。1925年考入黄埔军校预科。1926年春在黄埔军校加入中国共产党。1927年12月参加广州起义。1930年2月被中央军委任命为中国工农红军第十四军军长。1930年4月16日在红十四军攻打老户庄的战斗中不幸中弹牺牲。"这就是位于如皋的红十四军纪念馆对红十四军军长何坤生平事迹的介绍。为了这短短100多个字的生平简介，后人却经历了一段曲折而漫长的查访、考证过程，直到上个世纪80年代初，才在张爱萍将军的直接关心和过问下，最终形成了这一较为客观的评介。此时，距何坤军长牺牲已过去51个年头。

身先士卒捐躯老户庄

在南通如皋的磨头镇西南有个老户庄，当年这里曾有一座规模庞大的地主庄园，这个庄园位于通海和如泰两大游击区之间，敌人在这里驻有保卫团、县警察大队和省保安队一个中队，严重地妨碍了两个游击区之间的联系。1930年4月16日，在军长何坤的率领下，红十四军分成三路向老户庄发起进攻，这是在建军大会后，红十四军打的第一个硬仗。如果天亮前不解决战斗，敌人援兵赶到，我军势必陷于腹背受敌之困境。为此，何坤军长命令部队抢渡护庄河。为了掩护战士突击，他在张爱萍的协助下，爬上路边的草垛，冒着敌人如雨的弹矢，用部队中唯一的手提式轻机枪向敌人猛烈射击。张爱萍将军撰写的革命回忆录《围攻老户庄》一文，详细地记述了何坤军长身先士卒而英勇牺牲的经过：

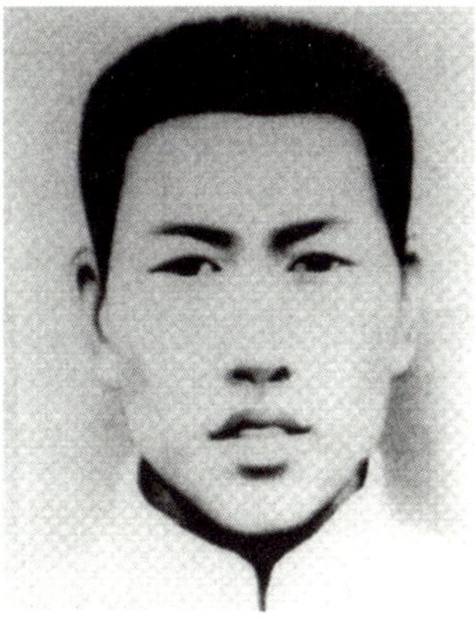

红十四军军长何坤

何坤同志站在我的肩头上大声地喊着："共产党员们，冲啊！——”

我蹲在底下，看不见何坤同志的表情，但从他宏亮的声音里，我听得出他很兴奋。战士们看到军长把敌人的火力压下去了，纷纷跳起来往上冲去。

突然我感到肩头一晃，何坤同志从上边倒下来．他像一株折断了的大树，躺在我旁边。我以为他没站稳摔下来，连忙去扶他。啊！他一只手按着胸口，血像涌泉似的，顺着指头缝流了出来。

“军长，军长！”我抱住他，连声呼叫。

他把手提机枪交给我，坚决地说：“打！快打！不要管我！……”

由于军长身负重伤，进攻受阻，于是部队便向邹家岱方向撤退。撤退过程中，战士们沉痛地将浑身浸透鲜血的军长抬到附近一座断壁残垣的土地庙内稍作停顿。就在这座破庙里，何坤军长因伤势过重心脏停止了跳动，年仅 32 岁。战士们流着热泪把军长的遗体抬到西燕庄，由当地农会的同志组织群众协助收殓安葬。由于后来革命斗争形势的日益严峻，我地方党组织遭到严重摧残，一时无暇留下掩埋烈士忠骸的标识，这无疑给后来寻找烈士的忠骸增加了极大的难度。

路漫漫兮忠骸终寻觅

1940 年，我新四军东进，建立了苏中抗日根据地。1942 年，中共如西县委书记周特夫和县委秘书秦连，曾在江安区六甲专门召集大革命时期老同志召开座谈会，寻找何坤军长的墓地，结果一无所获。新中国成立后，如皋地方党组织根据上级指示，继续开展何坤军长忠骸的寻找工作。

从何坤军长的牺牲及此后一系列的寻寻觅觅，时间的车轮转瞬消逝了 30 个年头。然而何坤军长的忠骸仍不知抛落在哪一处荒野草丛之中，这像一块重铅制成的疑问号挂在每个当事人的心上。1964 年 9 月下旬，江苏省民政厅根据张爱萍将军的指示，商请当年红十四军第五营政委周方（又名许坤，时任长江水产研究所党委书记）专程到如皋县胜利乡西燕庄取证调查。经过 1 个月的详细调查，终于找到了当初参与埋葬何坤军长遗体的人员中唯一幸存的农会会员孙国民老人。经老人指引，从庄北一片菜田中间找到了墓葬的准确位置。1964 年 9 月 26 日，南通专署公安处法医沈祖云对遗骸进行了检验鉴定：身高和牙齿（镶金齿）完全符合何坤的特征，胸椎第二、四左侧横突均缺损，肩胛骨下端断裂，外板向外缺损，可判断为子弹射击出口的特征。这与张爱萍将军所撰回忆录《围攻老户庄》一文中所说的何坤军长负伤部位完全吻合。此外，墓葬情况也可以佐证：其一，本地人葬棺中需大量石灰，遗体平直安放，而此棺廓中无石灰，遗骨形状歪斜，表明是在战斗紧急情况下草草收殓的；其二，本地人随葬衣服不用洋纽扣，而墓中挖掘到 5 颗白磁洋纽扣，这说明死者不是本地人；其三，本地人钉棺材都用爬头铁钉，此墓中却发现了 5 根洋钉，这与孙国民“用洋钉钉棺材盖”的说法相符。

1964 年 9 月 30 日，如皋县人委将法医检验鉴定报告抄送国务院内务部，江苏省委、省人委，南通地委、专署和张爱萍、周方等同志，并将遗骨安放于新棺之内。同时，在西燕庄设立了衣冠墓，以示纪念。1968 年清明节前夕，中共如皋县委、如皋县人民委员会根据张爱萍将军和省民政厅的指示，将何坤军长的忠骨火化，并组织了县城各界代表500多人参加迎灵、送灵仪式，骨灰盒安置于满植苍松翠柏的如皋县烈士馆内。1992年4月4日，何坤烈士的骨灰迁到新落成的如皋市烈士陵园内，并竖建了何坤军长花岗石雕塑全身像。

两地情深促解身世谜

在历经多年的寻访和考查中，何坤军长的忠骸终于被找到，并得到妥善安置。然而，何坤军长的原籍在何方，仍是一个未解之谜。十年动乱使得寻找何坤军长故乡的工作一直停滞不前。直到上世纪80年代初，人们还只知道何坤军长是湖南人。1980年，如皋县委党史办公室致函湖南省委党史办公室和湖南省民政厅，转请他们向所属各市、县通报查寻。经过一年多的调查考证，湖南省有关部门终于从全省40多位同姓同名的人物卡片中，从各县有关同志提供的人物特征中，找到了投“缝”合“榫”的何坤。最终查明：何坤的原籍是湖南省永兴县金龟乡牛头下村。

1981年，湖南省永兴县党史办公室的同志陪同何坤军长的家属来到如皋，相互交流了有关烈士生平的资料。永兴县民政局仅保存一张《失踪军人简表》。简表记载：“何坤，失踪军人，何的爱人曹已花暂作战士家属对待，发抚恤金大米180斤，曹晚年进敬老院，一般看待，已病故。”何坤军长仅有的一女名何广梅，亦已病故。而何坤从上海到如皋之前，曾给妻子去过一信：“我在上海开旅社，生活可以。我将要入日本游学，只此一信，望勿念……”守望在家的妻子因为知道丈夫在外地的“生活可以”，也就十分放心，可她怎么知道丈夫把去“如皋游击”写成了“入日本游学”。因“入”与“如”同音，“日本”两字可合写成“皋”字省一小撇。“游学”音似“游击”。何坤实际上是告诉她：他将去如皋县打游击。因为有此一信，所以何坤数十年杳无音讯，妻子不以为然也在情理之中。

有关何坤同志的身世之谜，经过永兴、如皋两地党史和民政等部门的共同努力，终于在他牺牲51年之后被揭开，长久以来积压在如皋人民心头的一个谜团和疑虑终于可以解开了，这也算是对何坤军长英灵的一份迟来的告慰吧。

英名永驻伟绩铸丰碑

随着何坤军长身世之谜的最终揭开，如皋县党史、民政等相关部门又经过5年多的调查和考证，形成了资料丰富、内容全面而客观的《何坤烈士传》，并编入《中华英烈》一书。

关于何坤军长的主要经历，《何坤烈士传》是这样描述的：

何坤，化名李维森，湖南永兴县人。中国工农红军第十四军军长。1898年9月生于一个农民家庭。幼年读私塾，做店员，习武强身。1926年春加入中国共产党。1927年4月蒋介石发动反革命政变后，他逃出关押地，到广州寻找党组织，参加广州起义，率三水县石硖农民武装攻入广州市区。广州起义失败后被捕，率被囚者越狱。1928年1月回到家乡永兴，参加了湘南起义，培训农民自卫军，扩建永兴

红十四军使用的武器

九区独立团。1928年3月，奉命到武汉、上海从事地下工作。1929年冬，被江苏省委派赴南通、海门特委工作，任特委委员。他发动群众组织革命武装，发展到上千人，建立了江苏红军第二支队，任支队长，率支队连续进行四扬坝、四甲坝、龙三圩、高家庄、刘家渡、卢家庄、东莱庵等战斗，攻克靖江长安市等城镇，狠狠地打击了敌人。

1930年春，中共江苏省委军委派何坤、张爱萍先后到苏北通海、如皋地区筹建工农红军第十四军。同年4月红十四军正式组建，他任军长兼第二支队长，率部打击土豪劣绅和国民党地方武装，巩固和发展通海如皋地区游击根据地，取得一系列战斗的胜利。1930年4月16日，红十四军围攻老户庄。他亲率3个大队的兵力从东、西两面进攻，并亲临第一线带领战士们发起冲锋，迅速占领了庄东面的晒谷场。但碉堡里的地主武装拼命用重机枪扫射，部队受阻。何坤当即用手提式机枪对准炮楼枪眼猛烈扫射，最终消灭了这个火力点，并趁机高呼：'同志们，冲啊！'战士们见军长身先士卒，冲锋在前，士气顿时大振，立即向院内冲锋。在胜利之际，他不幸胸部中弹壮烈牺牲。时年32岁。

2009年9月18日，在江苏省委宣传部、省委组织部等13个部门单位联合组织开展的"50位为新中国成立作出突出贡献的江苏英雄模范人物和50位新中国成立以来感动江苏人物"(即"双50"人物)评选活动中，何坤被评为"为新中国成立作出突出贡献的江苏英雄模范人物"。

（2012年8月23日第92期）

辛亥革命烈士周实、阮式殉义百年

周登超

周实（1885—1911），字实丹，号无尽，原名桂生；阮式（1889—1911），字梦桃，号翰轩，原名书麒。两人均为淮安府山阳县（今淮安市淮安区）人，“皆系南社之员、同盟会友，奔走革命事业者多年”。辛亥革命爆发后，周、阮二人积极从事革命活动，惨遭杀害，为辛亥革命时期第一起震惊全国的流血事件。

周、阮二人自幼饱读诗书，1906 年夏，同时考取南京宁属师范学校。在学期间，二人结成好友。毕业后，阮式应聘于皖南宣城模范小学。1909 年受上海《女报》聘请出任编辑，1910 年《女报》停刊后回淮，先后在淮南敬恭学校、山阳高等小学任教。

1909 年秋，革命文学团体南社成立，周实与周伟及胞妹芷生一同入社，以诗文鼓吹革命，被视为“社中眉目”、“南社健儿”。1911 年 6 月，周实与阮式倡建南社分社淮南社，一时淮上知名之士，奉为依归，进一步壮大了南社声威。

1911 年 10 月，武昌起义捷报传来，四方响应。周实自南京返淮，与阮式共商光复大计。二人在淮南社的基础上，召集城内各校学生和旅宁旅沪回淮学生组成学生队，周实、阮式分别任正副队长。之后，学生队改名为“巡逻部”，周、阮二人改任正副部长。巡逻部从山阳团练局处获得了一批枪支，担负全城守卫之责，栉风沐雨，日夜不辍，很快控制了山阳县局势。

11 月 12 日，临时江北都督蒋雁行通令山阳及附近各县选举代表赴清江浦开会，讨论各地光复事宜。原山阳县令姚荣泽不愿遵从，山阳士绅便推举周实等五人赴会。周实等人归来后，于 14 日召开山阳光复大会，宣布山阳独立。周实在大会上演说光复理由，阮式即席发言，慷慨陈词，痛斥山阳县令姚荣泽“避不到会，即为反对光复之行为”，百姓群情激昂。

15 日，由江北都督蒋雁行派出的一队官兵来到县城，说要在此设防，周实出城迎接，阮式留守团练局。姚荣泽偏在此时率卫队

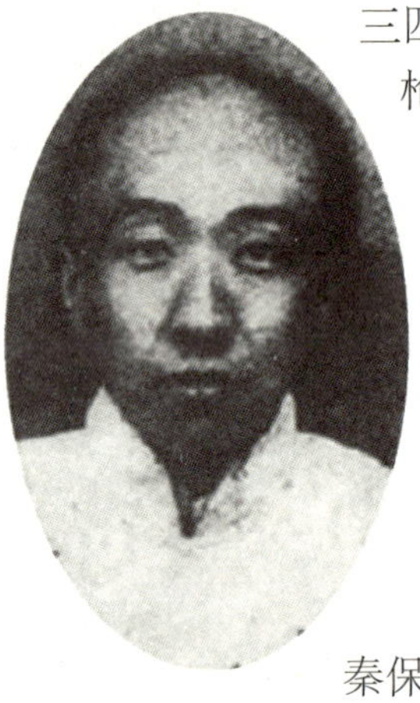

三四十人持枪械而来。阮式无法容忍姚荣泽嚣张气焰，手执双管手枪呵责其避不到会之行为，并严加诘问城中尚存漕银数目及存放地点，限三日内造册交呈巡逻部。姚荣泽猝不及防，吓得面如土色，只能“阳唯诺谢过”，却暗中勾结劣绅，密谋陷害。

同为南社成员的柳亚子在提到周、阮两人秉性时说：“两君赋性刚直，不能奄媚取容，而烈士（阮式）尤喜面折人过，不少假借，虎虎有生气，故忌之者尤烈云。”他们的行为引起了山阳县士绅的忌恨。当时又有流言，传周实、阮式要杀官劫绅，导致各士绅人人自危，赶到姚荣泽处商量对策，欲除掉二人。

11 月 17 日上午，姚荣泽命典史周域邠于海会庵召集何钵山、秦保愚、阮钵香等豪绅密谋。其中阮钵香是阮式的堂兄，在阮氏一族中是个举足重轻的角色，此人是个封建卫道士，他同意诛杀周、阮二人。是日午后，姚荣泽等诱骗周实赴学宫议事，周实坦然前往，突遭姚贼手下劈砍，自知不免一死，从容高喊：“文明世界，请以枪毙！”姚荣泽授意周域邠连发两枪，周实倒地，又中五弹，壮烈牺牲。

随后清参将杨建廷率兵将阮宅团团包围，将阮式捆绑后劫持到学宫。阮式心知即将身遭不测，面对清吏毫无惧色，怒斥道：“要杀就杀，快刀立断！”姚荣泽遂指使无赖朱二吼将其刳肠剖胸致死。

惨案发生后第二天，镇江都督林述庆派遣臧在新率北阀支队一部赶到山阳，要查究周、阮案，姚贼闻风深夜潜逃。由于得到通州总司令张謇等人的庇护，迟迟未能归案。柳亚子等南社同仁奔走呼号，誓为两位烈士平冤昭雪，得到上海都督陈其美全力支持。在孙中山直接指令和各界声援下，1912 年 3 月 23 日，上海法庭公开判决姚荣泽死刑。后因南北议和，孙中山离职，袁世凯骗取临时大总统宝座，特赦姚荣泽免死。柳亚子闻讯愤慨异常：“所痛者，二烈士不死于光复以前，而死于光复以后；不死于沙场，而死于东市；不死于祈战死，而死于莫须有；不死于青天白日，而死于漫漫长夜。”

1912 年 4 月，山阳县为周实与阮式在县城西南万柳池修建周、阮两烈士祠，大殿上悬有一副对联：“从古几见才子笔，到今始识党人碑。”遗憾的是，主祠与侧祠皆毁于日伪时期，唯东厢残存，“文革”期间，全遭毁灭。

（2011 年 12 月 17 日第 85 期）

开时代风气之先的中山陵设计师——吕彦直

吕永明

1925 年 3 月 12 日，孙中山先生在北平逝世。遵照先生遗愿，南京国民政府在紫金山麓选址建陵，作为其归葬地。4 月 23 日，葬事筹委会确定紫金山中茅山坡为墓址所在地，5 月 15 日，公布《陵墓建筑悬奖征求图案条例》，对孙中山陵墓的设计方案提出许多具体要求，强调陵墓设计应突出中国特色，建筑应简朴、庄严、坚固，整体建筑预算费用以银元 30 万为限。悬奖条例公布后共收到中外 40 多份应征图案，这是我国历史上首次向世界征集建筑设计方案。

1925 年 9 月 20 日，葬事筹备委员会召开联席会议，经过评判讨论，确定中选名单。其中前三名均为中国人：头奖吕彦直，二奖范文照，三奖杨锡宗。评判报告中称赞吕彦直的设计图案“简朴浑厚，最适合于陵墓之性质及地势之情形，且全部平面作钟形，尤有木铎警世之想”。最终委员会决定采用吕彦直的方案，聘他为建筑师，主持计划建设详图及监工事务。消息一经传出，中外轰动，人们纷纷把钦佩的目光投向这位年仅 32 岁的建筑设计师，认为一个名不见经传的设计师能够获得这样的殊荣令人惊讶。其实吕彦直的方案被选中，亦非偶然或幸运。

中山陵博爱坊图（南京市城建档案馆珍藏）

吕彦直像

吕彦直，字仲宜，1894 年出生于天津。1913 年清华大学毕业后，留学美国康奈尔大学，得到美国著名建筑师墨菲指导。回国后，在上海创办彦记建筑事务所。吕彦直设计的中山陵墓图案，融汇中国古代建筑斗拱、檐椽、券门、歇山式屋顶等民族风格，同时又吸取西方建筑特点，如灵堂重檐歇山式四角堡垒式方屋，既庄严简朴，又别具创新。特别是其全局平面呈警钟形，更是受到评选者的一致推崇。

中山陵的建筑剔除了古代帝陵的神道石刻，保留了牌坊、领门、碑亭、祭堂、墓室。墓室在祭堂之后，与祭堂相通，众人可由祭堂入墓室瞻仰。

据吕彦直的友人回忆：当年吕彦直在创作中山陵设计方案的那段时间里整日茶饭不思。他不断修改画作，每画完一稿，就用桐油灰捏造设计模型，然后对着模型修改画作，修改完后再捏造设计模型，如此循环往复不已。经过两个多月的工作，最终绘制出陵墓的平面图、立面图、剖面图、透视图等 9 张设计图和 1 张祭堂侧视油画，并撰写了《陵墓建筑图案设计说明》。有意思的是，吕彦直最初设计陵墓图样时，并未刻意追求陵园的形式效果。当时的报纸曾述，他在中标后的陵园图案展览会上对参观者表示：“余此次拟样，系中国式，初意拟法国拿破仑墓式，继思之不合，故纯用中国式，陵墓最重要之点，即在柩之保存，与祭堂之阔大，此合于中国习惯也。祭柩之处在地窟内，四围隔以高栏，以供后人之瞻仰凭吊……式样较华美者颇多，不过所费太多，不甚相宜……”对于陵墓全图形式似“木铎”（钟），寓在“暮鼓晨钟”一说，吕称，“此不过相度偶然相合，初意必非必求如此也”。

首奖吕彦直设计的陵墓“警钟”形正面立视图

正式受聘为中山陵园建筑师后，吕彦直立即赴南京进行实地考察，用两个多月的时间赶制完成全部工程详图，作为招标施工的依据。1926 年 3 月 12 日，中山陵的奠基典礼在紫金山举行。此后，吕彦直身负监理重任，往返跋涉于沪宁之间，并长期驻守施工现场，事必躬亲。

令人惋惜的是，就在陵墓即将完工之时，吕彦直积劳成疾，于 1929 年 3 月 18 日因病在上海去世，年仅 36 岁。为了表彰他为建造中山陵所作出的杰出贡献，总理陵园管理委员会在中山陵祭堂西南角奠基室内为吕彦直建了一块纪念碑。碑的上部是吕彦直半身像，下部刻于右任所书的碑文：“总理陵墓建筑师吕彦直监理陵工积劳病故，总理陵园管理委员会于十九年五月二十八日议决，立石纪念。”该碑于抗战期间遗落。

1929 年 5 月，中山陵的主体建筑以及相关工程相继竣工。完工后的建筑继承了中国文化传统，又有创造性的突破，不论在型体组合、色彩运用、材料表现还是在细部处理上，都取得很好的效果。陵园主体结合山坡地形地貌沿一条中轴线巧妙布置各个单体建筑，以孙中山手创共和的国旗蓝色为主色，取代封建帝王专用的黄色。宽阔的广场、墓道和台阶，适应大型公共祭奠活动，和谐庄严，气势宏伟，被令人誉为“中国近代建筑史上的第一陵”。

建造中的墓室

自 1925 年受聘为总理陵墓建筑师至 1929 年病故，4 年期间，吕彦直除承担南京中山陵与广州中山纪念堂、纪念碑之设计，主持陵墓施工外，还积极参与了中山先生坐、卧像的招标及棺木的选定，牌坊、华表的设计甄选工作，并先后 9 次出席了孙中山先生葬事筹备委员会会议，讨论议决部分工程项目、造价、招标及图样修改、施工进度等问题。国民政府以其勤于国事，功劳卓越，于同年 6 月 11 日特向全国发布第四七二号褒扬令，他也是近代中国唯一获得政府褒奖的建筑师。

吕彦直设计的中山陵形式全图

吕彦直英年早逝，他开时代风气之先，将国外最新的建筑技术融入中国传统建筑艺术风格，留给我们关于那个时代最伟大的回忆。后世在评价这位传统复兴运动的先行者时，几乎无一例外地称其为“奇才”。

（2011 年 4 月 18 日第 77 期）

中国第一位女大学校长杨荫榆

楚 澜

中国历史上第一位女性大学校长是谁？长期以来许多人都以为是1928年开始主持金陵女子大学的著名女教育家吴贻芳，其实这一说法是不准确的。早在1924年春，杨荫榆女士就已开始担任国立北京女子师范大学的校长了。她才是我国第一位女性大学校长。

杨荫榆，1884年生于江苏无锡。1907年，23岁的杨荫榆获公费东渡日本留学，入东京高等师范学校学习，毕业回国后，受聘于江苏省立女子师范学校，任教务主任，同时兼任生物解剖教师。1914年，杨荫榆辞去省立女师教务主任职务，任北京女子师范学监。1918年，34岁的杨荫榆又赴美国留学，入哥伦比亚大学学习，获教育学硕士学位。1922年，回国后的杨荫榆一度在上海教书，不久便被北洋政府教育部召至北京，于1924年2月任命为北京女子高等师范学校校长。同年5月，女高师改为国立北京女子师范大学，杨留任校长。

杨荫榆任女师大校长期间，竭力维护北洋政府的专制统治，受到北洋政府的赏识。她在管理上施行封建家长式的粗暴方式，限制学生思想和行动的自由，并依仗权势打击和排挤进步教师，曾致使十五名教师集体辞职。1924年8月，在女师大任教的鲁迅也退回了女师大的聘书。是年秋，女师大开学时，三名南方学生因军阀战争阻塞交通，未能按时返校，杨荫榆借此勒令这三名平时对她不满的学生退学，并叱责出面主持公道的学生自治会代表，引起学生的公愤。1924年12月，当孙中山进京受到各界10万人欢迎时，杨荫榆却公然阻止学生前往欢迎，激起学生的极大不满。女师大进步学生刘和珍、刘亚雄、赵世兰、许广平等认为学校现状亟需改革，这样学校进步师生就逐渐形成了驱逐女校长杨荫榆的一致要求。1925年1月8日，女师大学生自治会总干事许广平主持召开全体学生会议，议决不承认杨为女师大校长。24日，学生自治会又提出三项驱杨办法，并派学生代表到教育部要求撤换校长，同时

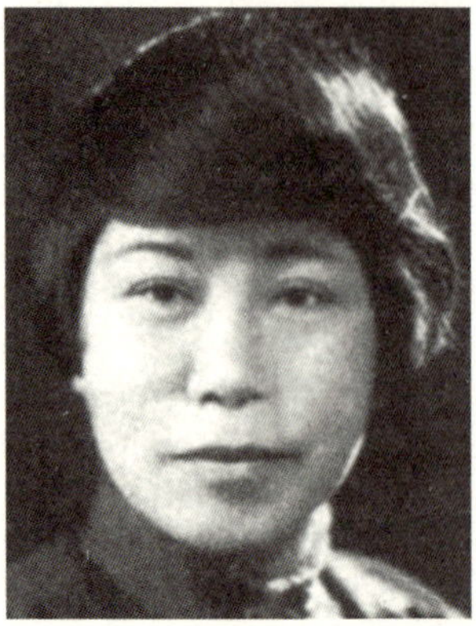

杨荫榆

致函杨荫榆，要她即日离校。接着又两次投书《京报》，公开发表《驱杨宣言》，以大量事实，列出杨荫榆的劣迹和六大罪状，形成著名的女师大驱杨风潮。但由于北洋政府及教育总长章士钊的明确保杨，认为杨荫榆"能力虽嫌薄弱，然为人诚实纯正，实女界中之翘楚"，致使驱杨风潮陷入僵局，而杨荫榆却更加专横跋扈。1925年5月9日，杨封闭了学生自治会办公室，贴出布告开除学生自治会负责人刘和珍、许广平等六名学生的学籍。7月，为破坏女师大声援"上海五卅惨案"反帝爱国斗争的活动，杨荫榆借口暑假要整修校舍，逼迫学生搬出学校。8月1日，杨率百余名武装警察闯进女师大校园，封锁教室、寝室和交通，停止茶饭供应，割断电话电线，并宣布解散女师大预科甲、乙两部，高师国文学三年级及大学教育预科二年级四个班。傍晚天降大雨时，杨力逼学生即刻出校，派人强行闯入学生寝室抛置行李，将许多学生推倒在雨水之中，企图以此威逼学生就范。女师大学生的遭遇和斗争赢得了社会舆论的广泛同情和支持，鲁迅就鲜明地站在学生一边，先后写了《忽然想到》、《呈教育部文》、《"碰壁"之后》等文，还与沈君默、钱玄同等七名教授联名发表《对于北京女子师范大学风潮宣言》，揭露杨荫榆封建家长式的教育方法和打击报复学生的恶劣手段，指出被开除的学生一贯品学兼优。面对社会各界压力，当局撤出了进驻女师大的武装警察，恢复校舍的水电供应，并于8月初批准了杨荫榆的"辞职"，免去了她女师大校长的职务。

此后十多年，杨荫榆先后任中央大学区立民众教育院讲师、东吴大学日文兼教育学教授，执教于苏州女师和省立苏州中学。30年代中期，她还创办了民办"二乐女子学术研究社"的私立女校。抗战爆发后，日军侵占苏州，侵华日军要杨荫榆出任伪职，遭到她的严词拒绝。杨荫榆面对侵华日军在苏州烧杀抢掠的暴行，曾几次到日军司令部提出抗议。有一天，几个被日军追逐的妇女逃至盘门新桥巷的杨荫榆家时，杨立即勇敢地站出用日语同日军交涉，当众斥责日军的暴行，保护了这些中国妇女。凡此种种，刺激了日本侵略军，杨也就成为日军的眼中钉。1938年1月1日，两名日军以司令部传见为借口，把她诱出家门，行至盘门外吴门桥突然开枪击杨，并抛入河中，因见杨晃动手臂，又开数枪将其射杀。

杨荫榆（前排中）是中国第一位女大学校长

杨荫榆女士任北京女子师范大学校长仅一年零八个月的时间，曾导致了著名的"女师大风潮"，这是坏事。虽然如此，但她作为我国历史上第一位女性大学校长的史实却是不能抹去的。她在侵华日军面前，不畏强暴的言行，表现了她作为中华儿女的民族气节，她的晚节也是应当肯定的。

（2006年3月9日第20期）

协力同心扫除专制

——许嘉澍传略

锡档

许嘉澍，字湛之（1886—1930），革命党人，兴中会、光复会、同盟会会员。无锡辛亥革命光复队司令、民国无锡第一任警务长。十六岁东渡日本学陆军，十九岁归国，供职两广军界，为广东新军辎重营管带，曾参加庚戌新军起义。

1902年，许嘉澍自备斧资，随恩师吴稚晖东渡日本，学习军事。在日本，陈天华的《猛回头》、《警世钟》，邹容的《革命军》，以及《国民报》、《湖北学生界》、《浙江潮》、《江苏》等各省留学生自编的思想激进的报刊，将推翻封建君权、建立民主共和的理念深植于年轻的许嘉澍心里。这期间，许嘉澍跟随吴稚晖认识了孙中山、黄兴、赵声、陶成章、陈天华、张继等大批革命党人，加入了少年中国会、军国民教育会、兴中会和同盟会。1903年，许嘉澍参加留日学生拒俄运动，签名加入拒俄义勇队，自愿立即回国为国效命。后在清廷干预下，学生军被迫解散。但留日学生的拒俄运动，在当时曾震撼全国，对于振奋民心，激发爱国热忱，具有极大的鼓舞作用。

1904年，带着富国强兵的理想，许嘉澍学成归国，被任命为广东新军辎重营管带。广东新军的中高层军官大都是海归，知道中国要发愤图强，必先推倒清室，他们多数是同盟会会员，或者同情革命。

1910年1月末，革命党人倪映典向同盟会南方支部报告，策动新军起义时机已经成熟。南方支部决定在农历正月十五（1910年2月24日）举事。但因新军兵士意外与巡警发生严重冲突，只得仓促提前起义，终致这次庚戌新军起义惨败。

广东新军起义，令朝廷震惊不已。许嘉澍等六位青年军官因“先事既失于防范，临时又未能弹压”，被“从严议处”。许嘉澍在清廷陆军部审问时写下的《辎重营管带许嘉澍报告》中隐瞒了自己革命党人的身份，只是直叙了起义那天的经过。同年，因“丁忧”回到家乡无锡。

许嘉澍在宣统二年（1910）回到无锡后，即被无锡商会钱业商团聘为教练，暗中继续在家乡响应孙中山推翻满清创建共和的号召，与同盟会会员们密切联系。故乡有他的恩师吴稚晖，有许多志同道合一齐留洋的同学朋友秦毓鎏、顾乃珍、孙保圻、张肇桐等。“每于聚谈之际，纵论国事，无不慷慨激昂，痛时局之艰危，愤民族之陵夷，闻羊城之败，无不顿足三叹。”1911年10月10日，辛亥武昌起义爆发，南方各省纷纷响应。11月5日，江苏巡抚程德全宣布独立，脱离清廷。当晚，在锡的革命党人秦毓鎏、钱鼎奎、吴千里、孙保圻、吴廷枚、许嘉澍、钱基博等数十人，在小娄巷秦毓鎏家的福寿堂内秘密开会，漏夜计议起事，成立光复队。“推蔡容为领袖，主理一切，并公请许嘉澍为光复队司令。”

清军新军炮兵

11月6日，革命党人在城内数处首竖义旗，不到几个小时，全市白旗招展。同时，秦毓鎏率众义士在公园多寿楼前誓师，命光复队攻取锡金两署。华承德、许嘉澍率领光复队44名队员向无锡县署进发，一个个精神抖擞，视死如归，人民群众相随助阵。蔡容挥舞白旗，率先冲入无锡县署，队员向县堂放枪三排，以示威严。为恐暗伏由外袭击，嘉澍乃令队员扼驻署首，以资防御。并分守狱门，以镇狱犯。华承德率队员入内堂，命知县孙友萼交出县印。锡署既复，归至公园，嘉澍恐北里空虚，匪类乘机，乃拨十五人，派人带领，驰回北区，以资保护。秦毓鎏先生随即又下令攻取金匮县署。金匮知县何绍闻已换装逃遁。待蔡、许率队到达，金署卫队全部投降，未发一弹而收缴县印，封存钱粮税款。返回途中，光复队又接收厘捐局、封存局中一切饷款。自午至暮，仅数小时，全城即告光复，光复队凯旋。这时蔡容北回保护商市，嘉澍驰往监狱，好言安抚气势汹汹要想趁机脱逃的犯人，切勿暴动。秦毓鎏在原金匮县署成立锡金军政分府，派人将饷款押解到这里。于是全城大定，兵不血刃，无锡光复。

清军新军兵士

进入民国，许嘉澍担任无锡巡警总局总巡官，民国二年3月，巡警总局改为无锡警察事务所，总巡官改称警务长，许嘉澍为民国政府无锡第一任警务长。在担任民国第一任警务长期间，许嘉澍很是开启了一些警务现代化的先风。他参照日本的先进警务，改革旧警制度，将全城分为东、西、南、北、中五区，并在各区设立办事处，作为警察事务所的

无锡钱业商团光复队一周纪念摄影

派出机构。每区设警官一人，由“许警务长呈请知事署分别委任”统管该区警察。区办事处之下，设立巡警派出所。1913 年又开设巡警教练所，招募训练新警员，使无锡的警务在专业化、正规化方面有了很大的改进。

新式警察维护社会秩序，缉拿盗匪，调解纠纷，还实行站岗和巡逻制度，在城内外一些重要地点和路段设立岗警，站岗执勤，在城市管理中起到很大作用。民初，太湖里还有土匪出没，对城乡居民安全构成极大威胁。许嘉澍为维持地方安宁亦恪尽职守，据民国二年（1913）5 月 24 日《锡报》载文，题为《警务长游弋回城》：“本邑警务长许湛之君于日前会同飞划营队官吴正荣，率领巡船前往太湖，搜捕盗匪，计在湖中往来逡巡三日，而各盗匪讵早已闻风逃逸。故游弋一周后，已于昨日回城。然经此一番，亦足以寒盗匪也。”那时，每至年关将近，盗贼活跃，此时为维持地方治安，就组织军警冬防，执行夜岗、巡逻、缉拿盗匪。

无锡光复一周年纪念会时，许嘉澍赠联：“协力同心扫除专制，去年今日建立共和”。1914 年 10 月前，秦毓鎏离任，许嘉澍亦随之弃官。

（2011 年 11 月 17 日第 84 期）

荣德生：从面粉大王到爱国实业家

於 红

荣德生先生曾把自己一生的事业和责任归结为两项：一是创办工厂企业，发展民族工业，谋求国家富强；二是致力公益事业，改善社会环境，谋求民众福利。无锡市档案馆珍藏的荣氏史料，向人们真实展示了荣德生由四台石磨起家而成为面粉大王，进而成长为爱国实业家的历程。

荣德生的老家在无锡西郊荣巷。100 多年前，太平军与曾国藩的湘军在常州、无锡、苏州持久作战。战乱中，荣氏家族的男人只剩下荣熙泰一人。14 岁的荣熙泰收拾行装，到上海找了个铁店铺当学徒；学徒期满后，又回乡与石氏成亲，生下荣宗敬（1873—1938）、荣德生（1875—1952）及两个女儿。

1889 年，年仅 15 岁的荣德生效仿父兄，乘着小木船从无锡郊区驶进了喧闹的大上海，进入通顺钱庄做学徒，通晓了珠算、记账、存款、放款、贴现、汇兑等各种钱庄业务。

1896 年，荣家父子三人集资在上海办起了广生钱庄。经营上的稳妥再加上从不投机倒把，两年不到，广生钱庄盈利近万两白银。

1899 年，荣德生应姑夫朱仲甫之邀南下广东去管账。广东人敢于开拓，善于经营，使荣德生大受启发。经过留心观察，他发现，红——火柴，黑——煤，白——面粉和纱，都是人民生活必需品，其中面粉的生意最好做，因为在 204 种商品过境税中，只有面粉进口可以免税，并且免征营业税。第二年，荣德生回到上海，便和哥哥荣宗敬商量创办面粉厂。

1902 年 3 月 17 日，在无锡西门外的太保墩，保兴面粉厂排除种种阻挠建成投产，这是继杨宗翰的业勤纱厂之后无锡历史上的第二家近代企业。当时，全国开工的面粉厂共 12 家，保兴面粉厂是规模较小的一家，占地 17 亩，加上 4 部法国石磨、三道麦筛、两道粉筛，就是面粉厂的所有家当。全厂雇用工人 30 多人，一昼夜只能生产面粉 300 包。

一开始，保兴面粉销售情况并不理想。荣德生便派人到本地各面馆、点心店去推销，采取降低售价、先吃后付款等优惠条件，吸引消费者。为了照顾本地人的习惯，他们甚至将机制面粉和土制面粉混合出售，价格却比土制面粉低，这样，终于使部分当地人开始接受机制面粉。而在王禹卿的帮助下保兴面粉很快在北方市场打开销路。

办厂两年后，当初的发起人之一朱仲甫决定抽出股金。于是，荣氏兄弟一方面追加自己的股金，一方面也接受了部分新股。为了表示这是一个新的开端，他们将厂名改为茂新面粉厂。荣德生担任经理，荣宗敬担任批发经理。

1904年初，日俄战争爆发，俄国人在东北开设的面粉厂纷纷停产，而交战的日俄两国，以及东北各地对面粉的需求量却直线上升，面粉的价格也随之不断上涨。荣德生果断决策，借款订购了6部英国钢磨。1905年8月，新厂投产出粉，不但日产量由300包增加到800包，面粉质量也有了明显提高，每天盈利达500两白银，当年利润高达6.6万两白银。在此后很多年中，荣德生采取少发股息、不分红利的办法，尽可能把利润用于再投资。1910年，茂新装置最新式美国钢磨12部，资本增至20万元，面粉年产能力89万包。荣氏兄弟不仅努力扩大生产，而且大力提高产品质量，从原料选购、原麦搭配到每一个生产环节，层层把关，做到秤足、质优、色白、味纯；并学习外国厂商，改进外形包装，创出了“兵船”商标，在南洋劝业会上得了三等奖，成为面粉市场的名牌。随着辛亥革命和第一次世界大战的爆发，中国民族工业发展迎来“黄金时期”。从1912年至1921年间，荣德生通过设立新厂、租赁和收买旧厂等办法，不断扩大生产规模，到1921年，荣氏12家面粉厂产量占到全国面粉厂产能的31.4%，荣氏兄弟当之无愧地成为“面粉大王”。在茂新面粉厂日益发展的同时，荣氏兄弟根据“发展实业，应从吃穿两门入手”的指导思想，于1907年3月21日开办振新纱厂。至1932年，荣氏兄弟创办了福新、茂新系统12个面粉厂，振新、申新系统9个纺织厂以及开源机器厂，这些工厂分布在无锡、上海、汉口、济南、重庆、宝鸡、成都、天水、广州等地，成为旧中国规模最大的民族资本工业之一，被毛泽东称为“中国民族资本家的首户”。

荣德生致富后始终不忘荣氏家训：发上等财，结中等缘，享下等福；择高处立，就平地坐，向宽处行。荣德生先生一生所做的公益事业不胜枚举，他与兄长等一起先后兴办公益小学校、竞化女校等9所小学，以及公益工商中学、公益中学、私立江南大学；创办无锡大公图书馆，藏书近20万卷；在无锡、常州、丹阳建成大小桥梁88座，其中，无锡地区有蠡桥、鸿桥、大公桥、宝善桥等57座，常州地区有怀德桥、天井桥等27座，宜兴地区2座，丹阳地区2座；修筑道路40多公里。他还与人合资开办了开原公共汽车公司，开通了无锡历史上第一条公交线路；捐款资助疏浚梁溪河，兴修太湖水利工程；建造了梅园等景区，并向公众开放游览。

荣氏助资建造的88座桥梁中，建桥工程最大的当数五里湖宝界桥。1934年3月2日，荣德生六十寿辰，他捐出亲友馈赠的寿礼6万余元，委托“百桥公司”负责五里湖建桥事宜。荣德生亲自率匠师实地勘察地形，选择桥址。历时173天，8月11日，宝界桥建成通行。荣德生亲书“宝界桥甲午仲秋乐农”9字，镌刻于桥梁东西两侧。当年，无锡《人报》发表文章说：“邑人荣德生君，为我国实业界巨子，手创事业以面粉、纺织等厂遍设国内，其生平尤热心公益事业，创学校，辟公路，建桥梁，造福地方，阖邑称颂。”

1937年，抗日战争爆发后，为支援抗战，荣德生以“乐农氏”的名义，在一个月内捐助面粉5万包，还出钱到上海接运难民回无锡。荣氏名下的公益铁工厂则停止生产机器，专门制造地雷、手榴弹等武器，供部队作战使用。日本帝国主义占领无锡后，多次胁迫荣德生先生与之合作，均遭拒绝。新中国成立前夕，国民党政府要荣德生到国外去，他却坚定地表示要留在国内。荣德生先生还特意乘坐人力车在无锡闹市绕行，表明自己信守诺言、留在家乡的决心。

荣德生先生继承中国近代经世派的优秀传统，以发展实业为强国之媒，以兴学育才为经世之本，一生布衣布鞋，粗茶淡饭，从不奢华。1952 年 7 月荣德生逝世，终年 78 岁。

无锡市档案馆珍藏有《乐家自订行年记事》、《荣氏企业史料（茂新、福新、申新系统）》、《茂福申新厂三十周年纪念册》、无锡申新三厂调查表、报告书、产业工会案卷等珍贵档案资料，还珍藏 1919 年荣德生为公益中学题词、荣家石磨、见证石、茂新厂、振新厂及部分荣氏造桥等珍贵照片。

荣氏家族的诞生地——荣巷今貌

（2010 年 12 月 25 日第 74 期）

居里夫人门下唯一的中国籍博士施士元

刘心媛 陈丹丹

在我国著名高等学府南京大学的档案馆里，珍藏着许多著名科学家的名人档案，其中就有居里夫人门下唯一的中国籍博士施士元教授的档案全宗。施士元在自己的口述录音档案中深情地说："居里夫人对我的影响最大，她那不屈不挠的性格，那严谨的工作作风，对科学执著追求的精神，让我终身受益。"这段话令听者无不为之动容。

翻开一页页发黄渐脆的档案原件，那一段真实的历史逐渐赫然出现在世人的面前……

施士元是江苏崇明县人。1929 年 5 月，施士元清华大学毕业后，参加国立中央大学主持的公费出国留学考试。8 月中旬，江苏省教育厅给施士元寄来了录取通知，通知他考取了法国公费留学生。

1929 年底，施士元来到巴黎大学。当时的法国，是学生选老师。在巴黎大学注册时，施士元想：该选谁做自己的导师呢？正犹豫中，看到了报名材料里有一本教授名册，是专为学生选老师用的，名册上排列着数十位法国学者和各国移民科学家的名字，他眼睛一亮，想起在清华大学四年级学习《近代物理》最后一章"放射性"中曾介绍过比埃尔·居里夫人。居里夫人是波兰人，入了法国籍，是举世闻名的镭和钋的发现者，是"放射性"这门近代科学的奠基人，两次获得诺贝尔物理、化学奖。施士元决定要跟居里夫人学习。同时，他也有些学业上的问题想向居里夫人的大女儿、年轻优秀的物理学博士、诺贝尔物理奖获得者伊伦·居里求教。于是，施士元回到栖息的小旅馆，在三楼的那间八平方米小屋，铺开信纸，用法文给居里夫人写了一封自荐信。

"尊敬的居里夫人：

我是中国来的留学生，于 1929 年在清华大学毕业。考取了国内江苏省官费留学来到法国。希望能在您的指导下完成博士论文工作，不知您是否接受？"

两天后，施士元接到了居里夫人的亲笔回信，约他星期六上午 8 点去她的镭研究所面谈。在面谈中，居里夫人欣然接受来自中国的施士元成为自己的博士生。

在施士元的眼中，居里夫人是关心爱护学生、平等待人的师长。在施士元做实验时，居里夫人经常站在他身边，反复提醒必须注意的事项，一是不能用手去碰放射源，要用镊子去夹取，否则手指尖会被灼伤，变得僵硬甚至发炎；二是接近放射源时，要用铅盾挡住身体，并屏住呼吸，以防放射性气体被吸入体内。为了让施士元能够正确地安全操作，她甚至亲自做示范。

居里夫人很喜欢这位中国博士生。有时，施士元专心做实验时，居里夫人会悄然出现，站在他的身后，久久地注视着他的工作；如果做得不妥，她会轻拍他的臂，又轻轻地说："我想实验的过程应该是这样的……"说着，熟练地演示起来。

经过艰苦努力，施士元的实验有了突破性的进展。他非常兴奋地把图片拿给居里夫人看，居里夫人拿着胶片对着光亮处看看，又取出放大镜照着看，却并没有像施士元想象的那样欣喜若狂，好像在思索什么，神情漠然。施士元心想，可能是她年纪大了眼睛老花，没有看出什么来吧。接着，他把实验结果写成了一篇小论文交给居里夫人。这次，居里夫人看后莞尔一笑，伸出手说："祝贺你成功，此文可以送到法国《科学院院报》上发表。"

1933 年，在巴黎大学理学院的阶梯教室里，举行了施士元的博士论文答辩。巴黎大学任命居里夫人、P. 拜泠和 D. 特比扬主持。这三位主考官都是获得过诺贝尔奖的物理学家。

论文答辩很顺利地结束了，施士元如愿地获得了博士学位。

第二天，居里夫人专门为施士元举行了酒会。席间，居里夫人来到施士元的身旁，小声地问他是否愿意留下来继续工作。施士元委婉地说："我的公费学习是四年。"居里夫人说："不用担心，以后的工作和生活费用由我想办法。"听了她的话，施士元沉默了，他从来就没有想过学习四年后要留在法国。虽然在居里夫人这里有一个好的工作环境，还有许多好的课题可以完成，但施士元一直想的是学成回国，科学救国。他望着居里夫人热情的双眼，把自己决定回国报效的想法告诉了居里夫人。也许是归心似箭，也许是太年轻，施士元还沉浸在博

1933 年春夏之交，施士元在法国巴黎大学物理学院博士论文答辩时的留影。照片中居里夫人等三位诺贝尔奖获得者正在向施士元提问

士论文通过的喜悦之中，却没有在意居里夫人眼中的湿润和一丝淡淡的伤感……

1933年的初夏，施士元离开法国前往苏联，数月之后，又应中央大学之聘来到南京，成为中央大学物理系教授兼系主任。就这样，25岁的施士元，成为当时全国高等学校中最年轻的教授和系主任。而一年之后，居里夫人去世。听到这一消息，施士元感到震惊，陷入了深深的悲痛……

施士元开辟了我国的核物理事业，成为中国核物理研究最早的开拓者，第一次提出了“原子粒子”的猜想。施士元在科研与教学领域专心致志地辛勤耕耘了近60年，他的学生中迄今已有12人成为中国科学院院士，有相当一批人成为我国“两弹”研制的骨干力量，这其中就有被誉为“美籍华裔的居里夫人”的世界著名核物理学家吴健雄。

（2010年12月25日第74期）

一张珍贵的老照片

——记顾衡烈士的爱情故事

章 瑾

顾衡（1909—1934），中共南京特支书记、一位在雨花台英勇牺牲的烈士。1934年12月4日，当噩耗传到顾衡的家里，其父亲顾倬（民国时期江苏省第三师范的校长、无锡很有声望的教育家）在痛失儿子后写了百首《悼儿诗》和《祭衡儿文》，收于其1898年至1938年间的《云窝诗存》、《云窝文存》中，两本原件一直由其孙子顾世惠珍藏。2008年，我们在征集《云窝诗存》和《云窝文存》两本原件及顾氏家族档案过程中，在顾世惠老师捐赠的档案中意外地得到了一张珍贵照片——目前仅存的一张顾衡烈士的恋人钱寿荣照片。这张照片告诉我们一个革命青年在他短暂人生中仅有的一段珍贵而又凄美的爱情经历，正是这段感情加快了顾衡走上革命道路的步伐。

1923年，从小受家庭的教育及影响、天资聪颖、极有数学天赋的顾衡，怀着"读书救国"的思想负笈荷书地离开故乡无锡插班考进南京东南大学附属中学（今南京师范大学附属中学）初三学习，得到了良师益友相互提挈，学业上百尺高楼更上一层。那时，在东大西边后门不远处有名的六朝松和梅庵，人们常看到一个笑眯眯的秀气少年在孜孜不倦地学习，假期也不休息。才15岁的他，已能独立钻研，接触到数论方面的问题了。

1925年4月21日，一直埋头苦学的他，参加了在秀山公园召开的伟大的革命先行者孙中山先生的追悼大会，第一次聆听了恽代英、萧楚女等革命先驱的激情演讲。那次演讲虽对顾衡来说是政治上的启蒙教育，但就如同那天的大雨，在淋透他身体的同时净化了他的心灵。后来他又在学校多次听了萧楚女、恽代英等人的演讲，从此革命的种子播撒在他的心中并开始扎根、发芽。他放弃暑假休息机会，与同学积极参加"五卅"爱国反帝的宣传工作。1926年到1928年，相继发生了"四·一二"蒋介石叛变革命、济南惨案，许多青年处于思想彷徨中，父亲来信不断告诫，他很迷茫，"国家危亡，科学救不了国"，"救国的道路究竟该怎么走"，"我应该走什

顾衡烈士

么道路”？就在顾衡经常与一些青年在自发组织的“大地社”里讨论探索寻求救国的正确道路时，他经历了人生一段最美好的感情。正是这段感情改变了他一生的命运……

1928年盛夏，顾衡放暑假回到无锡家中，这时刚考上松江女中的顾衡大嫂的妹妹钱寿荣从杭州到姐姐家过暑假。钱寿荣早就听姐姐夸说顾衡，当亲眼见到这位“活泼灵机纯一志，翩翩年少不群才”的少年，对功课好、性情温和、做事认真有条理的顾衡更有好感，便主动请他帮助自己复习功课，讲东南大学（这时东大又改称中央大学）的情况，讲五卅运动，讲北伐战争。顾衡也觉得她天真活泼、纯洁又聪敏，和她在一起有一种从未体验过的新的愉悦的感情。爱情第一次悄悄地来到两个青年人的心房。

暑假结束，钱寿荣到松江上学，顾衡回到南京，两人依依惜别。这以后，鱼雁传书，相互倾诉自己的爱慕。时间一长，被家里人觉察。顾衡的父母坚决反对，母亲的理由是钱寿荣是有钱人家（杭州大户人家小姐）的小女儿，娇生惯养，不是个理想的媳妇（因顾衡大嫂婚后生育孩子多，身体很不好，不能管理大家的一切，此时，其父母希望顾衡娶的媳妇能管家）。父亲则寄希望于顾衡，认为他前途远大，指望他光宗耀祖，也担心如果钱寿荣不够理想，或许会影响顾衡的前途，不许顾衡与她通信。而钱寿荣知道顾衡的父母嫌她娇气，立即脱下身上漂亮的裙袄，穿上朴素的衣服，并将一封封热情的信依然寄到南京。天真、热情的姑娘的身影和父亲严峻的脸色经常在顾衡的脑海中浮现。爱情的愉悦，变成了矛盾和痛苦。父亲知道他俩依旧保持着联系后，大发雷霆，并下了最后通牒，要顾衡立刻断绝与钱寿荣的一切关系，否则家里就断绝经济供给。

顾衡对此很气愤，他决定不再要家里的钱，托朋友翟凤阳找了个工作，白天在大学里上课，晚上去做校对。他的内心痛苦极了，违抗父母之命，致使家庭关系破裂，不忍；含苞待放的爱情花朵要摧毁它，不能。朋友们安慰他，给他出主意，劝他采取缓兵之计，暂时不和钱寿荣通信，等经济独立了，再和家庭协商。顾衡接受了这一意见。

顾衡烈士的恋人——钱寿荣

钱寿荣等呀、盼呀，一段时间不见顾衡来信，活泼爱笑的姑娘沉默了，丰润的脸颊瘦削了，内心很苦恼。恰巧学校要选拔代表到南京参加运动会，她也是运动员，就起早带晚，拼命锻炼，争取被选拔到南京去。由于过度的伤心和疲劳，年轻的姑娘病倒了，得了无法医治的伤寒痧。

1929 年秋天，顾衡突然接到钱寿荣病危的电告，立刻赶到杭州，钱寿荣已香消玉殒。在钱寿荣的坟墓前，顾衡怀着绝望与痛楚痛哭："是我害死了你呀！荣妹……"

他负疚，他悔恨，为什么自己不把真实情况告诉寿荣就中断和她的联系！为什么自己矛盾、犹豫、彷徨、委曲求全，不能和束缚自己的家庭、社会决裂！从杭州回无锡，他偷偷地带了一支手枪，准备用这支手枪先杀蒋介石，然后自杀。这一冒险轻生的行动被朋友奚景高发现并劝阻了。

悔和恨，仍然日夜煎熬着顾衡的心。过去他恨帝国主义、恨军阀、恨国民党的腐败、恨背信弃义的蒋介石，现在又恨自己的家庭，更恨自己。他真正领会了鲁迅《狂人日记》中说的"人吃人"的道理。四年前，秀山公园大雨滂沱中的一幕幕浮现在眼前，革命先驱的铿锵言辞给了顾衡力量和更多的启发。他醒过来了，决心去改造自己和改变社会制度。

这以后他努力收集一切可以收集到的马克思主义书籍阅读、研究。他知道沉沦在绝望中是软弱的表现，他决定从此和一切他曾经抱有幻想的旧的东西决裂，用自己的青春和热血勇敢地开辟改造国家社会的新路。

1929 年冬天，顾衡的父亲接到顾衡一封信，信中说："我要到远方去！暂时不与家中联系……"

1929 年底顾衡来到北京，成为新农业学校的教导主任，与葛春霖等创办了在北京中等学校中颇有影响的《现代中学生》杂志，并每期都写文章，分析国际、国内形势，宣传革命道理。

这段美丽而又痛苦的爱情促成了顾衡决然北上，在革命的道路上迈了一大步。

1930 年 10 月，顾衡被中共清华大学支部批准加入了中国共产党。经过长期摸索、寻求，从 20 年代"读书救国"、"教育救国"、"科学救国"思想中走出来，从思想的犹豫和苦闷、爱情的痛苦和悲哀以及安逸的生活中走出来，勇敢地追求真理，由一个大学数学系的高材生，变成一个坚定的马克思主义者、一个无产阶级战士，并为此而英勇献身。

其父顾倬在诗文中这样写道，"会逢他故，与家庭离，绝裾北走，幡然改图，沉醉马克思学说"(《祭衡儿文》)，"孤雁哀叹嗟失恋，离群从此白云飞"(《哭衡儿诗》七绝百首)。

（2011 年 8 月 18 日第 81 期）

我党地下工作的尖兵

——记革命烈士王洞若

陈文伟 朱云

王洞若系江苏丹徒人，1930 年从事革命活动。1933 年春加入左翼教育工作者联盟（简称教联），同年 11 月加入中国共产党。负责建立生活教育社留沪领导小组、山海工学团、大场区委等党组织，组建并领导孩子剧团。他历任教联和国难教育社党团书记、中共上海大场区委书记、江苏省临时工作委员会委员、群众团体工作委员会委员、江苏省外县工作委员会宣传委员、武汉抗战教育研究会党团书记、育才学校第一任党支部书记（直属南方局领导）和研究部主任及中共南方局特派员等职。王洞若受我党委派协助陶行知工作，对陶的生活教育理论的发展作出了重要贡献。

（一）

据王洞若烈士生平记载，王家系名门望族，且书礼传家。

王洞若幼年谨承祖训，聪慧好学。1916 年随父亲去姜堰读初等小学。1921 年春节后转到丹徒县第二高等小学读书，次年考入江苏省立第六中学。在校期间，他积极参加反帝爱国斗争。1926 年夏，他以优异的成绩从高中部毕业，翌年 3 月考取了由人民教育家陶行知在南京创办的晓庄试验乡村师范学校（简称晓庄师范）。作为首届 13 位毕业生之一，后被陶行知留校工作，与刘季平、徐明清（王观澜的夫人）、戴伯韬、朱泽甫等一起，探索改革乡村教育和救国救民的道路。

1930 年 4 月 8 日，晓庄师生在中共地下组织领导下，参加了反对日本军舰停泊下关码头，支援和记洋行工人罢工的游行示威。晓庄师范因此被国民党政府强行查封，不少学生遭逮捕。陶行知受到通缉，被迫东渡扶桑。在腥风血雨中，晓庄师生的斗志丝毫没有动摇，他们分散住到附近农民家。王洞若住在明孝陵中心小学，与朱泽甫等同事一起护校。这年秋后，因环境日趋险恶，王洞若被迫离开南京，回到家乡北王巷村。

“九一八事变”后，在家乡从事教育的王洞若得悉陶行知从日本秘密回国，便立即赶到上海，会见陶行知和徐明清等人。

王洞若自晓庄师范毕业后，仍孜孜以求刻苦自学，所以他学识渊博，理论素养极好。1933年2月，陶行知发起读书会，邀请共产党员秘密系统地讲解马克思主义学说，王洞若积极参加听讲，思想认识和理论水平有了很大提高。这年春天，他由教联常委徐明清介绍加入教联。不久，中共组织从上海龙华监狱营救出来的共产党员"王大个子"(其名不详)由教联介绍到晨更工学团工作，与王洞若同住一室，两人经常探讨革命真谛。同年11月，经徐、王介绍，王洞若加入了中国共产党。

（二）

1934年2月，以宣传抗日救国，批判国民党媚日政策为宗旨的《生活教育》杂志创刊，王洞若担任编委。这个刊物名义上是陶行知创办，实际上由地下党人领导，一些重要文章由丁华、王洞若等人撰写。

1936年1月23日，教联根据党中央指示解散，成立国难教育社，陶行知为理事长，丁华任党组书记；同年10月初丁华被捕后，王洞若继任党组书记，同时，递补为中国左翼文化总同盟江苏省临时工作委员，参与领导包括文化界、妇女界、职业界、教育界各系统的救国会团体中的党组织。

这年春夏间，教联与中国青年大同盟中的共产党组织合并，成立了中共大场区委员会，王洞若任书记，积极开展大场地区党的组织建设和革命斗争。同年秋冬间，国民党宝山县党部对山海工学团进行了一次突然搜查，由于党团组织保持高度警惕，事先采取了应变措施，国民党一无所获。王洞若敏锐地意识到国民党这次突然搜查，同"七君子"被捕和陶行知再次受通缉有关，便冒着被捕的危险，几经周折，找到工学团有关同志，叮嘱大家注意隐蔽。在这期间，陶行知应量才补习学校校长李公朴之请，特邀王洞若兼任国文教员，教育青年学生走光明进步大道。

后来，党中央派冯雪峰到上海，同保存下来的地下党各组织取得联系，并进行了逐一审查。第一批经审查恢复党组织关系的20多名同志中，王洞若是其中之一。原先由他们联系或发展的党员，组织上也都予以承认。1937年秋，党中央又派刘晓到上海重建党组织。是年11月，中央正式批准成立中共江苏省委，下按系统建立党组织，王洞若为教育系统总支部负责人。

（三）

"八一三"前夕，地下党考虑抗战的持久性，决定将一部分生活教育社和国难教育社的同志撤退到延安、汉口、皖南等地，由王洞若负责把余下的同志组织起来，成立"生活教育社留沪领导小组"。淞沪抗战爆发后，在刘晓领导下，成立了群众团体工作委员会，王洞若任委员，负责大场工学团党团组织和教育界的组织工作。

1939年1月，中共南方局移渝。生活教育总社在渝设立办事处。王洞若遵照中共南方局的指示，来到重庆，党组织关系转至南方局，他公开的职业是生活教育总社驻重庆办事处负责人兼《战时教育》杂志的编辑。是年3月初，陶行知和丁华、王洞若、戴伯韬等人商讨筹办"育才学校"。办校方针与教学计划均由王洞若负责制定。在周恩来的亲切关怀下，育才学校于7月20日在重庆市郊北温泉开学，8月初迁至凤凰山的古圣寺正式上课，陶行知任校长，王洞若任研究部主任。遵照周恩来的指示，为了适应在国民党统治地区秘密工作的需要，学校建立两个平行党支部：一个由学校各部(室)负责人组成，王洞若担任支部书记，直接受中共南方局文化工作委员会领导，工作对象是中年以上的专家、学者，其主要任务是贯彻上级党的指示，协助陶行知办好学校。另一个党支部由校内其他党员组成，工作对象为青年教师与学生。王洞若同时还担任上级党在育才学校的主要联络员，代表党处理一些重大问题。有时他也向学生讲授哲学、政治经济学和社会发展史等课程。这段时间，他常来往于重庆与学校之间，以陶校长的名义向大家传达党的指示和任务。

1941 年 1 月，时值“皖南事变”不久，反共狂潮肆虐。为了避免不必要的牺牲，周恩来指示王洞若将育才学校党内外的著名专家、学者迅速疏散、转移。王洞若对每位疏散、转移的人员逐个秘密谈话，妥善安排。于是，艾青、贺绿汀、水华、丁华、戴伯韬等十余人迅速撤离了学校，有的去延安，有的去了其他解放区。

此后不久，中共南方局委派王洞若以特派员的身份去昆明，在一个县里任中学教员，并与李公朴、楚图南来往。此时，王洞若终因长期极其艰苦的生活积劳成疾。1960 年 12 月 19 日，王洞若与世长辞，为共产主义理想奉献了毕生精力，中共上海市委政法工作部于 1961 年 9 月 25 日以“沪发政字（1961）第 32 号”文批准王洞若为革命烈士，并颁发由毛泽东署名的上海第 155 号《革命牺牲工作人员家属光荣纪念证》以资褒扬！

（2005 年 10 月 27 日第 13 期）

边区特等劳动模范李强

英南

李强（1905—1996），原名曾培洪，字幼范。中国科学院院士。常熟虞山镇人。李强是中国共产党内一位难得的复合型人才，既是革命家，又是科学家、经济专家。他在长达70年的革命生涯中，为新中国的成立和建设立下了不朽功勋。

李强1925年8月加入中国共产党，1926年2月，受中共江浙区委派遣回常熟发展组织，组建中共常熟特别支部并担任支部书记。为了革命斗争的需要，他自制黄色炸药、自制出了我党第一台无线电收发报机，是我党兵工事业、无线电通讯事业的开创者之一。

1938年初，抗战的号角将远在苏联的无线电专家李强召回到革命圣地延安，在这里他为人民兵工事业奋斗了9年。凭着坚定的信念和善于学习、勤于创业的高尚品质，面对种种困难，李强心中始终牢记着毛泽东说过的话，“过去抗战部分失败，我们的国防工业不如敌人，也是一个原因。将来要最后战胜敌人，一定要发展国防工业”，并将这句话作为在危难困境中披荆斩棘的巨大动力。

李强以探宝的目光四处搜寻着发展兵工生产的各种资源和各类技术人才。在他的带领下军工局全体同志响应党中央“自己动手”“自力更生”的号召，在1939年4月，生产出陕甘宁边区第一支七九步枪，又名“无名氏马步枪”，这也是我军军工史上自己制造的

李强伏案工作

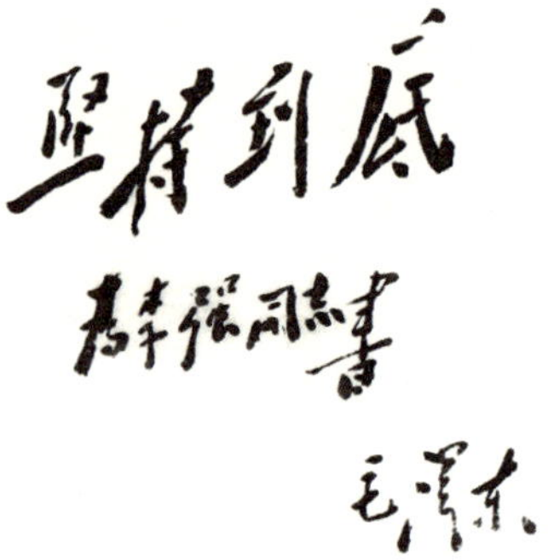

毛泽东为李强书——坚持到底

第一支枪，中央军委专门授予特等奖。

李强不但自学军工知识，他还重用科技人员、重视人才培养。他的经验得到广泛推广，也推动着解放区弹道科学研究的发展。1944年5月1日，陕甘宁边区工厂厂长暨职工代表会议在延安召开。在这次隆重而热烈的大会上，共有五位同志被中央军委授予“边区特等劳动模范”的光荣称号，而李强是唯一的军委局级领导干部。毛泽东曾为他亲笔手书“坚持到底”。

新中国成立后，李强任邮电部无线电总局局长，同时担任中央人民政府新闻总署首任广播事业局局长。1955年当选中科院首批学部委员，1973年任对外贸易部部长。

（2006年7月20日第28期）

患难见真情

——曾耀仲与邹韬奋的深厚友谊

沈秋农

曾耀仲（1895—1974），原名照，常熟人，为近代著名小说家曾朴次子。1919年上海同济医工专门学校毕业，1924年留学德国法兰克福大学，获医学博士学位，擅内科。1926年起在沪行医，设诊所于梅白克路祥康里。曾耀仲先后兼任市立沪南医院内科主任，国际红十字会第二医院、公立上海医院的顾问医师，由于其医术高，待人真诚，颇得时誉。

1932年7月，我国著名出版家邹韬奋于上海创设生活书店，聘请曾为生活书店的医药顾问。店内职工患病需要诊治者，均由曾负责医治。同时，曾还是邹韬奋的医药顾问。由于他们性情相投，未几便结为知交。抗战中，邹韬奋两度由外地潜行返沪求医，曾耀仲秘密参与了只有极少数人知晓的诊治、掩护工作。

1941年12月下旬，香港沦陷。根据党中央紧急指示，中共南方工作委员会精心组织邹韬奋等一批旅港抗日文化工作者，于1942年1月冲出虎口，来到粤东乡村。同年9月，邹韬奋听取周恩来建议，从广东梅县出发，准备经上海转赴苏北抗日根据地考察，继续从事抗日文化事业。但当他到达汉口时，发现右耳流淌黄水，于是决定在沪作短暂停留，检查耳疾。

其时，上海正处在极端恐怖时期，进步人士突然被捕或惨遭杀害之事时有发生。为保证邹韬奋安全，上海地下党作了慎重研究，决定由地下党员、德和企业公司经理陈其襄（原在生活书店工作）出面，请曾医师设法诊治。一天晚上，邹韬奋由陈其襄陪同，坐德和企业公司的三轮包车前往曾的寓所。曾见状十分关注，其约请名医数人，为邹韬奋检查，初步诊断为中耳炎。当时邹韬奋认为病情不甚严重，故仍按原定计划赴苏北抗日根据地。

1943年2月中旬，邹韬奋病情恶化。陈毅同志做出了"速派同志重新护送韬奋回上海治病"的决定。邹韬奋潜行返沪后，依旧住在陈其襄处，并重访曾耀仲等名医。经检查确诊，邹韬奋的中耳炎已病变为中耳癌，急需住院治疗。在党组织周密安排下，邹韬奋在国际红十字医院作了割除手术，并施以X光治疗。同年10月，癌细胞再度猖獗，邹韬奋转剑桥医院治疗。以后还去过瞿直夫医院、德济医院诊治。

邹韬奋

1944年春，邹韬奋在上海治病的消息为日伪特务侦悉，随即对各医院进行严密检查，扬言抓不住活的，就是尸体也不能放过。敌人知道曾耀仲是邹韬奋的医药顾问，就多次传讯，严加盘诘。曾医师一面沉着应付，一面冒着生命危险将邹韬奋秘密转往上海医院特等病房。尽管该院医师多系友好，但曾耀仲始终守口如瓶，未敢丝毫懈怠。为便于掩护，邹韬奋化名为"季晋卿"。

同年7月24日，邹韬奋不幸病逝。当时侍候于病榻边的只有邹韬奋亲属和挚友数人，曾耀仲也在其间。据当时在场的张锡荣回忆：在日伪时期，医院里死了人是要上报死因的，我亲眼看见在"季晋卿"的表格上，曾医师填写的死因是"肺炎"，然后亲笔签名，以蒙骗敌人，保护了邹韬奋的遗体。

邹韬奋逝世五周年时，上海已经获得新生。当时任上海市第二医院院长的曾耀仲，专门撰写《纪念亡友邹韬奋先生》一文，发表在1949年7月24日的《文汇报》上，文中忆述了邹韬奋在上海治病的经过，及与他的深厚友情。

（2006年1月5日第17期）

「南通的魏特琳」——麦文果

朱 江

1937年8月17日，日本飞机轰炸南通基督医院，医院成为一片废墟，造成包括医师、护士、工友、病员和避难者在内的24人罹难。次年3月17日，日军占领南通。有一位名叫麦文果（Vincoe Mushrush）的美国女士，坚持留在战火中的南通，亲眼目睹了侵华日军的种种暴行，竭尽全力帮助苦难中的南通人民，用她细腻的笔触向外界传递南通的消息，也为今天的人们留下了详尽的史料。对抗战初期的南通而言，麦文果堪称南通的魏特琳，值得南通人民永远铭记。

麦文果，1906年出生于美国，先后就学于华盛顿大学、丹佛的医院护士学校。1936年受美国联合基督教传教士协会的派遣来华，先在北平学习了一年中文，然后来到南通基督医院（南通第一人民医院前身）担任护士。

麦文果来通不久，7月7日抗日战争全面爆发，旋即8月13日淞沪抗战打响。四天之后的8月17日，南通基督医院就遭遇日机轰炸。麦文果与南希·傅汝爱是当时在现场的仅有的两个美籍医护人员，他们立即组织员工抢救伤员和受困人员，40余人被从大火中救出。1937年11月，麦文果在美国《WORLD CALL》杂志上发表《The Nantungchow Bombing》（《轰炸南通州》）一文，对此有生动的描述。

麦文果在人员遣散的最后时刻决定留在南通，她觉得南通是她的岗位所在。成千上万的士兵涌进南通城，每个人都说这座城市很有可能再次被轰炸，沿江则有军舰出没禁戒。1938年3月4日，麦文果在给保尔·斯莱特的信中说："我独自在这里快6个月了。飞机和大炮的声响不断地打扰我们，使我无法有规律地工作。但我觉得我在这里的存在本身就比我能做的任何事情来得重要，因为我没有特殊的技能。"

麦文果的存在决不是她的存在本身。1939年南通基督医院工作报告提到："在其他传教士转移到别处服务后，麦文果选择了依然留在南通自己的家中，做她所能做的一切。"

基督会的同仁挂念着麦文果，既为她的镇定、勇气和奉献精神而骄傲，也为她的安危而祈祷，想了很多办法让她离开南通，到相对安全的地方去，一度准备调麦文果到合肥去。麦文果 1937 年 10 月 10 日、11 月 3 日给施保罗的信里，表达了继续坚守南通的意愿。南通人对麦文果的认同也是她不忍离去的原因。

4 月间，麦文果收治了 400 多名伤病员。麦文果所住的二层小楼所有房间都已经挤满了伤员，连她自己的卧室也让了出来，搬到门廊暂住。在 4 月 30 日的信中，麦文果这样描述她的近况："南通就像地狱一样。我每天早上 6 点穿上白大褂，一直忙到晚上 10 点或 11 点，然后倒头就睡。"但麦文果的坚毅依旧："作为南通唯一的上帝派来的目击者，我必须直面这些灾难中的中国人的哭泣的请求，努力保持谨慎和理性，等待事态的发展。我也每天为在美国和中国的同事祈祷。"

大量难民的涌入使麦文果在经济上几乎陷于绝境，当时她已经无法从南京基督会总部取得款项，倾其所有才 7 美元。麦文果还拿出 30 美分资助一名家庭衣食无着的先前的实习护士，这些钱可以买到几天果腹的粮食。按照麦文果后来撰写的《一艘搁浅的船重新起航》里的讲法，就像一条船破碎了，搁在干枯的河床上。

麦文果与南通的士绅一起建造了诺亚方舟，尽可能多地为战火中的南通民众遮风挡雨，基督会在一篇名为《困境中的济世》的评论文章中，高度赞赏了由基督会派遣、日军占领时期不畏强暴、义无反顾的设立安全区、拯救难民的麦文果、魏特琳等人。麦文果 1939 年 8 月去芜湖工作，不久返回美国并加入美国军队从事医务工作。

1937 年日机轰炸后的南通基督医院病房楼

（2008 年 8 月 22 日第 48 期）

名人档案，在现实中闪光

——南京大学老校长郭影秋追记

王振银

翻开南京大学档案馆珍藏的名人档案卷宗，南京大学老校长郭影秋的档案材料件件扣人心弦，引人入胜。这些珍贵的档案，把人们带回郭校长执掌南京大学时的那个年代……

郭影秋1909年出生于江苏铜山一个贫苦农民家庭，靠师友的周济和借贷，接受了高等师范教育；1935年加入中国共产党，全国解放后，曾任云南省省委书记处书记、省长，南京大学党委书记兼校长，北京市委书记等职。

20世纪50年代中，党中央提出了向科学文化进军，加强对高等学校的领导。当时，社会上的有些人议论“共产党领导不了高校”，甚至有人要共产党“退出高校”。在这种情况下，时任云南省省长的郭影秋主动向中央请缨到教育战线工作。他从一个共产党人的责任心出发，不相信共产党领导不了科学文化和教育事业，也不相信共产党人成不了业务上的内行。

1957年，郭影秋被任命为南京大学校长。周恩来总理曾对云南籍辛亥革命老人李根源说：“贵省省长郭影秋不愿当省长，自告奋勇到大学去。”反映了周总理对郭影秋主动到大学工作的赞许。郭影秋也曾谑言：“我最大的志愿是当个教书匠，办好一所大学。”当时，南京大学的师生们听说郭影秋不当省长来学校当校长，觉得又欢喜又新奇，同时也有人颇有疑惑：“他是来当省长的，还是来当校长的？”弦外之音是：他来搞政治，还是办教育……就是在这样的背景下，郭影秋来到南京大学后，始终坚持社会主义办学方向，遵循教育规律。郭影秋经常给师生作报告，上党课、团课；还经常走访教师，与之促膝谈心，耐心听取，循循善诱，许多老

1959年12月9日，陆定一视察南大，欧阳惠林陪同

1964 年，郭影秋在人大第七次党代会上讲话

1964 年，郭影秋陪同毛泽东会见非洲教育代表团

师都视他为良师益友。

在 20 世纪 60 年代初的三年困难时期，学校师生员工的生活、工作、学习等都遇到了诸多困难。1962 年元旦，郭影秋为南大《大学生》黑板报题词，号召发扬坑道的“榱木”精神。他在题词中写道：“榱木的伟大在于它贡献出自己的一切，顶着万钧的压力，使无数的矿工得以自由，使广大人民获得丰富的矿产……如果每个共产党员都像榱木一样，把自己所应当顶住的困难顶起来，每一个支部、每一个党组织都把困难顶起来，那么中央的困难就减轻了。”在这种精神的鼓舞下，当时南京大学各级党组织的党员在各项工作中都积极发挥模范带头作用。郭影秋作为校长，更是呕心沥血，励精图治，把全部的学识、才能和精力都倾注到工作中。在他和学校党委的领导下，南京大学办学规模扩大，教学和科研工作取得了令人瞩目的成就，使南京大学跻身于全国著名重点高校行列。实践证明，郭影秋是一位具有远见卓识、懂教育、会办学的教育家。

郭影秋校长离开我们已 24 年了，但他在执掌南京大学期间的教育思想、工作精神、道德学问，以至音容笑貌、举止风度，是他留给南大人弥足珍贵的精神财富。

（2010 年 11 月 25 日第 74 期）

著名的水稻育种专家顾复

於 红

无锡市档案馆里珍藏着我国著名的水稻育种专家顾复个人档案，包括著作及手稿 8 件；奖状、证件、聘书、证明书 22 件；照片 6 张及自传、来往函件、调查表、悼词唁电等。这些档案是顾复的女儿顾泳越在 1991 年 2 月捐给无锡市档案馆的。拂去岁月的尘埃，可在这些档案中详尽地了解这位水稻育种专家极不平凡的一生。

顾复，字震吉，清光绪二十年（1894）9 月生于无锡城内凤光桥（今三凤桥）顾家弄。他的父亲顾述之是无锡著名教育家，曾担任东林学堂、江苏省第三师范学堂（今江苏无锡师范前身）校长。1912 年，顾复东渡留学日本，先后在东京第一高等学校预科和名古屋第八高等学校学习；从东京早稻田大学毕业后又转入东京帝国大学农学部继续深造。1920 年，26 岁的顾复获得了农学士学位。

顾复学成回国后，即从事农业科研和教育工作，历任无锡县藕塘桥小麦试验场场长、南京农业学校教员、苏州农业学校教员兼农场主任、东南大学农科讲师、中央大学农学院副教授、中山大学农学院教授等职。解放后任苏南农业科学研究分所作物主任、江苏省稻作试验场主任技师、中国农科院江苏分院总农技师等职。1979 年 10 月 16 日，顾复因病在南京逝世，享年 85 岁。

顾复毕生从事农业科学研究和农学教育工作，发表了十多种专著和科学论文。早在 1936 年，他就超前地提出了农作物杂交以增加产量和抵抗病虫害的观点。顾复培育成功“锡麦 1 号”、“粳稻 412”、“晚稻 853”等数个优质高产新品种，被誉为“水稻育种专家”。顾复一生在科研育种和著书育人方面作出了重大贡献。

科研育种

顾复对作物遗传、选种理论造诣较深，十分重视理论联系实际，常常深入稻麦产区调查研究，亲临试验场精心指导水稻育种。在他的试验田里，水稻的品种很多，三棵五棵一个品种的有，十棵八棵一个品种的也有，外人看了好像就是一田稻，其实里面有许多种品种。顾复为试验田的每棵水稻建立了档案，风里来、雨里去，天天像看孩

顾复在田头与农民一起选种

子那样地去作观察，并且逐日记录植株生长情况。他深深迷上了这项在他人看来单调枯燥的育种工作。一望无际的稻田，成了他梦之所系、心之所系的地方。

1921 年，顾复引进了美国、法国小麦品种四五十种，从中选出美国“玉皮”小麦种与无锡出产的小麦种杂交培育成高产、抗病、出粉率高的“锡麦 1 号”优良小麦种，在我国北方麦区得到大面积的推广。1926 年，他又选育出“晚粳 314”稻种在太湖流域广泛推广。

1952 年，顾复选育出“粳稻 412”和“晚稻 853”两个优质高产的新品种，较普通水稻亩增一二百斤，成为当时苏、锡、常地区农业生产的当家品种，在浙江、江西及长江中下游地区推广达 600 万亩。“粳稻 412”是从常锡白粳型水稻——“张舍尖头黄”中选出，米质优良，增产多收。“晚稻 853”是从松青薄稻型水稻——“松江矮宁黄”中选出，米质粘稠，为煮粥上品。农民种植后齐口称赞：“煮饭很涨锅，有菱肉的香味，用无锡土话叫作‘吃口韧赳赳、粘稠稠’，吃后肚子不会饿。”

为了表彰顾复在农业科技上作出的杰出贡献，农业部向他颁发了丰产奖。人们纷纷向他讨教经验，他却谦逊地说：“我没啥经验和诀窍，我只是喜欢天天跑到水稻田里去看看，粗看起来稻穗似乎是一样的，如果细看起来那就不同了，这样就看出了一点名堂，就可以把少数变异的水稻植株选出来进行培育。”

著书育人

顾复一生从事农业科研和教育工作，著作论文有十余种。其中，《作物学泛论》、《作物学各论》、《农具学》由商务印书馆出版。顾复的许多论著对我国的水稻科学研究有很大的指导意义和应用价值。

1930 年，顾复在《改良江苏稻作刍议》一书中提到：“改良稻作，实为解决吾省粮食问题之中心；改良品种为改良稻作最重要之方法。……应由各试验场就各稻区成立分场，育成适于当地之品种，配给农民，则以同一之劳动，同一之费用，每亩增收一二成，易如反掌。”1936年，顾复在《改良农作物方法私议》中指出：“同一种类之农作物，随品种之相异，其染色体数有多少之不同。以染色体数不同之两个品种交配，使染色体数增加，则该新种产量大增，而抵抗不良境遇及病虫害之力增强，实为育种之根本方法。”

顾复曾在东南大学、中央大学、中山大学、江苏省立教育学院等十三所学校讲授作物学、农具学、种子品评、土壤、肥料等科目，讲授的课程内容十分丰富，不但介绍国外最新农业成果，还能引用《齐民要术》、《农政全书》中记载的农业生产经验。他治学严谨，作风踏实，注重言传身教。在教学中，他对学生提出“一要四勤”的学习要求：“一要”即要有全面扎实的基础理论知识；“四勤”即心勤（要有锲而不舍的学习精神）、眼勤（要经常细心周密地观察事物）、手勤（要勤于动手）、脚勤（要经常多跑田头）。他常常亲临田头指导学生观察农作物的生长，指导学生掌握整地、选种、移栽、除草、治虫、施肥等一系列操作方法。他培养的学生不少成为农业生产专家，至今仍十分怀念顾复教授对他们的教育培养。

顾复的特殊贡献赢得了各个方面的广泛赞誉，先后被推选为江苏省政协第一、第二、第四届委员，江苏省第三届人大代表。1957年，顾复当选全国农业劳动模范，被邀赴京参加会议。会议期间，他与全体代表一同受到毛泽东、周恩来等党和国家领导人的亲切接见。

（2010年11月25日第74期）

一代学界巨擘的赤子情怀

——记吴江籍著名科学家杨承宗

王怡

新中国放射化学的开拓者、奠基人；中国科学技术大学副校长、博士生导师；何梁何利科学与技术进步奖获得者……这些耀眼的光环、熠熠生辉的桂冠，都是属于一位老人——百岁高龄的吴江籍科学家、教育家杨承宗。

1911年9月5日，杨承宗出生于吴江县八坼镇。其父杨蔼如从事民族实业，其母张氏出身于书香门第，因此，他自幼便得以受到良好的家庭教育。1932年，杨承宗毕业于上海大同大学理科；1934年秋，到国立北平研究院物理镭学研究所从事放射化学及测量研究，师从玛丽·居里夫人的高足——郑大章。当时，中国放射化学刚刚起步，资料、仪器奇缺，举步维艰。在郑先生支持下，杨承宗决定赴法国留学。但由于抗日战争爆发，直至1947年才得以成行。经过五年的历练和熏陶，杨承宗成为一名出色的科学家。

1949年新中国的成立，激发了无数海外学子归来报效祖国的满腔热情，杨承宗便是其中一个。1951年6月，杨承宗顺利通过了论文答辩，获博士学位，其论文被评审团评为最优秀级。此时的杨承宗日夜思考的则是，如何早日回到魂牵梦绕的祖国。时任世界保卫和平理事会主席的约里奥·居里听说后特地约见他说："请转告毛泽东，你们要保卫和平，要反对原子弹，就必须拥有原子弹。原子弹不是那么可怕的，原子弹的原理也不是美国人发明的，你们有自己的科学家……"杨承宗意识到，这是对世界和平真正负责的表态，也是对中国人民的信任。接着，杨承宗在法国开始了"疯狂大采购"，除了钱三强辗转捎去的3000美元外，还毫不犹豫地垫上了自己在法国省吃俭用存下的全部积蓄。启程回国时，杨承宗的行装是满满的13个大木箱、铁皮箱，里面全是国内紧缺的实验器材与资料。他还向导师伊莱娜·约里奥·居里夫人讨要了大约10克碳酸钡镭标准源，在回国后将其无偿捐赠给中国计量科学研究院。这些标准源就成为了我国开展铀矿探测用电离辐射计量研究唯一的借鉴实物。

1951年10月，杨承宗辗转香港到达北京，被安排在中国科学院近代物理研究所（后改名为原子能研究所）工作。在当时连质谱仪都没有的困难条件下，他领导全所科技人员开展了天然放射性元素的提取、纯化、分析、测定，铀化学及从矿石中提取铀的研究，重水的制备和测定，反应堆用石墨的制备工艺的研究，光谱分析，辐射化学的研究等。他成功试制出新中国第一台质谱仪，培养了一批科技骨干队伍，初步奠定了我国核化学研究的基础。

“北平协和医院”（今北京协和医院前身）曾在抗战前由于医疗需要，向美国购买了507毫克镭。由于镭放射的氡气会污染环境，所以被密封在玻璃容器里，容器外再加保险柜封闭、锁牢，放置于地下室内。抗战时期，日本人破坏了玻璃系统，一直未修复。而地上就是病房，住着许许多多的病人，时刻有被污染辐射的可能。1953年，杨承宗听说此事后毅然挺身而出，带领四个年轻人对这些镭辐射源进行修复。其中，最为危险和困难的一项工作是将盛装镭溶液的玻璃瓶重新与整个系统连接。当时，玻璃瓶已经老化变脆，而要修复就必须打开保险柜，在伸手可及的距离内，在镭溶液高强放射性的直接照射下进行玻璃的熔接。杨承宗认为这项工作太危险，决定自己来完成。在操作时，杨承宗让弟子站在自己背后，这样，可以用身体为他们挡去部分射线。这一次修复，不但使协和医院的病房安全了，而且获得了国内最早的人工放射源，为中子计数管的研制和开展中子在水中迁移等中子物理研究创造了条件，但杨承宗的右眼却因受到超剂量放射性照射导致视网膜剥离而失明。

20世纪60年代初，苏联毁约停援，撤走全部专家，带走全部资料，给我国核工业建设造成很大的损失和困难。为了尽快攻克铀水冶方面的科技难关，1961年4月，杨承宗奉调到二机部五所（铀矿选冶研究所）担任业务副所长。杨承宗带领大家经过两年多的日夜苦战，从含铀万分之几的铀矿石中制备含杂质不超过万分之几的纯铀化合物，生产出

1966年，新疆马兰核试验基地关闭前杨承宗与何泽慧先生等在“爆心”纪念碑前留影

足够数量的二氧化铀和四氟化铀2.5吨，为我国第一颗原子弹的成功试爆提前三个月准备好了合格的铀原料，得到国防工办的嘉奖。面对这些，杨承宗一直低调地说："事情做出来就好，别的什么也没想。"

如今，百岁高龄的杨承宗依然乐观豁达、襟怀坦荡、谈吐幽默、思维敏锐，无时无刻不在关注着祖国科学事业前进的步伐，几十年如一日执著耕耘、乐此不疲，也许这正是他健康长寿的秘诀。2008年11月，笔者曾到北京看望杨老。杨老非常高兴，向吴江市档案馆捐赠了55件档案资料。2010年9月，杨老在百岁诞辰之际又捐赠了16件档案资料，吴江市档案馆名人档案也因之更加丰富。利用这些宝贵的资料，馆内的吴江名人展中增添了杨承宗卷，向社会各界宣传吴江走出去的大科学家，让杨先生的精神一代一代传承下去。

（2010年12月25日第74期）

盐城人的骄傲

——中国现代天文科学奠基人张钰哲

刘心媛

南京东郊紫金山第三峰上，耸立着一座座银白色拱形圆顶建筑物，宛如散布的明珠，镶嵌在一片绿树丛中，这就是我国最早的现代天文研究机构——南京紫金山天文台（简称紫台）。您可知道，它的创建者之一就是盐城人的骄傲——张钰哲。

张钰哲1919年以第一名的成绩毕业于北京清华学堂高等科，同年留学美国普渡大学机械系，旋转读美国康奈尔大学。1925年转学芝加哥大学天文系，1927年获芝加哥大学硕士学位，同年入美国叶凯士天文台做博士研究生，1929年获博士学位，是年秋回国。他亲自奠定了中国天体力学轨道计算和人造卫星轨道工作的基础，指导了中国第一颗人造卫星的轨道设计、论证和测轨、定轨工作，为新中国的航天和国防事业做出了杰出的贡献。他是中国方位天体学和天体力学的开创人，是当之无愧的中国现代天文学的奠基人。

张钰哲不仅是我国现代天文事业的创始人，而且是我国天文科普事业的引路人。1922年中国天文学会成立，即以天文学的提高与普及为宗旨。经过一番努力，张钰哲、高鲁、陈遵妫等人于1930年7月创办了《宇宙》杂志作为会刊，贯彻天文学会的宗旨。那时，张钰哲风华正茂，意气风发，又刚刚从美国载誉归来，遂被推举为《宇宙》的主编，并撰写发刊词。在后来的岁月中，张钰哲始终是《宇宙》杂志的主要撰稿人，在上面发表了数十篇文章。这份刊物上登载的文章大部分是科普性的，为我国天文科普事业开拓了道路，带了一个好头。

1941年1月4日和1942年12月27日，张钰哲在当时影响最大的权威报纸《大公报》上发表了《日食观测答客问》和《纪念牛顿诞生三百周年》两篇宣传科学精神的论文，前者旨在说明为什么要在抗日战争艰苦岁月中还要去甘肃临洮观测下半年在那里发生的日全食，后者是向全国人民宣传基础科学的重要性。

1945年的秋天，重庆国民党的《中央日报》刊登了一则极其荒谬的消息，胡说一位从法国回来的洋博士利用中国古代的八卦发现了太阳系中的第十颗行星——木王星。不仅如此，国民党的宣传部长张道藩还出来为此捧场。一时间议论纷纷，莫衷一是。11 月 26 日重庆的中共《新华日报》发表了署名朴英的反驳短文，文章说："任何一个在大学里读物理或数学的学生，都会明白像八卦那样的东西，连一个方程式都没有的，是绝不可能用来发现什么行星的。我想也就是为着这个理由，所以中央研究院天文研究所竟然没有加以驳斥。"

12 月 16 日，《大公报》发表了张钰哲的另一著名论文《你知道行星是如何发现的吗？》，在这篇 4000 余字的文章中，张钰哲对国民党宣传部长张道藩和利用八卦发现新行星的洋博士作了有力的驳斥，肯定了朴英的文章。在文章中，张钰哲还介绍了科学思想和科学方法，不但普及了科学知识，而且弘扬了科学精神。时至今日，这篇论文仍闪烁着科学的光芒。1983 年《科普创作》期刊特地重新发表这篇《你知道行星是如何发现的吗？》，就是因为这篇文章在反击伪科学和弘扬科学精神方面所具有的价值。

1948 年，张钰哲在上海创办了《大众天文》，附在《科学大众》中发行。从 30 年代开始，张钰哲就着手进行天文科普的编译，先后出版了《地球之天体观》、《天文学论丛》、《宇宙丛谈》、《小行星漫谈》、《惊奇的宇宙》等一系列科普作品。粉碎"四人帮"后，张钰哲开展对哈雷彗星的研究，推算出 1986 年哈雷彗星回归经天路线。

（2008 年 10 月 13 日第 50 期）

从「小土孩」到「活红娘」

——宋长荣艺术档案演绎的传奇故事

周彬 谭红 鹿建平

淮安市档案馆收藏着一个颇具地方特色的档案全宗——宋长荣名人档案全宗。该名人全宗是 1987 年在宋长荣的全力支持和配合下收集、整理的。宋长荣先生系我国京剧“四大名旦”之一荀慧生的嫡传弟子、国内唯一的荀派男旦、全国著名的京剧表演艺术家，主演过 70 多出传统和现代剧目，尤以《红娘》一剧蜚声海内外，多次晋京，两度赴我国香港、台湾以及加拿大交流演出，被誉为“活红娘”。

打开宋长荣艺术档案名人全宗，那数百份文字档案，那数千幅彩色、黑白照片，那数十件荣誉证件档案，默默地诉说着这位著名荀派京剧表演艺术家的传奇故事。

宋长荣是苏北沭阳县人，1935 年 7 月 29 日生于贫苦佃农家庭，因上有两兄两姐排行第五，人称“小五子”。

宋长荣的开蒙戏是《贺后骂殿》。那天他早早来到后台化装。黑脸膛抹上脂粉，描眉打鬓上了装，还真俊。老师给他化完装也逗趣：“别看黑小五子，扮上装还像个娘娘，怎么看也不黑了！”别看“小五子”上场前有些害怕，可一上台心里倒稳住了。他缓步登场，显得有模有样；嗓门亮，唱得高，底气也足，引起台下一片议论；接着，大段的“二黄慢板”、“快三眼”，唱得有板有眼，台下一片叫好。自从演了这出《贺后骂殿》，“宋长荣”三个字在沭阳的地面上就叫开了，后来，方圆几百里竟称他为“苏北小梅兰芳”。

年轻时的宋长荣

1961 年秋，荀派艺术创始人、著名“四大名旦”之一荀慧生先生来南京演出，宋长荣迎来了艺术生涯的一个重要转折：经省委宣传部及省文化局、京剧院领导推荐，他要正式拜荀慧生为师。前一天夜里，宋长荣在床上翻来覆去，怎么也睡不着，他做梦也想不到竟能成为荀慧生先生的弟子！第二天，他早早起床，步行到大行宫一个商店买了一双大圆头皮鞋，配上已有的一套蓝中山装。

拜师会上，荀先生向宋长荣打趣："'小土孩'，以后我就这样称呼你，行吗？""行。老师，您就这么叫吧。"宋长荣向老师行鞠躬礼，他三鞠躬，腰都弯到九十度，结结巴巴地说："我要向老师学习，把老师的艺术接过来。"荀先生亲切地说："艺术无止境，咱们共同研究吧。"荀老师还与宋长荣合影留念。晚宴时，宋长荣向老师敬酒，荀先生高兴地说："以后嘛，我这个老红娘，一定要带好你这个小红娘。"宋长荣事后才得知，荀先生看了他演的《红娘》后，即在艺事日志上写下："堪可造就。"又对夫人说："别看小土孩挺黑，一上台扮上就挺俊，是块唱戏的材料。"就这样，宋长荣成为荀慧生一生中收下的最后一个男弟子。

宋长荣饰演的红娘剧照

荀慧生这次在沪宁线城市的演出持续了半年多，宋长荣一直追随左右，朝夕形影不离。老师边演出，边向他传艺；有时让宋长荣先看戏，然后再仔细给他说。《红娘》、《红楼二尤》、《勘玉钏》等荀派名剧，荀慧生都仔细给他重新加工，纠正其不足。在荀先生的精心调教下，宋长荣深得荀派艺术的真谛。

1979年12月1日，宋长荣在上海中国剧场首演《红娘》，到1980年1月22日，连演52场戏，场场爆满。

1981年起，宋长荣率淮阴京剧团从湖北、安徽开始巡回演出，北至黑龙江、吉林、辽宁三省，南至江西、广东、香港，东至福建、浙江、山东和台湾，西迄甘肃、新疆，戏演到哪里，就轰动到哪里。所到之处，都是从默默无闻到名声大振，当地演出部门也都是从勉强接待到再三挽留；场地从三级剧场演到一级剧场；住宿从在舞台地铺转到舒适的客房；从乏人买票到场场爆满。仅一出《红娘》，从1979年在扬州演出第一场到1984年，共演出了1000多场。

党和国家领导人江泽民、朱镕基、李瑞环等，都是宋长荣的"粉丝"，不止一次地观看他的《红娘》。1990年，在宋长荣舞台生涯40周年之际，李瑞环亲笔题词"荀艺长荣"。2000年4月18日，宋长荣赴宁演出，正在江苏考察的朱镕基总理登台亲自为之操琴。当年5月8日，江泽民总书记也在南京观看了宋长荣的演出。法国国家科研中心、中央电视台、江苏电视台等，都摄制了他艺术与生活的电视专题片，在国内外播出。

宋长荣在做表演示范

一个苏北农村的“小土孩”成长为万众瞩目的京剧表演艺术家，这就是宋长荣艺术档案向人们诉说的传奇故事。更难能可贵的是，宋长荣德艺双馨，被人们誉为“不走穴的艺术家”。

合理地开发利用档案，既是名人自身的愿望，同样也是档案馆征集档案的目的之一。但凡有媒体需要拍摄有关宋长荣的专题片，或进行新闻报道，宋长荣都会首先把他们带到淮安市档案馆来，亲自介绍档案收藏情况。宋长荣本人也曾多次应邀来淮安市档案馆做客或带人查档，每每亲眼目睹其档案整理和保管情况后，经常会说的话是：“想不到档案馆会想到我，更想不到我多年零碎、分散的个人材料被你们整理得这么整齐、漂亮，而且保管条件又这么好，我愿意将今后产生的所有艺术材料全部交给档案馆……”

（2010 年 11 月 25 日第 74 期）

当代草圣高二适

周建华 郁胜天

学者、诗人、书法家高二适（1903—1977），姜堰市兴泰镇小甸址村人。原名锡璜，更名二适（意寓“适吾所适”），号舒凫、麻铁道人、高亭主人等。1915 年，就读于东台县高等小学。青少年时先后临唐代诸家楷书、隋《龙藏寺碑》。1920 年，因家贫，由扬州中学辍学回乡，任家乡立达国民学校教员。1921 年始读《杜诗镜铨》，此后终身研读不倦。同年任立达国民学校校长。1928 年、1929 年分别在上海正风文学院、北平研究院国学研究所学习。1935 年起在南京，先后供职于国民政府侨务委员会、立法院。1937 年 10 月随国民政府西迁四川。1944—1948 年，分别在重庆朝阳学院、建国法商学院、南京第三中学兼职任教。1950 年先后在南京交专上海分校、华东交通专科学校、华东水利学院任教。1963 年起任江苏省文史研究馆馆员。

1965 年，郭沫若在《文物》月刊上发表《由王谢墓志的出土论到〈兰亭序〉的真伪》，斥“天下第一行书”《兰亭序》为伪作。时任江苏省文史馆员的高二适以其渊博知识，引经据典，详加考辨，撰写《〈兰亭序〉的真伪驳议》，率先对“依托说”提出异议。毛泽东得悉后明确指出“笔墨官司，有比无好”。后来高二适的文章分别发表于

高二适先生像

毛泽东就“兰亭论辩”提出“笔墨官司，有比无好”的手迹

《光明日报》和《文物》杂志上，与郭沫若进行公开论辩。由此引起宗伯华、王一羽、龙潜、启功、沈尹默、李长路、许森玉、赵万里、于硕、史树青等名家纷纷参与撰文表达观点，这就是震惊文坛的“兰亭论辩”，被列为中国“二十世纪十件文化大事”之一。一序千秋聚论坛。这场论辩，演绎了“百花齐放，百家争鸣”的文坛生活，在学术界树立了一种坚持学术讨论、敢于挑战权威的良好风气，对艺术和科学的繁荣发展具有重要意义。

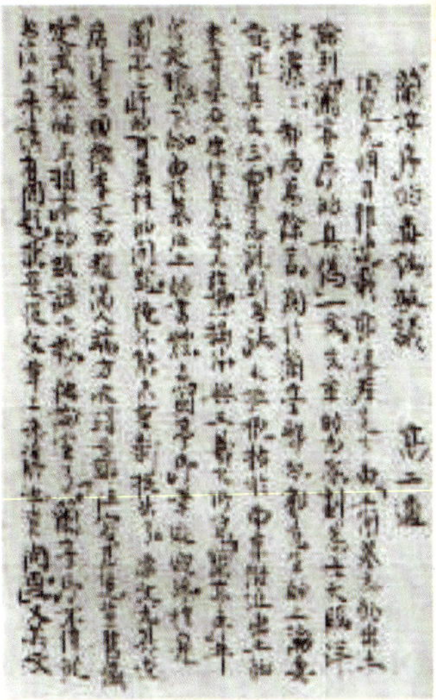

高二适《〈兰亭序〉的真伪驳议》手稿

1975 年 9 月，高二适应罗瑞卿之请，撰联以赠“为有功业仰公忠，而此章草为吾法”。同年 10 月，应叶剑英之邀，书写叶剑英所作《阳朔》一诗以赠。1976 年 9 月，为刘海粟《古松图》题长诗一首。同年 10 月，为亚明《佐酒图》题诗，欢庆粉碎“四人帮”。1977 年 3 月 15 日夜，高二适病逝于南京，享年 74 岁。

高二适少承家学，诗书一生，深造自得，独学成才，自出新意，成就卓著，与胡小石、林散之、萧娴并称为“金陵四老”。他生性刚直，坦率真诚。其书法始学唐人，上追秦汉魏晋，下涉宋元明清，正行隶篆俱精，其行草书兼章草笔急，古朴深厚，险劲神奇，享誉于书坛。观其草书精品，那种笔挟风云、墨舞龙蛇般的翰墨风采，更能强烈而持久地激动人心，其草书创作亦达到当代的高峰，与林散之可谓异曲而同工。高二适早年曾受戈公振、韩紫石等社会名流赏识，中年又见知于陈树人、于右任、章士钊等。毕生作诗逾千篇，留存有诗 300 余首，并著有《〈兰亭序〉真伪之再驳议》、《新定急就章及考证》、《刘梦得集校录》、《柳河东集讲疏》、《柳子原与刘禹锡论周易九六论书后题》和《跋刘宾客天论》等。高二适一生“自由之精神，独立之人格”，在学术界和书法界备受敬仰，一直为后人所传颂。

（2009 年 10 月 23 日第 63 期）

星云法师档案

扬州市江都区档案局

星云法师，江苏省扬州市江都区仙女镇人，生于1927年8月19日，俗名李国深，为禅门临济宗第48代传人。1938年从南京栖霞山寺礼宜兴大觉寺志开上人披剃出家。1944年于常州天宁寺参学，1945年进入镇江焦山佛学院就读。1947年自焦山佛学院毕业后，返宜兴大觉寺礼祖受命任职当家，兼任白塔国民小学校长。1948年与同学创办《怒涛月刊》，兼任南京华藏寺监院，兼为《徐报》主编“霞光副刊”。

星云法师1949年到台湾，先后担任“台湾佛教讲习会”教务主任，主编《觉群周报》、《人生》杂志。1953年任宜兰念佛会导师。1956年创办佛教第一所“慈爱幼稚园”。1957年于台北创办佛教文化服务处，主编《觉世》旬刊，于台北电台制作“佛教之声”。1959年任台湾宜兰县佛教支会理事长。1960年主编《今日佛教》。1962年担任《觉世》旬刊发行人，建设高雄寿山寺，创办寿山佛学院。1967年于高雄开创佛光山，任佛光山第一、二、三任住持，致力研究与推动“人间佛教”，并融古汇今，手订规章制度，印行《佛光山清规手册》，将佛教带往现代化的新里程碑。

1976年《佛光学报》创刊，翌年成立“佛光大藏经编修委员会”，编纂《佛光大藏经》近千册暨编印《佛光大辞典》。1997年出版《中国佛教白话经典宝藏》132册、佛光大辞典光盘版，设立人间卫视、协办广播电台。2000年创办佛教第一份日报《人间福报》。2001年发行20余年的《普门》杂志转型为《普门学报》双月刊；同时成立“法藏文库”，收录海峡两岸有关佛学的硕、博士论文及世界各地汉文论文，辑成《中国佛教学术论典》、《中国佛教文化论丛》各100册等。

星云法师出家70余年，陆续于全球创建200余所道场，如美国西来寺、澳大利亚南天寺、非洲南华寺等；并创办16所佛教学院、22所美术馆、26所图书馆及出版社、12所书局、50余所中华学校。先后在美国、台湾、澳大利亚等国家和地区创办西来、佛光、南华及南天大学等。2006年，西来大学正式成为美国大学西区联盟（WASC）会员，为美国首座由华人创办并获得该项荣誉之大学。

星云法师著作等身，撰有《释迦牟尼佛传》、《佛教丛书》、《星云大师讲演集》、《佛光教科书》、《往事百语》、《佛光祈愿文》、《迷悟之间》、《人间万事》、《当代人心思潮》、《人间佛教当代问题座谈会》、《人间佛教系列》、《人间佛教语录》、《人间佛教论文集》等，总计近2000万字，并译成英、德、日、韩、西、葡等十余种语言，流通世界各地。

星云法师教化宏广，计有来自世界各地之出家弟子千余人，全球信众达数百万。1991年国际佛光会成立，星云大师被推为世界总会会长；该会至今已在五大洲成立170余个国家地区协会，成为全球最大的华人社团，并于2003年通过联合国审查，正式成为联合国非政府组织成员。

星云法师悲愿宏深，不辞劳苦，穿梭于全球各地，将佛教文化传播五大洲，缔造了无数佛教盛事。1988年11月，在被誉为北美洲第一大寺的西来寺落成之际，星云法师除为西方国家首度传授“万佛三坛大戒”外，还同时主办“世界佛教徒友谊会第十六届大会”，海峡两岸代表同时参会，为两岸佛教首开交流创举。1998年2月，星云法师远至印度菩提伽耶传授国际三坛大戒，此行还多次传授在家五戒和菩萨戒，致力于恢复南传佛教失传千余年的比丘尼戒法，并亲临海拔15000英尺印度崇山峻岭中的拉达克弘扬人间佛教。1998年4月8日，大师率团从印度恭迎佛牙舍利莅台安奉。2001年10月，大师亲赴纽约“9·11事件”遗址，为罹难者祝祷。2004年11月至澳大利亚南天寺传授国际三坛大戒，亦为澳大利亚佛教史上首度传授三坛大戒。在星云法师的主持下，历时十年、耗资百亿台币的佛光山佛陀纪念馆于2011年12月25日在台顺利落成，来自全球五大洲的僧众、信众和各界人士10多万人，参加了声势浩大、场面壮观的开馆典礼活动。

星云法师坚决反对“台独”，上世纪90年代以来多次访问大陆并受到江泽民、贾庆林、李瑞环等党和国家领导人的亲切接见。2010年1月，由中华文化促进会、南京市人民政府、凤凰卫视主办的“中华文化人物颁授典礼”上，星云大师获颁“中华文化人物”终身荣誉。

（2012年3月30日第87期）

星云法师

星云法师年轻时

亲临海拔15000英尺的印度拉达克弘扬佛法

风物揽胜

史话南京明城墙

袁 靖

历史上的中国，建都历时在三百年以上又曾作为全国统治中心的现存城市只有西安、洛阳、北京和南京这四座，俗称中国四大古都。而在这四大古都中，以南京明代都城建设最为独特，南京的明城墙建筑也可算得上世界之最。

提到明朝都城建设，有必要说说当时的历史背景。元朝末年统治者极其腐败，天下群雄并起。公元 1365 年，朱元璋攻克了元王朝统治下的建康城，更名为应天府，并以此为根据地极力扩充势力范围。1366 年，朱元璋意建都金陵，开始了大规模的都城建设。经过了 21 年的努力兴作，终于建成了一座宏伟的、具有“虎踞龙盘”之气势的帝国都城。

据记载，明南京城是朱元璋和他的一些谋臣一同规划的。在这些谋臣中，首推刘基（刘伯温）对朱元璋的功绩最大。刘基在当时是一位既知天文地理又懂政治军事的大学问家，因而朱元璋对他十分敬重，常尊称他为“老先生”而不直呼其名，一般军国大事都和他商讨。作为都城规划这样一个关系到国家兴亡的大事，朱元璋自然少不了请刘基出谋划策，制订最佳方案。

南京的明城墙，始建于 1366 年，建成于 1386 年，前后历时长达 21 年之久，用工量达 700 万以上，在中国历史上算得上是一项伟大的建筑工程。据实地测量，城墙全长应在 34 公里左右，连同瓮城在内全长应在 37 公里左右，远远超过周长为 29.5 公里的法国巴黎城。现测量残存约 21 公里，仍为全国最长的城墙。据测算，城墙的城基平均宽约 14 米，顶宽约 7 米，高度在 14 米至 21 米之间。墙体下部用条石砌筑，上部用城砖垒砌。城砖的规格大致为：长约 40 至 45 厘米；宽约 20 厘米；厚约 10 厘米；每块城砖约重 30 至 40 斤。像这样规格的城砖，烧制起来是相当困难的。城砖的制作是由当时的南京工部、京师驻军以及长江中下游的湖南、湖北、江西、安徽、江苏 5 省 28 府的 100 多个州县承担的，烧成后由水路运往南京。为保证城砖的做工质量，采取了历史学家严格的检验制度，每块城砖上都在其侧面印上造砖工匠、监造官员的姓名和产地。一旦发现不符合要求的，立即退回重新烧制，再有不合格的，必严惩当事人之罪。这种严把关、发现问题立即追究的做法极大确保了城砖的质量，因此城砖的质地紧密而坚实，以致经历了600多年的风雨沧桑，大多仍然完好。

据史料记载，南京明城墙大多用“糯米汁拌石灰”为材料砌成，一改前朝多用“黄泥拌石灰”砌砖法。这对于要修建长达37公里、14至21米高的城墙来说，着实令人不可思议。当然，要使城墙不倒塌、不下陷，还必须有坚固的墙基。明城墙的建造充分利用了原始山体和古城、古堤。

南京处于雨量丰富的气候带，水系纵横交错，对于这样一座城池，要想有效地解决城墙建筑的排水问题非常困难。明代的城墙设计者及建造者却解决得很合理。首先，为了防止城墙本身雨水的自然渗透，在城顶做成平砖竖砌的散水坡，内低外高，并向城内倾斜；在一定的间距，砌筑由外向内的明沟，内墙下设有沟渠用来汇集城顶积水；又在一定的间距处的城墙内壁上砌入一条长约70厘米的水槽，使得城顶积水直通地面；在城墙内壁与地面接触的地方还设有略高于地表的明沟，使通往地面的积水引入至城内河流的窨井。这种排水系统，至今在中华门保存的最为完整。其次，为了控制城内河流水位，在入水口的城墙部位安装了水闸或闸门。这两种治水措施，对于当时来说，技术含量是非常高的。

据文献记载，南京本有外城门18座，为：外金川门、上元门、佛宁门、官音门、姚坊门（尧化门）、仙鹤门、麒麟门、仓波门、高桥门、上方门、夹岗门、凤台门、大驯象门、小驯象门、大安德门、小安德门、江东门、栅栏门；内城门13座，为：正阳门（今光华门）、通济门、聚宝门（今中华门）、三山门（今水西门）、石城门（汉西门）、太平门、神策门（今和平门）、金川门、钟阜门、朝阳门（今中山门）、清凉门、定淮门、仪凤门（今兴中门）。如今，18座外城门已不复存在，我们现今测算的明城墙的一些数据实际指的是13座内城门。在这13座内城门中，以南面聚宝门（今中华门）其宏伟程度堪称全国之最，因城门对着聚宝山（今雨花台）而得名。该城门的形式非常别致，前后共4重城墙和城门，形成“目”字形平面，最后一重门台上有高大的7个开间的城楼，上下共3层（上层木结构城楼已不复存在）；其余3重门台上原来也有闸楼。在最外一重瓮城两侧设有马道供战时车马上下之用。下层券门及瓮城两侧还筑有大小共27个藏兵洞。整个城门实际上是一个设防严密的堡垒，占地约15000平方米，在我国城墙建造史上是一个突出的例子。

说到南京明城墙的建造，还有一个值得注意的地方，那就是城门的开置。南京明城墙城门的开置除了数量较多之外，一个最大的特点便是打破了古制传统的模式。我国古城墙的城门的位置，常常是在方位适中、对称、等距处，如开东、南、西、北四门；或大、小东南西北八门，走不出传统限制。但明代南京城的设计者则从实际需要和实战需要出发，不讲求对称、等距等形式，完全从实际角度出发。

除上述内、外城门之外，当时皇宫（即明故宫）四周亦设有城门，以皇宫为中心，南有承天门，北有北安门，东有东安门，西有西安门。整个皇宫的布置按传统的“前朝后寝”与“三朝五门”的规模与形式安排。前朝由奉天殿、华盖殿与谨身殿组成，奉天殿中前方一字排开有：奉天门、午门、端门、承天门、洪武门，以此形成了门殿层叠、守卫森严的皇宫布局。朱元璋等人所创的皇宫模式后来被明成祖朱棣照样搬至北京。因此，南京明故宫虽只存有午朝门等少数遗迹，但从北京故宫的规模和布局中仍可推测出当年南京明故宫的大致情形。

南京明城墙气势之宏伟、设计合理且独特为后人研究中国都城史、城墙建筑史提供了最宝贵、最直接的实物材料。

（2005 年 10 月 13 日第 12 期）

正月里来闹花灯

——秦淮灯会

彭 毅

秦淮灯会是历史上广泛流传于南京特别是秦淮夫子庙地区的大众文化活动，又称"金陵灯会"、"南京灯会"。主要活动在每年的中国传统节日春节至元宵节期间，表现为张灯结彩、尽情观赏、歌舞狂欢等，是本土文化与外来文化长期融合的、独具魅力的民俗文化现象。

秦淮灯会历史源远流长。早在南朝时期都城南京就曾举办传统元宵灯会，出现了"灯火满市井"的壮观场景，其盛况堪称全国之冠。明代开国皇帝朱元璋建都南京后，为了招徕天下富商建设南京，营造盛世氛围，竭力提倡灯节这一盛事，南京就逐渐开始享有"秦淮灯彩甲天下"之美誉了。明代吴门大画家仇英的《南都繁会图》，就形象地描绘了焰火夺目的鳌山及老百姓观看演出的热闹场景。明代后期《正德江宁县志》所描绘的灯节，更是繁华得让人目不暇接。秦淮河畔灯火之盛天下所无，仅秦淮灯彩的品种就逐渐发展到两三百种之多。

秦淮灯会作为南京民众难以割舍的传统习俗，发展历史跌宕起伏，薪火相传延续至今，并迎来了辉煌的新时期。1977年春节，南京夫子庙首次恢复了灯市，从除夕到正月十八，每天

前来观灯、买灯的市民和游客挤满了夫子庙。从 1984 年开始，南京恢复传统灯会，至 2006 年已举办了 20 届。举办灯会时，各地游客一起涌向夫子庙，赏灯、玩灯和闹灯景象蔚为壮观。仅元宵节这一天，就有近 30 万人观赏灯会。

通过举办灯会，其他民间文化艺术门类如南京剪纸、空竹、绳结、雕刻、皮影、兽舞、秧歌、踩高跷等，也随之得到迅速发展，对南京地区民间文化和民俗活动产生了积极的影响。

秦淮灯会作为一种重要的民间文化和民俗活动，已有 700 年历史，从一个侧面客观地反映了不同历史时期南京地区的社会活动。每年灯会开始后，广大市民和游客便涌向花灯海洋般的夫子庙灯会。"老南京"有句俗话："过年不到夫子庙观灯，等于没有过年；到夫子庙不要张灯，等于没过好年。"整个春节、元宵节期间的观众要达五六百万之多。

秦淮灯会也是金陵文化的重要组成部分，就秦淮灯会中所展现内容来看，与南京及秦淮的传说、典故、名胜、民俗、风情和时代发展等密切相关，一些传统伦理道德也蕴含其中。广大灯彩艺人在灯彩制作过程中，在结构造型等方面善于借鉴文学艺术中的夸张变形、对比呼应、抽象写意、象征借喻等表现技巧，突出形式与趣味的探求，传统与现代的交接，讲究丰满浑厚、简约夸张等艺术布局，进一步强化了艺术的表现技法和制作手段，体现了大俗大雅的艺术风采。

秦淮灯会经久不衰，享誉中外。以"历史文化空间环境"类别申报的南京秦淮灯会已正式入选首批国家非物质文化遗产名录。

（2007 年 2 月 9 日第 38 期）

《赛灯盛会》展现了古代元宵灯会的热闹景象

木刻画《元宵灯会》

成培军和他的作品《金狮盘绣球》

美食珍肴在秦淮

——从档案里看秦淮饮食文化

夏蓓

提起秦淮，您一定会想到朱自清、俞平伯两位文学大师的同题名篇《桨声灯影里的秦淮河》，秦淮河畔的风情、风光、风俗在两位大家的笔下是那么的多姿多彩、美轮美奂！然而秦淮的魅力还不止于此，它那独具特色的饮食文化和脍炙人口的风味小吃给人们留下了诗情画意般的美好遐想。秦淮是古城金陵的起源，又是南京文化的摇篮，是南京人乃至外地人永恒的话题。

我了解秦淮饮食文化，是从档案里开始的。

在南京夫子庙饮食公司的档案室里收藏了几十卷反映秦淮饮食业发展变迁的专卷，这些档案展示的是秦淮饮食文化的源远流长，叙述的是秦淮饮食文化的传播者们依据档案史料，恢复、挖掘、创新秦淮特色风味菜系的故事。通过档案，我寻觅到了风味小吃的佳境，领略到了饮食文化的真谛。

说起秦淮河畔夫子庙的吃，人们印象最深的还是“秦淮八绝”。“秦淮八绝”指的是八干八稀组成的八道风味小吃：葱油饼加豆腐脑、茶叶蛋加雨花茶、鸭油酥烧饼加麻油干丝、牛肉锅贴加牛肉汤、五色糕团加桂花元宵、薄皮包加红汤鲍鱼面、什锦素菜包加鸡丝面、蟹壳黄烧饼加开洋干丝。这“秦淮八绝”是在世事沧桑、往昔岁月的考验中留传下来的美食精品，这在南京耆宿张通之老先生所著的《白门食谱》中得以印证。岂止是张老先生的记载，通志学家陈作霖老先生的《风麓小志》以及其他零散的档案里都记载了“秦淮八绝”的用料、配方、做法，“秦淮八绝”成了秦淮饮食中的当家花旦。但是素有“六朝烟水”的金陵文化中不仅仅只有“秦淮八绝”，传统餐饮的挖掘创新在经济发展、社会繁荣、人民生活质量日益提高的今天被提到议事日程上来了。一些专家们认为秦淮河畔的夫子庙以状元文化而出名，夫子庙地区许多特有的人文景观也是从六朝乃至明清文化衍生而来的，自古至今，不知多少文人墨客和知名政要来过夫子庙，他们在饮食上留下许多轶事，形成不少传说，把这些资料整理挖掘出来形成一个夫子庙特有的菜系，其文化底蕴要远远大于“秦淮八绝”。有了这样的初衷，在上个世纪八十年代，一些民俗学家、烹饪大师以及饮食行业的工作者发起成立了“秦淮风味小吃研究会”，研究会的宗旨就是通过对菜谱、档案、地方史料的查找考证，通过对老的从业人员的寻访，弄清秦淮饮食文化渊源，进行资料的整理乃至理论研究、学术探讨，发扬光大秦淮饮食文化。在继承传统特色的基础上，仿明宫廷菜系出现了，景点菜系推出了，红楼菜系亦走进了夫子庙地区许多著名餐馆的餐桌上。

在中国文化里，饮食文化和历朝的兴衰息息相关，南京作为明朝的都城，城市的繁荣也使得饮食文化内涵丰富。人们在文化馆、民俗博物馆查阅档案史料，将明代的菜谱与民间的传说、诗词、典故融为一体，研制出了以“龙蟠虎踞”、“玛瑙白玉”、“展荷览卿”、“银湖落雁”、“乌龙报恩”、“游龙戏凤”、“风游绿竹”、“水晶蹄膏”、“积善有余”、“三仙聚会”为代表的仿明菜。例如“水晶蹄膏”就是根据《养余月令》一书记载的烹制方法经过改进创新发展而来，此菜色泽透明，蹄膏肉带微红，香嫩可口，图形美观。再如“积善有余”这道菜也是根据《宋氏养生部》中的记载经现代人在制作方法上的改进而来，只是如今的烹制技巧使这道菜的味道早已是今胜往昔了。

景点菜是秦淮风味小吃研究会为了适应秦淮风光旅游事业的发展，与秦淮区饮食公司共同研制的一种菜例。它以秦淮河西岸的景点为命题，采取形象思维和艺术造型的表达方式，融汇景物典故、历史趣闻和饮食文化，这在全国旅游饮食方面尚属创举。这些景点菜不仅富有独特的制作技巧，而且饱含了浓郁的地方饮食文化的特点，使人们既能品尝到秦淮风味之妙，又能领略到秦淮名胜之美。就拿“香君桃扇”这道菜来说，《桃花扇》的故事南京城里众人皆知，爱国名妓李香君崇高的民族气节，对爱情的忠贞不渝为多少人称颂，此菜用茭瓜、虾茸、冬菇、绿叶菜、蛋皮、鹌鹑蛋为原料，扇面桃红竹绿，扇须金黄、坠如白玉，色彩艳丽、造型逼真。再拿“乌衣夕照”这道菜来说，黑亮的海参有如一条乌衣古巷，橘色的鸭蛋恰似巷口低垂的夕阳，冬菇做成的群燕喳喳叫个不停，振翅飞入寻常百姓家，吃过这道菜，不由想起了刘禹锡的名篇“朱雀桥边野草花，乌衣巷口夕阳斜，旧时王谢堂前燕，飞入寻常百姓家”所描绘的意境了。

在秦淮饮食文化中还有独树一帜的“红楼菜点”，如糖蒸酥酪、桂花糖蒸粟粉糕、枣泥馅山药寿桃、豆腐皮包子、蟹黄馅油炸小饺儿、松瓤鹅油卷、奶油炸小雨果、红稻米粥、鸭粥、疗妒汤，这些菜点是根据《红楼梦》中曹雪芹笔下所描绘的点心而创制的，它们融文化艺术与烹饪艺术于一体，每道点心都有一个典故或传说，如晴雯姑娘爱吃的“豆腐皮包子”，贾母八十大寿时王熙凤特地献上的“枣泥馅山药寿桃”，老道士王一贴向贾宝玉介绍的专治嫉妒病的“疗妒汤”等等。

近十几年来，夫子庙地区老字号菜馆如奇芳阁、老正兴、六凤居等依托秦淮风味小吃研究会在菜肴的推陈出新上做足了文章，许多名菜名点在全国屡屡获奖，政府也把发扬光大饮食文化，促进夫子庙地区旅游事业的发展视为义不容辞的责任，连续举办了十三届夫子庙金秋美食节，使得南北饮食资源得以大交流，技术得以大融合，为饮食文化的发展创造良好的氛围。而历届美食节形成的档案以及饮食文化研究中形成的档案，政府都加以妥善的保管和整理，使得这些文化遗产得以世代留传。

（2005年10月13日第12期）

恰似那一抹天上的云霞

——南京云锦

南京市云锦研究所

南京云锦是我国优秀传统文化的杰出代表，至今已有近千年的历史。因其绚丽多姿，美如天上云霞而得此名。

在古代丝织物中，“锦”是代表最高技术水平的织物，而南京云锦因其丰富的文化和科技内涵，位于中国古代三大名锦之首，被专家称作是中国古代织锦工艺史上最后一座里程碑，不仅是中华民族的，也是全世界珍贵的历史文化遗产。

南京云锦由宋代的彩锦演变而来。到了元代，统治者崇尚用真金妆点官服，使以织金夹银为主要特征的云锦脱颖而出，成为最珍贵、工艺水平最高的丝织品种，受到封建君主和豪门贵族的宠爱。元、明、清三朝都指定云锦为皇室御用贡品，因此，在制作中一味求精，不惜工本代价，使云锦达到织锦工艺登峰造极的地步，织物尽显雍容华贵，金碧辉煌。

首先，南京云锦需要运用“挑花结本”的技术进行设计，然后将织物编结成能上机织造，让织手看懂的图谱。这是一种古老的结绳记事的方法，它以线为材料，按织物的具体规格要求，将纹样通过每一根线上的细腻变化表现出来，同时把花纹图案色彩进行最大限度的同类合并。

挑花结本

被古人称作“寸锦寸金”的云锦，是用5.6米长、4米高、1.4米宽的大花楼木质提花机，由上、下两人配合操作生产出来的。花机上坐着的人，称作“拽花工”，他只要按过线顺序提拽即可，机下坐着的人，称“织手”，他使用“通经断纬”的技术（纬线由不定数的彩绒段拼接而成），挖花盘织，妆金敷彩，就能织出五彩缤纷的云锦来，这种工艺，至今尚不能被机器所替代。

现代云锦服饰

云锦主要有“织金”（用黄金打成箔，切成丝，捻成线织就）、“库锦”、“库缎”、“妆花”四大类品种，用于皇帝龙袍、皇后凤衣、霞披、嫔妃的丽装靓服、宫廷装饰及坐、褥、靠垫、枕被等实用品。云锦有时还作为朝廷礼品，馈赠外国君主和使臣以及赏赐大臣和有功之人。历代统治者相继在南京设立官办织造局，专门管理云锦的生产并垄断了云锦的销售。这在客观上又进一步推动了云锦的发展和繁荣。清康熙、雍正年间，南京云锦生产达到高峰，秦淮河一带机户云集，近三十万人以此和相关产业为生，机杼声彻夜不绝，产量空前，在我国的历史上具有一定的地位和社会影响。

新中国成立后，研究人员运用现代设计技术、现代装饰手段把传统的云锦产品以新的面貌展现在现代人的面前。如今云锦礼品、实用品、云锦时装等把云锦艺术文化和地方特色完美地融合在一起，是政府、单位和个人馈赠国内外友人理想的工艺品，已成为南京市政府的首选礼品。

清代皇帝龙袍

（2007年2月9日第38期）

南京长江大桥：新中国的奇迹

海风

20世纪70年代，周总理曾自豪地告诉来访的国际友人：“新中国有两大奇迹，一个是南京长江大桥，一个是林县的红旗渠。”40多年后的今天，身陷“保卫战”的南京长江大桥虽然功能远不如前，但其承载的时代意义和民族精神却在几代人心中留下了深深的印迹。

千百年来，宽阔的长江被人们视为难以飞越的“天堑”，阻断了大江南北的交通，阻隔了南来北往的过客。解放战争中，国民党军队也曾试图凭借长江天险，挡住人民解放军的渡江之路。在历时42天的渡江战役中，人民解放军以木帆船为主要渡江工具，依靠千千万万民工用身躯架起的“长江大桥”，最终突破了江宽水急的长江防线，解放了南京。

新中国成立以前，长江上没有一座大桥，只能通过轮渡过江，交通十分不便。建国后，经济的发展推动了万里长江上热火朝天的大桥建设浪潮。自1957年万里长江上第一座公铁两用桥梁——武汉长江大桥开通后，特别是改革开放以来，长江上的大桥似天堑飞虹一座座拔地而起。据不完全统计，长江全流域已建或在建桥梁近150座。在江苏，已建成并投入使用的长江大桥有南京长江大桥、南京长江二桥、南京长江三桥、润扬大桥、江阴大桥、苏通大桥、南京大胜关长江大桥、崇启大桥和泰州大桥。另外，南京长江四桥也将于年内通车。

综观长江上的桥，可以说个头越来越大，科技含量越来越高，外形越来越美。然而，作为长江上第一座由我国自行设计建造的双层式铁路、公路两用桥梁，南京长江大桥已不仅仅是一座桥，它更是一个文化的标志，一种民族精神的象征。

南京是长江下游最重要的内河港口，是华东水陆交通要冲。中国革命的先驱孙中山先生早在《建国方略》中就规划了南京至浦口的过江隧道，以克服长江天堑对南北交通的阻隔。可惜这一宏图在中山先生生前未能实现。

1927年国民政府定都南京后，曾以10万美元的重金聘请美国桥梁专家华特尔对南京至浦口间建筑大桥进行实地勘察。可美国专家最后只能发出“水深流急，不宜建桥”的感叹。日本帝国主义侵华期间，为满足其侵略掠夺政策的需要，也曾妄图在南京至浦口间修长江过江隧道，面对着复杂的水文地质条件，最后亦得出根本不可能的结论。

上世纪 50 年代末，建设南京长江大桥被提到议事日程。1956 年，国务院批准铁道部进行南京长江大桥的勘测设计；1957 年编就设计意见书；1958 年开始勘测；1959 年 6 月完成勘测，同年 9 月国务院通过建桥方案；1960 年 1 月，大桥正式动工。

大桥的修建，跨越了大跃进、中苏分裂、"文革" 等重大历史事件，这些历史事件对于大桥修建产生了一定的影响，在某种程度上加大了大桥建设的难度。

建设之初，由于中苏关系破裂，苏方撤走专家，并停止供应钢材，大桥建设一度陷入困境。国务院指示冶金部作出安排，要求"鞍钢要不惜代价生产出建造南京大桥所需钢材"。为了生产出这种高标准的钢材，铁道部集中了全国一批从国外留学回国的优秀建设人才专门从事研制工作。虽然三年经济困难时期，研制工作被迫搁置，但经各方艰苦努力，最终研制出质量完全符合要求、达到国际先进水平的桥梁钢，并于 1963 年 11 月在鞍钢正式批量投产。

1960 年 9 月，主要工程江心桥墩动工时，大桥建设资金缺乏，建筑材料供应紧张。后受"文革" 影响，工程一度陷入瘫痪，幸而周恩来总理在关键时刻坚决支持南京长江大桥的建设工作，对建桥工人发出指示，不能停工，继续架设钢梁使铁路通车。

"文革" 期间，工程进度受到影响，原有设计方案甚至也几经变更。江苏省档案馆馆藏 1968 年 5 月 12 日《关于南京长江大桥建设情况的报告》（后简称《报告》）中有这样一段表述："目前急待中央决定的几个问题，已于 5 月 2 日电报总理请示，但由于当时考虑尚有不够周全之处，经重新研究，现再请示如下：一、恢复原设计公路宽度问题……二、恢复修建桥头堡建筑问题……" 从《报告》中可以看出，在原设计方案中，公路宽度为 15 米，由于种种原因，这一宽度曾被砍为 8 米，"后来折中地改为 12.3 米"。《报告》指出："目前工程已完成投资百分之九十，桥墩已建成，改窄路面，就造成墩宽桥窄的反常现象，既不能适应行车要求，也破坏了大桥的外

1968 年大桥建成通车，如今大桥每日仍在满负荷使用中

公路正桥栏杆上的铸铁浮雕

形，实际上是很大浪费。”因此，经重新考虑，认为公路宽度应做足 15 米比较适当。在桥头堡建筑问题上，《报告》认为，“原经总理选定的桥头堡建筑方案，上有三面红旗，显示我国人民永远高举毛泽东思想伟大红旗奋勇前进的坚强意志，是大桥完整形象的不可缺少的部分。”建议恢复修建。

广大桥梁建设者就是在这样艰苦的条件下，本着精心设计施工的态度，“克服基础岩层破裂和洪水冲击桥墩等自然困难，制造了大量运用低合金钢的钢梁和高强度钢丝等新材料，创造了氦氧深潜水和在七十米深水下灌注混凝土等新工艺，使用了双曲拱桥和拼装式钢筋混凝土沉井等新技术，达到了世界水平。”

大桥桥头建筑

1968 年 9 月，南京长江大桥铁路桥通车，同年 12 月公路桥通车。这是我国用自己力量修建的特大桥梁，在当时具有世界先进水平，并以“世界最长的公铁两用桥”被收入吉尼斯世界纪录。

大桥位于南京市西北面长江上，连通市区与浦口区，是继武汉长江大桥、重庆白沙陀长江大桥之后第三座跨越长江的大桥。大桥上层的公路桥长 4589 米，车行道宽 15 米，可容 4 辆大型汽车并行，两侧还各有 2 米多宽的人行道；下层的铁路桥长 6772 米，宽 14 米，铺有双轨，两列火车可同时对开。其中江面上的正桥长 1576 米，桥下可通行万吨轮船。大桥的南北引桥是一座长达 760 多米富有民族特色的双曲拱桥，在两头接地部分共建 22 孔。

公路正桥两边的栏杆上嵌着 202 块铸铁浮雕，其中 100 块向日葵镂空浮雕，96 块风景浮雕，6 块国徽浮雕。人行道旁还有 150 对与天安门广场一样的白玉兰花形路灯，以展示中华民族的铮铮骨气。

桥头建筑为复式桥台，南北各有大小堡一座。大堡由承受铁路、公路荷载的前后双层钢架及两侧塔楼组成。塔楼共 10 层，高 70 米，上部造型为“三面红旗”，象征着上世纪 50 年代的人民公社、大跃进和总路线。小堡高 7 米，顶部各有一组群像雕塑，代表当时中国社会的 5 大组成部分。1984 年，南京长江大桥被定为金陵新四十景之一，名曰“天堑飞虹”。

南京长江大桥总造价 2.87 亿元，共使用各类钢材约 6.7 万吨，各类混凝土约 38.4 万立方米。其建桥技术、施工质量、防台风和抗震能力均达到国际先进水平，获得 1985 年国家科学技术进步特等奖，并与“两弹一星”一同列入建国后国家重要成就项目。

南京长江大桥在很长时间内是国家的形象与骄傲。每有外宾来访，这里都是国家领导人陪同参观的必到之处。周恩来总理曾经多次陪同外宾参观南京长江大桥。江苏省档案馆保存的周总理等“在听取南京长江大桥工作人员向外宾介绍建桥情况时所做的指示”，详细记录了周总理1971年6月5日下午陪同尼·齐奥塞斯库率领的罗马尼亚党政代表团参观南京长江大桥的具体情况。

周总理高度赞扬广大桥梁建设者们克服困难、发扬自力更生精神建成大桥的伟大创举，并以尊重历史的态度对前苏联对新中国建设事业的帮助给予了充分肯定。他指出，“武汉大桥所用的沉箱灌注法，是一个苏联专家名叫西林设计的。苏联专家在苏联提出，苏联没有采用，我们采用了。南京用了，而且有发展。”西林是前苏联著名桥梁专家，1948年至1957年来中国工作，任新中国第一座长江大桥——武汉长江大桥前苏联专家组组长。他提出了当时世界最先进的施工方法“大型管柱钻孔法”，为新中国桥梁建设做出了贡献。国务院授予西林由周恩来总理亲笔签署的感谢状，武汉长江大桥桥头墩的纪念碑上，用铜字铸上了西林等前苏联专家的功绩。周总理在陪同外宾参观南京长江大桥时再次指出，在我国的大桥建设事业上，西林是有功劳的，“武汉大桥给他立了一个碑，你们可以挂照片……”

南京长江大桥是我国广大桥梁工作者在独立自主、自力更生的方针指导下，自行勘测设计和科研试验，全部使用国产材料，在全国有关单位协作配合支援下建成的大桥。它标志着中国人民依靠自己的人力、物力，应用现代技术解决了一个又一个复杂的工程问题，在桥梁建设上达到了国际先进水平，在我国桥梁建筑史上谱写了光辉的一页。所以它的地位在当时仅次于北京天安门。南京长江大桥的照片曾出现在两角人民币的背面。在全国通用的小学语文课本中，《南京长江大桥》一文则给新一代中国人留下了深刻印象：“清晨，我来到南京长江大桥。今天的天气格外好，万里碧空飘着朵朵白云。大桥在明媚的阳光下，显得十分壮丽……”

（2012年11月29日第94期）

1971年《人民画报》封面：周恩来在南京长江大桥上欢迎罗马尼亚贵宾并合影

无锡旧影

沈　犁

人生易老天难老。自泰伯偕二弟仲雍率领一批族人在梅里建立了“句吴国”，与太湖流域的先民们一起，将中原文化与江南文化相结合，创立了吴文化以来，岁月已经流淌了三千多个春秋，人生也已延续了百代以上。勤劳勇敢的无锡人民始终为发展人类赖以生存的生产经济胼手胝足，生生不息。汉唐以来，这里已商贾交通，舟楫连樯，土地肥沃，阡陌纵横，成为“江南熟，天下足”的一个主要粮仓。明清之际，在一批仁人志士的“工商皆本”、“惠商恤民”、“工商为先”、“寓强于富”的思想影响下，手工业、种植业、商业蓬勃发展，出现了“富可敌国”的安国等豪商巨富。一个小小的县城成为全国知名的布码头、米市、丝市和钱市。特别是近代以来，无锡得风气之先，在科技、教育先导下，兴起了近代工业，成为我国民族工业的发祥地。抗日战争爆发前夕，无锡工业产值仅次于上海、广州。经济基础的发展壮大，进一步推动了文化的昌盛繁荣，构成了独具特色的“工商文化”。

岁月如歌。歌声里交织着代代人民欢乐和悲伤、愉悦与忧愁、

无锡市米码头，历史悠久，清雍乾年间甲于省会，光绪年间为江浙府县办漕之地。粮行集中于运河两岸，初在南塘，后向西塘、北塘延伸，形成八段米市，民国初期居全国四大米市之首

快慰与伤感、希望与失落等等情感。这些情感除产生于大自然的风雨吉凶、人生的婚丧喜庆、事业的得失成败，也来自于政权更替、社会动荡……无锡人民近百年来，就经历过辛亥光复、江浙战争、北伐胜利、蒋氏叛变、日军攻陷、抗战胜利、内战爆发、欢庆解放等社会变动。在这一时代岁月歌声中跳荡的音符，是那么深沉、悲壮、激越、荡气回肠。

历史永远是现实的老师，历史是不能忘记、需要记忆的。记忆历史，以前只能是文字、遗存和口碑。近现代科学技术的发展，出现了摄影和录像，使历史能够形象地、鲜活地、立体地留存下来。老照片作为历史的一些碎片，“窥一斑而知全豹”，可使我们从中感受无锡近百年的风雨沧桑，触动感情上的心弦，与之共鸣。

吴桥位于黄埠墩西侧，跨京杭运河，为无锡第一座钢构桥。1915 年 9 月，由源康丝厂董事吴子敬（安徽黟县人）出资，上海求新铁厂承包；建成于 1917 年 3 月。为纪念吴氏建桥，取名吴桥

无锡电话公司，位于北门内兴隆桥前。1911 年由杨寿眉集资创办。初名锡金电话公司，辛亥革命后，改名无锡电话股份有限公司。话务员全部为女性，开锡城女性就业的先河

招商内河轮船公司，原为官营的上海招商局无锡招商分局，辛亥革命后改为商办，1933 年上海招商局撤销内河轮运业务，无锡分局经理自创永新轮局，继续营业

新中国成立初期苏南地区最大的体育活动场地。建成于 1951 年 4 月，占地 16 万平方米。场内的体育训练馆为国家乒乓队冬训场地之一

江苏省无锡师范学校，位于学前街。创建于宣统三年（1911）9 月，初名官立江苏第三师范学堂。辛亥革命后，改名江苏省立第三师范学校（简称“省三师”）。1953 年定现名。著名人士荣毅仁、薛暮桥、钱松、吴冠中等为其校友

（2006 年 5 月 25 日第 24 期）

百年工业遗产 铸就工商名城

沈犁

无锡地处长江三角洲，靠近开埠较早的上海。近代以来，无锡得风气之先，在原有的经济基础上，适应经济发展的需要，出现了纺织工业、缫丝工业、粮食加工工业，继而向其他行业拓展，成为中国民族工商业和乡镇企业的发祥地之一。无锡民族工商业一开始就以民族资本为主，走出了一条自主发展、内生发展的新路。中国民族工商业发祥地的先发优势为无锡奠定了雄厚的工业基础，形成了创业创新的工商文化传统，培养了一大批企业管理人才和技术工人，使无锡在以后的发展中始终占据主动、先人一步。直到 1937 年日本侵略军沦陷无锡前夕，无锡的工业产值仅次于上海、广州。上世纪 80 年代初，无锡乡镇企业异军突起，开启了中国农村工业化的先河，创造了举世瞩目的“苏南模式”，无锡又一次以中国乡镇企业的发源地而享誉海内外。

与国内同类城市相比，无锡的工业遗产具有三大特征。一是丰富性。无锡市工业遗产数量众多，门类广泛，主要集中在老城内 6.6 公里的运河沿岸，并按区域形成了纺织、造船、农产品加工、机械修造等相对集中分布的特色，不仅保留了一大批老厂房、办公楼、码头、仓库等建筑文物和旧机器设备、办公生活用品等可移动文物，更为珍贵的是，一大批企业历史档案等纸质文物也保存得相当完整。二是配套性。除了工业企业，无锡近代工商家还投资兴办了一批与近代工业相配套的行业协会、金融机构等商业设施和学校、图书馆等科教设施以及路桥等交通设施。三是延续性。无锡许多近代民族工业企业自开创至今一直繁荣兴旺，成为闻名遐迩的百年老厂。他们不仅是见证无锡工业百年辉煌的“活”的历史遗产，而且现在依然是无锡相关产业发展的骨干支撑、国内一流的名牌企业。

这 100 多年的发展，使无锡这个原本并不具有重要地位和影响力的小县城，一跃而成为在中国经济版图上占有重要地位的经济中心城市。

振新纱厂

位于西门外太保墩。1905 年荣瑞馨等合资组织，商标有“团

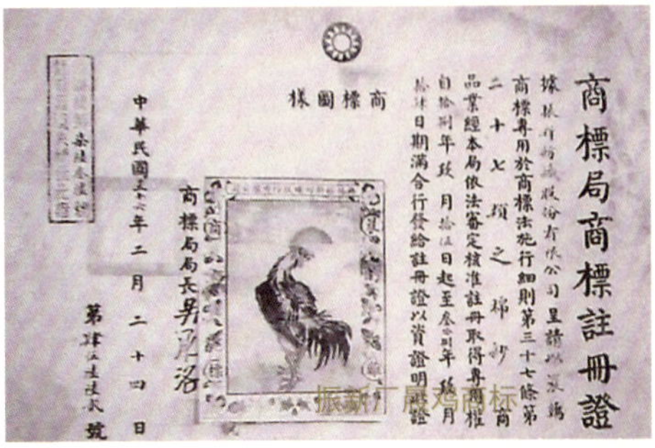

振新厂晨鸡商标

鹤”“晨鸡”“球鹤”等。产品在南洋劝业会得优等奖。1915 年时总经理为荣宗敬。1966 年改名为“无锡市第四棉纺织厂”。

振新纱厂

申新厂四平莲商标

申新厂报喜商标

申新三厂

即申新纺织公司第三纺织厂，位于无锡西门外之梁溪五洞桥两岸。1919 年秋，荣宗敬、荣德生集股筹建，两年后建成投产，当时为内地规模最大的棉纺织厂，生产“人钟”、“人鱼”牌棉纱，“好做”牌棉布。1932 年总资本超过

公私合营无锡申新纺织厂

500 万元。1937 年无锡沦陷时，该厂未来得及内迁的设备、原料和成品遭日军焚毁，厂房被强占。1941 年日方想要荣氏“合作”复工，遭到拒绝。抗战胜利后，该厂修复旧机，添置新机，至 1948 年拥有纱锭 9.5 万枚，为江苏最大的纺织厂。1966 年改名为“无锡市第一棉纺织厂”。

茂新厂兵船商标

茂新面粉厂

位于西门外太保墩。清光绪二十六年（1900）荣宗敬、荣德生集股创办。初名保兴磨面厂。二十八年正式开工。翌年，改名为“茂新”。1918 年买下惠元面粉厂后，改名为茂新一厂（惠元面粉厂改名为茂新面粉二厂），面粉商标为兵船牌。总经理荣德生。1937 年毁于战火。1945 年复建。1954 年 8 月公私合营，1957 年将茂新一、二厂合并，称公私合营茂新面粉厂。“文革”时期改名为国营无锡第一面粉厂。

茂新面粉厂

茂新厂兵船面粉在巴拿马博览会获奖证书

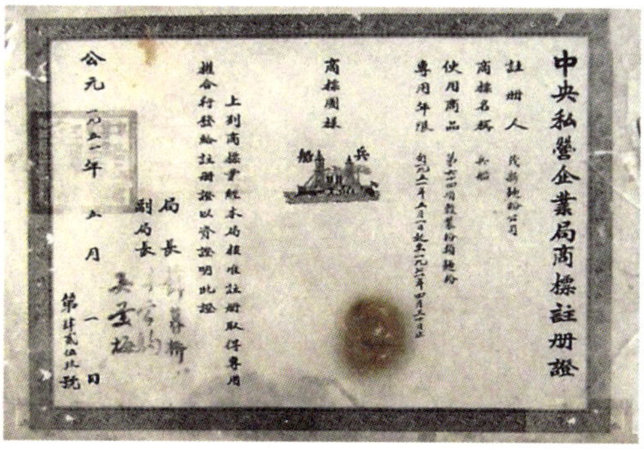

茂新厂兵船商标注册证

裕昌缫丝厂

位于南乡之周新镇，是无锡机器缫丝生产最早的工厂。1904 年建立，商标为“锡山”、“金鱼”牌。创办者为前清商部顾问、无锡商会首任总理周舜卿。该厂于 1937 年 11 月毁于战火。

（2007 年 4 月 19 日第 40 期）

长桥今夜月　阳羡古时州

——人文宜兴

崔志忠　丁燕平

失路荆溪上，依人忽暝投。
长桥今夜月，阳羡古时州。
野烧明山郭，寒更出县楼。
先生能馆我，无事五湖游。

这首诗叫《荆溪馆呈丘义兴》，是唐代诗人严维的作品，此诗虽然短小，但展现了宜兴溪湖、山郭、城楼、古桥的古韵，充分展示了宜兴历史上固有的人文底蕴。

宜兴在唐虞夏商时，地属扬州，名荆溪。秦并楚（前223），置会稽郡，改荆邑为阳羡县（前221）。西晋时，宜兴人周处因抗击西戎而血洒疆场，名动天下，作为他的老师，陆机为其庙写下了《平西将军周府君墓碑》，并由书圣王羲之书写，此碑至今一直保存在宜兴城中的周王庙内。唐代著名书法家李阳冰、著名诗人李白曾来到宜兴，叔侄合作的《水因寺贞义女碑》现保存在城中周王庙内，见证唐代书法的辉煌成就。另外，以草书见长的宰相陆希声、有六朝风韵的书家杜牧等，也先后隐居宜兴。

宋太宗太平兴国元年（976）改宜兴县，一直沿用至今。阳羡古城，素为重情好客之乡。自古秀山丽水，民风淳朴，吸引着无数名人学士来此侨寓幽居。正如苏东坡《菩萨蛮窑阳羡作》所云："买田阳羡吾将老，从初只为溪山好。"苏东坡、黄庭坚、米芾等大家，先后多次到过宜兴，留下许多题咏和墨迹。元代的赵孟頫、陈汝言等多次到宜兴游历，现保存在台北故宫的陈汝言的画作《荆溪图》是现在已知描绘宜兴城全景的最早画作。

大文豪苏东坡对宜兴山水钟情有加，一生叨念要"买田阳羡吾将老"。并上折宋神宗说："臣有薄田在常州宜兴县，粗给饘粥，欲望圣慈，许于常州居住。"得益于苏东坡盛名，明代宜兴就建东坡书院。南宋建炎年间，岳飞率军驻于宜兴等地抗击金兵，期间在宜城一带发动军民运石搬土，星夜赶筑南门外到分路口有一里多长的长堤，以通骑道，后人称为“岳堤”。岳飞受诬陷就义后，其三子岳霖寓居宜兴唐门。

“明末四大书家”之一的董其昌曾定制宜兴紫砂壶、陶砚，并自书铭识。周高起比较喜爱宜兴茶壶，也是一位饱学之士，曾亲自到宜兴考察过，撰有《阳羡茗壶系》、《洞山岕茶品》等。对宜兴岕茶的历史、产地、品类、采焙、鉴伪、烹饮等多有论述。沈周、仇英及江南“四大才子”中的唐伯虎、祝枝山、文征明均多次来宜兴，或潇洒抒情，或吟诗作对，并且留下了许多诗文书画。

清雍正三年（1725），析宜兴县为宜兴、荆溪二县，并隶常州府。延至民国初（1912），合并为宜兴县。

（2009 年 3 月 21 日第 56 期）

1981 年，吴冠中作品《故乡和桥》（速写）

楚风汉韵名徐州

徐州市档案馆

徐州，历史悠久，文化灿烂，钟灵毓秀，人杰辈出。有诗赞曰：“自古彭城列九州，龙争虎斗几千秋。‘五省通衢’商贾地，人文荟萃竞风流。”

1986年12月8日，国务院以国发〔1986〕104号文批准徐州为国家历史文化名城。值20周年纪念日之际，徐州市档案馆特以馆藏珍贵档案及图片资料再现这座国家历史文化名城的历史轨迹和城市记忆，以飨读者。

彭祖故国，刘邦故里，项羽故都

徐州，古称彭城，有6000多年灿烂文化，2500多年建城史，是江苏境内最早出现的城邑。帝尧时建大彭氏国，彭城因而得名。传说彭国的创始人彭祖，活了800岁，是我国烹饪和气功的创始人。春秋时期，彭城为宋邑。秦汉之际，西楚霸王项羽都彭城，王九郡。楚汉之争，项羽落败，从这里走出的布衣皇帝汉高祖刘邦则一统天下，开创了历史上辉煌的汉王朝。西汉时期，彭城为刘氏同姓王的重要封国——楚国和彭城国。东汉末年，曹操迁徐州刺史治彭城，始称徐州。故徐州又有“千年龙飞地，一代帝王乡”之誉、“龙吟虎啸帝王州”之称、“九朝帝王徐州籍”之说。

中华瑰宝：“两汉”三绝

“秦唐看西安、明清看北京、两汉看徐州”。两汉400年间，徐

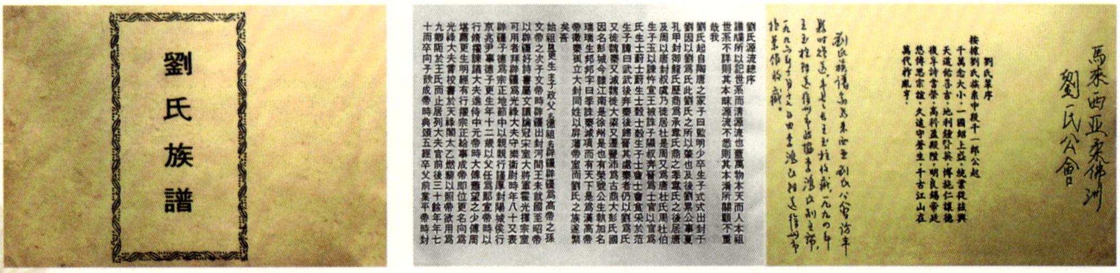

刘氏族谱

州共有 13 位楚王、5 位彭城王。城周汉墓林立，已经出土发掘的汉墓有 200 多座，均是两汉的王侯、国戚的墓葬，丰富而宝贵的汉代文化遗产为国内所罕见。构造各异的汉墓、栩栩如生的汉画像石、惟妙惟肖的汉兵马俑，并称为“汉代三绝”。1995 年“狮子山楚王墓”的发掘被评为全国十大考古新发现，并被评为我国 20 世纪百项重大考古发现之一，墓内出土的玉棺、金缕玉衣，为世上稀有珍品，令人叹为观止。

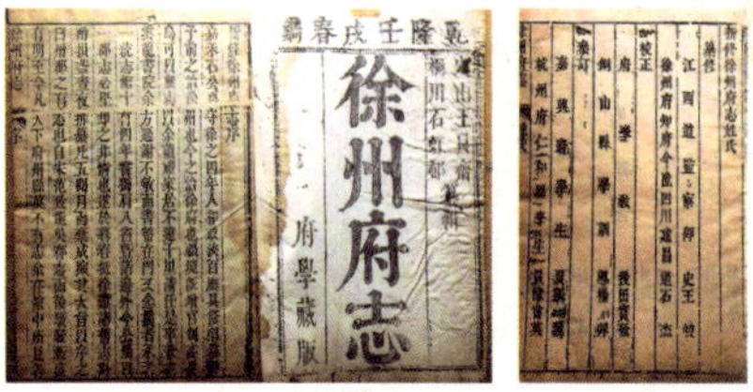

一部《徐州府志》（乾隆本）记载了古彭春秋

汉画像石

汉兵马俑军阵

楚风遗韵：户部山·戏马台

“自古彭城列九州，云龙遗迹几千秋，绿林烟锁黄茅岗，红杏花开燕子楼。戏马台前笙细细，子房山上韵悠悠，当年楚宫今何在，惟见黄河水东流。”一首脍炙人口流传至今的七言律诗将风光旖旎的“徐州八景”尽括其中，而“八景”之中尤以戏马台最负盛名。

戏马台，位于徐州城南户部山上，号称“古城徐州第一胜迹”。古籍记载：公元前 206 年，项羽戏水分封，自立西楚霸王，定都彭城。项羽构筑此台，正值踌躇满志之时。为实现胸中抱负，项羽在此操练士兵，检阅队列，观赏将士驰骋戏马，留下了“秋风戏马”的千古绝唱。

两千年来，戏马台作为西楚霸王项羽的遗踪，吸引无数的志士文人登临凭吊。谢灵运、谢瞻、张籍、苏轼、陈师道、贺铸、文天祥、萨都剌、袁枚、方孝孺、阎尔梅等著名诗人都留下了吟咏戏马台的传世佳作。李可染、武中奇、林散之、萧娴、溥杰、刘开渠等书法大家也留下了珍贵手迹。

戏马台

一代宗师李可染

人文荟萃　光耀青史

徐州更是人文荟萃之邦。彭祖、刘邦、项羽自不消说，萧何、刘裕、李煜、刘向、张道陵、刘知几、刘禹锡、张伯英、李可染、马可、孙凤鸣、宋绮云等，从帝王将相到文人骚客，从艺术大家到革命志士，千百年来，无数风流人物，蜚声载誉，闪烁宇寰。

李可染题词

（2007 年 1 月 18 日第 37 期）

千载读书地 现代创新城

——档案中看常州

熊大海 闾英姿 翁丽娟

常州是有着悠久历史的江南文化古城。早在5000年前的新石器时代，常州先民就在此劳动生息繁衍，与太湖流域其他地区的先辈一起创造了光辉灿烂的马家浜文化、崧泽文化、良渚文化，为缔造中华民族辉煌的古代文化付出了辛勤劳动。

常州文化底蕴深厚，自春秋吴王梦寿第四子季札受封于此，距今已有2500多年的文化历史。从《左传》、《公羊传》、《谷梁传》、《礼记》、《越绝书》、《吴越春秋》、《史记》等有关季札的记载让国、观乐、挂剑、救陈、守仁等行止，充分展示了季札——这位政治家、外交家、艺术家光风霁月般的举止和金子般高贵的胸怀，其中"季札挂剑"成为诚信的标志，在中国历史上留下深远影响，传为千古美谈。几千年来，常州人引以为荣、以此为鉴，笃信倡义。

常州110处文物古迹见证了其悠久的历史。圩墩遗址，揭示太湖流域人类始祖起源；未园、约园，直追苏州古典园林之美；天宁寺、清凉寺，古木森森，香火袅袅；淹城遗址，三城三河环抱，举世罕见。自古以来常州就是诗书礼仪之乡、钟灵毓秀之地。唐朝大诗人独孤及曾称"江东之郡，常州为大"；王安石在常州上变法万言书；苏东坡爱常州甚于眉州，以至终老于常州；陆游说常州"儒风蔚然为东南冠"。历史上常州先后出了9名状元、8名榜眼、11名探花、1546名进士。难怪龚自珍会发出"天下名士有部落，东南无与常匹俦"之叹。清代，常州先后形成了"常州诗派"、"常州词派"、"常州学派"、"常州画派"、"常州医派"五大派，名震四海，风盛一时，当时的常州诗人赵翼的"江山代有才人出，各领风骚数百年"正是唱出了常州读书人的豪情壮志。近现代，常州更是人才辈出，瞿秋白、张太雷、恽代英、李公朴、史良、华罗庚、刘海粟等都是从常州这块热土上走出去、影响着中国文化进程的杰出人物代表。新中国成立至今，有近60位常州籍中科院院士、工程院院士在全国诸多领域里建功立业，各领风骚。

除了悠久的文明历史、深厚的文化底蕴、蔚然成风的学习氛围，常州又以工业发达、经济繁荣闻名全国，而这些又有着源远流长的历史及日积月累的物质基础。

早在东晋末期，常州已有漆雕图案木梳等家庭手工业。唐朝时，常州可生产织造工艺水平较高的纻、透额罗、细纻、红紫二色棉布，并运销全国。宋朝官府手工业作坊有造船场、杂造局、药局、织造局和窑务等，私人手工作坊遍布街巷，常州已是江南五大丝织产地之一。明清时期手工业发展已具规模。

说起常州工业的起源与发展，首推梳篦。常州梳篦形成于魏晋时期，迄今有1500多年的历史。1622年明朝天启年间，老字号老卜恒顺梳篦作坊开张，一直相传至今。从《常州赋》有“削竹成篦，朝京门内比户皆为”的记述，到城内形成的“篦箕巷”、“木梳街”，足见历史上常州梳篦生产盛况。清代每年都要选制一批梳篦进贡朝廷，因而常州梳篦有“宫梳名篦”之称。由于选材严格，工艺独特，制作精良，常州梳篦获得了不少荣誉，1910年获南洋劝业会金奖，1926年获美国费城世博会金奖等等。

清末民初，常州商贸兴盛，先进的工业制造业兴起。1906年，常州出现首家银行，并在已有民信局的基础上，开通电报，实现无线通讯。开设中国轮船招商局的常州人——盛宣怀派员、拨船创建常州地方轮船运输业，并安装煤油路灯。民初常州创设汽车运输业，形成水路、铁路、公路运输格局。1906年，常州有了第一家织布厂，所产改良土布畅销全国各地。1916年，刘国钧等人集资创办大纶机器织布厂，采用蒸汽机传动，为常州最早的动力织布厂和近代纺织厂。之后刘国钧励精图治、苦心经营，创办了大成纺织染股份有限公司，工厂遍布常州、上海、武汉、重庆、香港、台湾等地，资产逾千万元，成为民族工业史上响当当的一名爱国实业家。1913年，常州第一家机器制造工厂——奚九如创办的厚生制造机器厂（今常州柴油机厂前身）诞生，成为全国最早试制内燃机的厂家之一。同年振生电灯公司创办。1923年，震华制造电气机械总厂（今戚墅堰发电厂）与振生电灯公司（同年改为武进电器厂股份有限公司）并存。1936年，上海吴淞厂从上海搬迁来戚墅堰，改名为戚墅堰工厂，占地42公顷，厂房面积2.1万平方米，职工1500多人，为常州近代第一个大型企业。

“事事当争第一流，耻为天下第二手”，勤劳聪明的常州人敢于争先、善于争先。新中国成立以来，常州人创造了许多个全国第一，充分展示了常州人的智慧和才能。改革开放以来，特别是进入新世纪，制造业成为常州经济的主体和增长极，在国民经济中发挥着其他产业无法替代的作用，是产业结构优化升级的主导力量。创新和与时俱进日益凸显为时代主题。

历史积累的成就抬高了今天再创业的标尺，过去凝聚的精神是开拓未来的利器。一分耕耘，一分收获。今日的常州正以全新的理念、创新的思路阔步前进。

（2008年6月21日第46期）

传承文明 魅力之城

——档案馆中的苏州

谈隽 刘凤伟 蒋纪序

苏州古称句吴、吴、会稽、吴州、吴郡、平江等，隋代因城西南的姑苏山而置苏州，延称至今。今苏州下辖沧浪、平江、金阊、工业园区、高新区（虎丘）、吴中、相城七个区及常熟、张家港、吴江、昆山、太仓五个县级市。区域面积8488平方公里，人口624万。

苏州是中国的历史文化名城和重要的风景旅游城市，素有“人间天堂”的美誉。“崇文、融合、创新、致远”的城市精神使苏州成为一座古韵与今风共存，魅力与活力兼具的城市。

千年古城 苏州古城始建于公元前514年吴王阖闾时期，距今已有2500余年的历史，目前苏州城仍坐落在春秋时代的原址上，是现存中国最古老的城市之一。苏州现有2个国家历史文化名城（苏州、常熟），3个中国历史文化名镇（昆山周庄、吴江同里、苏州甪直）。苏州是中国著名古都，曾为春秋之吴国、战国之越国的首都。苏州古城的古迹密度在中国仅次于北京和西安，列全国第三位。古城内烟雨幽巷、粉墙黛瓦，古城外寒山钟鸣、灵岩横翠。千年的古城墙与虎丘剑池见证了苏州的变迁与繁华。

东方水城 苏州城市临水而建、理水而筑，形成了“河街相邻、水陆并行”的双棋盘格局和“小桥、流水、人家”的独特风貌。正如唐代诗人白居易所言，“绿浪东西南北水，红栏三百九十桥”。苏州城内河网交织，桥梁密布，“人家尽枕河”。护城河、古运河环绕四周，太湖、独墅湖、金鸡湖璨若明珠，宛然“东方威尼斯”。周边的周庄、同里、甪直、木渎、锦溪等千年古镇抱湖环水，街巷清幽，一派江南水乡的怡人风情。江南独有的烟雨景象，更是让这座水城添了几许缭绕与缠绵。

园林之城 “江南园林甲天下，苏州园林甲江南”。苏州古典园林的历史可上溯至公元前6世纪春秋时吴王的园囿。明清时期，苏州成为中国最繁华的地区，曹雪芹称之为“最是红尘中一二等富贵风流之地”，私家园林遍布古城内外。苏州现有保存完好的古典园林60余座，其中拙政园、留园、沧浪

民国时期观前街街景一瞥：观前街因在玄妙观前而得名，这张照片系1920年前由玄妙观正山门前向西拍摄。悬“松萝”市招的是汪瑞裕西号茶庄，其西为苏九华扇庄，再西为德昌绒线铺；对街为老义昌席庄，其西为“发兑经史子集”的文怡书房，再西是经营丝竹班鼓的张凤兴，都是当时各具特色的名店

民国盘门旧影：盘门为全国重点文物保护单位。最早为春秋吴王阖闾修建吴国都城时所建，为吴门八门之一，古称蟠门。门上曾悬有木制蟠龙，以示震慑越国，又因其“水陆相半，沿洄屈曲”，得今名。现存城门为元代修筑，后来多次修缮。是全国现今唯一保存完整的古水陆城门

亭、网师园、狮子林、环秀山庄、耦园、艺圃、同里退思园等9座被列入世界文化遗产名录。作为中国私家园林的典型代表，苏州园林以精致、淡雅、轻巧、写意见长，将自然山水与历史文化融为一体，亭台楼阁、山水木石、诗书画刻浑然天成，形成了可赏、可游、可居的园林建筑风格。

文萃之邦 苏州是吴文化的发祥地和集大成者，自古人文荟萃、文教昌盛。伍子胥、孙武、张旭、范仲淹、沈括、唐寅、顾炎武、王世贞等一大批政治家、军事家、思想家、科学家、艺术家的千年传承，形成了苏州厚重悠远的文化传统。明清时期，江南经济的发展，更使苏州成为文化重镇。彼时苏州状元、进士数量为全国之冠。城市的繁华、文化的积淀、尊师重教的传统和范仲淹“先天下之忧而忧，后天下之乐而乐”的遗风，让苏州文脉代有传承，人才辈出。20世纪以来，顾颉刚、叶圣陶、吴健雄、费孝通、李政道、贝聿铭等苏州籍杰出人士依然在时代的前沿繁星闪耀。

书画重地 以文雅秀丽见长的苏州书画艺术在中国书画界独树一帜。其中尤以吴门画派蜚声画坛。吴门画派上乘唐宋，兴起于明代中叶，其代表人物有“吴门四家”（沈周、唐寅、文征明、仇英）和祝枝山等，既工于山水、人物、花鸟，又长于诗文、精于书法，“画中有诗，诗中有画”，作品大多表现江南文人优雅闲适的生活情趣。当今苏州“新吴门画派”依然延续着文人画的传统，以清新温润之风享誉国内外。

曲艺渊薮 苏州的音乐、戏曲在海内外名声璀璨。长期的曲艺传承，使苏州积淀了浓郁的人文气质和历史内涵。昆曲、苏剧、苏州评弹（苏州评话、苏州弹词）、吴歌、玄妙观道教音乐、古琴艺术（虞山琴派）、江南丝竹等一大批国家级非物质文化遗产项目，让苏州成为古典艺术之都。其中最负盛名的当数昆曲。昆曲原名昆腔，因源于苏州昆山而得名，现又称昆剧。昆曲以歌唱抒情细腻、动作曼妙写意见长。明代中叶至清代中叶成为戏曲界最活跃的剧种。后世很多剧种都是在昆曲的基础上发展起来，故而昆曲又称“百戏之祖”。如今中国昆曲博物馆和苏昆剧团依然记载和续演着这一百年传奇。

工艺之都 苏州有7个国家级民间艺术之乡，

传统手工艺门类齐全，种类繁多。苏绣、桃花坞木刻年画、宋锦织造技艺、苏州缂丝织造技艺、香山帮传统建筑营造技艺、苏州御窑金砖制作技艺、明式家具制作技艺、制扇技艺、剧装戏具制作技艺、苏州玉雕、光福核雕、苏州民族乐器制作技艺、苏州泥塑、雷允上六神丸制作技艺等技艺均入选国家级非物质文化遗产项目。其中苏绣与湘绣、蜀绣、粤绣并誉为“四大名绣”，苏州桃花坞木刻年画与天津杨柳青木版年画，并称“南桃北杨”。

民俗之乡　典雅秀丽的苏州，还有其少为人知的一面，那就是古朴淳厚的民俗风情。起源于纪念伍子胥的端午节习俗（一说纪念屈原）就是其中的代表。正如儿歌所唱：“五月五，是端阳。门插艾，香满堂。吃粽子，洒白糖。龙船下水喜洋洋。”历经2500余年风雨的古胥门和苏州人“祭伍子，迎水神”的风俗一起缅怀着这位春秋时期的忠臣义士。此外，苏州灯彩把节日的欢快祥和与文化底蕴融于一身。一年一度的轧神仙民俗庙会、虎丘庙会更是充满浓郁的地方特色。苏州甪直水乡妇女服饰也让人们感悟到了不一样的江南风情。

现代都市　改革开放30年来，苏州经济、社会、文化发展日新月异，获得了全国卫生城市、全国优秀旅游城市、国家园林城市等殊荣。苏州地区生产总值已经跃居全国第五位。中新合作苏州工业园区、苏州国家高新技术产业开发区，“东园西区”如同两只挥动的翅膀使苏州经济扶摇直上。高度开放的城市姿态、完善的基础设施、优美的城市环境、透明高效廉洁的服务型政府、高素质的人力资源，使苏州正朝着现代经济强市、文化教育名市、文明法治城市和社会和谐城市迈进。

（2008年7月18日第47期）

虎丘山前景象（摄于民国）：正前方即为虎丘塔。虎丘，“吴中第一名胜”，位于苏州城西北郊，全国重点文物保护单位。相传春秋时吴王夫差葬其父于此，有白虎踞于其上，故名虎丘山，简称虎丘

民国时期阊门石路地区景象，是清代民国苏州商业和手工业的聚集地区

苏州寒山寺之谜

刘心媛

苏州寒山寺建于六朝梁天监（502—519）年间，自唐天宝年间诗人张继诗《枫桥夜泊》问世后，寒山寺随着这首千古绝唱著名诗歌的流传，以其钟声诗韵闻名中外：月落乌啼霜满天，江枫渔火对愁眠；姑苏城外寒山寺，夜半钟声到客船。

遥想当年，诗人张继栖身于寒山寺前运河中的客船，在那朦胧的夜色中，江村桥和枫（封）桥静卧水上，犹如无语相对的愁人。面对桥畔河中隐约明灭的渔火，仿佛渔火也点染了愁绪。江南水乡秋夜幽美的景色吸引着这位怀着旅愁的游子，使他领略到一种情味隽永的诗意美，写下了这首意境清远的小诗。

寒山寺在苏州阊门西七里的枫桥镇，坐落在大运河畔枫江北岸的枫桥和江村桥之间，原名妙利普明塔院。相传唐贞观年间著名诗僧寒山、拾得二人自天台山国清寺来此住持，后来希迁禅师于此建伽蓝，道题额曰："寒山寺"，遂更名寒山寺。该寺多次毁于战火，现存为清光绪二十二年（1896）至宣统三年（1911）陆续重建，有大殿、藏经楼、碑廊等建筑，现寺内还有寒山、拾得金身塑像，大殿内壁间尚嵌有清代著名画家罗聘等所绘寒山和拾得的写意画像石刻，寥寥数笔而颇具神采。

北宋丞相王郇公居吴时，曾亲笔书张继诗于石，惜此碑久已无存。文学名家如唐代的韦应物，宋代的范成大、陆游、张孝祥，元代的顾瑛，明代的高启、沈周、唐寅，清代的朱彝尊、沈德潜、王士缜等等，都留下过大量歌颂枫桥寒山寺的作品。现高悬于山门的匾额"古寒山寺"，是明朝称为吴门四大画家之一的文征明题写的。

在寒山寺大雄宝殿内，墙上还嵌着十二块诗碑。东边六方，西边两方，分别刻着唐、宋、明、清诗人文士吟咏枫桥寒山寺的诗作。西边的另四方，则刻着寒山的诗 36 首。东南偏殿的南院即是著名的碑廊。廊内陈列着各种碑刻，其中最有名的是晚清陈筱石镇苏州时重修寒山寺，请著名学者、朴学大师俞樾（曲园）手书重刻的张继诗碑。明文征明另书诗碑一块，因遭火毁，碑石破碎，字迹残缺，难以辨认。

此外，还有明代唐寅书碑残迹，董其昌的题跋，康有为等名家诗碑以及历代重修寒山寺记事碑刻等，都是寺内的宝贵文物。名刹听钟，为寒山寺的一大特色。张继诗中所称的“唐钟”，早已不知下落。明代嘉靖年间重新铸钟建楼，唐寅曾为此作《姑苏寒山寺化钟疏》，后流入日本。现寺内钟楼上悬挂的大钟系清光绪三十年（1904）江苏巡抚重修寒山寺时铸造的，偶一撞击，古刹钟声回荡悠扬，有诗境再现之感，从中亦可领略张继当年在静寂的午夜听到古刹钟声时的所思所感之境界。

1906年，日本友人募铸青铜乳头钟一对，一只悬挂在日本馆山寺，一只送来寒山寺。该钟现悬在大雄宝殿内，上刻有文字，说明赠钟缘由：“姑苏寒山寺，历劫年久；唐时钟声，空于张继诗中传耳。尝闻寺钟传入我邦，今失所在；山田寒山搜索甚力，而遂不能得焉。乃将新铸一钟往悬之。”它象征着中日两国人民之间的友谊。

每当除夕之夜，总有许多日本友人云集寒山寺，参拜听钟，当第一百零八记钟响时，正好是新年零点整。日本友人以听到钟声为莫大荣幸，常听完钟声即打长途电话，告诉远在国内的家人、朋友，让他们分享寒山寺听钟的快乐。

（2008年7月18日第47期）

众星捧月映江城

——吴江古镇掠影

张 园 陈志强

吴江的古镇，素来以“多子女”著称，犹似众星捧月，将吴江这座古城辉映得璀璨夺目。在同里、黎里、盛泽、震泽、松陵、平望、芦墟等这些古镇上，至今保留着许多古建筑，有以退思园为代表的小巧玲珑的古典园林，有以柳亚子旧居、师俭堂为代表的精雕细刻的豪门大宅，有以先蚕祠、吴江孔庙为代表的庄严凝重的古祠名庙。

同里既是中国历史文化名镇，也是江苏省文物保护单位，至今保留着醇正水乡、旧时江南的风貌。整个镇被列为省级文保单位，这在江苏省是绝无仅有的。

自五代后梁开平三年（909），吴越王钱镠请割吴县南地及嘉兴北境置吴江县后，同里先属感化乡，后属范隅下乡。同里历来为富庶之地，故旧名为“富土”，后嫌其太显耀，遂将“富”字去掉一点，一拆为二，上半部分为“同”，下半部分的“田”与“土”字合之为“里”。同里，因镇区内流淌着三条东西向的市河，形似了一个“川”字，故别称为“同川”。

同里水多桥也多，最多时有桥54座，位于镇东北的普安桥，俗称小东溪桥，也名读书桥，其桥联“一泓月色含规影，两岸书声接榜歌”，生动地记录下了古镇同里千百年来盛行读书的风气。

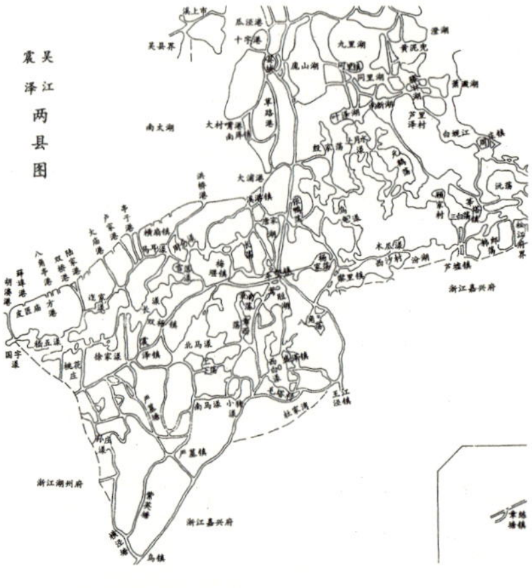

吴江、震泽两县图（清同治《苏州府志》）

同里风土清嘉，遗留下来许多明清建筑，以“贴水园”著称于世的退思园是其中的佼佼者，被联合国教科文组织列入世界文化遗产名录当之无愧。

同里历来是人文荟萃之地，近现代更是贤达迭现，雅士云集，其中著名的“杨柳松柏”（书法篆刻家杨天骥、近代著名诗人柳亚子〈上世纪初，柳亚子曾在同里的同川自治学社就学〉、国学大师金松岑、辛亥革命风云人物陈去病）便是杰出的代表。

震泽，为江苏省历史文化名镇，位于吴江市西南部。唐开元二十九年（741），湖州刺史张景遵即其地设震泽馆，为震泽定名之始。南宋绍兴（1131—1162）初年，震泽为皇畿近地，朝廷设巡检一员以镇之，震泽镇之名始自此时。

明代，震泽成为重要湖丝产区之一。由于丝业的发展，成化年间（1465—1487），居户增至三四百家，成为吴江四个建制镇之一。嘉靖年间（1522—1566），震泽居民约八九百家，成为县境西南重镇。清乾隆《震泽县志》描述当时震泽市况为“栋宇鳞次，百货俱集。以贸易为事者，往来无虚日”。

近代，生丝贸易的发达使震泽日益繁荣，成为我国著名丝市之一，为当时震泽县境内第一大镇。民国初年，吴江、震泽两县合并之后，震泽仅次于盛泽为吴江县内第二大镇。

震泽也存有不少名胜古迹，不仅有师俭堂、致德堂这样清代建造的豪门大宅，也有慈云寺塔、禹迹桥、思范桥等具有丰厚历史底蕴的古建筑。

震泽历史上人才辈出，范蠡、张志和、陆龟蒙等许多名人隐居在此，留下了不少古迹遗址；近现代，震泽更是名士迭现，如参与“两弹一星”研制并作出重大贡献的两院院士杨嘉墀等。

（2009 年 11 月 12 日第 64 期）

退思园

慈云塔、禹迹桥

古老的说唱艺术

——宣卷

星永

在江南乡村里，有一种流传甚广的民间说唱艺术——“宣卷”。它采用吴歌的白描手法，多用地方土语演唱，通过简短的唱词，描绘出典型环境和人物形象的生动形态，以其唱词婉转动听，内容贴近观众，而深得乡间民众的喜爱，自产生之时起就是农民文化生活的重要组成部分。随着社会对民间艺术的重视，这些民间艺术也开始走出乡间，为更广泛的人所知晓、所喜爱。

大约200年前，宣卷传入同里，在清代同（治）光（绪）年间，已发展成为成熟的“木鱼宣卷”（宣卷的一种演唱形式），在乡间十分盛行。清末，乡村里涌现出不少宣卷班子，并形成许派、吴派、徐派、褚派四个流派。民国十年（1921），苏州地区在曹少堂的组织下兴起了宣卷改革。艺人王兰生、朱观宝改变传统的演唱形式，改以丝弦伴奏。因其与苏州滩簧等形式的区别，同里宣卷艺人也紧跟时代潮流，出现了一批用丝弦的文明宣卷班子，以许维钧的文明宣卷影响较大。

解放初期，苏州成立了杂艺协会，许维钧加入协会。为了配合当时的政治宣传，许维钧将《白毛女》改编为宣卷，在农村巡回宣讲，收到很好的效果。当时同里乡成立了文化站，把宣卷艺人组织起来，开展送戏下乡。同时期，同里宣卷班子编创了一些以宣传党的方针政策、好人好事为主的宣卷，像《兄妹开荒》等，被称为“新法宣卷”。

到了上世纪80年代初，伴随农村经济的发展，大家手里有钱了，都想着让曾经耳熟能详的旋律重新回到生活中来，宣卷又开始在农村流行起来。随着时代发展，反映百姓当代世俗生活的段子也频频出现。同里文化服务中心也积极发挥作用，为农民宣卷团提供帮助。目前，同里有“宣卷”班子20多家，时常活跃在乡村或街头。除了固定的几家外，都还是传统的草台班子，人员不固定、场地不固定、节目不固定。演出班子一般由2~4人组成，用二胡、扬琴、木鱼做配乐，唱词全用地方方言，曲调以宣卷的《南方调》、《四季调》、《韦陀调》、《弥陀调》等为主，掺和申曲、锡剧、越剧、评弹等。宣卷内容都是一些劝人为善、因果报应的典故以及敬佛、敬祖的经文等。通常宣的古书有：月香盗印、顾鼎成一餐饭、珍珠塔、洛阳桥、文武香球、混进城门、何文秀落难公子唱道情等。通俗易懂，乡土气息浓重，很合地方农民口味。

方尖港村芮时龙带领的宣卷草台班子是具有代表性的一家，演出人员固定，有着良好的口碑，演出道具也配备了无线麦克风、扩音机等新设备，每年演出时间多达180多天，演出还扩展到上海青浦、浙江嘉兴一带。

同里镇政府对宣卷十分重视，将其列入政府民间艺术保护对象，在世界文化遗产“退思园”中辟出一块宝地为宣卷老艺人们表演娱乐之用，又专门成立了“宣卷研究会”，并筹建“同里宣卷艺术馆”，以弘扬和展示“宣卷”这个江南水乡的特色文化。

随着同里名气的不断提升，同里宣卷的艺术魅力和发展形势也得到了社会各界的认可。2003年6月3日，同里镇被江苏省文化厅正式命名为“宣卷之乡”，2005年6月，同里宣卷列入苏州市级第一批非物质文化遗产代表作名录，2007年6月，同里宣卷被列入吴江市第一批非物质文化遗产名录，为同里古镇深厚的文化底蕴增添了绚丽的一笔。

（2009年11月12日第64期）

木鱼宣卷演出现场

锦绣江南金太仓

嵇秋红

太仓，临江枕海。太仓之名即由春秋时吴王在此设置粮仓而来，因位于娄江之东，故又别称娄东，在素称“人间天堂”的江南享有“金太仓”的美誉。

元代至元年间开发海上漕运，太仓作为始发港而迅速崛起，成为“四方谓之天下第一码头”的东南大港。至明中叶，在经史理学、文坛艺苑、科技工艺等领域涌现了众多史有所载的著名人物，如忠心报效国家的祖孙宰相王锡爵、王掞，有“江南大儒”之称的理学家陆世仪，复社领袖张溥，文坛盟主王世贞，“清代诗人第一家”吴梅村，昆曲鼻祖魏良辅，古琴大师徐上瀛，玉雕巨匠陆子冈，“明四家”之一的大画家仇英，执清代画坛牛耳的娄东画派开创者王时敏、王鉴、王原祁，经史学家毕沅，教育家陆宝忠……现当代又诞生了中国电影的拓荒者朱石麟、新舞蹈艺术的开拓者吴晓邦、教育家唐文治、丹青大师朱屺瞻、新金陵画派代表画家之一的宋文治等文化名人。

郑和下西洋起锚地

郑和是中国和世界历史上一位杰出的航海家和外交家，郑和下西洋是人类航海史上一次伟大的壮举。明朝永乐三年至宣德八年（1405—1433）的28年间，郑和奉明朝政府的使命，率领当时世界上规模最大、技术最先进的船队，遍访亚非30多个国家和地区，促进了各国人民之间的友好交往，以恢弘的气势拉开了15世纪世界大航海时代的序幕。

太仓市档案馆馆藏娄东画派王原祁作品

明朝初年，浩大的“掣淞入浏”工程使刘家港的水势徒然大增，“面势宏阔，泷涛奔壮”，竟然能承载起海船巨舶自由进出。这无疑为郑和数百艘宝船七下西洋奠定了起碇港优越的自然条件，进而使太仓成为中国走向世界的起锚地。郑和下西洋打通了太平洋、印度洋的航道，来华的使节贡使络绎不绝，太仓成了沟通亚非各国重要的枢纽港。

为弘扬和传承郑和精神，太仓从 2003 年起连续举办了 4 届中国太仓郑和航海节，并承办了“2008 中国航海日”庆祝活动，更好地推动了太仓航海事业的发展，促进了太仓港的崛起。

娄东画派发祥地

娄东画派是中国绘画史上有着深远影响的重要山水画流派。明末清初，太仓王时敏、王鉴继承前代画家的优秀传统，首开娄东画风，被誉为“画苑领袖”、“后学津梁”；王时敏之孙王原祁继其家学，功力深厚，在艺术上达到了新的高度，因得到康熙皇帝玄烨的赏识而供奉内廷，鉴定古今名书名画真迹，继任《佩文斋书画谱》总裁官，还曾主持康熙《万寿盛典图》的绘制。康熙皇帝经常到南书房竟日凭几观赏王原祁作画，不觉红日西移。一次，玄烨龙心大悦，赐诗一首，内有“画图留与人看”之句，王原祁将此句刻成一方石章钤用，以纪圣上恩宠。一时间师承王原祁者甚众，且名家迭出，形成了名重一时的“娄东画派”。

娄东画派对中国绘画发展有着重要的贡献，它继承和发展了中国画的笔墨技巧，弘扬和光大了中国画的笔墨美，成为有清一代画坛的主流画派，余波绵延二百多年，至今不绝。一代画坛大师朱屺瞻、宋文治继承娄东遗风，推陈出新，显示了新娄东画的风采。

近年来，太仓市档案馆收藏明清书画、近现代名人书画、太仓籍名人书画、领导题词等作品，编辑出版了《古娄丹青》、《太仓历代书画选》、《太仓书画汇编》等一批编研精品，举办了《娄东·虞山书画联展》、《张达书法作品展》等大型展览，并在深圳、合肥、上海等地举办了《宋文治艺术展》，制作了各类书画专刊、网上专栏等。

（2009 年 12 月 10 日第 65 期）

崇川福地 江海明珠

——南通

潘全 翟雪吟

南通"据江海之会，扼南北之喉"，位于黄金海岸和黄金水道接合部，素有"江海明珠"、"扬子第一窗口"之美誉。

据古文化遗址考证，远在5000多年前的新石器时期，海安青墩地区就有原始氏族部落繁衍生息。今市区一带五代设郡，称静海。后周显德五年（958）筑城，定名通州。宋天圣元年（1023）改称崇州，又名崇川。辛亥革命后，废州设县，称南通县。1949年2月南通全境解放后，划城区、狼山、天生港一带建南通市，先后为苏北行署、南通地区专署所辖，1962年改为省辖市。1983年南通地区与南通市合并，实行市管县体制。

南通人文荟萃、名贤辈出。范仲淹、王安石、米芾、文天祥等诸多名家在南通留下传世之作和逸闻趣事。三国名臣吕岱、宋代杰出的教育家胡瑗、明代名医陈实功、清代"扬州八怪"之一的李方膺、清末状元张謇等名人为南通历史增色添彩。江海大地还孕育了当代表演艺术家赵丹、国画大师王个簃、著名数学家杨乐等20多位中国科学院和工程院院士。

南通自古水运发达，1904年由民族实业家张謇先生在天生港建造两座码头，开创了南通和全国内河港口建设的新篇章。目前，南通港已拥有33座万吨级以上码头，与世界上100个国家和地区的312个港口通航，是国家一类对外开放口岸、国家主枢纽港、上海国际航运中心组合港的重要成员。

南通号称"六乡"，即闻名全国的"纺织之乡、建筑之乡、教育之乡、体育之乡、长寿之乡、文博之乡"。

一是纺织之乡。南通历史上盛产棉花，家家户户都有纺纱织布的传统。从清末状元、近代实业家张謇创办大生纱厂始，南通成为中国民族工业的发祥地之一，纺织工业亦成为南通的"母亲工业"，发展至今变成传统的支柱产业。

二是建筑之乡。南通建筑业历史悠久，能工巧匠辈出，著名的陶桂林、孙支夏等建筑大师就出在这块"风水宝地"。目前，南通建筑业在经济总量、施工能力、质量水平、市场覆盖等方面都处于全国和省内领先地位，被誉为"建筑铁军"，全市建筑施工队伍共获得全国建筑工程质量最高奖——鲁班奖 38 项，占江苏的一半，居全国地级市之首。

三是教育之乡。100 年前，南通就诞生了全国第一所师范学校、聋哑学校、纺织学校、农业学校、戏剧学校等一批具有近现代意义的学校，在中国近现代教育史上写下了浓墨重彩的一章。新中国成立后，从这里走出了著名数学家杨乐等 20 多位“两院”院士。20 世纪 90 年代以来，南通的基础教育质量一直处于全省乃至全国领先地位。

四是体育之乡。改革开放以来，南通市为国家培养输送了一大批高水平体育人才，涌现出游泳奥运冠军林莉、乒乓球奥运冠军李菊、羽毛球奥运冠军葛菲、体操奥运冠军黄旭、羽毛球世界冠军赵剑华、中国第一个自行车世界纪录创造者周玲美、女排国手张洁云等一大批叱咤体坛的人物！南通目前已有 15 位世界冠军和奥运冠军，共为祖国夺得 50 枚金牌，居全国地级市之首，被誉为“世界冠军的摇篮”。

五是长寿之乡。南通市是久负盛名的人文荟萃之地，也是高龄老人众多的长寿之乡。著名的社会学家费孝通先生经过多次实地考察，将南通这方热土誉为得天独厚的“江海明珠，风水宝地”。目前，全市有 80 岁以上的耄耋老人 257454 人，100 岁以上的人瑞 943 位。南通百岁老人的绝对数和比例，在全国名列前茅。

六是文博之乡。目前，南通共有包括中国人自办的第一个博物馆——南通博物苑在内的各类博物馆 28 所，其中市区有 19 所，每 5 万名市民就拥有一座博物馆，这样的规模与数量，在国内地级市中遥遥领先，并形成了环濠河文博馆群的文化特色。

位于南通市中心的 30 里长的濠河环抱古城，被誉为“少女脖子上的翡翠项链”，环濠河博物馆群赋予南通城更深的文化内涵，南通共有各类博物馆 28 所，其中市区 19 所，县（市）9 所。按职能分类，有综合性博物馆 3 所（南通博物苑、海安县博物馆、如皋博物馆），专业性博物馆 9 所（南通纺织博物馆、南通给水技术博物馆、南通建筑博物馆、中国体育博物馆南通馆、中国南通珠算博物馆、中国审计博物馆、南通城市博物馆、南通风筝博物馆 2 所），艺术馆、纪念馆 12 所（沈寿艺术馆、个簃艺术馆、蓝印花布博物馆、如皋丝毯艺术博物馆、民间艺术馆、张謇纪念馆、海门张謇纪念馆、苏中七战七捷纪念馆、梅欧阁纪念馆、仲贞子艺术馆、曹用平艺术馆、赵丹纪念馆），挂博物馆名的企业 2 所（长寿博物馆、海门民俗博物馆），私人博物馆 2 所（德让博物馆、南通宝如风筝博物馆）等。

南通的民间艺术源远流长，门类齐全，主要有通派风筝、通派盆景、沈绣、剪纸、红木雕刻、扎染、蓝印花布、启东版画等。

南通海安的青墩文化遗址，如皋的水绘园、定慧寺、东方大寿星园、花木大世界，通州的开沙岛，海门的蛎蚜山，如东的“海上迪斯科”（踩文蛤）和“空中交响乐”（海滨放风筝），启东的圆陀角等名闻遐迩。

（2008 年 8 月 22 日第 48 期）

精美绝伦 叹为观止

——南通的蓝印花布艺术

赵诗维 周溶泉 吴元新

南通是中国蓝印花布之乡，蓝印花布是我国民间传统工艺品之一。蓝印花布，是南通的艺术瑰宝。观之藏品卷中的被面、包袱布、帐沿、门帘、头巾、枕巾、肚兜、服饰等印染系列，无不令人感到取材丰富，如“喜鹊登枝”、“鹿鹤长春”、“二龙戏珠”、“鸳鸯戏荷”、“花园锦簇”、“八仙过海”等，目不暇接。其造型注重形、态、神，不仅外形很美，而且十分传神。如被面“龙凤呈祥，福寿双全”，被面上龙腾凤舞，姿态生动，配之以牡丹盛开，似闻花香四溢，又将福寿双全图案嵌置中心，展示了吉祥喜庆的景象。在被面的上下饰有清雅的幽兰，颇有怡情之趣，使被面的整体构图，达到了丰满的程度，真是臻丽至极！观之纹样卷中的几何纹样、植物花卉纹样、动物纹样、单独纹样、中心纹样、花边纹样等类，图形工整美丽，技艺细腻精巧，融进了刺绣、剪纸艺术。具有古朴典雅的风格，令人看了爱不释卷。各具形态的纹样反映了民众的心理需求及审美情趣，寄托着人们对吉祥、仁和、延年、富贵等美好愿望。

明末清初，人们逐渐把这种蓝草印制花布直接称为“蓝印花布”。民间蓝印花布历代沿袭、传承之风俗，表明蓝印花布在农家生活中所处之明显地位和广泛实用意义。光绪《通州志》载：“种蓝成畦，五月刈曰头蓝，七月再刈曰二蓝。甓

南通蓝印花布艺术馆藏现代桌布凤戏牡丹图案

南通蓝印花布艺术馆藏民国包袱布鹿鹤长春图案

一池水，汲水浸之入石灰，搅千下，戽去水即成靛。”南通地区 95% 的农村家庭应用自纺自织的白布印制成蓝印花布，并做成各种生活用品。在近几个世纪里，人们朝夕相处的唯一的花布，就是蓝印花布。这种扎根在民间的青花布在民俗风情中体现出民族心理特征，成为农民之间传达和沟通内心情感的媒介。

蓝印花布在纹样题材和内容上，一般以植物花卉和动物纹样为主，也有简洁的几何图形。以几何学的点、线为基本元素，采用自然现象中不同形体，如日月形、波浪形、回旋形，并应用生活中常见的鱼鳞、蛇皮及手工编织纹，以变化的手法组成多种几何纹样。这种形象生动、结构简洁的形体纹样，是劳动人民长期生活的积累和智慧的结晶。

（2008 年 8 月 22 日第 48 期）

如皋木偶

沈红莲

如皋素称“木偶之乡”。史料记载，明末文学家、戏剧活动家冒襄为纪念父亲冥寿，曾请提线木偶戏班到家中演出。如皋木偶的发展始于清朝光绪年间，此后逐步发展为多种类型的木偶，有提线木偶、杖头木偶、灯彩木偶、片子木偶、布袋木偶等。众多的木偶戏班常年游走演出于乡间集镇、县城。相传如皋杖头木偶来自皇宫。清朝中期，从皇宫中逃出一个姓黄的木偶艺人，改姓为邝，隐居如皋，传授宫中杖头木偶制作和些丝苎兰。经过木偶艺人不断改革提高，逐步形成具有鲜明特色的如皋杖头木偶。

如皋木偶在制作工艺上不断发展突破，从最初的头不能转、眼不能动、嘴不能张，到如今运用多种新型材料制作，通过演员的操作，木偶头能俯仰转动，眼能睁闭流泪，嘴能张合说话，手能表演甩水袖、摇扇子、握笔写字、拉弓射箭、舞枪弄棒，根据剧情的需要，体现剧中人物的喜怒哀乐，栩栩如生，惟妙惟肖，让人叹为观止。

有着深厚艺术积淀的如皋木偶剧，除了近百个传统剧目外，自 1954 年 11 月如皋木偶剧团组建以来，还根据不同时代的宣传需要，排演了《孙悟空三打白骨精》、《海防前哨》、《芦荡火种》、《渡江侦察记》等剧目。

如皋木偶戏中最出名的是《红螺女》和《大禹治水》。1989 年

创作的新编神话剧《红螺女》，运用人偶同台表演的手法，曾参加第二届中国艺术节（华东区）和第十一届亚运会艺术节的演出，受到亚运会艺术节组委会和国家文化部的表彰奖励。1999 年，如皋木偶团又创作排演了大型神话木偶剧《大禹治水》，该剧在木偶制作上吸取众长，巧妙地将杖头木偶、提线木偶、灯彩木偶、片子木偶、布袋木偶及民间工艺精华融为一体。同年，在罗马尼亚第四届欧洲木偶艺术节上获“特别奖”，2000 年获第六届中国艺术节演出贡献奖，2003 年在广州参加“金狮奖”全国第二届木偶皮影比赛中获银奖。

2006 年 11 月，如皋木偶戏列入省非物质文化遗产保护名录。历经沧桑的如皋木偶，经过一代代木偶艺人的不懈追求和努力，以其独特的艺术魅力，赢得国内外观众的高度赞誉。

（2008 年 12 月 11 日第 52 期）

冒辟疆与水绘园

周丽君 沈红莲

水绘园位于如皋城内东北隅，始建于明朝万历年间，原是邑人冒一贯的别业，历四世至冒襄时始臻完善，更名为“水绘庵”，为冒襄及其爱姬董小宛栖隐处，他们的爱情佳话在海内外广为流传。清初名士陈维崧在《水绘园记》中写道：“绘者，会也，南北东西皆水绘其中，林峦葩卉块扎掩映，若绘画然。”故名水绘园。园中有妙隐香林、壹默斋、枕烟亭、寒碧堂、洗钵池、小浯溪、鹤屿、小三吾、月渔基、波烟玉亭、湘中阁、悬雷山房、澁浪波、镜阁、碧落庐。冒襄晚年家道败落，水绘园残破荒芜，仅存一洗钵池。清乾隆二十三年（1758），邑人汪之珩于洗钵池西侧建一舫式水阁，定名为水明楼，取杜甫“残夜水明楼”句，寓凭吊冒氏缅怀古水绘园之意。

冒襄（1611—1693），字辟疆，号巢民，明末清初著名文学家，史称他“两岁涉四方，十二称文章，束发侈结交，鸿巨竟誉扬”。与侯朝宗、方密之、陈贞慧以才华、矜名节、持正论，被时人并称“明末四公子”，是缔结复社的骨干。当力挽明朝颓势的政治愿望完全破灭后，他自此沉寂，隐居水绘园，终身未仕。在水绘园人们可以看到，冒襄的客厅叫“壹默斋”，意思是一直保持沉默，不事清朝，显得极有骨气。与此同时，他缅怀亡友，收养东林、复社和江南抗清志士的遗孤20余人，并在水绘园内增建碧落庐，以纪念明亡时绝食而死的好友戴建。

壹默斋

1640年，34岁的冒襄娶“秦淮八艳”之一的董小宛为妾，小宛时年20岁。小宛至冒家后一洗铅华，甚至屈己似仆婢，凡事亲力亲为，操办日常琐事。明亡后董小宛随冒襄为避战火而逃难，流离颠沛，历尽磨难。好不容易回到劫后的家园，却又缺米少柴，日子过得十分艰难，多亏董小宛精打细算，才勉强维持着全家的生活。其间，冒襄大病三次，全靠董小宛悉心照顾才保住了性命。这种劳累的生活，最终吞噬了董小宛年轻的生命。1651 年正月初二，一代名妓董小宛病死在水绘园影梅庵家中，年仅 28 岁，冒襄作《影梅庵忆语》2400 言以哭之。

冒襄一生著述颇丰，传世的有《先世前征录》《朴巢诗文集》《水绘园诗文集》《影梅庵忆语》《寒碧孤吟》和《六十年师友诗文同人集》等 40 多集。

现水绘园为 20 世纪 80 年代在原址上重建而成。2001 年 6 月被国务院批准为全国重点文物保护单位。2007 年被评为如皋市十佳景观之一。

（2008 年 12 月 11 日第 52 期）

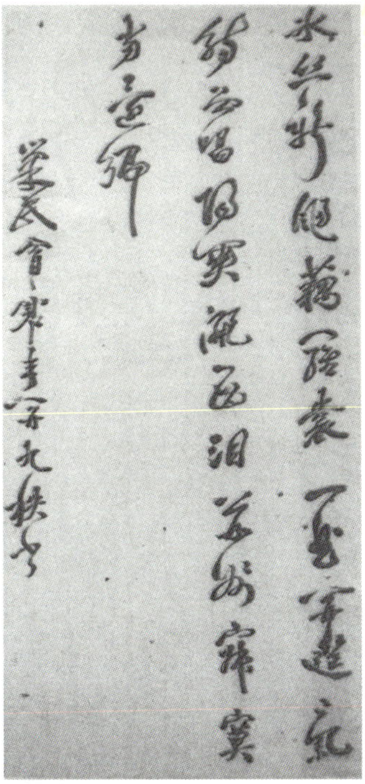

冒辟疆草书诗轴

沧海桑田话淮盐

滕建平 王 静

盐城地处江淮平原中部，东临黄海，西连运河，是江苏省海岸线最长的城市，也是我国重要的八大海盐生产基地之一。盐城自盐起步，因盐置县，由盐兴旺，经过漫长的岁月，孕育出了独特而卓越的海盐文化。这种地域文化融入儒家的人文情怀，渗透到盐城的历史、经济、文艺、民俗等诸多领域。

1. 盐海寻踪

海盐历史

战国时期，盐城为楚国管辖，海盐生产初具规模。《史记》记载“东楚有海盐之饶”，说的便是盐城具备海盐生产得天独厚的条件。此时境内拥有数百公里的海岸线，茫茫滩涂，以及取之不竭的海盐资源；沟壑交错，水域辽阔，芦苇茂盛，成为熬波煮盐廉价易得的燃料；先民极早在此繁衍生息，为海盐生产提供了劳动力保障。西汉时，海滨之民，多以渔盐为业，很少农耕，《两淮盐法志》有言“东海之濒也，广泻者延袤数百里皆厥卤也”。而以扬州为统治中心，辖区东至大海的吴王刘濞，通过煮海为盐，收益巨丰，富可敌国。汉武帝时期，盐城既是海滨渔业集散地，又是淮东的盐产、盐政中心，农商也有发展，为了加强对这一地区的管辖，同时垄断天下盐铁，朝廷在此设置盐铁官署，征收盐税，管理生产。

隋唐时期，榷盐法实行，盐税作为专卖收入而独立。唐后期由度支、盐铁二使管理全国盐务，并在地方设置场、监、院等分支机构，境内有海陵、盐城二监。唐朝起，盘铁成为煎炼海盐的主要工具，一灶配盘铁一副，有盐民数家，轮流共煎。盐灶周围竖起芦芭障用以挡风，露天操作，遇雨即停煎。一般在暑天或旱季举火，燃热盘铁，盐民们往上泼海水取盐。烧一昼夜，可煎 6 盘，每盘海盐 200 公斤左右。盐城年产盐可达 1.5 亿斤，盐税占到全国的四分之一，足见其经济地位之重要，因此在地方志中称其为“剧邑”、“上县”。宋朝初期，在东南盐区设提举盐事司管理盐业产销，下设分司，各辖盐场。当时，随着范公堤修筑完成，有效防风、防海潮，保护了农舍盐田，盐业生产进一步发展。宋真宗时，境内二监年产盐仍为淮南之冠。而官府为控制私盐生产，将完整的制盐工具盘铁切成不规则的几何形状分散在盐户家中，待统一举火时，再行拼凑煮盐。一般少则四块，多则十几块，此方法一直沿用到明代。

元明两代，盐城境内 13 个盐场由设在扬州的两淮都转运盐使司管辖。清代，产盐省各设盐政，各盐场均设大使。盐户收税由“纳盐”变为“纳银”，使一家一户的煮盐方式成为可能。于是小型的锅丿（piě）代替了大而笨重的盘铁。锅丿，其形同铁锅，比锅略浅，直径 3 尺，深 3 至 4 寸，用它制盐轻便易操作，且煎盐省工省草，昼夜不停，可产盐二三百斤。嘉庆六年（1801），盐城所辖盐场产盐 4.76 亿斤，占两淮盐产总量之 59.4%。清中叶，因泥沙淤涨，海水东移，海盐产量减少，海盐产业逐渐走向没落。至清末，境内盐场年产仅为 2.16 亿斤。

民国初期，在两淮设盐政局。南通实业家张謇在盐城沿海废灶兴垦，建立盐垦公司 63 家，移民 20 余万人，推动当地滩涂开发以及种植业和纺织工业的发展。抗日战争、解放战争时期，苏中、苏北抗日根据地盐区，通过接管旧盐务机构，扩大产销，征收盐税，为支援战争和巩固发展根据地发挥了巨大作用。新中国建立后，两淮盐务统归中央财政部盐务总局管辖。20 世纪 80 年代后，成立了江苏省盐业公司盐城分公司及各县支公司和盐场。2008 年，盐城建成全国唯一一座反映中国海盐历史文化的大型专题博物馆——中国海盐博物馆，系统反映我国海盐发展史，展示介绍海盐文化的研究成果，收藏陈列海盐历史的文物和资料。

盐之新用

盐被誉为“生民喉命”、“国之大宝”。夏禹时期，它即被列为贡品。在民间，盐有驱邪祈福的作用，汉代的傀儡戏中就有撒盐、米驱邪的场景，今天的沿海地区及台湾仍保留这样的习俗。李时珍《本草纲目》曾记载：盐可明目、消肿。盐作为人体所需的重要物质，可维持正常的新陈代谢，保持体液的酸碱平衡，支撑人的生命。同时，盐傲居调味之首，也造就了舌尖上的中国，积淀成厚重浓郁的中华饮食文化，“低钠盐”、“富硒盐”、“加碘盐”的出现，更满足不同人群对盐的不同

古代盐民制盐塑像

宋代切块盘铁

清代锅丿

盐雕作品“翡翠白菜”

需求。而盐的功能并不拘泥于此，农业上有卤水选种，渔业上用于腌制等。自古以来，盐也象征着洁净，《红楼梦》中就有贾宝玉每天清晨用盐擦牙的记载，而古人也有用盐清洁身体的习惯，这也成为现代人使用的各色浴盐的雏形。

几千年时光穿梭，随着科学技术的日新月异，盐作为氯碱化工之母，成为玻璃、陶瓷、电子、航天、石油钻探等行业的重要原料，由它制成的产品渗透到国民经济各个部门和人们的衣、食、住、行各个方面。盐不断带给人们惊喜，同时，人们对其用途的挖掘也更为深入。现代艺术家利用盐创作了独特的工艺品——盐雕。这种以盐为原材料的雕刻技艺，依靠特定的技术处理，克服了盐本身吸水的特性。在坚硬的盐晶体上施展着鬼斧神工，再辅以打磨、上色等工序，一件作品便算完成。看似简单，却要顺着“盐”的特性，不疾不徐，方能成功。一件成品盐雕既有盐本身的洁白细腻，却又温润如玉，泛着淡淡的光泽，观赏者在获得视觉享受的同时也可感受到博大精深的海盐文化。

2. 盐城的地名文化

我国著名的外国文学研究家、翻译家戈宝权先生祖籍盐城，他曾这样注解过自己的家乡：“盐城，盐城，顾名思义，是出产盐的名城。”正如他所言，这座苏北小城与“盐”结缘，且历史悠远。汉朝时，此地遍布煮盐亭场。汉武帝元狩四年（公元前119）“因盐置盐渎县”，而“盐渎”便有运盐之河的意思。东晋安帝义熙七年（411）因“环城皆盐场”而更名为“盐城”，此名沿用至今，盐城也成为我国唯一一座以盐命名的城市。

旧时，盐城又被称为“瓢城”。盐民靠海吃海，取大海之盐，却频遭水患之扰，这也被笃信天命的盐民认为是大自然对人类索取的一种报复。因而修筑城池时，借鉴“弱水三千，吾只取一瓢饮”的中国传统思想，将盐城建成西狭东阔“城形似瓢也”，以此向老天爷表明心际，感恩大海，绝不过分攫取，竭泽而渔。以“瓢”为城，也暗合了盐民美好的希望，即家园能固若金汤，如瓢浮于水，永不沉没。

集镇乡村、小街细巷、河道桥梁，它们的命名最初多是一种自发的行为。在盐城，被海盐浸泡过的与“盐”相关的地名星罗棋布，俯拾皆是，再现了昔日盐场“烟火三百里，灶煎满天星”的盛世场景。这些地名直白、质朴，多和盐业生产管理有关，如“场”、“团”、“灶”、“丿”、“仓”等。

带场的古地名现已不多见。古时“场”是盐务管理体系重要的组成部分。明朝时，全国先后设立6个都转运盐使司，为便于管制，盐使司下设分司，分司下设若干盐场。历经数百年的变迁，这些场逐渐成为集镇。盐城境内北郊的卫星镇新兴、南郊的伍佑镇，仍被当地百姓称为新兴场、伍佑场。而串场河沿线的刘庄、白驹、草堰、东台、梁垛、安丰、富安等集镇，均是当年赫赫有名的盐场。“场”下设的生产组织是“团”，古时盐民“聚团共煎”，一般每个盐场设几个团，每团又设若干灶户。以“团”为地名，多分布在东台、大丰，如南团、西团、下团等。盐城全市共有18个村、48个自然村组的地名与“团”有关。“灶”是煎盐的集中地，境内有头灶、三灶、四灶等 6 个乡镇，另有 85 个村及 368 个自然村组也是因“灶”而得名。“仓”，即古时用以储盐的盐仓所在地，盐城尚保留以枯枝牡丹闻名的亭湖区便仓镇以及东台的三仓镇、一仓街。“丿”是明后期及清代盐民煮盐的主要生产工具之一。境内以“丿”命名的乡镇，有东台的曹丿镇、大丰的潘丿镇，都是过去锅丿煎盐的集中地，市内还有 6 个村和 13 个自然村组也是以“丿”为地名。此外，还有“盘”“圩”“滩”“总”“荡”“墩”等，这些地方虽已不从事盐业生产，但地名却带有浓郁的“咸”味，打上了海盐文化深深的烙印。

3. 海盐文化历史遗韵

2000 多年的海盐生产在盐城留下了丰厚的历史文化遗韵，诸如生产场地、运销码头、盐政管理官署建筑等历史遗存，历经岁月雕琢，成为展现海盐文化的又一独特风景线。

草堰古镇在大丰市境内，位于江苏沿海北部。历史上该地盛产海盐，曾是两淮盐场的重要基地。草堰场始于东汉，唐宋趋于兴盛，盐产量高居全国各场。元朝两淮二十九盐场中，草堰就有草堰场、小海场、丁溪场三场，并在草堰设有盐课司署。明代，草堰设有东、西察院堂，是皇帝钦命的盐务管理机构。民国元年，刘庄场、白驹场、丁溪场、小海场、草堰场五场并一，创造了两淮盐业史之奇迹。1917 年，实业家张謇在草堰创办了全国首家盐垦股份公司“草堰场大丰盐垦股份有限公司”。历史上的草堰不仅以盛产海盐而享誉，更因有范仲淹筑堤御海和盐民张士诚起义而出名。现在的草堰遗存大量的历史史料和古迹，“古桥古井、古闸古堤”是人们研究古代海盐文化史不可多得的珍贵文物。2001 年，江苏省人民政府命名草堰为“古盐运集散地保护区”，这也是我国唯一一个以海盐文化为内涵的历史文化保护区。

西溪古镇位于苏北里下河地区，距东台市中心约 2 公里，是东台历史文化的发祥地，有“东台之根”的美誉。西溪濒临大海，旧时当地百姓煮海为盐，曾是全国重要的产盐区之一和盐税的主要征集地。北宋年间，朝廷在此设立盐仓监管理沿海各盐场，西溪盐业生产进入鼎盛时期。北宋三宰相，杰出的文人、政治家晏殊、吕夷简、范仲淹都曾先后在此担任盐官，留下了“西溪三杰”的佳话。范仲淹曾云：“谁道西溪小，西溪出大才。参知两丞相，曾向此间来。”西溪境内尚保留一座宋代古塔，名海春轩塔。此塔为密檐式砖塔，外观七级八面，塔高 20.55 米，起到镇海和为运盐船导航的作用，又被称为“镇海塔”、“定海塔”。西溪还拥有江苏省最古老的书

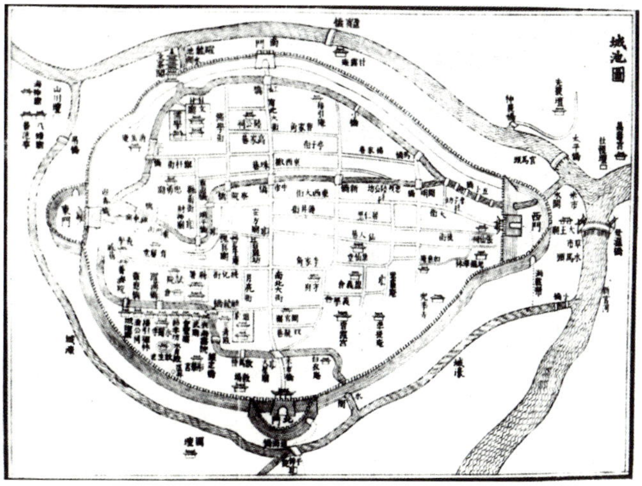

明永乐十六年（1418），备倭指挥杨清、守御千户冯善重修盐城城池

海春轩塔

院——西溪书院，这里也一度成为文人雅士的汇集地。而《董永与七仙女》的传说亦始于此，董贤祠、七仙湖、老槐树等景点至今仍是吸引游人的热点。

串场河位于里下河地区东部，是古时盐城最重要的运盐河道，始挖于唐大历元年（766），清乾隆三年（1738）全线挖通。串场河沿线是苏中最早的“煮海为盐”地带，串通着以盐城市区为中心的近20个古老盐场和盐仓，著名的盐场有新兴场、伍佑场、刘庄场、草堰场、东台场、安丰场；盐仓有便仓、西溪盐仓等，因此得名“串场河”，又被称为“盐河”。最初，串场河是为了运盐而修凿，如今经过整修，它已经成为贯通盐城南北最重要的水上动脉之一。

八卦滩遗址位于响水灌东盐场陈北工区。明朝后期，沿海一带借用风力和阳光，直接引海水晒盐。在此基础上，盐民们开创了当时较为先进的“八卦式盐田”，即按照道家的八卦、九宫、八门等形制，把晒盐场设计成一个“八卦”场区，有蓄水、晒盐、蓄卤、积晶池以及盐船转运漕等。盐史学家认为，八卦滩取易经“生生不息”之意，设计更为合理，产能比其他滩池提高15%至20%。

务本堂水龙会所即冯道立故居，位于东台市时堰镇，由清代著名水利学家冯道立于清朝道光十六年（1836）创办。清朝道光年间，东台范公堤以东一带开辟了不少盐场，当时装盐均用蒲包，用量较大，家家户户以手工编织蒲包为家庭副业，但这极易引发火灾，一时不慎而导致家园被毁的惨剧时有发生。有鉴于此，冯道立发起倡议，自捐银两，并向各地来此收购蒲包的商人劝募资助，在故居时堰建立了8间水龙会所，购置水龙及救火器具，命名为务本堂水龙会所，以防火警。“务本堂水龙会所”是专职和兼职管理相结合的组织，遇到火警灾害，鸣锣为号，一呼百应，各司其职，有条不紊。它是目前江苏省遗存的唯一清代民间消防设施。

务本堂水龙会所

4. 海盐名人剪影

历史变迁，盐业兴衰，造就了独特的时代人物。作为某一领域的佼佼者，他们为地方经济振兴、社会发展、文化传承，竭尽才智与心血。其人格品质、艺术风貌和业绩作为，影响当世也泽及后人。

西溪三盐官是盐城东台流传的一段佳话。北宋时期，东台为泰州属地，盐业生产已相当发达，年产居淮南之首，而当时的西溪则是东台的核心之地、海滨重镇。晏殊、范仲淹、吕夷简先后在此担任盐官，后均成为当朝宰相。晏殊于 11 世纪初任西溪盐仓盐官，他在当地建立晏溪书院，讲习教育，慕名前来听他讲学者甚众，为此他深得贫苦百姓，尤其是盐民后生的崇敬。晏殊离任后，吕夷简继任来此，他和当地百姓一样爱种牡丹花，并护以朱栏，令人不忍攀折，每年春天花开数百朵，为海滨盛事。后人曾建思贤亭，以表怀念。“先天下之忧而忧，后天下之乐而乐”的范仲淹是三相中与西溪结缘最深，也是最有成就的。他在兴修水利、治理水旱灾害等方面作出了不朽功绩。尤其是他首倡和促成建设捍海堤，使“来洪水不得伤害盐业，挡潮水不得伤害庄稼”。让因受洪灾而外出逃荒的两千余民户回归家乡，百姓得以安居乐业。当地百姓因感其恩，称其为范公堤，今草堰镇仍保存有范公堤残段。

元至正十三年（1353），盐民张士诚与其弟士义、士德、士信及李伯升等 18 人在大丰草堰镇北极殿藏经楼上歃血盟誓，率盐民起兵反元，后队伍逐渐壮大，攻占泰州、兴化、高邮等地。渡江南下后，定都平江（今苏州），改平江府为隆平府，自称吴王。至正二十六年为朱元璋所灭。这便是有名的“十八条扁担起义”。

清中叶，海岸线东移，潮汐远退，盐卤变淡，海盐产量逐渐减少，盐民生活难以为继。清末民初著名实业家张謇率先提出“废灶兴垦”。他本人带头邀约亲友购地圈田，兴办盐垦公司。短短几年，北起响水陈家港，南至长江口的沿海灶区，陆续成立了 77 家盐垦公司，占地近 500 万亩，被誉为“民国第一垦”。后各公司又收并垣产荡地，开河造闸，兴修水利，并雇人种植棉粮。在废灶兴垦的过程中，张謇尽心竭力，却收益不多，经营惨淡，甚至不少分公司面临亏损、倒闭，为积极寻求自救、生存和发展，张謇发行债券和股票，以募资金，开创了我国近代农业股份制发展之先河。废灶兴垦开辟了盐阜地区沿海开发的新途径，为后人提供了宝贵的经验，张謇也被尊为“兴垦开发事业的先驱者”。

5. 海盐文化与民俗会节

在海盐产、运、销体系的形成过程中，出现了类型多样、内涵丰富的民俗会节，这些民俗会节或起源于祭祀盐业神祇和纪念盐业人物；或发起于盐业生产和经营；或来自于盐民文化生活的需求，具有鲜明的行业特色和独特的民俗风情。

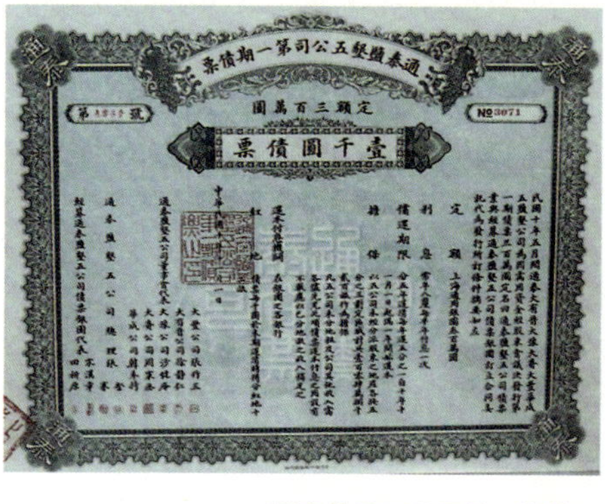
通泰鹽墾五公司第一期債票
定額三百萬圓
№3071
壹千圓債票

通泰盐垦五公司第一期债票

新年伊始，这种类似于祈祷的活动便拉开序幕。春节期间，盐官和盐商会在家中张贴悬挂盐业祖师管仲的画像，并侍奉香火，期望一年官运亨通，盐利大增。但世代居住于海边以烧盐为生的灶民却更信奉盐神婆婆，认为盐是盐神婆婆的恩赐。正月初六是盐神婆婆的生日，这天盐民集聚滩头或风车头放鞭炮，“烧盐婆纸”又叫“烧滩头纸”，祷告盐婆保佑今年海盐多产、质量好，随后手持锹锨等工具到盐场象征性地干点活，表示当年正式开工。而盐民在生火烧盐前，还要祭盐宗，供三牲，烧香烛，行三跪九叩之礼。秋后灭火修煎，也要祭拜，感谢盐宗保佑当年盐产丰收。

农历三月三日是全年第一次晒盐，盐民历来重视这个日子，希望讨个好彩头。即便当天下雨刮风不能晒盐，也要到滩头动动手，表示今年按时开晒，这便是“晒盐日”。晒盐要看天，分季节，不同时节晒出的盐味道、质量也有差别。一般说来，小满前后和农历八月是晒盐的大好时机，此时所产的盐晶莹如雪，粒大味醇。而农历六月初六相传是东海龙王的生日，其他三海龙王齐到东海贺寿。为此，东海龙王下令虾兵蟹将全体出动，清理海水。用这天的海水煎盐，洁白细腻，腌荤不腥，腌菜不苦，做汤味鲜。此盐也被称为“龙王老爷生日盐”，俗叫“龙盐”。“龙盐”除了盐民自用外，也成为当时馈赠亲友的佳品。到了夏至迎来梅雨，无法晒盐。农历九月，晒出的盐则是金玉其外败絮其中，表面好看，但杂质较多，入口苦涩。

水上婚礼

夏秋两季，江淮地区多雨，为祈求老天保佑，多晴少雨，盐民便会组织“烘缸会”，请民间艺人在盐场、盐灶说书唱戏，并烧香拜太阳神。这其中尤以盐场公署举办的“烘缸会”最为热闹。清晨，盐民聚集在广场，摆香案，供奉三牲，恭候太阳从东方升起。由祭司领头，面朝太阳焚香磕头。祭毕，由几个大汉抬一只口朝下的大卤缸，缸底置纸糊或苇扎的太阳神，四周用红绸裹束，以示火烤，锣鼓开道，前往会场供奉。而后，神戏开场，热闹一整天，直至深夜方散。

盐民婚嫁也颇有特色。婚礼前一天，婆家和娘家的船要合在一起，俗称“船过船”。婚礼时，十里八乡的亲朋好友一派喜气，将一对新人送上芦棚小船，新人的鞋子脱下摆在舱口，取和谐美满之意。最后由新郎的父母将船轻轻推向远方。新婚之日，小船无桨无橹，带着一对新人，承载着父母和亲朋好友的祝福，随风漂流从白天直到夜晚。

（2013 年 6 月 27 日第 99 期）

东台发绣

箭 平

发绣是璀璨绚丽、婀娜多姿的中国民间艺术中的一枝奇葩。发绣又称“墨绣”，是以人的头发作绣丝，在绸或绢上精绣成作品。它的工艺流程主要有创稿、选色、上绷、刺绣、落绷、装裱等工序。

东台是发绣艺术的始发地，源于佛教盛行的唐代，距今已有2000多年。相传，在唐代佛教鼎盛时期，民间信女开始用自己的纤发，在丝绢上绣成如来、观音等佛像，朝夕焚香，顶礼膜拜。到元末明初，发绣突破宗教题材，表现内容不再囿于人物。英国伦敦博物馆所藏《东方塑像》、日本正仓院所藏《弥勒佛》、上海博物馆所藏《伫琴赏月图》以及成都文殊院所藏《水月观音》等，都是发绣的传世珍品。清末民初，宣瘦梅著作《夜雨秋灯录》对东台晾网寺《如来佛像》发绣进行了翔实记载。

发绣是一种既古老又年轻的艺术。说她古老，是因其历史悠久，她的产生，寻根溯源，在元末明初，农民领袖张士诚兵败苏州，不少身怀绝技的苏州手工艺人流落到东台，他们带来了精湛的工艺，进行发绣生产。但到了清末民初，这一艺术奇葩几近失传。说她年轻，是因在20世纪70年代，东台发绣又获得新生。1972年，东台工艺美术厂特邀苏州工艺美术师和民间老艺人，前来进行精心研究和指导，植苏绣艺术于发绣艺术之上，使发绣艺术得以复苏，重新焕发了青春。

发绣精品五百罗汉

发绣题材广泛，古今人物、山水楼阁、飞禽走兽无所不有。一幅发绣要经过设计、勾样、刺绣以及装裱等艺术流程，绣女们动用滚、旋、缠、套、施、乱、切、扣、虚、实等多种针法，视不同画面灵活运用。近年来，东台发绣工艺不断开拓创新，由过去的墨绣（仅用黑色头发）发展为彩绣（用多种色发），由过去的单面绣发展为双面绣，由过去的单调画面发展为“晕色”画面（用国画色彩衬底，然后用彩发刺绣），现在又发展为双面异色绣。这样的发绣，既有水墨画的韵味，又体现民族风格，色彩斑斓，华丽多姿，可谓巧夺天工。近十几年，东台除生产普通发绣外，还绣制了不少大型精品，如《寒山寺》《清明上河图》《长江三峡全景》《姑苏繁华图》《五百罗汉》，荣获“中国工艺美术大师暨中国工艺美术精品博览会金奖”作品《富春山居图》以及 18 米长、5000 字的老子《道德经》等精品佳作。其中《姑苏繁华图》画面高 39 厘米、长 1241 厘米，画中绣有各种人物 4600 多人，各式屋宇 2140 栋，各种桥梁 40 余座，各种船只、竹筏 300 余只，各种商标 300 余块，气势恢宏，蔚为壮观。

东台被国家文化部命名为“发绣艺术之乡”，其绣品多次荣获全国和国际展览会、博览会大奖。

（2008 年 10 月 13 日第 50 期）

淮剧小考

滕建平

盐淮剧又名江淮戏，流行于江苏省、上海市和安徽省部分地区。清代中叶，江苏盐城、阜宁一带，民间流行着一种由农民号子和田歌“雷雷腔”“栽秧调”发展而成的说唱形式“门叹词”，又称“三可子”，形式为一人单唱或两人对唱，仅以竹板击节。后与苏北民间酬神的“香火戏”结合演出，被称为“江北小戏”。之后，它又受徽戏和京戏的影响，在唱腔、表演和剧目等方面逐渐丰富，形成了淮剧。早期淮剧以“老淮调”和“靠把调”为主，唱腔基本上是曲牌联缀结构，未采用管弦乐器伴奏。1930 年前后，戴宝雨、梁广友、谢长钰等人，又在“香火调”的基础上，开始创作了采用二胡伴奏的一些新调，因二胡用琴弓拉奏，故名“拉调”。“拉调”唱腔在板式变化上有新的丰富和发展，加之此时出现了李玉花、董桂英等一批女演员，使淮剧的表演艺术得到了较大的提高，流传地区也从盐城、阜宁、淮安一带，逐步扩大而流布江苏全省。1912 年，淮剧艺人何孔德、陈达三等，把淮剧带到上海演唱。1939 年，著名演员筱文艳在“拉调”等唱腔的基础上，新创出“自由调”，使淮剧唱腔大大地增强了表现力。之后，著名演员何叫天又创出了

荣获“文华奖”的淮剧《鸡毛蒜皮》

"连环句"唱调,进一步丰富了"自由调"。在苏北抗日根据地,1942年成立了盐阜文工团等文艺演出团队,建立了"淮戏研究组",不但创作演出了反映人民革命斗争的现代戏,也新创了"新淮调""新悲调"等唱腔,并吸收扬州"小开口"的一些曲子,使淮剧唱腔更加丰富起来。在盐阜"花鼓锣""僮子锣""麒麟锣"基础上发展起来的一整套伴唱锣鼓,具有鲜明的艺术特色。

新中国成立后,历经近半个世纪的"三可子"(江北小戏、淮戏)终于取得了正名"淮剧"。

淮剧的传统剧目有:早期的生活小戏《对舌》《赶脚》《巧奶奶骂猫》等,大戏"九莲十三英"(即《秦香莲》《蓝玉莲》等9本带"莲"字的戏和《王二英》《苏迪英》等13本带"英"字的戏)和《白蛇传》《岳飞》《千里送京娘》《状元袍》《官禁民灯》等。

(2008年10月13日第50期)

新亚欧大陆桥东方桥头堡：连云港

姜松林 陈志 吕琪 傅翔

连云港，这个以港命名，依港而生的城市，因《西游记》而出名，更因有一个天然良港而闻名。自古连云港就是中国对外交通的海上门户，海运事业可追溯到2000年前。秦朝时，这里曾是重要的东方门户。到了汉代，可以直接与越南、缅甸、印度、斯里兰卡通航。

连云港，这颗镶嵌在祖国沿海脐部的璀璨明珠，是按照孙中山先生所描绘的东方大港建设蓝图、伴随陇海兰新铁路寻找最便捷出海口而诞生的，是新亚欧大陆桥的东方桥头堡。在连云港港口集团档案馆里，我们翻着一页页泛黄的文字、一张张老照片，在浩瀚的历史长河中追溯港口一步步成长的足迹。

说起连云港，就不得不提起孙中山先生。清同治十一年（1895），孙中山先生就来过连云港。辛亥革命后，孙中山先生在其《建国方略》中亦提到连云港。他提出，在我国沿海建设三个头等大港，即北方大港天津港、东方大港上海港和南方大港广州港；四个二等海港，即营口、海州（今连云港）、福州、钦州，还有九个三等海港。孙中山先生说：“吾意则须建四个二等海港，九个三等海港及十五个渔业港。此四个二等海港应以下列情形配置之，即一在北极端，一在南极端，其他之港应间在此三世界大港之间。”对于海州的战略地位，孙中山认为：“海州位于中国中部平原东陲，此平原者，世界中最广大肥沃地区之一也，海州以为海港，则刚好在北方大港与东方大港两世界港之间，今已定为东西横贯中国中部大干线海兰铁路之终点。”他又明确指出，海州（连云港）应建成“可以容航洋巨舶”之大港。孙中山先生所描绘的东方大港蓝图，寄托了中国革命先行者的民族复兴梦，这一雄韬伟略对后

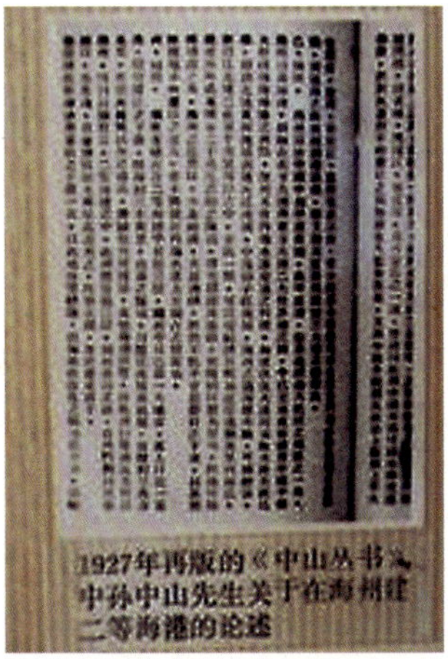

1927年再版的《中山丛书》中孙中山先生关于在海州建二等海港的论述

1935 年（左）和 1972 年（右）连云港港口全貌

新世纪连云港港口全景

来连云港港口的定位与发展起到非常重要的作用。

终端海港的波折选择

在长江以北滨海地区建筑陇海铁路终端海港，早在清光绪二十九年（1903）修建汴洛铁路时就开始酝酿。连云港最终得以入选与沈云霈密切相关。沈云霈，江苏海州人，1908 年，任邮传部右侍郎。1912 年，比利时与北洋政府磋商，取得洛阳至兰州、开封至海边筑铁路的投资权，此时沈云霈积极建议将铁路深入海州境内。后清政府邮传部曾议定修筑开（封）– 海（州）段，因资金缺乏，只进行了线路测量。

1912 年 9 月 24 日，北洋政府与比利时签订甘肃至海州的陇秦豫海铁路（即陇海铁路）及东方终点开辟海港借款合同。1913 年，陇海铁路局委托比利时国代聘法籍工程师格锐奈为测量队队长，自当年 3 月起对江苏全省沿岸进行测量。此次测量对陇海铁路终端海港港址提出三项建议：在西连岛港湾内建大型海港；在临洪河内造一河港；在灌河口建河港。1914 年，格锐奈再次勘测海港，并对西连岛进行勘探，绘出海港规划图，写出《关于西连岛建设陇海铁路口岸说帖》和筑港计划，主张把连云港"建成一近代大海港"，总投资约 6900 万法郎。1915 年，陇海铁路当局批准了格锐奈的筑港计划，决定以老窑为陇海铁路终端海港港址，此决定也得到了中山先生的充分肯定。

港口码头建设历程

第一次世界大战爆发、国内军阀混战，时局动荡、资金难筹，连云港的大港计划一度停顿。直到 1920 年，此项工程才又重提日程。北洋国民政府以孙中山先生《建国方略》中的理想为蓝图，决定建设以海州为陇海铁路终点的东方大港。1925 年 7 月，陇海铁路修筑到了海州临洪河东岸的大浦，建筑临时码头三座，停泊轮船，装卸货物，海陆转运，极为便利。后因海港航线延长、泥淤日塞，"数百吨商船亦需利用潮水方能出入"，限制了港口的发展。经铁道部批准，开始建筑海港码头于老窑，后因位于云台山和东西连岛之间，各择一字，以"连云"命为港名。同时，为把大浦港主要运输业务衔接起来，经批准，在老窑西端 1 公里处的孙家山东首海滨先建一座临时码头。该码头于 1932 年 11 月开工，1933 年竣工。工程由陇海局工务处勘测设计，码头工程与后部路基、房屋由荷兰治港公司和当地方记公司承建。同时，陇海局于 1932 年 7 月至 1933 年秋，耗费 17 万银元，首先修筑大浦（新浦）至老窑（连云港）间长达 38 公里的铁路，进行配套设施建设。

为建设码头工程，陇海铁路局自筹 125.5 万元，铁道部拨款 136 万元，向平汉、建浦两铁路局筹借 38.4 万元，1933 年 7 月 1 日，由荷兰治港公司承包建筑 1 号码头。1934 年 2 月，中兴煤矿公司垫款 100 万元在 1 号码头西端 260 米处，建筑煤炭专用码头，即 2 号码头，包工期为 1 年 6 个月。1936 年，两座码头先后竣工并交付使用，可同时停泊 6 艘 3000 吨轮船，还筑成长 1050 米的防波堤一道。1 号码头长约 450 米，宽 60 米；2 号码头长约 450 米，宽约 55 米。码头外用材料为含铜钢板，可抗海水侵蚀，沉入海底约 10 米，

1933 年夏的孙家山临时码头

而钢板中间，下沉石块，上填沙石，高出海面约6米。用新式起卸机，每日可卸8000吨货物。海底航道坡度为一比四，平时海水深6米，潮时深7米多，海水澄清，不杂沙石，冬期无结冰之害，气候温和，为一天然良商港。

东西经济共同繁荣

1925年，陇海铁路东延至大浦港，作为大浦港的依托，依河而兴的新浦成为水陆交汇的码头。外地商人大量涌进新浦，新兴店铺先后开业，如“河北帮”的四大百货商店，“山东帮”的粮油商行，“徽州帮”的南方洋布、茶叶、陶瓷，“清淮帮”的中西成药。当时的店铺楼房装饰多圆柱或圆弧形门楣，门面上有幌子，过街有大招牌，形成一种特有的带有地方色彩的市容。连云港港建成后，港口的货物吞吐量逐年增长，路港运输呈现兴旺的景象，也为新浦以东地区的发展带来了契机。据《连云区志》记载，1933年，连云港地区大小商店发展到30多家。1934年，有商店150余家，最大的有资本1万余元。1936年，从孙家山到连云港就有商店200多家，从事粮食生意的有10多家，这在经济萧条的苏北大地实非易事。

中国的西北地区，拥有得天独厚的地理、资源优势，土地肥美，物产丰富，如青宁两省的皮毛、甘肃的条烟、陕西的棉花和药材。而地下的煤、铁、石油、金、锡等与发展工商业也有密切关系。但当时西北现状却十分悲惨，天灾奇重，百姓流离失所，无以为生，即使丰收，也因交通不便，运输困难，难以转售调剂；加上土劣贪污，更是加倍苛索勒求。如陕省北部包壳，每石重250斤，仅售洋1元；农民因无现款缴纳捐税，以皮毛、木耳等代替，价格仅有原来的十分之一二，使得农民日益穷困，农村日渐破产。如何促进交通，改善民生，成为重中之重。陇海铁路通车后，西安至连云港全长1053公里，可于36小时内直达。连云港北至青岛、天津，南通上海、广州，为西北大陆走向大海带来了希望。在经济上可使西北物产越崤函之天险以分布于南北，东向出海以输出于外国；而南北之物产、外国机械货物皆可以直达西北；在文化上可发扬民族精神，促进东西文化融通；在交通上可绾毂南北，贯通东西，制陆兼能控海，关系国计民生，至重且大。

1934年11月，为彻底明了连云港工程进展，及全路商运情形，由金融、实业、新闻等陕西各界组成的陇海铁路考察团来连考察，并对陇海铁路东延至连云港做出如此评价：中国无完全自建之海口，更无铁道直达之港埠，今又节余之财力，用极经济之时间，应社会之需要，艰难缔造而有此沟通东西文化物产之连云港，其意义诚为伟大。

百年老港焕发新活力

共和国成立初期，港口面临技术能力不足、原料工具缺乏、设计条件简陋、资金短缺等严重困难，港务处发动群众，利用废旧材料修复了因战争而被炸毁的1、2号码头及相关设施设备，并打捞沉船、疏浚港池航道。到1957年，连云港港已经拥有5000吨级以下生产泊位7个，吞吐量达105万吨，成为上海港的重要辅助港。

1973年初，周恩来总理指示，3年改变我国港口与国民经济发展不相适应的落后面貌。连云港港被国家列为重点建设项目之一，开始了大规模港口建设。到 1977 年，老港区的改造基本完成，先后新建、改造码头 4 座，共拥有 5 个万吨级深水泊位和 2 个 5000 吨级的中级泊位；浚深、拓宽、延长了航道；扩建了铁路站场和货物堆存货场；增添了装卸设备；改善了水电供应、通信等其他辅助生产、生活设施。

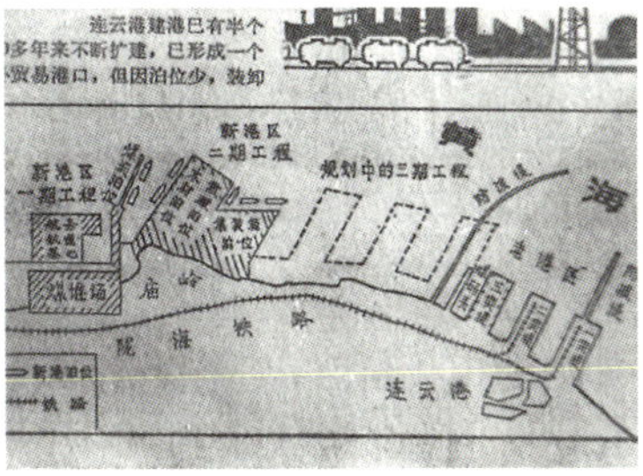

1983 年 5 月连云港远景规划示意图

1982 年，在继续建设老港区三突堤 4 个万吨级以上泊位的同时，开始建设庙岭新港区第一期深水煤炭泊位。1988 年，连云港港跨进全国千万吨大港的行列。连云港港这个营运了半个多世纪的老港焕发出青春，实现了孙中山先生“把连云港建设成能停泊吃水 21 英尺以上巨轮的港口”的夙愿。

近几年，港口充分发挥得天独厚的区位优势、服务优势和政策优势，扬长避短，港口人秉承“不畏艰险、踏平坎坷”的精神，创造了港口经济“爆发式”增长的奇迹，连续数度蝉联中国船港服务星光榜五星级港口。在国家新一轮港口规划中，被列为全国 25 个主枢纽港之一，与上海港、宁波港一起并列为长三角 3 大主枢纽港。

2008 年，港口 15 万吨级航道开通，可接卸全球最大集装箱船舶。此后不久，连云港港 30 万吨级矿石码头水工建筑物工程通过交工验收。也正是在这一年，港口吞吐量跨越 1 亿吨，集装箱运量超过 300 万个标箱，江苏沿海首个亿吨大港由此诞生。同时，连云港港也成功跻身沿海十大、全球百强集装箱港。

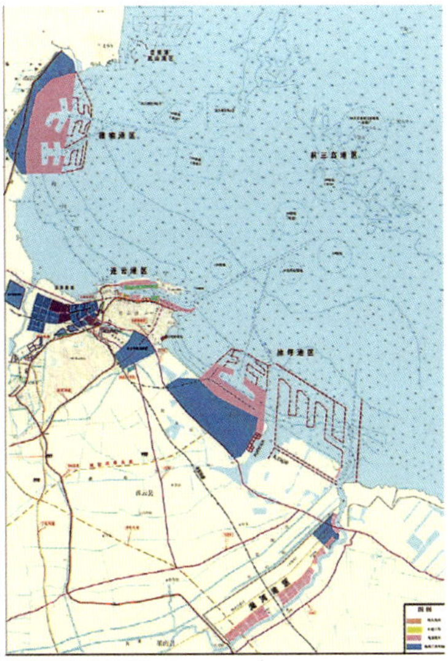
2006 年形成的《连云港港总体布局规划图》

2009 年，国务院通过《江苏沿海地区发展规划》，把连云港定位为国家沿海主要港口及区域性中心港口，强调以连云港为龙头发展江苏沿海地区，将以连云港港为核心的沿海港口群建设成为我国重要的综合交通枢纽、陇海兰新沿线地区最便捷的出海通道和对外开放窗口，逐步形成亚欧之间重要的国际枢纽。2011 年，国务院批准在连云港市设立国家东中西区域合作示范区。

在江苏沿海地区发展规划实施的 3 年中，在江苏省委、省政府和省有关部门的高度重视和大力支持下，连云港港口集聚优质发展要素，2009 年、2010 年、2011 年港口连续 3 年实现吞吐量过亿吨，连云港港口运输的三大特色陆桥运输、铁水联运、海河联运都取得了快速发展，其中陆桥运输承担了国内总量60%的运量，保持着大陆桥过境第一大港的地位。

为了落实国家和省政府对连云港发展的要求，适应新时期港口发展面临的新形势、新任务，明确连云港港的发展方向，连云港于2006年形成了《连云港港总体规划》。规划期限为2008—2030年，规划确定将把连云港打造为我国沿海中部沟通东西、连接南北的区域性中心城市，国际性的港口工业城市，现代化的滨海旅游城市。

多少年来，港城儿女用不尽的汗水、不屈的意志和不懈的奋斗交出了一份靓丽的世纪答卷，实现了历史性的跨越，孙中山先生亲手擘画的东方大港这一百年蓝图也终于等到了真正的实现！

（2013年5月30日第98期）

扬州二十四桥景区与毛泽东手书诗碑

洪慧娟

“青山隐隐水迢迢，秋尽江南草未凋。二十四桥明月夜，玉人何处教吹箫。”唐朝诗人杜牧咏扬州的这首《寄扬州韩绰判官》诗已流传了一千多年，诗因桥而咏出，桥因诗而闻名。著名的二十四桥景区坐落在扬州风光旖旎的瘦西湖畔，毛泽东手书杜牧诗碑立于其中，成为该景区一道靓丽的风景。

扬州二十四桥景区是1986年开始复建的，1990年建成对外开放。其复建工作非常严谨，尽量恢复历史原貌。据中国第一历史档案馆所藏《乾隆南巡盛典》图志，《扬州画舫录》等典籍相关记载，依照扬州清代著名画家袁耀《邗上八景》“春台明月”图画设计建构。颇具戏剧性的是，在复建施工挖地基时，竟然发现了该景房屋的老地基、假山石基础的湖石，证实了原址确在此处。

二十四桥景区由好几个景点构成。这里着重介绍几处富于诗情画意的景点。玲珑花界景点，分明从南宋词人姜夔《扬州慢》中词句取意：“二十四桥仍在，波心荡，冷月无声，念桥边红药，年年知为谁生？”徜徉其间，品茗赏花，吟诗作画，诗情画意顿时涌出。

二十四桥景点有座单典拱桥，桥长24米，宽2.4米，层级24层。桥上栏柱24根，上镌云纹，栏板上是彩云追月的浮雕，桥墩临水处每侧两个花台，上植鲜花，整座桥包含云、水、花、草。这一切正是杜牧“青山隐隐水迢迢，秋尽江南草未凋”的形象表现。拱桥东侧是三曲梁桥，梁桥两侧是两排坐凳，桥堍上是一方亭——吹箫亭。若月圆之夜，半圆桥洞与倒影正如满月，十七八歌女在此吹箫弄笛，天上月华，水中月影，相映成趣，岂非“二十四桥明月夜，玉人何处教吹箫”意境的再现？“小李将军画本”景点，是按唐代画家李昭道的画意建的阁。此建筑西面是两个扇形窗，东面是两个六角窗，站在屋内的不同角度向窗外望去，只见对面景色时时变换，窗框俨然画框，这种框景艺术正是李渔所说的“无心画”。“花为画本，月为诗源”，而窗外所见的正是花和月，是诗人画家的“本”和“源”。

可见二十四桥景区实在是为诗人、词人、画家所设，按其生活创作喜好安排建筑，配上相应的匾额联对，人们可感受到氤氲的文人气息和扑鼻的翰墨之香。唐代的扬州盛极一时，多少文人墨客咸集于此，留下了无数美妙的诗句。杜牧的《寄扬州韩绰判官》这首诗

恰如其分地表现了扬州的胜景，引发了无数人对扬州的美好向往。毛泽东虽然没有来过扬州，但对扬州二十四桥还是很向往的，他手书杜牧这首诗即可为证。

据悉，毛泽东在战争年代练字时，抄写了杜牧的《寄扬州韩绰判官》这首名诗，写完后随手扔到纸篓里，被秘书田家英收藏。景区复建之时，工作人员千方百计从北京寻来毛泽东书写《寄扬州韩绰判官》的手迹，刻成诗碑，立在二十四桥景区熙春台的左前方。

1990 年，中共中央总书记江泽民曾热情邀请中外宾客前往扬州“二十四桥”景区观光游览。1991 年 10 月 12 日，江泽民陪同朝鲜劳动党总书记金日成游览二十四桥景区。在诗碑前，江泽民和金日成一起观赏毛泽东手书的杜牧的这首诗，并激动地朗诵起来。2000 年 10 月 21 日，江泽民陪同法国总统希拉克来到二十四桥景区，观赏了毛泽东的手书。2001 年 10 月，中央电视台“天涯共此时”中秋文艺晚会选中二十四桥景区为演出现场，晚会向海内外直播。在搭台时巧妙地把诗碑融入舞台的背景，多次在晚会中出现，为晚会增色不少。

毛泽东的手书杜牧《寄扬州韩绰判官》诗碑于二十四桥景区，增加了二十四桥景区的文化含量，使游者耳目一新。诗碑点到人心，锦上添花。

（2006 年 9 月 28 日第 32 期）

溱潼会船 天下绝唱

仓慧林 王桂林

四月的姜堰，天蓝水碧，桃红柳绿，麦青花黄，景色宜人。如今，每逢清明时节，在碧波荡漾的溱潼湖湖面，都会汇聚成百上千船只，篙子船竹篙如林，划子船轻盈似燕，花船张灯结彩，贡船五彩缤纷。一万多男女选手身着各式民族服装在水上表演、比赛，传承水乡神韵，展示民俗风采。两岸十多万观众欢声如潮，气势磅礴。溱潼会船使喜鹊湖成为欢乐的海洋。凡目睹会船盛况者，无一不为之震撼，无一不为之感动。

据姜堰市档案馆史料记载，溱潼会船是有着近千年历史的特大型水上民俗节日，原名清明会，又称清明盛会。有关溱潼会船的历史起源至少有四种传说。一是祭拜真武大帝说。以祭拜真武大帝为攘灾求福争相供头香而赶撑会船习俗。二是朱元璋寻祖坟说。明朝开国皇帝朱元璋登基后，采纳谋士建言，乘快船寻祖坟，快船成会船。三是神潼关抗倭说。明朝大将侯必大在神潼关抗倭时，百姓纷纷撑船助战，每人一篙，既撑船又作兵器，消灭倭寇后，快船成会船。四是岳飞抗金说。南宋名将岳飞及义民张荣、贾虎多次在溱湖与金兵作战，百姓收葬阵亡将士，形成清明第二次撑船祭奠英灵的习俗。四种传说有着鲜明的特征和共同的主题：即祭礼先民，缅怀英烈，纪念不朽的民族英雄，礼赞不屈的民族精神和向往平安的稳定生活。溱潼会船历千年而不衰，正是因为这一鲜明的主题，使溱潼会船成为对辉煌历史的追忆，对民族精神的弘扬，民族文化的传承作用使溱潼会船在水乡沿袭至今，从未中断。

溱潼会船作为“国内唯一的、保存最为完整、最具原生态特质的水上庙会”，始终固守着一套特定的程序，数百年来基本不变。一是选船。清明前10天，有会船的村子就由会头在村里竖起旗帜。旗杆上端插青苗和旗幡，有一条船立一根旗杆。选的船既要新又要轻，被选中者都感到很荣耀。二是试水。即“练手脚”。篙手多为18岁以上男性青壮年，也有少数自告奋勇的古稀老人，均为自愿参加。每日下午，篙手们上船试水、熟悉水性和练“齐号”（即下篙和扬篙整齐划一，确保篙船全速前进）。三是铺船。会船要冲洗干净，装扮一新。同时加固船帮、搁上跳板，保证篙手站立平稳。贡船、花船、划子船等也按各自的创意进行装饰，尽展与时俱进的时代特征。

四是赴会。赴会是会船的主体活动。凌晨,会船祭祀完毕,驶进赛区。河面上锣声、鼓乐声、撑篙和划船水声响成一片。经人们精心装扮的各类会船云集湖面,令人目不暇接。男水手头扎羊肚巾,腿缠白绑布,威武雄壮;女水手披红着绿,浓妆艳抹,英姿飒爽。两岸群众欢声笑语、人如潮涌,溱潼一带甚至全家出动,万人空巷。五是赛船。盛会的高潮是赛船。参赛的篙船每两船结对比赛。两船对齐后,开始扬锣。"咣!咣!咣!"三声,竞赛号令发出,水手们齐喊"下!下!下!",声起篙落,浪花四溅,竹篙与船帮发出"笃笃笃"撞击声,扬篙如长矛列阵,下篙如巨蟒入水。随着有节奏的锣声越敲越紧,篙船仿佛从水面上腾空跃起,犹如离弦之箭直抵终点。划子船上的女水手也不甘示弱,她们手起桨落,前俯后仰,如飞燕掠水,锣声越紧,船速越快,但见香汗如雨,全不见娇羞之态。两强相争勇者胜。只听"咣咣咣……"一阵阵锣响,获胜的会船发出了首先抵达终点的号令。就这样不断地比、反复地赛,你追我赶,争先恐后,将会船活动推向高潮。午后,会船逐渐散去。意犹未尽的参赛选手们在返回各村后要演戏谢神,当晚欢聚宴饮,每船选出一名公认的"头篙",并将其竹篙送与未育夫妇,传说得主可生儿子,得主全家欢天喜地,将会船欢乐的余韵带向未来。

十一届三中全会以来,经济发展后富裕起来的农民对物质文化生活的需求越来越多。原本是农民自发组织的自娱自乐活动,得到了姜堰市委、市政府的重视。从 1991 年起至 2008 年,姜堰市政府已连续举办了 18 届溱潼会船节,溱潼会船活动发展迅猛,影响越来越大。1992 年,溱潼会船节被列入江浙沪旅游节正式旅游项目;1995 年,被列为江苏省民俗风情游首游式项目；1998年，与“云南泼水节”一起，被国家旅游局列入中国十大传统民俗风情旅游节；2008年，被国务院列为第一批国家级非物质文化遗产扩展项目。2009年4月，经上海大世界吉尼斯总部认定为“大世界吉尼斯之最——规模最大的船会活动”。溱潼会船已从单一的水乡群众会船活动，演变成一个融文化、民俗、体育、旅游、经贸等多种内涵的民俗会船盛典，堪称“民俗文化之大观，水乡风情之博览”，被海内外专家赞誉为“天下会船数溱潼，溱潼会船甲天下”。《泰州日报》资深时评专家于国建将溱潼会船节与张艺谋在国内外有影响的文化品牌《印象刘三姐》相比较，认为后者的规模、气势、内涵及观赏性与前者是不可同日而语的，十里溱湖的大舞台，万余人的演员阵容，十多万人的拉拉队，难道不是天下绝唱吗？

（2009年10月23日第63期）

溱湖湿地 麋鹿故乡

周建军 葛旭东 王桂林

1996年，经姜堰市政府和姜堰人民的不懈努力，省林业部门批准，两雄两雌4头麋鹿重归故里——姜堰市溱潼镇湖东村（现溱湖风景区麋鹿苑），麋鹿故乡终于重现麋鹿身影，再现麋鹿足迹。溱湖湿地独特的自然生态环境及气候条件，使回到衣胞之地的麋鹿得到了最佳的生存依托。到2009年8月，在麋鹿苑自由生长的麋鹿已哺衍繁殖至49头，成为国家AAAA级景区姜堰市溱湖风景区（全国第二家湿地公园）最具魅力的旅游景点。

麋鹿在故乡的重现，麋鹿在故乡的生长，麋鹿在故乡带来的效应，缘于档案工作者的职业敏感和对档案史料的发掘利用……

1985年，姜堰市档案工作者在整理一位领导同志调任后清退的资料中，发现一封来自英国牛津大学的印刷信件，信中提出了拟在姜堰建立麋鹿野生放养区的建议。尽管该印刷信件为个人通信，不是必须列入年度立卷归档范围的公文，但档案工作者凭着职业的敏感，将此信收集整理并作专题于年底进行组卷归档。

1986年8月，国际野生动物保护协会无偿提供39头麋鹿远涉重洋，重返我国，而麋鹿的故乡——姜堰与国家级麋鹿自然保护区擦肩而过。档案工作者为此感到惋惜，但他们没有丧失信心，而是通过翻阅史料档案，查找馆藏资料，与有关专家交流探讨，论证在姜堰大地最终消失的麋鹿，佐证姜堰为麋鹿的故乡，向地方政府建言献策，为麋鹿重现姜堰发挥了重要作用。

一是史书记载溱湖麋鹿多。范晔在《后汉书·郡国志》中记有“海陵麋鹿千万成群”；明代李时珍《本草纲目》中记录“麋，今海陵间最多”。海陵即今泰州市，已有两千多年历史，姜堰、海安、东台都曾列为古海陵辖区范围。溱湖湿地位于姜堰里下河水网腹地，是江苏省著名的三大洼地之一，作为“地球之肾”，湿地在维持生态平衡、保持生物多样性和保护珍稀物种资源等方面发挥着特殊功能。而溱湖湿地四季分明，气候湿润，河网密布，水草丰茂，自古就是麋鹿最为理想的家园。

二是姜堰出土麋鹿角化石多。几乎遍布姜堰所有乡镇的麋鹿角化石和亚化石出土点说明了当年麋鹿在姜堰大地上繁衍和生活的密集程度。1983年11月，在全国重点文物保护单位——姜堰市天目山商周遗址连续4次发现麋鹿角化石，仅在桥头镇龙汉河两岸就有近10处地方发现麋鹿角化石。姜堰市档案馆历年大事记载表明，在姜堰市境内发现的麋鹿角化石和亚化石近100处，位居全国之首。最为珍贵的是有一尊麋鹿化石标本至今仍陈列在泰州博物馆，被世人称为"全世界独一无二的最为完整的麋鹿化石"。

溱湖麋鹿

三是湿地生态环境条件优。姜堰市溱湖湿地内有1万多亩沼泽地和河港湖滩等，基本具备原生态状况。因受海洋气候影响和众多江河湖泊等水网的调节，溱湖湿地范围雨水充沛且长年不断，气候温和而湿润，自然生长的水生植物群落、芦苇沼泽群落、人工林群落等多种类植被群落生生不息、草繁木茂，为麋鹿的自然生长提供了源源不断的食粮。

四是溱湖湿地为麋鹿最后生存地。1984年6月，国际自然和自然资源保护同盟、伦敦动物保护协会、英国牛津大学、林业部动物保护司、上海自然博物馆等中外专家在对麋鹿生境进行考察时，曾对桥头一位81岁的老农刘荣华进行过走访。这位老农说，他的父亲曾亲眼在桥头看见过麋鹿。他描述麋鹿为一种高大的动物，毛色为淡灰褐色，长着奇怪的角，奔跑速度极快。根据老农的年龄，推测其父亲讲述此事时为40岁左右，见到这头野生状态下的麋鹿距今约100~200年，足以说明溱湖湿地一带是我国野生麋鹿的最后生存地，也是野生麋鹿最晚消失的地方。

姜堰市档案工作者提出的四点理由经专题报告、专家座谈、专门宣传后，得到了姜堰市委、市政府的积极响应。在麋鹿回归祖国10年后的1996年9月，从家乡走出的麋鹿重归故里。姜堰人民拿出1200亩珍贵湿地建立麋鹿苑，并配备了专职饲养服务人员，使回到故乡的麋鹿受到了人民特殊的关爱。近几年来，随着旅游事业的发展，麋鹿在故乡的经济价值越发凸显。据了解，自姜堰市溱湖风景区（溱湖湿地公园）建成开放以来，凡到园中的游客必去麋鹿苑一睹麋鹿雄姿，一饱麋鹿眼福，麋鹿已成为溱湖风景区金字招牌。仅2009年5月1日，溱湖湿地公园接待游客1.1万人次，旅游门票收入65万元。每每如此，姜堰市档案工作者总会欣慰地露出笑意，他们为麋鹿重回故乡，为地方经济和社会事业的发展所尽的一份力，终于开花结果了。

（2009年10月23日第63期）

镇江古城掠影

沈犁

江苏省政府　在城区之中，今镇江市市政路 24 号。原系清代统率地方驻军防务的将军署，建筑宏伟，东至大市口的狮子巷，西界红旗口的将军巷，南临经折巷，北抵黄旗口的八旗衙门，占地 7000 多平方米。这座建筑呈四合院组合式的官衙，厅庑沿中轴线，从南至北，其内辟有小花园。官衙八字形大门，四周高墙围筑，内设一处、一室、三科和十个委员会，江苏省广播电台亦在其内。镇江沦陷，该处改为日本宣抚班和汪伪丹徒县公署。日军投降后，省政府复迁于此，解放初期为镇江军事管制委员会和镇江市政府驻地，今为镇江市公安局所在地。

镇江历史悠久，人杰地灵，鸣盛东南。地得长江、运河、铁路之利，因而商埠繁荣。沿江金、焦、北固三山天然秀美，为东南名胜。南郊重峦叠嶂，鹤林、竹林、林隐三寺幽绝，享有“城市山林”之誉。

民国初，孙中山先生曾来镇考察，对镇江港口、内河、铁路和商埠建设提出了构想，并载入其《建国方略》，列为国策。

1929 年初，江苏省会由南京移至此，镇江的地位明显提高。当局对省会进行过两次测绘，制定了一系列的建设计划和章则，主要有《设计镇江新省会建设》《江苏省会分区计划》《江苏省会新沟渠计划》《整治镇江内河计划》《公共建筑规划》《江苏省会园林计划》《发展省会市政及各县市政方案》和《建筑镇江象山新港计划书》等。为实施以上方案，专门成立了江苏省会建设委员会，后改为江苏省会建设工程处，并聘请学者、专家担任参事，参与工程计划的审查和验收等事项，并决议拆（城）墙、填河、筑（马）路，城市建设率先从构筑城市交通网络起步。经过镇江人民多年的艰辛劳动，市内的道路、桥梁及学校、医院、园林等建筑，已具一定的规模，有的设施当时在全国处于领先地位，对改善城市面貌和完善城市功能起到一定作用。后因日军大举侵华，占领镇江达8年之久，破坏严重，建设停顿。抗日战争胜利后，又由于国民党当局发动内战，原定省会建设计划无从实施。

中央银行镇江支行　在城西伯先路中部，现镇江工商联合会会址。1931年建，陆小波任经理，为当时中（央）、中（国）、交（通）、农（业）和实业、商业银行之首。央行砖木结构，中西结合式建筑，前为营业大厅，后二层楼供办公用，楼均拼木地板，外廊为走道。1937年镇江沦陷，日本宪兵队占住，成为侵略者之魔窟。

广东会馆与广肇公所　原为岭南、仙城会馆，均设镇江西门外大围坊，傍临京口港的古运河南岸。清咸丰时毁，同治五年（1866），在原仙城会馆旧址重建会馆，定名为广东会馆（今镇江市群艺馆）。光绪三十二年（1906），广州、肇庆两府旅镇客商集资合力，又在银山坊（今伯先路86号）新建广肇公所。由孙中山先生同乡卓翼堂主其事。民国初年，孙中山曾从上海专程来镇考察，分别在广东会馆和广肇公所接见旅镇同乡和地方人士，商讨整治长江和建设繁荣镇江港的计划。

中国合众蚕桑改良会镇江蚕种场　1926年秋，中国合众蚕桑改良会为推行新法科学养蚕，选定镇江四摆渡为基地，创建镇江蚕种场。1927年春，蚕种场基建竣工之际，锡、沪永泰、瑞纶二丝场支持，赠阿莫尼亚冷藏库一座，后购置制冷机、兴建冷藏库房，历时2个月始成，同时又增筑蚕室、附属室等，桑园扩至350亩。该场因技术领先、设备先进而享誉全国。抗日战争中，曾为日军占据，设日本华中蚕桑株式会社讲习所。战后，由中国蚕丝公司接管，改称镇江蚕丝研究所。

招商局镇江分局　镇江人习称为招商局，在平政桥之西，是镇江最早的国营轮船运输企业。建有办公大楼和码头、栈房，房地产面积近140亩，房屋177间。初以漕运为主兼揽客货。民国期间拥有江新、江孚、江华、江裕、江永、江天、江顺、江安轮共8艘轮船，成为长江汉申线航运中的实力派，与日本大阪局相抗衡。另辟有镇瓜轮渡和多条内河航线。招商局在抗日战争中为日军占据达8年之久，日本投降后复业，更名为招商局轮船股份公司镇江分公司。新中国成立后改为港务局。

亚细亚火油栈码头　油栈设在荷花塘132号，毗邻美孚油栈。原为德商瑞记火油池，1908年关闭，并于英商亚细亚火油公司。码头设在油栈北侧，从江岸延伸入江约30米，设有洋浮船（趸船），输油管道直通栈房4只油池，每池可储油数百吨。规模设备均逊于美孚，无制箱作坊。民国时期，亚细亚、美孚及德士古公司垄断了镇江火油市场。外来经营火油单位均遭排挤，难以插足。镇江解放后，亚细亚火油公司被接管，因栈桥、码头损坏严重而停用，仅存的营业楼为钛白粉厂所用。

老电报局　在新马路。电报电话原先分别设局营业。电报局始建于清光绪七年(1881),位于姚一湾,后迁新河街。1912年复在姚一湾兴办电话局。1935年5月1日两局合并,迁至新马路新建的大楼营业。营业楼两层,为仿西式建筑,砖混结构,兼营电话,称镇江电报局。抗日战争胜利后更名为镇江电信局,原长途电话机构并未恢复。镇江县农话于1948年才复通几个主要的区公所。20世纪90年代,镇江电信枢纽大楼和邮政枢纽大楼先后建成,原电报局撤销。

镇江邮政总局　在城西京畿岭上,1926年由江边马路迁此。辖省府路、柴炭巷、江边马路和新西门4个支局和东码头、丹徒镇、头桥、沙头、江洲、新桥、中兴镇、都填天庙等18处邮柜。1951年改为京畿岭支局。

(2006年6月8日第25期)

扎根泗阳的「异乡客」：意大利杨树

刘万里 胡传伟 张耀西

在广袤的森林中，杨树是世界上分布最广、适应性最强的树种。走进江苏泗阳，一排排、一片片，映入眼帘的皆是杨树。泗阳县一马平川，没有一座山，可这里的意杨林却是全国的平原林海。谁能想到，就是这样一个“杨树之乡”，却曾饱受黄河故道沙化危害，一度成为“打不开门、睁不开眼、揭不开锅”的“三不开”地区。泗阳全境属黄泛冲积平原，境内土壤类型主要为黄泛沉积物发育形成的黄潮土、沙土，土壤质量较差。在这样的自然条件下，森林资源匮乏，生产木材并形成产业，几乎是不可想象的。但有一种树，却不畏这样的土壤条件，大规模地在黄潮土、沙土中成长起来，为当地带来了显著的经济效益，并逐步形成了一种文化氛围，这就是杨树。

泗阳县是国内最早引种推广意杨的基地县。目前，杨树林木覆盖率达42%，居全国第一位。30多年来，泗阳的杨树产业已经成为大地增绿、农民增收、企业增效、政府增税的第一产业，泗阳

“饮水思源”雕塑：王明麻（左）、梁昌武（中）、王昌全（右）

也因此先后被评为全国首批平原绿化先进县、达标县，并多次获得国家林业部、国家科委、国家农委的奖励和江苏省政府的嘉奖。2003 年 8 月，泗阳被中国林学会正式命名为全国唯一的“中国意杨之乡”。

走进位于泗阳的中国杨树博物馆，首先映入眼帘的是一座主题为“饮水思源”的雕塑，雕塑上的三位人物分别是原国家林业部副部长梁昌武、“中国黑杨之父”王明庥和泗阳县基层科技人员代表王昌全。制作这样的雕塑是为了感谢他们对我国杨树产业的发展做出的杰出贡献，更是为了纪念意杨引种、育种及栽培的曲折历程。

漂洋过海到中国

杨树是重要的速生用材树种，是我国北方营造用材林、防护林和“四旁”绿化的主要树种。国内外杨树造林的经验表明，用引进的杨树造林，常常获得很好的效果。解放前，我国曾从国外引进钻天杨、加杨和卢加杨等，但只有零星栽植。新中国成立后，在查明、利用原有杨树和培育新品种的同时，我国积极开展了杨树引种工作。在国外杨树引种中，我国曾从苏联、东欧引进过一些欧洲黑杨，但这些都是北方类型的树种，不适合在江苏生长。从科学研究上讲，最适合江苏栽培的杨树，应该是分布在美国东南部和欧洲南部的黑杨，但由于当时的国际环境所限，我国与西方国家缺少科技交流，一直未能得到种苗资源。

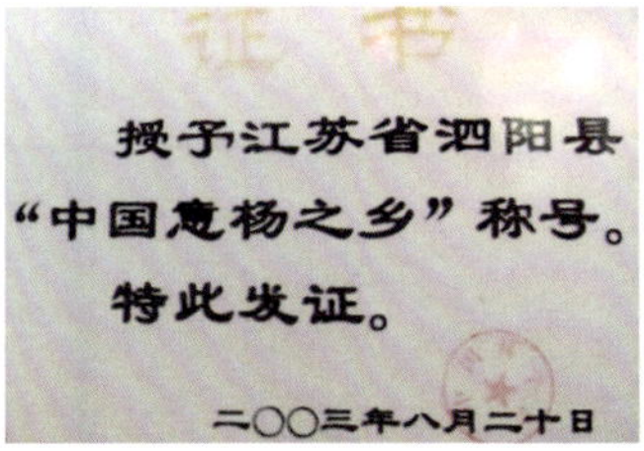
证书

授予江苏省泗阳县“中国意杨之乡”称号。

特此发证。

二〇〇三年八月二十日

1972 年，世界林业会议在阿根廷召开，经周恩来总理批准，原国家林业部副部长梁昌武率团参加此次会议。梁部长就是在这次会议上了解到意大利杨树是最适合在我国种植的树种。返程时，代表团途经意大利，参观了处于世界领先地位的意大利杨树研究所，并带回了意大利友人赠予的对我国有引种价值的 3 个品种共 61 株杨树，分别是 72 杨、63 杨和 69 杨。

代表团把种苗从意大利带回国后，经原国家林业部安排，将种苗分成 3 份，分别交给北京林科所、湖北林科所、南京林学院（南京林业大学的前身）试验繁育。两年后，前两家单位都没有了下文，只有南林的苗木茁壮喜人。后来，在江苏分了几个点进行试栽植，效果最好的就是泗阳林苗圃。

梁昌武考察意大利

裹在塑料布里的“宝贝”

王明麻是南京林业大学教授、中国工程院院士、国家“杨树种质资源评价”重点科研攻关课题项目负责人。30多年来，他领导的科研组，专注于苏北地区意杨的引进、研究与推广，解决了一系列科研和生产难题，选育出的优良品种在产量、速生性等方面，均取得了重大突破，被誉为“中国意杨之父”。据王明麻介绍，“意杨”是苏北群众的习惯叫法。由于此树最初是从意大利引进的，所以他们这样称呼，但严格地说，它的大名应该叫“欧洲黑杨”或“欧美黑杨”。在苏北这样土壤水肥条件较好的温带平原地区，最适合人工栽培的主要是黑杨组。黑杨组的树种生长快、树型大，材质适合工业应用，经济价值高。

王院士回忆说：“那是1972年的春季，好像是3月初的一天，当时我正在南京林学院遗传育种教研室搞一个科研项目，突然接到学院的通知，叫我到北京国家农林部农林科学院参加一个学术会议，顺便把一些来自意大利的杨树种条取回来。我从南京火车站坐火车到了北京，开了一天会，第二天到农林科学院去取杨树种条。”老院士回忆起33年前的情景，依然历历在目，“那些种条摆放在农林科学院的一间实验室的地板上，裹在一块塑料布里，用绳子随便捆着，同一个枕头差不多大，很不起眼，只有10来斤重。当时我也没太在意，拎着它上了火车，很随便地放在车厢的行李架上，带回了南京。”

“回到南京林学院，打开塑料布，里面有56根杨树种条，每根有60厘米长，粗细与铅笔差不多。我带着科研组的几个同事，在南京林学院的试验田里辟出一块十几平方米的地，把种条切成20厘米左右的插穗，每根种条切出2到3个插穗，共得到了120多个插穗。每个插穗上面留2到3个芽，插到试验田里后，上面的芽长枝条，下面的芽长根系。”

“经过悉心照料，到了1974年春，那些插穗竟蹿成了5到6米高的树苗，每棵都有鸭蛋那么粗。”老院士兴奋地说，“生长速度真快，长势实在太好了！”经过2年小试，获得了可喜的实验效果。专家们认为，此树是中国长得最快的树。

意大利杨树扎根泗阳

1974年底，意杨栽培课题获得江苏省科技厅立项，拟进一步扩大试验范围。当时试验结果证实，这种从意大利引进的杨树最适合在苏北冲积平原生长。一个偶然的机会，刚刚毕业分配至泗阳县林材场工作的王昌全了解到此事，向县领导汇报后，得到了大力支持。王昌全回忆说：“那时，我们泗阳风沙很大，主要原因就是缺少树。县里得到这个消息后，立即派我们到南林大洽谈。”双方很快达成协议，在泗阳辟出几处试验田，栽植意大利杨树。

杨树引种初期苗木培育

1975年1月，按照南京林学院的试验方

案，意杨树苗开始在泗阳林苗圃栽种。当时的试验主要解决两个问题：一是扩大繁殖量；二是摸索意杨品种特性，弄清意杨适不适应在泗阳生长以及栽培技术数据。

试验历程充满艰辛，王昌全回忆说：“那时候，我们就像对待自己的孩子一样，伺候着这些小树苗。夏天，蚊子叮得厉害，我们就穿起雨衣、雨靴；冬天，手冻得全是小口子，还是不敢懈怠。没有什么星期天，太忙了。我的妻子生病了，我都没时间回家看一看。我们把观察测量精确到时分，定时定期对意杨不同品种苗期的生产特点、对环境的适应、病虫发生情况进行观测记录，掌握第一手材料。”

通过 5 年试验，栽培试验获得了全面成功，保留了 69 杨和 72 杨两个成活率高、生长快、产量高的品种，并摸索出大苗（4 米高、根茎直径 3.5 厘米以上）、大株行距（单行栽植株距不能小于 4 米，成片林栽植株行距不能低于 5 米）、大塘（树塘深 1 米见方）和一深（深栽 80 厘米）即“三大一深”栽培法，来自遥远意大利的杨树从此在泗阳大地深深扎下了根。

此后，为了迅速扩大引种成果，摸清全国引种推广范围，国家林业部委托泗阳县向全国 28 个省、市、自治区（不包括台湾、西藏）提供优质种苗，进行区域性试种。1985 年，南京林业大学根据各地引种成果，确立了南方型杨树的推广范围在我国北纬 28 度至 37 度之间的广大平原地区，泗阳先后为全国各地提供了 1 亿多株意杨树苗。从此，意杨在我国的长江中下游、淮河流域、黄淮平原生根、发展和壮大。

（2013 年 4 月 19 日第 97 期）

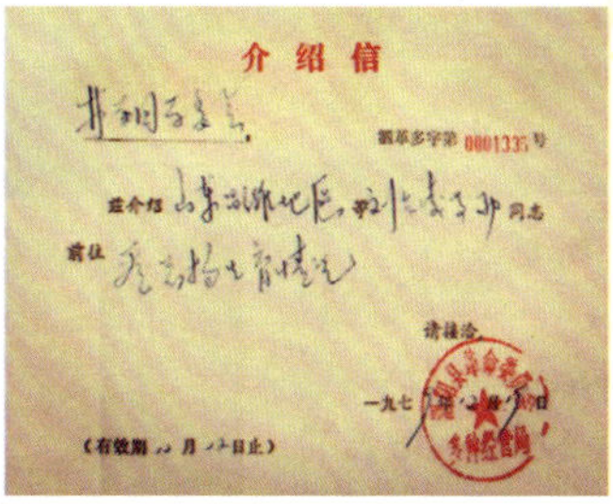

泗阳向全国各地提供杨树试验种条的介绍信和回执

后记

十年磨一剑。档案部门与新闻媒体合办专栏，坚持十年而不辍，并且仍将继续办下去，殊为不易。

《江苏档案》专版的开办，反映了江苏省档案局立足档案，服务社会的孜孜追求。本着创建档案文化精品，服务文化强省建设的工作理念和目标定位，多年来，省档案局主要领导一直坚持对稿件质量严格把关，逐期审定，不辞辛苦。

《江苏档案》专版得到了全省各市、县档案部门的鼎力支持。专版取得的成绩，归功于全省档案部门以及各位勤奋的作者，是他们的陪伴与呵护，使专版得以坚定而又自信地一路前行。

《江苏档案》专版的成功，还离不开新华报业集团《江苏经济报》的密切配合。报社领导关心档案文化事业，编校人员高度负责，使专版始终保持高质量，在广大读者中广受欢迎。

《江苏档案》更凝聚了历任专版工作人员的接力耕耘与默默奉献。邹华、方毓宁、胡若筠……由于工作岗位的变动，原有的人员离开了，新进的人员接着干。对事业的忠诚，对信念的坚守，铸就了专版存真求实的质量口碑，赋予了专版精益求精的优良传统。

在此，谨向多年来为《江苏档案》专版辛勤工作，无私奉献的各方人士表示感谢！

编　者

2015 年 4 月